問題演習 基本七法 2020

憲法／行政法／民法／商法／
民事訴訟法／刑法／刑事訴訟法

法学教室編集室編

有斐閣
YUHIKAKU

刊行にあたって

法学学習は，大学で講義を聴く，教科書や判例集を読むといった知識のインプットが中心となります。ただ，インプットばかりでは，定期試験や司法試験など各種試験，ひいては社会に出て仕事上で問題に直面したときに，知識を適切に使いこなし，設問や問題をうまく解決まで導くことができないおそれがあります。知識のアウトプットも法学学習においては非常に重要であることは間違いありません。

「法学教室」誌では，第一期創刊（1961年）以来，大学の講義だけでは訓練する機会が多くはないアウトプットの場を提供するために「演習」欄を設けてきました。設問を読み，法律上の論点を見つけ，自分で考え抜くことで，知識のアウトプットができるとともに，これまでインプットして身につけてきた知識の再確認にもつながると，好評をいただいています。

本書は，その「演習」欄について，学習者が一層利用しやすいように1年分（2019年4月号〔463号〕～2020年3月号〔474号〕）を合本したものです（なお，別の年度の演習も『問題演習 基本七法』シリーズとして，2018年より刊行をしています）。

合本にあたり，以下の編集方針をとりました。

①内容は，七分野（憲法・行政法・民法・商法・民事訴訟法・刑法・刑事訴訟法），各12問を掲載する。
②体裁は，原則として，「法学教室」誌掲載時のままとし，執筆者の所属・肩書については2020年11月10日現在のものに修正をする。
③加筆訂正は，原則として，明白な誤植訂正や法改正への対応を除いて行わない。
④巻頭に「演習の活用法」を設ける。
⑤各分野末尾に「論点索引」を設ける。
⑥設問部分のみを抜きだした冊子（設問集）を有斐閣ウェブサイト（http://www.yuhikaku.co.jp/books/detail/9784641126237）などで公開する。

本書が，学習者にとって，法学の理解をより深め，その知識を適切に使うために役立つものとなることを切に願います。最後に，今回の合本にあたり，ご論攷の再収録等をご快諾くださった先生方に厚く御礼申し上げます。

法学教室編集室

目次・執筆者

演習の活用法

設問

しっかり読んで, 考えよう

問いに答えるために,「事実関係の中にどんな論点が含まれているか」「設問に似た判例はないか」などを意識して読んでみてください。
考えたことをどのような順で答案に書くか (答案構成) まで検討できるとより実戦的な訓練になります。

▶友人との検討や先生への質問もオススメ。
▶どうしてもPOINTや解説が目に入る人は, 設問部分のみを抜きだした設問集 (http://www.yuhikaku.co.jp/books/detail/9784641126039) を活用しよう。

POINT

解答への第一歩

設問に含まれる論点や解答へのヒントが示してあります。設問を読んで検討した答案構成と見比べて漏れがないかを確認しよう。

▶設問を読んで何が論点か分からなかった人は, ここを確認して, 教科書などの該当箇所を読み込んで再チャレンジ。

刑事訴訟法 1

大阪大学教授
松田岳士 MATSUDA Takeshi

設問

α警察銃器対策課に配属された警察官Kは, 外国人船員相手に中古車販売業を営み, 捜査協力者として用いていたAに,「誰でも何でもいいからけん銃を持ってこさせろ。」と指示していた。これを受けて, Aは, 初めて中古車販売店を訪れたXに対し, 外国人船員であることを確認した上で,「けん銃があれば, 中古車と交換しますよ。」などと持ちかけた。後日, Xは, 同店を訪れ, Aにけん銃の写真を見せ,「現物は港に停泊中の船の中にあるので, 中古車と交換してほしい。」と告げた。Aは,「これなら, 1万ドル相当の中古車と交換できる。」と答え, Xに交換希望の中古車を選ばせた。Aは, Xが店を去った後, 電話で, Xが日本にけん銃を持ち込んでいるとの情報をKに伝えた。これを受けて, 銃器対策課では, Aを使ってXが船外へけん銃等を持ち出すように仕向け, 現行犯逮捕するという方針が決定され, Kを通じ, Aに対し, 翌朝, Xに港の指定の場所までけん銃を持ってこさせるよう指示すると同時に, Xを現行犯逮捕する手はずを整えた。翌朝, Aは, 中古車販売店を訪れたXに対し,「港まで車で送るので, けん銃を持ち出してほしい。」と申し出ると, Xはこれを了承した。港に到着後, Xは, 船からけん銃を持ち出し, 車の中で待機していたAに手渡そうと着衣から取り出したところを, 待機していた警察官らに取り囲まれ, 現行犯逮捕された。

その後, 検察官は, 本件けん銃を所持したとしてXをけん銃所持罪 (銃刀所持31条の3) により起訴したが, その際には, Kには銃器犯罪摘発ノルマ達成の圧力がかかっていたこと, そして, Xは, 最初に日本を訪れる前から, 港の近くの中古車販売店ではけん銃と中古車を交換してくれるところがあるとの情報を得て, 本件けん銃をマフィア関係者から入手していたことが新たに判明していた (なお, これらの事実は公判においても証明されるものとする)。

本件捜査および公訴の適法性について論じなさい。

POINT

おとり捜査の刑事手続上の取扱いを問う問題である。事後的にはXは「犯意」を有していたことが判明したとしても, そのことを知らずになされた本件おとり捜査, あるいは, それにより惹起された犯罪を理由とする起訴に問題はないか, あるとすれば, どの規範になぜ抵触するかを的確に特定できるかが問われる。

解説

①おとり捜査をめぐる手続的問題

設問の捜査手法は,「捜査機関又はその依頼を受けた捜査協力者が, その身分や意図を相手方に秘して犯罪を実行するように働き掛け, 相手方がこれに応じて犯罪の実行に出たところで現行犯逮捕等により検挙する」もので,「おとり捜査」と呼ばれる (最決平成16・7・12刑集58巻5号333頁〔以下, 平成16年決定と呼ぶ〕参照)。おとり捜査については, その名称にかかわらず, 捜査法上の許容性だけでなく, それによって惹起された犯罪を理由とする公訴ないし処罰の許容性も問題となる点で難問であるが, 手続法的思考の特性を把握するには格好の素材である。

②捜査の適法性

(相手方がこれに応じて犯罪の実行に出たところで現行犯逮捕等により検挙することを目論んで)「捜査機関又はその依頼を受けた捜査協力者が, その身分や意図を相手方に秘して犯罪を実行するように働き掛け」る行為を,「おとり行為」と呼ぶことにする。おとり行為の許容性は,「相手方がこれに応じて犯罪の実行に出た」か否かを問わず問題となる (もっとも, 相手方が応じなければ, 通常, 問題は刑事手続上表面化しない)。平成16年決定が,「おとり捜査は, ……任意捜査として許容される」というのも, (「強制の処分」に該当することが明らかな) 現行犯逮捕等を除いた「おとり行為」の許容性を問題とするからであろう。「おとり行為」は, 捜査機関によって行われる以上, 捜査法の適用があるが, 現行刑訴法上, この種の行為について特別の定めはないため, その適法性は, 捜査に関する一般規範——捜査の理由 (189条2項参照), 比例原則 (197条1項本文), 強制処分法定主義 (197条1項但書) 等——に照らして判断されることになる (参考文献① 33-40頁, 180-184頁)。

まず, 捜査を行うには, その「(正当な) 理由」, すなわち, 具体的な犯罪の発生——過去の発生が中心となるが, (近い) 将来の発生でもよく, おとり行為の場合には後者が問題となる——およびその犯罪と捜査対象 (人, 物, 場所等) の関連性を認めるに足りる合理的事情 (一般に「嫌疑」と呼ばれるもの) が求められる。捜査権限は, 捜査目的達成のために特定の機関等に付与されるが,「理由 (嫌疑)」があるということは, 捜査機関は, 少なくとも (不当な目的もある可能性は排除できないとしても) それが当該犯罪の捜査目的達成のために行われるものであることを合理的に説明できることを意味しよう。反対に, 犯罪発生の嫌疑がない場合には, 捜査権限が, (たとえば, いやがらせ等の) 不当な目的達成のために, あるいは, 対象を恣意的に (誰でも何でもよいから) 選び出して行使された疑いが生じることになる。

このことは, おとり捜査にも妥当する。平成16年決定は,「機会があれば犯罪を行う意思があると疑われる者を対象におとり捜査を行うこと」が許容されるとするが, これは,「少なくとも」(したがって, それ以外の場合が排除されるわけではない) 当時の事情から合理的にそのように疑われる場合には当該おとり行為を行う「正当な理由」があるといえ, たとえば, 対象者の遵法精神を試す, 捜査ノルマを達成する, あるいは, 対象者を逮捕したいが, その理由がないので創出するといったもっぱら不当な目的達成のために「犯罪を実行するよう働き掛け」たことにはならないということであろう。

158 | 問題演習 基本七法 2020 |

解説

解答例ではありません

解説欄には, 設問が含む論点について, 基本的な内容から丁寧に説明がされています。
法学においては1つの解答だけが正しいものではありません。本書の解説は解答例や模範解答ではありません。解説から自分なりの解答を考えよう。

▶問いに具体的に答えるために,「どの事実を拾い出し」,「どのようにあてはめるか」, といった点も解説を参考に考えてみよう。
▶解答 (答案) を作成したら先生に見てもらうと効果的。

刑事訴訟法 1

本設例においては，KもAも，おとり行為開始時においてはXが銃器犯罪に手を染めることを合理的に疑うに足りる事情を知らず，反対に，KはAに「誰でも何でもいいからけん銃を持ってこさせろ」と指示しており，もっぱら銃器犯罪摘発ノルマ達成のために犯罪を「創出」しようとした意図がうかがわれる。このことからすれば，本件おとり行為は正当な理由なく行われたものとの評価が可能であろう。

さらに，捜査活動は，捜査比例の原則に従い，捜査目的を達成するため必要かつ相当な範囲で行われなければならないが，本設例のように，理由なく行われた捜査行為への比例原則の適用のあり方については，2つの考え方がありえよう。すなわち，(a)「捜査目的」とは，その理由となる具体的犯罪の捜査目的のことであるから，そもそも理由が存在しない場合には「必要性」も当然に否定されるという考え方と，(b)比例原則との適合性は，捜査官が知っていた事情とは無関係に（事後的に判明した事実も考慮に入れて），「客観的」に捜査目的達成のために必要かつ相当であったかという観点から判断されるという考え方である。比例原則を捜査機関の行為規範として理解するならば，適法性の判断基準時を当該捜査行為時に求める(a)が妥当であり，これによれば，本件おとり行為についても，それを行う理由がなかった以上，必要性自体が否定されることになろう。

他方，強制処分法定主義との関係では，おとり捜査が「強制の処分」に該当する場合がありうるかについて学説上議論があるが（平成16年決定も，その可能性をおよそ否定するものとまではいえないであろう），少なくとも，本件おとり行為には「強制」的要素はとくに見当たらないため，本設例との関係ではこの点について詳細に論じる必要はないであろう。

なお，本件おとり行為が「理由」を欠くために違法とされるとしても，その「違法」性は，（実はその対象とされる理由のあった）Xの不利益というよりも，捜査機関の規範違反あるいは捜査権限の濫用を問題とするものであるから，その帰結としては，違法捜査抑止の観点からの違法収集証拠排除や「違法捜査に基づく起訴」としての手続打切など，（当該事件の解決の「適正」性というよりも）刑事手続一般の適法性ないし「適正」性保証のための政策的措置による対応が考えられることになろう（Xにたまたま「機会があれば犯罪を行う意思」があったとしても，捜査機関が「誰でも何でもいいから」おとり行為を行わせたことが違法であることに変わりなく，この種の行為は将来にわたって抑止されるべきであろう）。また，本件現行犯逮捕についても，「正当な理由」によらない逮捕を禁ずる令状主義（憲33条）の精神に反し，違法であるとの評価も可能であろう。

③公訴の適法性

おとり捜査に関しては，**2**の問題とは別個に，それによって惹起された犯罪を理由とする公訴（ないし処罰）の適法性も問われうるが，この点を検討するにあたっては，公訴の適法・違法は，捜査の適法・違法とは別個の問題であるということ——実際，一般に公訴の違法事由として理解される法定の公訴棄却・免訴事由も，「嫌疑なき起訴」や「不起訴相当の起訴」などの解釈論上の公訴の違法事由も，「違法捜査に基づく起訴」を除き，捜査の違法を前提としない——に留意する必要がある（参考文献① 262-278頁）。

おとり捜査をおとり行為時の対象者の犯意の有無によって「犯意誘発型」と「機会提供型」に分類する二分説は，元来，このことを問題としてきた。すなわち，二分説は，おとり捜査によって惹起された犯罪に公訴（ないし処罰）の「理由」としての適格が認められるか否かを問題とし，「犯意誘発型」のおとり捜査によって「創出」された犯罪を理由とする公訴（ないし処罰）は，国家側のいわばやらせによるものとして公訴法上違法としてきたのである（その場合の法的帰結について，公訴棄却説や免訴説〔ないし無罪説〕が有力であるのもそのためである）。

判例は，この考え方を排斥しているように思われるが（最決昭和28・3・5刑集7巻3号482頁），いずれにしても，二分説が，当該犯罪の訴追（ないし処罰）理由としての適格を問題とするものだとすれば，どちらの型に該当するかは「客観的」に判断されることになり，本件おとり捜査も，Xには事後的にせよ「犯意」があったことが判明した以上，結果的には「機会提供型」であったと評価されることになるから，本件公訴は，この観点からは，捜査の違法にかかわらず，適法とされることになろう。

では，本設例において，検察官が，Xに犯意があったことを知るに至らず，むしろ，当該犯罪が「誰でも何でもいいから」行われたおとり行為によって惹起されたものとの認識の下でXを起訴していたとしたら，この点を公訴法上問題とする余地はないか。二分説のうち，公訴棄却説によれば，この場合には，本件公訴の提起には，「理由（嫌疑）がないため創出された犯罪を理由とする起訴」，あるいは，「（銃器犯罪摘発ノルマ達成の一環としての）不当な目的達成のための起訴」として，「嫌疑なき起訴」ないし「悪意の起訴」と共通する問題を見出すこともでき，（これらの起訴を違法・無効と解するならば）本件公訴も（338条4号により）棄却されることになるとの結論を導くことも可能であろう。

参考文献

①宇藤崇ほか『刑事訴訟法〔第2版〕』（有斐閣）180-184頁，②酒巻匡『刑事訴訟法〔第2版〕』（有斐閣）175-178頁。

ステップアップ

本設問において，後に，Xが，銃器取引とは無縁な人物であり，Aの申出を受けて，たまたま父親の遺品として所持していたけん銃を中古車と交換するために日本に持ち込んだとの事実が判明していたとすれば，結論に差異が生ずるか。札幌地決平成28・3・3判時2319号136頁の説示を批判的に参照しつつ検討しなさい。

次回の設問

捜査法分野の主題（テーマ）は，「捜査の理由」である。次回では，捜査とも関連の深い職務質問の「理由」について，自動車検問に関する設例を素材に検討する予定である。

| 問題演習 基本七法 2020 | 159

参考文献

もっと詳しく知りたい

理解を一層進めるための文献を紹介します。

ステップアップ

もう一歩学習を進めたい

解説まで読み，十分理解が進んだら，ここを読んでみよう。設問の事実を少し変えたり，新たな論点を加えた問いにチャレンジ!!

次回の設問

次の出題範囲は?

学習が進んでいない人や自信がない人は，事前に該当箇所を教科書などで確認してから次回の演習に進もう。

凡例と略語

本書で引用する判例集・文献・法令名について，多くの場合，略語を使用しています。
この略語の方式は，原則として，法律関係の編集者で組織する「法律編集者懇話会」がまとめた「法律文献等の出典の表示方法」に基づいています。

判例の表記

例：最判昭和 58・10・7 民集 37 巻 8 号 1282 頁

・最高裁の大法廷判決については「最大判」，小法廷判決については「最判」と表示。
・年月日は「・」で表示。
・頁数は，判例集の通し頁を表示。

判例集等の略語

民（刑）録 …………… 大審院民（刑）事判決録
民（刑）集 …………… 大審院・最高裁判所民（刑）事判例集
集民（刑） …………… 最高裁判所裁判集民（刑）事
高民（刑）集 ………… 高等裁判所民（刑）事判例集
下民（刑）集 ………… 下級裁判所民（刑）事裁判例集
行集 …………………… 行政事件裁判例集
裁時 …………………… 裁判所時報
裁判所Web ………… 裁判所ウェブサイト
訟月 …………………… 訟務月報
家月 …………………… 家庭裁判月報
新聞 …………………… 法律新聞

文献の略語

金判 …………………… 金融・商事判例
金法 …………………… 旬刊金融法務事情
最判解民（刑）事篇
平成（昭和）○年度 …… 最高裁判所判例解説民（刑）事篇 平成（昭和）○年度
自研 …………………… 自治研究
ジュリ ………………… ジュリスト
セレクト ……………… 判例セレクト Monthly
セレクト○ …………… 判例セレクト○（法学教室△号別冊付録）
曹時 …………………… 法曹時報
速判解 ………………… 速報判例解説（法学セミナー増刊）
判時 …………………… 判例時報
判自 …………………… 判例地方自治
判タ …………………… 判例タイムズ
平成（昭和）○年度
重判解 ………………… 平成（昭和）○年度重要判例解説（ジュリスト△号）
法教 …………………… 法学教室
法時 …………………… 法律時報
法セ …………………… 法学セミナー
民商 …………………… 民商法雑誌
リマークス …………… 私法判例リマークス
論ジュリ ……………… 論究ジュリスト
TKC Watch ………… （株）TKC ロー・ライブラリー提供の速判解ウェブ版

法令名の略語

法令名の略語は，小社刊行の法令集の巻末に掲載されている「法令名略語」に従っています。

憲法

明治大学教授
安西文雄
YASUNISHI Fumio

憲法　1

明治大学教授
安西文雄　YASUNISHI Fumio

設問

県立Ａ大学は，明治時代前期に創設され，それ以来の伝統と実績を誇る高等教育機関である。その教育方法は独特で，学生を寮に居住させ，彼らに苛酷な軍事訓練類似の教育を施すものである。そういった教育の趣旨からして，創設当初から入学者を男性のみに限定してきた。また，苛酷な訓練を乗り切ったという経験を共有しているため，卒業生たちは強固な団結を示し，優秀な人も多いので，同県のみならず近隣の諸県を含めた地域の政界，財界，教育界に重きをなしている。

18歳の女性Ｘは，ぜひともＡ大学に入学し，その教育により自己を鍛え，卒業生のネットワークも利用して社会的に活躍したいと希望したが，大学側は彼女の性別を理由に入学を拒否した（入試自体受けることができなかった）。この大学を設置している県側の説明によれば，入学を男性に限定している根拠は，第一に教育の多元性の実現である。共学もあれば男子のみ，あるいは女子のみのところもあるというように，多様な教育機関が人々に教育の機会を提供する，ということである。第二に当該教育機関の教育方法の維持である。この大学の苛酷な教育方法は，女性には不向きだという。

ＸはＡ大学の入学システムが憲法に反するとして訴訟を提起した。はたして本件の入学システムは合憲であろうか。【設問前段】

ところで，この問題がマスコミでも取り上げられ，社会的関心を呼んだため，県側としても憂慮し，新たに県立Ｂ大学を新設し，同大学は女性にのみ入学を認めることとした。そして同大学では，女性が社会においてリーダーシップを発揮することのできるよう教育プログラムを組んだ。Ａ大学は男性のみ，Ｂ大学は女性のみ，というわけである。こういった対応方法は，救済になるだろうか。【設問後段】

POINT

❶法の下の平等（憲14条1項）の侵害が問われたときの司法審査は，どのようなものであるべきか。❷司法審査基準を現実の事案に当てはめる際の注意点。❸救済のあり方は，どうあるべきか。

解説

①司法審査基準というもの

本設問は，アメリカの現実の判例（United States v. Virginia, 518 U.S. 515 (1996)）に着想を得たものである。Xは性別を理由にして入学の機会を奪われているので，法の下の平等の侵害（性差別）が問題になる。

憲法上の権利の制約がはたして合憲か裁判所が判断する際，司法審査基準が定立されることが多い。諸般の事情を総合考慮して合憲あるいは違憲，と結論づける方法もあると思われるが，これでは判断のプロセスが必ずしも明らかとはならない。

司法審査基準は合憲性の審判プロセスを目的審査，手段審査というように区分けし可視化する。そうすることにより，司法内部においては，裁判官の恣意を抑制するとともに判断にある程度の一貫性をもたせることができる。また司法外部からのチェックを可能ならしめるとともに，判断の予測可能性を担保することにつながる。

このようにみてくると，司法審査の枠組みを設定する作業は，多くの事案を処理しなければならない司法部が生み出した叡智ともいえる。

②法の下の平等に関していうならば

では，法の下の平等（憲14条1項）が争われたときの司法審査基準はいかなるものであるべきか。伝統的な有力説として，特別意味説が唱えられてきた。憲法14条1項後段列挙事由，つまり「人種，信条，性別，社会的身分又は門地」を事由とした区別がなされたとき，司法審査のレヴェルが高くなる，つまり厳格審査基準または中間審査基準を用いるべきであるとする（参照，手塚和男「平等と合理的区別」大石眞＝石川健治編『憲法の争点』105頁，安西文雄ほか『憲法学読本〔第3版〕』108頁など）。

この説は，14条1項後段に列挙されていない事由による区別であっても憲法上の問題にはなるとする（14条1項後段列挙事由に関する例示列挙説）。ただし，憲法上問題とされる区別のうち14条1項後段列挙事由による区別については，司法審査のレヴェルを上げるという特別の意味がある，と論ずる。

この特別意味説は，実はアメリカの判例理論を参酌している。アメリカの判例上，平等保護条項（equal protection clause）に関わって司法審査基準のレヴェルが厳しくなるのは，“疑わしい”（suspect）差別型平等事案の場合――人種や性別などの事由による差別。ただしもう少し詳しくいえば，性別による差別は準・疑わしい差別である――と，基本的権利型平等事案の場合――たとえば選挙権，州際移動の自由などについての差別――，の二種類である（参照，松井茂記『アメリカ憲法入門〔第8版〕』403-426頁）。このうち疑わしい差別に関する比較法的知見を，憲法14条1項後段列挙事由の位置づけの理解に関し参酌する。憲法は14条1項後段において，特に警戒すべき区別事由を列挙した。その趣旨を司法審査の場で具体化するならば，審査基準を厳しくすることである，と解釈する。

③国籍法判決の投げかけたもの

学説上は特別意味説が有力となったが，判例上は比較的平板な合理的区別論が用いられることが多かった。そういったなかで平成20年の国籍法判決（最大判平成20・6・4民集62巻6号1367頁）は，判例における合憲性審査枠組みをとらえるうえで重要な位置づけを占めるものとなった。法律上の婚姻関係にない日本国民たる父と外国籍の母との間に生まれた子で，出生後父から認知された場合，父母の婚姻によって準正されたときのみ届出による国籍取得を認める国籍法（旧）3条1項の合憲性が問題になった事案である。

嫡出性の有無により国籍取得上区別がなされたわけであるが，最高裁はここで，①「日本国籍は，我が国の構成員としての資格であるとともに，我が国において基本的人権の保障，公的資格の付与，公的給付等を受ける上で意味を持つ重要な法的地位」であること，および②「父母の婚姻により嫡出子たる身分を取得するか否かということは，子にとっては自らの意思や努力によっては変えることのできない……事柄」であること，という双方を考慮し，区別に「合理的な理由があるか否かについては，慎重に検討することが必要である」と判示した。

上記①は区別が関わる法的地位の重要性であり，②は区別事由の疑わしさを指摘している。とすればこのとらえ方は，アメリカ判例理論にいう基本的権利型と疑わしい差別型の双方の趣旨を総合考慮する意味だといえる（参照，高橋和之ほか「鼎談・国籍法違憲判決をめぐって」ジュリ 1366 号 44 頁〔54-55 頁［高橋和之発言］〕)。また，「慎重に検討する」というのは，中間審査基準，あるいは厳格審査基準というように基準として明示するのではなく，合憲性審査の，いわば“密度”を操作することにより，事案における区別（差別）問題の深刻さにフィットしたものを考案することになるのではないか。審査基準を明示することによってそれに縛られ過ぎることを警戒しつつ，ある程度の枠付けは示すという方向性が示されている。ともあれ，比較法的知見と理論構築能力がミックスされた興味深いフレームワークの設定といえる。

ちなみにこの判決における泉徳治裁判官の補足意見は，「差別の対象となる権益」が基本的な法的地位である点，および「差別の理由が憲法 14 条 1 項に差別禁止事由として掲げられている」ものである点の双方を指摘しつつ，中間審査基準を当てはめるべき旨を論じている。これなどは，多数意見と同趣旨の論理をアメリカ判例理論にもう少し近い形で表現したものといえるだろう。

④本設問の事案について

それでは本設問について，どのようなフレームワークで考察したらよいのだろうか。特別意味説によるなら，14 条 1 項後段列挙事由の一つである性別による区別であるから中間審査基準を当てはめるべきこととなろう。また，国籍法判決のフレームワークによるならば，区別事由が自らの意思や努力によって変えることのできない性別である点が指摘されるが，区別が関わる権利・利益の面で，教育をどう位置づけたらよいか問題となろう。自己実現のベースを形成する場としての教育の意義を認めることはできようが，それをもって審査のフレームワークを厳格化する要素としてよいか議論がありうる（アメリカの判例では教育を基本的権利とはしていない。San Antonio Independent School District v. Rodriguez, 411 U.S. 1 (1973)）。ともあれ，区別事由の面から審査の慎重度はそれなりに高まる。また，国籍法判決における泉裁判官の補足意見を参酌すれば，中間審査基準を適用すべきこととなる。

では，中間審査基準を本件設問の事例に当てはめて合憲性を具体的に検討してみよう。まず，区別をする目的が重要な公益に該当するものでなければならない。ただしここで注意すべきは，目的として提示されている事柄が，真実の目的であり，かつ重要な公益に該当することが要求されていることである（518 U.S. at 533)。この点が合理性の基準と中間審査基準とを分かつ。前者においては想定された（後付けの）目的でもよく，かつそれが正当な利益に該当するものであればよいからである。

本設問の事例で県側が提示した第一の根拠は教育の多元性の実現であるが，これはそもそも真実の目的であろうか。A 大学は明治時代前期から入学者を男性に限定しているが，はたしてその当時，教育の多元性を考えていたのだろうか。むしろ高等教育は男性のものという偏見が作用していたのではないか。もちろん後の世になって教育の多元性を求めることはありうるが，仮にそうだとすれば，現実に男性のみ，女性のみ，そして共学というように多様な高等教育機関がバランスよく併存しているはずである。が，そうはなっていない。つまり第一の根拠は真実の目的でない点で，目的審査をパスしない。

第二の根拠である，当該教育機関の教育方法の維持に関してはどうか。これが目的審査を通過するか否かは疑問である。しかし，仮に通過したとしても手段審査でつまずく。A 大学における苛酷な軍事訓練類似の教育方法につき，それに耐えうる意思と能力のある女性は存在する（現に本設問の X)。また男性であっても，このような教育方法はゴメンだという人は多かろう。そのように考えてくると，そもそも女性は軍事訓練類似の教育方法に耐えられないという性別にもとづくステレオタイプによって，個人の多様な可能性の展開にストップをかけることは許されない。つまり手段審査を通過しない。結論的に，A 大学の入学システムは違憲と判断されよう。

⑤司法審査基準・再論

ちなみに，このように考えていくと，たとえ中間審査基準を性別による区別に適用するといってもかなり厳格審査基準に近いものとなることが認識される。極論すれば，本件 A 大学の教育方法に耐えうる女性が一人でもいれば，違憲の結論が導出されそうだからである。

ここで考えるべきことは，たとえ中間審査基準といっても，その枠内で実はグラデーションがあり，かなり合理性の基準に近いものから，厳格審査基準に近いものまで幅があることである。そして，ステレオタイプによって個人の能力開発の門戸を閉ざすような性差別に対しては，たとえ中間審査基準であってもその枠内で厳格度を高め，厳格審査基準に近いものによって合憲性をチェックしてゆくべきこととなろう。

⑥救済について

B 大学を創設することは性差別の救済になるだろうか。A 大学と B 大学で有形的条件，無形的条件の双方を比較し，同等であることが要求される（518 U.S. at 547)。カリキュラムの豊かさ，キャンパスの有形的条件などもさることながら，卒業生のネットワークなどの無形的条件をも含めて同等になっているといえるかといえば，やはりいえない。つまり救済になっていないのである。

ステップアップ

公立高等学校で男子高，女子高というように分けていることは，憲法上許容されるのだろうか。

次回の設問

表現の自由について扱う。

憲法　2

明治大学教授
安西文雄　YASUNISHI Fumio

設問

Xは幼い時から顔面に腫瘍があり，心に葛藤を抱えつつ成長してきた。小中学校のころ級友から心ない発言を浴びせられ，落ちこんだこともあった。Xはこういった葛藤に苦しみもがいたのち，父親の紹介で博多にあるA寺の高僧Bと知り合いになり，その教えを受け，容貌のことを考えれば考えるほどそれが重大なことになってしまうが，関心を他に向け容貌のことを考えない生き方もあること，むしろ慈善活動にうち込むことに深い意義があること，を確信するに至った。Xはのち，顔を隠すことなく幾多の慈善活動を続け，今では多くの人々の敬愛の的となっている。

さて，ノンフィクション作家YはXの生き方に関心をもったが，それと並んで，外国では顔面の腫瘍のため治療薬Mが有効であるとの認識が広まりつつあるのに日本では国がこれを認可せず，そのためXのような人々が苦しむのであり，何とかしなければ，と考えた。

そこでYはノンフィクション「もうふり返ることもなく」を雑誌に掲載しはじめ，Xの実名明示は避けたが，顔面の腫瘍のこと，そのため苦しみがあったこと，ただし現在では慈善活動家として社会貢献を重ねていること，外国では治療薬Mが用いられていること，この治療薬が有効である可能性が相当程度あること，などを書き込んだ（但し，顔面の腫瘍に関する記述はかなり抑制的なものとし，かつ客観的な記述にとどめた）。またこの連載ノンフィクションはさらに続く予定で，最終的には単行本にまとめられる計画もある。

Xは，このノンフィクションを読み，いまさらながら腫瘍のことを記載されて心を傷つけられる思いを抱いている。Xには，いかなる法的救済がいかなる要件のもとで可能か。

POINT

❶Xの主張しうる法益は何か。❷他者の法益を害する表現に対する事後救済について。❸他者の法益を害する表現に対する事前救済について。

解説

①Xの主張しうる法益は何か

「石に泳ぐ魚」事件（最判平成14・9・24判時1802号60頁）を手がかりにした設問である。この事件では顔面の腫瘍が小説にとりあげられたことにつき，プライヴァシー侵害として議論されたが，本設問でも同様であろうか。

伝統的なプライヴァシーの概念は，「宴のあと」事件東京地裁判決（東京地判昭和39・9・28判時385号12頁）による。(イ)私生活上の事実または私生活上の事実らしく受け取られるおそれのあることがらであること，(ロ)一般人の感受性を基準にして当該私人の立場に立った場合公開を欲しないであろうと認められることがらであること，(ハ)一般の人々に未だ知られていないことがらであること，といういわゆる宴のあと三要件が有名である。

これからすれば，顔面の腫瘍は隠匿されていないため，(ハ)の非公知の要件を充足しない。ところが，「石に泳ぐ魚」事件では顔面の腫瘍につきプライヴァシーで論じている。とすればここで，伝統的なプライヴァシー概念は変容を余儀なくされている。この事件の東京高裁判決（東京高判平成13・2・15判時1741号68頁）は，「日常生活に必然的に付随する私生活の領域で被控訴人の外貌に関わる事実が知られているからといって，第三者が被控訴人の了解もなく，小説の出版という方法によってより広い領域で……事実を公表する行為は，許されるべきものではない」とする。私生活の領域に限定されていた事実を，小説出版によりいわば“拡散された公知”に至らしめた点をとらえて，プライヴァシー侵害としている。

もっともこの事件でのプライヴァシー論には，もうひとつの選択肢がある。それは事実の二層性である。確かに顔面の腫瘍という事実は公知だが，病状に関する事実（受けた手術の回数，治癒可能性など）は非公知である。そしてこちらの事実につきプライヴァシーを論ずることは容易である。

では本設問の場合はどうか。伝統的なプライヴァシーでとらえられないことはもちろんだが，「石に泳ぐ魚」事件高裁判決で論じられた，拡散された公知論でもとらえることはできない。なぜならば本設問のXは単なる市井の人ではない。その社会的活動のため，既に社会的に知られている存在だからである。

そうだとすれば，Xの主張しうる法益をプライヴァシーだとすることには無理を伴う（田島泰彦『この国に言論の自由はあるのか』43頁など参照）。前述した事実の二層性論で，病状に関する事実はプライヴァシーだと論ずるか，あるいはプライヴァシーで論ずることはあきらめ，たとえば精神的平穏を害する事実の公表など，別の法益侵害でとらえた方がいいのかもしれない（橋本眞・判評513号〔判時1758号〕13頁など参照）。

なお，「石に泳ぐ魚」事件では，プライヴァシー，名誉，名誉感情というように，法益が複合的に議論されているが，本設問ではどうか。Xの社会的評価の低下はない（むしろYのノンフィクションで社会的評価は上昇している）ので，名誉毀損は問題にならないし，ノンフィクションの書き方は客観的かつ抑制的であるため，名誉感情の侵害もないことになろう（「石に泳ぐ魚」事件では，小説中の表現につき，非常に苛烈な書き方がなされており，それが名誉感情の侵害として議論されたことに注意）。

②事後の救済について

表現がなされた後の救済として，慰謝料の請求が考えられる。この点に関しては，表現と精神的平穏（あるいはプライヴァシー），双方の価値の比較衡量によって決する。

本設問の場合，Xは慈善活動を通じてある程度公的な存在になってはいるし，治療薬Mに関する議論は多くの人々の関心事でありうる。そういう表現の側の価値はあるものの，はたして実質的にXの容貌のことだとわかる形でいろいろ記述することが許されるのだろうか。「石に泳ぐ魚」事件東京高判の一節を用いるならば，「障害を有する者をモデルとする場合はその者の心の痛みにも思いを致し，その名誉やプライバシーを損なわないよう……配慮」することが求められるはずである。そうだとすれば，判断は微妙であるが，X側の法益が凌駕するとして慰謝料請求は認められよう。

もうひとつの事後救済として謝罪広告はどうであろうか。一般に，名誉毀損の場合に関してはともかく，プライヴァシー侵害において謝罪広告は救済として認められないととらえられている。「プライヴァシーに関して社会は本来的に利害を有しないことと，謝罪広告の掲載によって私事の公表が拡大してしまう矛盾が起きること」（駒村圭吾『ジャーナリズムの法理』257頁）が理由としてあげられる。

③事前の救済について

本設問におけるノンフィクションは連載中であり，かつ単行本にまとめられる予定があるのだから，その差止めを求めることはできないかが，問題点となる。表現に関し事前の差止めの可否が問われており，検閲に該当しないか，事前抑制の原則的禁止に反しないか，が論点となろう。

そもそも検閲と事前抑制との関係は，憲法学における周知の争点である。検閲について広義説をとるか狭義説をとるかによって，事前抑制との関係が左右される。広義説をとれば，検閲の主体は公権力である。公権力が主体となって表現物を公表前に審査し，不適当と認めるときは発表を禁止すること，と定義づけられる。このように解する限り，検閲と事前抑制とは区別しがたい（芦部信喜〔高橋和之補訂〕『憲法〔第7版〕』207頁）。

これに対し狭義説をとれば，検閲の主体は行政権となる。行政権が主体となって表現物を発表前に審査し，不適当と認めるときは発表を禁止する行為である。さらにこの説では，検閲は事前抑制のうちの特殊なもの，と位置づけられる。まとめると，主体については，検閲は行政権であるが事前抑制は公権力である。扱いについては，検閲は絶対的禁止であるが事前抑制は原則的禁止である。さらに言及するならば，まず検閲該当性を審査し，仮に該当しないならば，さらに事前抑制の原則的禁止にふれないかを審査することとなる（学説の対比については，芦部信喜『憲法学Ⅲ（人権各論1）〔増補版〕』359-388頁，渡辺康行ほか『憲法Ⅰ（基本権）』230頁〔宍戸常寿〕など参照）。

このような対比のなかで，判例はどのような立場をとるかであるが，税関検査訴訟（最大判昭和59・12・12民集38巻12号1308頁）は基本において狭義説の立場をとった。ただし単なる狭義説ではない。「行政権が主体となって，思想内容等の表現物を対象とし，その全部又は一部の発表の禁止を目的として，対象とされる一定の表現物につき網羅的一般的に，発表前にその内容を審査した上，不適当と認めるものの発表を禁止すること」という如く，“最”狭義説といえる立場である。

では，本設問で差止めがなされるとき，検閲に該当するだろうか，判例の立場を前提に考えてみよう。まず主体は裁判所であって行政権ではない。また，網羅的一般的な審査にもとづく事前抑制ではない。したがって検閲該当性は否定される。

次に，事前抑制の原則的禁止についてはどうか。原則的に禁止されるのであるから，差止めが許容されるのは例外的な場合に限定されるはずである。

「石に泳ぐ魚」事件東京高裁判決は，人格的価値に対する「侵害行為が明らかに予想され，その侵害行為によって被害者が重大な損失を受けるおそれがあり，かつ，その回復を事後に図るのが不可能ないし著しく困難になると認められるとき」に，事前の差止めを肯認するとしている。これなどは参照に値する枠組みであると思われる。ただし，最高裁レヴェルでは，名誉に関してではあるが，北方ジャーナル事件判決（最大判昭和61・6・11民集40巻4号872頁）が興味深い考察を提供する。

それによれば，実体的要件として(a)「当該表現行為……の価値が被害者の名誉に劣後することが明らかである」こと，かつ(b)「有効適切な救済方法としての差止めの必要性も肯定される」ことが求められる。北方ジャーナル事件判決が名誉に関して提示した(a)の要件をプライヴァシーあるいは精神的平穏の利益に転用するならば，(α)「当該表現の価値が被害者の精神的平穏の利益（あるいはプライヴァシー）に劣後することが明らか」となるだろう。また北方ジャーナル事件判決は，(b)の要件の内容につき，(β)「被害者が重大にして著しく回復困難な損害を被る虞がある」場合，と表現している。

したがって，事前抑制が許される例外を検討した北方ジャーナル事件判決を本設問に転用するならば，(α)「当該表現の価値が被害者の精神的平穏の利益（あるいはプライヴァシー）に劣後することが明らか」であり，かつ，(β)「被害者が重大にして著しく回復困難な損害を被る虞がある」場合にのみ，事前差止めが許される，と解することになろう。

判断のフレームワークができた。本設問の場合はどうだろうか。そもそも事後救済のところで検討したように，表現の価値は被害者の精神的平穏の利益に劣後するとみることは可能である。ただしそれはギリギリ劣後する程度であって，劣後することが“明らか”とは決していえない。つまり(α)の要件が充足されないのである。

(α)および(β)双方の要件が充足されてはじめて，事前差止めが許されるのであるから，本設問の場合，事前差止めは認められない。ここにみる如く，事後の救済は認められても事前の救済はないという場合がある。つまり表現の自由の保障を考慮するとき，事前の抑制はよほど警戒しつつ考えなくてはならないのである。

ステップアップ

長崎教師批判ビラ事件（最判平成元・12・21民集43巻12号2252頁）のような論評型表現について，その事前抑制は，いかなる実体的要件のもとに許されるだろうか。北方ジャーナル事件判決を手がかりにして考えてみよ。

次回の設問

信教の自由について扱う。

憲法　3

明治大学教授
安西文雄　YASUNISHI Fumio

設問

Y県知事Aは，県庁の近くにある護国神社に，その慰霊大祭の際に赴き，二拝二拍手一拝という神道固有の方式で拝礼するとともに，県の公金から玉串料1万円を支出した。知事Aは参拝の後，新聞記者のインタヴューに答え，「県知事として公式の立場で参拝したものであるが，あくまで戦没者の慰霊であり，人としての自然な感情の発露である。美しい森に守られたこの神社で亡き人々を偲ぶとき，先人たちへのおのずからなる尊敬の念が沸いてくるではないか。どうしてこれが憲法問題になるのか」と話した。

また，知事Aは参拝の際，県庁から護国神社までは公用車を使わず徒歩で移動したこと，彼はY県遺族会の会長になっており，遺族会会員の票は知事当選の際に有力な支持基盤をなしていること，という事情が認められる。

Y県県民Xは，その祖父Bが第二次世界大戦の際，海軍の将校として戦死しており，Bも護国神社に合祀されている。Xとしては，祖父Bの戦死はあってはならない戦争の犠牲であるととらえている。Xは，知事Aの参拝行為は，戦死者を美化するもので，戦争の犠牲者としてBを追慕してきた自己の宗教上の立場と真っ向からくいちがい，静謐な宗教的環境の下で信仰生活を送るべき利益（宗教上の人格権）を害するものと考えた。

そのためXは，A県を相手取って損害賠償を求める訴訟を提起した。この請求は認容されるだろうか。知事Aの行為は政教分離規定に違反しないか，Xの宗教上の人格権が侵害されたとする主張を認めることができるか，などを検討しつつ，考察を展開せよ。

POINT

❶政教分離の根拠と分離の程度。❷目的効果基準のあてはめ方。❸宗教上の人格権を認めることができるか。

解説

①政教分離規定の根拠

憲法は，政治と宗教の分離，すなわち政教分離を求める規定をおいている（20条1項後段・3項・89条前段）。本設問の知事Aの行為は，まさにこれらの規定との関係で問題になる。従来，政教分離は「間接的に信教の自由の保障を確保しようとするもの」（津地鎮祭判決，最大判昭和52・7・13民集31巻4号533頁），すなわち“政”（政治）ではなく“教”（宗教）の側にのみ，その根拠があるととらえられてきた。こういったあり方は判例でもあるが，現在，学説において，“教”のみならず“政”の側にも根拠を見いだすものが有力化している（長谷部恭男『憲法〔第7版〕』199-200頁，毛利透ほか『憲法Ⅱ　人権〔第2版〕』171頁［小泉良幸執筆］など参照）。そもそも宗教が政治の領域に介入すれば，あるいは政治が宗教を利用すれば，合理的な打算で成り立つはずの政治が宗教教義のラインで分断されてしまい，政治が成り立たなくなる危険に瀕するのである。

本設問の事案も，まさにこのポイントを伏在せしめている。知事AはY県遺族会の会長であり，遺族会が知事Aにとって重要な政治的支持基盤をなす。つまり，知事Aの参拝行為は，有力な支持基盤の意向に対応し，宗教を政治的に利用しようとするものといえる。

こういった“政”の側面に焦点をおく政教分離問題にどう対処するかにつき，いまだ学説は十分な議論の蓄積をもっていない。が，本設問にはそういった側面への関心を惹起したいという含意が込められている。

②政教分離の程度

さて，政治と宗教の分離はどの程度のものであるべきか。この点につき学説は大きく2つに分かれる。一方の極には完全分離説がある。政治と宗教とは完全に分離されるべきだ，とする。ただし他の何らかの憲法上の要請があれば，それに基づく行為は許される。たとえば宗教系私立学校への国庫補助は，およそ私立学校には国庫補助をしているのであるから平等原則の要請から，また，刑事収容施設における宗教教誨は被収容者の信教の自由の保障の要請から，それぞれ憲法上許容される。

他方の極には限定分離説がある。もともと政治と宗教とのある程度のかかわり合いは不可避だ，とみる。したがって相当とされる限度を超えたかかわり合いのみ違憲とする立場であり，これが津地鎮祭判決以降，判例の立場である。

限定分離説の立場をとるとして，では，かかわり合いが相当とされる限度を超えているか否か，どのように判断するのか。この点につき，いわゆる目的効果基準が判例上採用されてきた。「宗教とのかかわり合いをもたらす行為の目的及び効果にかんがみ，そのかかわり合いが……相当とされる限度を超えるものと認められる場合にこれを許さないとする」（津地鎮祭判決）わけである。

さて，この目的効果基準であるが，愛媛玉串料判決（最大判平成9・4・2民集51巻4号1673頁）において一定の展開を示すこととなる。この判決で反対意見を述べた可部恒雄裁判官は，多数意見の立場につき，目的効果基準の適用において，①当該行為の行われる場所，②当該行為に対する一般人の宗教的評価，③当該行為者の意図，目的等，④当該行為の一般人に与える効果，影響，という4要素を検討したものと指摘した。たしかに愛媛玉串料判決の多数意見は（そして実は津地鎮祭判決も），この4要素を軸にして判断の論理が構成されている。そうだとすれば，目的効果基準をより具体化したものとして，この4要素による検討が位置づけられるであろう。

それにしてもこの4要素と目的効果基準との関係はどうなっているのか，必ずしも判然としない。②と③は目的に関わり（②は客観的に把握した目的，③は主観的に把握した目的），④は効果に関わる。では①の場所はどうか。これは行為の舞台設定として，目的と効果を検討する前提をなすのではないか。津地鎮祭事件は建設現場，愛媛玉串料事件は神社境内というように，公的行為がなされた舞台設定は宗教色の強さにおいて異なり，その結果，合憲性判断が異なった（津地鎮祭判決は合憲，愛媛玉串料判決は違憲）といえるように思われる。

③砂川政教分離訴訟の投げかけたもの

政教分離問題といえば目的効果基準というように思考回路が固定されていたが，砂川政教分離訴訟（最大判平成22・1・20民集64巻1号1頁）は必ずしも目的効果基準をとらずに判断を下している点で学説に衝撃を与えるものとなった。判旨によれば，政教分離規定に違反するか否かは「当該宗教的施設の性格，当該土地が無償で当該施設の敷地としての用に供されるに至った経緯，当該無償提供の態様，これらに対する一般人の評価等，諸般の事情を考慮し，社会通念に照らして総合的に判断すべきもの」とされている。こうして津地鎮祭判決以来の目的効果基準を当てはめて判断すべき場合と，砂川政教分離訴訟で示された諸般の事情の総合考慮で判断すべき場合とを，どのように区分するか，が大きな問題点として浮上した。

この点に関し現在のところ，通説といえるものはない。ただし2つの考え方が提示されている。ひとつは，政教分離違反が問題とされることがらが，特定的行為（例えば地鎮祭を行う，玉串料を奉納するなど）か，諸行為が累積して形成された状態かによって分けるものである。この考え方によれば，前者の場合は目的効果基準を，後者の場合は諸般の事情の総合考慮方式を，それぞれ用いることとなる（安西文雄ほか『憲法学読本〔第3版〕』139頁参照）。

もうひとつは，問題とされた公的行為が，宗教と世俗の双方の性格を併存させるタイプかそれとも純粋に宗教的性格のみをもつタイプかによって分類する考え方である。こちらの説によれば，前者のタイプについては目的効果基準を，後者のタイプについては諸般の事情の総合考慮方式を，それぞれ採用することとなる（砂川政教分離訴訟における藤田宙靖裁判官の補足意見の立場）。

④本設問の事例について

本設問については，目的効果基準が適用されるであろう。特定的行為か諸行為の累積かという対比でみれば特定的行為であるし，宗教・世俗併存タイプか純粋宗教タイプかという対比でみても，宗教・世俗併存タイプといえそうだからである。

目的効果基準が適用されるとして，さらにそれを4要素で考察してみればどうか。まず①当該行為の行われる場所であるが，神社境内という宗教的性格の強い場所である。しかも慰霊大祭の行われているときであるから，宗教的性格がさらに強まっているときである。次に②当該行為に対する一般人の宗教的評価であるが，本設問における行為が二拝二拍手一拝という神道の作法にしたがったものであること，玉串料としての奉納であること，に注意を要する。これは宗教的行為であると一般人がみるのが当然の行為である。③当該行為者（知事A）の意図，目的はどうか。亡くなった方々への慰霊，県遺族会の支持の維持，という世俗的目的もあることは否定しがたいが，一般人が宗教的行為ととらえる行為をなす以上，宗教的目的もあるといえる。双方の目的を併せもっているというべきであろう。④一般人に与える効果，影響はどうか。知事が神社境内で宗教的儀式にのっとった行為をなしている以上，県が当該神社を特別のものと扱っているとの印象を一般人に与えるであろう。

まとめてみよう。本設問における知事Aの行為は，宗教的意義ある目的をもち，宗教を援助，助長するものとして，政教分離規定に違反するといえる。

⑤宗教上の人格権

Xの慰謝料請求が認容されるためには，その主観的権利が侵害されたといえることが必要である。そこで提示されたのが，静謐な宗教的環境の下で信仰生活を送るべき利益，つまり宗教上の人格権であるが，はたしてこのような権利の存在は認められるのか。

キリスト教徒である妻が亡夫を護国神社に合祀されたことにつき争った自衛官合祀訴訟（最大判昭和63・6・1民集42巻5号277頁）において最高裁判所は，宗教上の人格権の存在そのものを否定した。「かかる宗教上の感情を被侵害利益として，直ちに損害賠償を請求し，又は差止めを請求するなどの法的救済を求めることができるとするならば，かえって相手方の信教の自由を妨げる結果となる」という理由であった。

もっともこの判決に対しては批判も有力であり，亡夫の慰霊のあり方について妻のもつ利益はかなり“濃度の高い”利益といえるのであり，宗教的人格権を認めうるのではないか，との立場もある（この判決における伊藤正己裁判官の反対意見参照）。そうであるとしても，翻って本設問の場合はXとその祖父Bの関係であり，自衛官合祀訴訟におけるような“濃度の高い”利益は存在しない。つまり本設問の場合，主観的権利の存在自体認められず，慰謝料請求は認容されないこととなろう。

⑥主観訴訟と客観訴訟

個人の主観的権利の救済を求める訴訟，つまり主観訴訟は基本的に提起可能であるが，民衆訴訟や機関訴訟など，「当事者の具体的な権利利益とは直接にかかわりなく，客観的に，行政法規の正しい適用を確保することを目的とする訴訟」（市川正人『基本講義 憲法』315頁）である客観訴訟は，「法律に定める場合において，法律に定める者に限り，提起することができる」（行訴42条）。地方レヴェルにおいては民衆訴訟が地方自治法で定められており，それによって津地鎮祭訴訟，愛媛玉串料訴訟，砂川政教分離訴訟などが提起されている。ところが国レヴェルではこういった訴訟形態は認められていないので，ややムリをして主観訴訟にしている状況がある（大阪靖国訴訟〔大阪高判平成4・7・30判時1434号38頁〕など）。

本設問の場合，地方公共団体における事件であるから，客観訴訟により端的に政教分離違反を問えばよかったのである。

ステップアップ

内閣総理大臣が靖国神社に公式参拝したが，二拝二拍手一拝という神道固有の作法を注意深く避け，かつ玉串料ではなく供花代として3万円を公金から出した場合，政教分離規定に反するか。

次回の設問

財産権について扱う。

憲法　4

明治大学教授
安西文雄　YASUNISHI Fumio

設問

Xとその妻は，ともに都心の商社で働いていたが，早期退職し共通の故郷である懐かしい山間の村に帰った。彼らは庭付きの家屋と耕作地（自家用）を買い取って住みつき，以来10年を経ている。

この山間の村は自然環境に恵まれている。とりわけ春の山桜，夏の緑陰，秋の澄んだ月，冬の一面の雪景色などはあたかも日本画のように美しく，X夫妻はかつての都心での生活とはうって変わった穏やかな時間を楽しみ，故郷をいつくしみつつ暮らしていた。また村人との心温まる交流をとても貴重なものと思うと同時に，10年来耕してきた畑にも愛着を感じている。

X夫妻の家には広い庭があるが，その一角に昔からの碑がある。さかのぼれば平安の昔，高名な横川の僧都が住みつき悟りをひらいた地であることを示しており，現在でも同僧都の教えを信じる人々が時おり来訪する歴史的・文化財的価値ある碑である。

ところが，この地域に大規模ダムが建設されることとなり，X夫妻が住みついた山間の村はすべて水没することとなった。彼らに対していかなる補償をなすべきか。

POINT

❶損失補償の意義。❷精神的損失，文化財的価値の損失に対する補償は，どうとらえたらよいのか。❸生活権補償をどうとらえたらよいのか。

解説

①本設問の趣旨

人の生活を支えるのは，財産だけではない。歴史的・文化財的・自然的な環境，さらには人的つながりのなかで人は生活している。したがって例えばダム建設などで生活が根本から毀損されるとき，はたして憲法29条3項が前提とする財産権に対する損失補償だけで十分といえるかは，深刻な問題である。

つまり，損失補償が問われる状況を分けて考える必要がある。財産権の問題にとどまるケースと，それにとどまらず生活全体が根こそぎ毀損されるケースとの区分である。本設問の場合，後者に該当するが，このような場合，29条3項の損失補償を一歩深めて検討することが求められる。

②損失補償に関する基礎理論

本設問について検討する前提として，損失補償の基礎を押さえておく。29条1項は財産権の保障を定める。ところが財産権については公共のために用いることがしばしば生じる。そこでこの場合に対処するのが同条3項である。ふり返れば明治憲法下において，「戦前の通説は，損失補償は憲法上義務づけられているわけではなく，これを認めるか否かは，立法政策の問題であると解してきた」。これに対し日本国憲法において「損失補償は，憲法上の制度として位置づけられることになった」（宇賀克也『行政法概説Ⅱ〔第6版〕』502頁）。

この損失補償の根拠はふたつあげられる（今村成和『損失補償制度の研究』26-27頁）。ひとつは財産権の保障である。財産権を公共のために用いるにしても，その経済的価値を補償すべきだ，ということである。もうひとつは平等負担の原則である。全体の利益のために特定個人の財産権を侵害する場合，補償によって負担の公平を図るということである。「損失補償制度というものは，不平等な負担を平等な（すなわち全体の）負担に転嫁するための技術的手段」（今村・前掲27頁）ともいわれる。

損失補償をなすべき場合の判断につき，特別犠牲説が論じられる。実はこの説は，損失補償のふたつの根拠に対応する。特別犠牲に該当するか否かの判断は実質的要件と形式的要件による。実質的要件は，「侵害行為が財産権に内在する社会的制約として受忍すべき限度内であるか，それを超えて財産権の本質的内容を侵すほど強度なものであるか」を検討する。ここには財産権の保障の趣旨が反映している。また形式的要件は，「侵害行為の対象が広く一般人か，特定の個人ないし集団か」（芦部信喜〔高橋和之補訂〕『憲法〔第7版〕』247頁）を検討するが，これは全体の利益のために特定の個人ないし集団が負担を負う場合補償すべしという考え方を背景にしたもので，平等負担の原則を反映している。

では，補償するとして，どの程度の補償であるべきか。この点をめぐって，市場価格の全額補償を求める完全補償説と，「合理的に算出された相当な額であれば市場価格を下回っても」（芦部〔高橋補訂〕・前掲249頁）よいとする相当補償説が対比される。いわゆる農地改革事件（最大判昭和28・12・23民集7巻13号1523頁）以来の争点であるが，現在では場合を分けて考えることが通説となっている。すなわち，「既存の財産法秩序の枠内における個別的な侵害行為」であれば完全補償をすべきであるが，「既存の財産法秩序を構成する或種の財産権に対する社会的評価が変化したことに基づき，その権利関係の変革を目的として行なわれる侵害行為」（今村・前掲74頁）については相当補償で足りる，というものである。

農地改革事件などは，農地という財産に対する社会的評価が変化し，耕作者が所有すべきだという趣旨で権利関係の変革を目ざしたものであり，だからこそ相当補償で足りるとされたのだ，ととらえるわけである。

では本設問の場合はどうか。既存の財産法秩序の枠内における個別的な侵害行為であるから，家屋，その敷地，耕作地について完全補償をすべきこととなる。こういった財産的側面での補償が完全になされるべきことは当然であるが，山間の村に所在する不動産の市場価格は高くない。そしてダム建設によってX夫妻が失うものはといえば，財産権に限らない。非財産的なものをも含めた生活の総体なのである。この点に立ち入ることが本設問の課題である。

③精神的損失に対する補償

本設問の村では，豊かな自然的環境のなかで人々が心温まる交流をしている。そのなかにいるX夫妻も，村人との交流に高い価値をみいだしている。また，彼らにとっては故郷であり，その住環境や耕地に愛着をもっている。ダム建設によってこうした精神的価値に対し特別犠牲を課してしまう場合，憲法はいかなる立場をとっているだろうか。

29条3項の損失補償の根拠として，財産権の保障と平等負担の原則があると指摘した。財産権の保障の見地からは，損失補償を財産権の枠内にとどめるべきだ，ということとなる。これに対し平等負担の原則からは，特別犠牲があったとき補償をすることで負担の公平化を図ることとなり，財産的損失のみならず非財産的損失（精神的損失はそのひとつ）についても補償を考えうる。つまり，非財産的損失に関して損失補償のふたつの根拠は相対立する方向に作用する。ここからいくつかの立場が考えられる。

第1の立場は，形式的な論理に重点をおく。29条3項は財産権についての損失補償であり，したがって精神的損失に対する損失補償はない，と割り切る。

第2に考えられる立場は，29条3項の類推適用によって精神的損失に対する補償を認める。財産権に対する特別犠牲につき損失補償があるのに，非財産的価値に対する特別犠牲につき損失補償がないのは不均衡，不当である。しかし29条3項は，あくまで財産権に関する条文である。よって，同条項の類推適用という形で損失補償を認めるわけである（予防接種禍訴訟・東京地判昭和59・5・18判時1118号28頁は，生命，身体に関し29条3項の類推適用を論じている）。

第3に考えられるのは，13条に依拠する立場である。そもそも現代社会においては，全体の利益のために個人が特別犠牲を負担させられることが，財産権の領域の他にもある。これを放置すれば，負担を負わされる個人を尊厳ある個人として処遇していることにならない。そこで一般的・包括的権利である幸福追求権（13条）からの具体化として，特別犠牲を課せられたときに補償を受ける権利を導出する（参照，高橋和之『立憲主義と日本国憲法〔第5版〕』159-160頁）。こうした解釈が可能であれば，29条3項は財産に関する特別法と位置づけられる。

以上，3つの立場をみてきた。第1の立場をとるならばX夫妻は非財産的損失の補償を得られないが，第2あるいは第3の立場では，補償を得られることとなる。

④文化財的価値の損失に対する補償

X夫妻の自宅の庭には，歴史上名高い僧都の宗教活動を顕彰する碑がある。こういった文化財的価値ある碑もダム建設によって水没してしまうのであるから，その補償を考えられないだろうか。

そもそも精神的損失と文化財的価値の損失は，ともに財産権でない点で共通する。ただし，前者は「精神的苦痛ないしは主観的，感情的価値」の損失であるのに対し，後者は「一つの客観的価値」（小高剛『損失補償研究』89頁）である点において異なる。

文化財的価値の損失に関しては，いわゆる輪中堤訴訟（最判昭和63・1・21判時1270号67頁）で，あくまで土地収用法の解釈としてではあるが最高裁が立場を示している。「由緒ある書画，刀剣，工芸品等」のように，文化財的価値が「その市場価格を形成する一要素となる場合」であれば，補償の対象となるが，「貝塚，古戦場，関跡」などのように土地の不動産としての「市場価格の形成に影響を与えることはない」場合，補償の対象とならないという。

この判決は，土地収用法に関するものであるが，憲法上の損失補償についても示唆するところがあるのではなかろうか。ともあれ文化財的価値の損失に関しても，補償を認めるか否かにつき肯定，否定の両説がある。ただし，そもそも文化財的価値は個人に帰属するものではなく，国民に帰属する公共的なものであるから，個人が損失補償を求めることには多少なりとも疑義が呈されるであろう。

⑤生活権補償

本設問のX夫妻の場合，ダム建設によって個々的な財産権の喪失にとどまらず，生活それ自体が根こそぎ奪われるという事態に直面する。そういう場合にいかなる補償をすべきかが深刻な問題として浮上する。

法律レヴェルでは，こういった場合に財産的損失に対する補償にとどまらない対応をする例がある。たとえば水源地域対策特別措置法（以下，水特法）8条は，関係行政機関の長，関係地方公共団体，指定ダム等を建設する者などは生活再建のための措置のあっせんに努めるものとする。具体的には「住宅，店舗その他の建物の取得に関すること」（同条2号），「職業の紹介，指導又は訓練に関すること」（同条3号）などが含まれる。

確かにこういった努力をすることは望ましい。しかし憲法論として，どこまでのことが要求されるのか。この点が問われた徳山ダム訴訟（岐阜地判昭和55・2・25判時966号22頁）では，「憲法29条3項にいう正当な補償とは……あくまでも財産権の保障に由来する財産的損失に対する補償」であるとする。そして，水特法8条にもとづく生活再建措置のあっせんについて，「関係住民の福祉のため……採られる行政措置」であり，「憲法29条3項にいう正当な補償には含まれない」とした。

29条3項の損失補償は，あくまで個々的な財産的損失に対する補償にとどまる，とする立場である。たしかにこういった立場はあろうが，ダム建設による生活全体の損失に対する補償にそぐわないとの感を払拭できない。同条項による憲法上の補償に加えて，25条の生存権保障を指導原理とし，その下で立法府により具体化された生活権補償措置を（憲法の趣旨を具体化した）立法上の補償ととらえる立場もあるであろう（参照，木村実「判批」街づくり・国づくり判例百選226-227頁）。

ステップアップ

国により強制された，または勧奨された予防接種によって重篤な後遺症をこうむってしまった場合，損失補償の論理によって補償を求めることはできるだろうか。

次回の設問

思想・良心の自由について扱う。

憲法 5

明治大学教授
安西文雄 YASUNISHI Fumio

設問

私立Ｙ高校は，建学以来保守的な校風を維持してきた伝統校である。またその進学実績も良好であり，地域住民から高い評価を受けている。同高校の生徒の多くは校風よりも進学実績にひかれて入学する状況であるが，高校側としては自らの校風に自信をもっており，入学希望者に対する事前説明会などでも教育指導に関する方針などにつき縷々説明し，それを理解して入学するように求めている。

この高校では，毎学期の始業式と終業式の際，生徒は起立して国歌を斉唱することとしている。また毎週月曜日の始業の朝礼をクラスごとに行うが，その際にも生徒はクラス担任教員の指導の下，国歌を起立斉唱することとしている。

この高校の生徒Ｘは，Ｙ高校の優れた進学実績にひかれて入学し，以来よく学び，学業成績は良好である。大学進学後は工学部で学び，将来はエンジニアとして社会に貢献したいと考えている。またＸは歴史にも造詣が深く，第二次世界大戦時に関する学習からして国旗・国歌に対し批判的な信念を抱いている。この信念にもとづいてＸは，始業式や終業式，さらには毎週の朝礼の際の国歌斉唱を拒否し，着席したまま静かにしている。

高校側としては，Ｘに対して何度となく説得を繰り返し，皆とともに国歌を起立斉唱するよう求めたが，Ｘとしては信念にもとづいて拒否するしかなかった。こういった状況が相当期間経過したため，高校側としては校則５条の「校内の秩序をみだしたとき」に該当するとして，１週間程度の自宅謹慎処分を行うことを検討している。

高校側はこの問題につき苦慮し，思想・良心の自由に関わる法的問題に関し弁護士に相談することとした。仮にあなたがその弁護士であるとして，いかなる見解を高校側に示すか。【設問前段】

また，Ｙ高校が私立ではなく公立であれば，本設問につきどう考えるべきか。【設問後段】

POINT

❶思想・良心の自由の制約類型には，いかなるものがあるか。❷思想・良心の自由に対する間接的制約。❸私人間において思想・良心の自由が問題になるとき，どういうフレームワークで検討すべきか。

解説

①思想・良心の自由の議論状況

憲法19条は思想・良心の自由を保障するが，これに関して伝統的に保障範囲が問題点として議論されてきた。ここで大きくふたつの説，すなわち，人生観，世界観など個人の人格形成に関わるものに限定されるとする立場（信条説）と，そういうものに限定されず，個人の内心領域一般を保障範囲に含める立場（内心説）が対立する（参照，市川正人『基本講義 憲法』116-117頁など）。謝罪広告事件判決（最大判昭和31・7・4民集10巻7号785頁）以来の争点であるが，判例はどちらの立場に立つか明示していない。もっとも国歌斉唱拒否事件判決（最判平成23・5・30民集65巻4号1780頁）では，当事者である教員の「『日の丸』や『君が代』が戦前の軍国主義等との関係で一定の役割を果たしたとする……歴史観ないし世界観から生ずる社会生活上ないし教育上の信念等」について，19条の保護範囲に入るとする前提に立っている。この判決の立場に準拠するならば，本設問の生徒Ｘの信念もやはり，19条の枠内に入ることとなろう。

19条に関してはもうひとつ，制約類型にいかなるものがあるのか，という問題点がある。伝統的には「内心の思想に基づいて不利益を課」すこと，「特定の思想を抱くことを禁止」すること，そして「いかなる思想を抱いているかについて……露顕……を強制すること」（芦部信喜〔高橋和之補訂〕『憲法〔第7版〕』155頁）があげられてきた。さらに，個人の内心の問題に関する限りは絶対的保障だとされてきた。なぜならば，個人の内心にとどまる限り，他人の権利・自由との対立はありえないからである。

ところが，これらに加えて比較的近時，もうひとつの制約類型が議論されている。内心に反する行為の強制である（参照，安西文雄ほか『憲法学読本〔第3版〕』122-124頁など）。社会生活において，さまざまな行為を個人に要求せざるをえないことがある。それがたまたま当人の思想・良心の命ずるところと矛盾・抵触する場合，どうとらえたらよいのか，という問いかけである。国歌斉唱拒否事件はそのひとつの例であるが，こういった場合，制約がないとはいえない。思想・良心は外部的行為と結びつくものであるから，一定の外部的行為を求めることが個人の思想・良心に対する制約として作用することは考えうることである。さりとて制約があるから直ちに違憲だとすれば，社会生活上必要な行為まで拒否されることになりかねず，社会が成り立たなくなるおそれさえ生ずる。そこで，この内心に反する行為の強制という制約類型をどうとらえていくかが，重い問題となっていた。

②国歌斉唱拒否事件

前掲国歌斉唱拒否事件は，国旗・国歌に対して否定的な信条をもつ教員に対して，入学式や卒業式の国歌斉唱の際，起立斉唱を求める職務命令が校長から出され，それに反した教員につき懲戒処分がなされたことが争われた事案である。公立学校における，それも教員に関するものであるが，本設問に関する考察の手がかりにはなるだろう。

最高裁はこの事案において，思想・良心の自由に対する間接的制約がある，とした。「個人の歴史観ないし世界観に由来する行動（敬意の表明の拒否）と異なる外部的行為（敬意の表明の要素を含む行為）を求め」ることになるからだ，という。さらにこういった間接的制約が許容されるか否かは，「職務命令の目的及び内容並びに……制約の態様等を総合的に較量して，当該職務命令に……制約を許容し得る程度の必要性及び合理性が認められるか否かという観点から判断する」，というフレームワークが設定された。

こういったフレームワークのもとで審査がなされ，結論的に合憲という判断はありうる（現実にこの事案における職務命令は合憲であるとされた）。つまり，思想・良心の自由について絶対的保障だとする立場は明示的に否定されたわけであり，このことは注目に値する。ところでもうひとつ，この判旨に関して留意すべき点がある。「制約を許容し得る程度の必要性及び合理性」といっている点である。これからすれば，制約が厳しいものであれば必要性および合理性を慎重に審査する，逆に制約が軽微であれば緩やかに審査する，ということになるのではないだろうか。現実にそういう立場を示しているのが，この判決に付された千葉勝美裁判官の補足意見である。それによれば，「当該外部的行動が〔思想信条等の〕核心部分に近くなり関連性が強くなるほど間接的な制約の程度も強くなる関係にあるので，制約的行為に求められる必要性，合理性の程度は，それに応じて高度なもの，厳しいものが求められる」という。間接的制約の強さの程度にグラデーションがあり，それに応じて合憲性審査のいわば“慎重度”が左右される，という発想である。千葉裁判官によれば，ピアノ伴奏拒否事件（最判平成 19・2・27 民集 61 巻 1 号 291 頁）の場合よりも国歌斉唱拒否事件のほうが制約の度合いが強いとされる。「起立斉唱行為の拒否の方が，……『日の丸』・『君が代』に対する敬意の表明という要素が含まれている行為を拒否するという意味合いを有する」からだという（なお，千葉勝美『違憲審査――その焦点の定め方』136 頁には，「信条等に由来する“行動”とは相反する意味の“行為”を命ずること」に関する千葉氏の考察が図示されており，参照に値する）。

では，本設問にもどり，生徒 X に対して起立斉唱を求めることは，X の思想・良心の自由に対する間接的制約になるとしても，その制約は重いものか，それとも軽微なものか。起立斉唱という行為に国家に対する敬意の表明という要素が含まれている以上，X の抱いている信念と真逆になる。つまり重い制約だといえるだろう。

③私立高校と生徒との関係

本設問前段は，私立高校とその生徒という私人間における問題である。したがって国歌斉唱拒否事件判決を参酌しつつ，私人間の問題であることに相応したフレームワークを設定する必要があろう。

高校側には私学の自由があり，生徒側には思想・良心の自由がある。この双方の自由を妥当に調整しつつ，高校側の起立斉唱要請が公序良俗（民 90 条）に反しないかを検討することになろう。さらにその際，生徒の思想・良心の自由に対する間接的制約が強いものであれば，それに応じて公序良俗に反した生徒の心の自由の抑圧になっていないか審査する慎重度が高まることとなるだろう。

では，このフレームワークのもとで具体の事案を検討してみよう。まず，高校側には私学の自由がある。高校としては独自の校風があることを明示し，それに応ずる生徒に入学を認めているという事情がある。しかし，そもそも高校段階においては，将来社会人として生きていくための前提となる人間的成長を目的とした学習（基礎学力要請，人格形成）が中心である。特定の校風に応じた特定の生き方（conception）の受容は二次的なものではなかろうか。そうだとすれば，高校側の主張する独自の校風論には，おのずから抑制がかけられるべきものと思われる。

では，生徒側の思想・良心の自由に関してはどうであろうか。高校側の起立斉唱要請の目的は教育上の規律秩序の維持，あるいは校風に応じた生徒像の実現であろう。

教育上の規律秩序の維持に関しては，教師について語られる場合と生徒について語られる場合とは異なる。規律秩序の維持につき職責を担う教師とは異なり，生徒の場合，他の生徒の学習に悪影響を与えなければよい。そうだとすれば，国歌斉唱中，着席して静かにしているならばそれでもよいはずで，それをこえて他の生徒と同じく起立斉唱することまで求めるのはゆきすぎである。つまり，高校側としては独自の校風を維持する見地から生徒に対し指導・説得することまでは許されるだろうが，それにとどまるべきであって，要請をし，それに反した場合に不利益処遇をすることは，公序良俗に反した心の自由の抑圧になり許されないと考えられる。

独自の校風に応じた生徒像の実現はどうであろうか。これは生徒自身がそのあり方を心から是としなければ実現しえないものである。そうだとすればやはり，高校側としては生徒に対して指導・説得するにとどめるしかないのではなかろうか。

④公立高校と生徒との関係

本設問後段は，公立高校と生徒の関係である。こちらについては，国歌斉唱拒否事件判決を参酌して考察すればよいだろう。私立高校の場合と異なり，私学の自由を論ずることはありえないし，私人間効力論を考える必要もない。

したがって，高校側の起立斉唱要請の目的，内容，制約の態様等を総合的に衡量して，必要性および合理性があるかを審査すればよい。この点の考察は上記の部分と重複するので手短にまとめるが，教育上の規律秩序維持という点に関しては，着席して静かにしていればよいはずである。また公立高校にもある程度の独自の校風（そしてそれに応じた生徒像の実現）はありうるだろうが，私立と異なり，おのずから抑制のかけられたものにならざるをえないし，その実現方途も，生徒に対する指導・説得の域にとどまるべきであろう。

ステップアップ

本設問の場合，仮に生徒 X の国歌斉唱拒否が宗教上の信仰にもとづくときは，どう考えたらよいだろうか。エホバの証人剣道受講拒否事件判決（最判平成 8・3・8 民集 50 巻 3 号 469 頁）をも参照して考察してみよ。

次回の設問

法の下の平等について扱う。

憲法　6

明治大学教授
安西文雄　YASUNISHI Fumio

設問

日本において，マジョリティ（majority＝多数派）民族（人口の８割）と，それ以外のマイノリティ（minority＝少数派）諸民族（あわせて人口の２割）がともに居住しており，歴史的にマイノリティに対して差別があった，と仮定する。最近新設された国立Ａ大学医学部は，①社会的差別の効果の是正，②医療の領域において活躍するマイノリティの人々を増やす，③マイノリティの人々が多く居住する地域における医療を向上させる，④従来ともすればマイノリティの学生が少なかったので，その入学を促し学生集団の多様性を確保し教育の質を高める，という４つの目的のもとに，入学定員100名のうち，16名分をマイノリティに属する入学志願者のみに割り当てた。すなわち，特別入試コース（定員16名）と一般入試コース（定員84名）が並存し，マイノリティの入学志願者であればどちらでも選択できるが，マジョリティの入学志願者は一般入試コースしか選択できない。

Ｘは，マジョリティに属する入学志願者であるが，Ａ大学医学部の一般入試コースでの選考を受け，不合格とされた。ところが，特別入試コースを選択したマイノリティの入学志願者のなかには，Ｘよりも低い評点値で合格している者がいた。Ｘは，Ａ大学医学部のとっている入学者選抜措置は憲法に反しているとして訴訟を提起した。この請求は認められるであろうか。

POINT

❶アファーマティヴ・アクションのとらえ方。❷アファーマティヴ・アクションの合憲性に関する審査基準と，そのあてはめ。

解説

①平等の領域における実際的問題の鳥瞰図

学説上，平等につき議論する際に伝統的にモデルとされてきたのは，マイノリティ（人種的マイノリティや民族的マイノリティなど）に対する劣遇であり，さらに区別事由においても，人種，民族などを明示的に用いるものであった。いわゆる特別意味説（安西文雄ほか『憲法学読本〔第３版〕』106頁など参照）なども，憲法14条１項後段列挙事由（人種，信条，性別，社会的身分又は門地）を明示的な区別事由としてマイノリティを劣遇するという状況を念頭におき，司法審査基準を高めるべきだと論ずるものである。

こういった伝統的な平等問題（第１回参照）は，現在なおその重要性を減ずるものではない。ただし，それに加えて現代的な平等問題が顕在化していることにも留意する必要がある。現代的な問題として第１にあげられるのは，アファーマティヴ・アクション（affirmative action＝積極的差別是正措置。ポジティヴ・アクションともいう）である。伝統的な差別が偏見にもとづくマイノリティ劣遇であるのに対し，アファーマティヴ・アクションは，社会における平等構造実現をめざした（暫定的な）マイノリティ優遇，したがってマジョリティ劣遇である。こういった点をとらえ，伝統的な人種や民族にもとづく差別につき“悪性の差別”（malign discrimination），アファーマティヴ・アクションにつき“良性の差別”（benign discrimination），と対比的に表現されることもある。

第２にあげられるのは，間接差別である。伝統的な平等問題が，人種，民族などの区別事由を明示するものであるのに対し，区別事由としては人種中立的，民族中立的であるにもかかわらず，マイノリティに対して不利なインパクトを及ぼす規制を平等論においてどうとらえるべきか，という検討課題が浮上しているのである。この間接差別論に関する議論を遡ってゆけば，アメリカにおけるグリッグズ判決（Griggs v. Duke Power Co., 401 U.S. 424(1971)）にゆきつく。

職場内において，給与の比較的低い職務から給与の高い職務への移転を認めたが，移転のために高校卒業要件ないし試験合格要件を求めた，という事例である。要求された要件そのものは人種中立的である。高校を卒業していること，試験に合格していること，ということは，当然ながら人種とは関わりがないからである。しかし従前の社会的差別の残存効果からして，アフリカン・アメリカン（黒人）は白人よりも高卒要件ないし試験合格要件を充足する率が低い。つまり，人種中立的区別事由が人種差別的インパクトを及ぼした。そこでこれを雇用上の人種差別ととらえうるか，が問われることとなったわけである（結論として，差別であると判断された）。

以上，伝統的な平等問題から現代的な平等問題へと，平等の領域における実際的問題の拡大を鳥瞰した。そういった構図のなかで本設問は，現代的な問題のひとつ，アファーマティヴ・アクションについて問うものである。さらに付言すれば，この領域で有名なアメリカにおけるバッキ判決（Regents of the University of California v. Bakke, 438 U.S. 265(1978)）を作題にあたり下敷きにしている。

②アファーマティヴ・アクションに関する合憲性審査

アファーマティヴ・アクションは“平等のための差別”である。マイノリティの人々の活躍の場を拡大し，社会における平等構造を実現することをねらいとしつつ，しかし，その手段は人種差別や民族差別（本設問の場合は人種差別に準ずる民族差別）である。そこでこういった平等問題の合憲性審査をどのようにすべきか，人々は頭を悩ますこととなった。

アメリカにおける議論でいうならば，社会における平等構造の実現をねらいとしているという点に着目して，中間審査基準を用いるべきだとする立場と，人種・民族差別であるという点に着目して厳格審査基準によるべきだとする立場とが対立した。

このような対立のなかで，最高裁判所裁判官の多数派を形成できない時期がしばらく続いた。しかし1989年のクロソン判決（City of Richmond v. J. A. Croson Co., 488 U.S. 469(1989)），1995年のアダランド判決（Adarand Constructors, Inc. v. Pena, 515 U.S. 200(1995)）を経て，人種を考慮したアファーマティヴ・アクションは厳格審査基準に付されるとする立場が判例上確定した。

伝統的な人種差別が忌避すべきものであり，厳格審査基準によってチェックすべきだということは容易に納得しうるが，どうして人種を考慮したアファーマティヴ・アクションについてまで同様の基準を用いるべきなのか，理由を立ち入って考える必要があろう。

第1に，論理としてはアダランド判決のいう一貫性（consistency）である。劣遇されるのがマイノリティであろうとマジョリティであろうと，人種を区別事由とする差別である以上，一貫して厳格審査基準によるべきだ，という。

第2に，より実質的に社会のあり方を考えてみよう。アメリカ社会の場合，マイノリティといっても単一ではない。多くのマイノリティがいる。アファーマティヴ・アクションにはそのうちのある特定のマイノリティに対してのみ優遇する，というものがある。現実にアメリカ社会の歴史をみると，最も深刻な差別の犠牲にされてきたのは，アフリカン・アメリカン（黒人）とユダヤ人である。ところがアファーマティヴ・アクションのなかには，アフリカン・アメリカン（黒人）は優遇の対象とするが，ユダヤ人を対象から外すものがある。そうだとすれば，アファーマティヴ・アクションは“悪性”の差別のおそれが払拭できない。よって，それを警戒すべく厳格審査基準を用いることとなる。

第3に，アファーマティヴ・アクションはその優遇対象者にスティグマ（stigma＝劣等の烙印）を押しつけるのではないか，と危惧される点が指摘される（優遇スティグマ論）。自らの地位は自らの努力と能力によって獲得するものという前提をとる限り，特定の人種であるがゆえに優遇を受けるということは，そういう優遇によってはじめて他者と対等に伍していける者，つまり本来的には劣等な者という位置づけにつながりかねないのである。

以上のような背景をもって，人種を考慮したアファーマティヴ・アクションについては厳格審査基準によって合憲性を審査すべきこととなるが，ここでさらにもうひとつ注意すべきことがある。ひとしく厳格審査基準といっても，その枠内においてはグラデーションの幅があり，アファーマティヴ・アクションについて適用される厳格審査基準は，比較的厳格度が緩められたものとみるべきではないか，ということである。そうだとすれば，このように厳格度を緩めるという形で，良性の差別であるというクォリティの違いが反映されているとみることもできよう。

本設問の場合，民族性を考慮したアファーマティヴ・アクションである。民族も人種と同じくその合憲性が“疑わしい”（suspect）区別事由であるから，以上の比較法的知見をもとに考察する限り，厳格審査基準によってその合憲性を審査すべきこととなろう。

③ 合憲性審査基準のあてはめ

本設問のアファーマティヴ・アクションにつき，合憲性を検討してみよう。

まず，やむにやまれぬ法益（compelling interest）にもとづくものかが検討課題となる（いわゆる目的審査）。アメリカの関連判例上，やむにやまれぬ利益とされたものはふたつある。ひとつは，特定の差別（identified discrimination）があり，それに対する救済だということである。本設問の事例でたとえば，過去のある時期，A大学医学部が入試において現実に民族差別を行い，その結果，マイノリティの入学者が少なくなったという場合であれば，状況改善の必要があるため同大学医学部がマイノリティ優遇のアファーマティヴ・アクションを採用することが許容される。

もうひとつは，高等教育におけるものとして，学生集団の多様性に由来する教育の質の向上である。これがやむにやまれぬ法益に該当するとまでいえるか，実は疑問なしとしないが，先に述べたごとく，アファーマティヴ・アクションにつき用いられる厳格審査基準は厳格度をある程度緩めたものであるという認識を前提とすれば，このような法益であってもやむにやまれぬものと位置づけられることになる。

以上のような比較法的知見を前提とすれば本設問の場合，アファーマティヴ・アクションのねらいとして大学側から提示された①～④（設問文を参照のこと）のうち，①～③はやむにやまれぬ法益とはいえないが，④はそのような法益に該当するといえるだろう。

また，A大学医学部は最近新設された教育機関であるから，同大学において過去に民族差別入試を行ったということはないと考えられる。よって，やむにやまれぬ利益に該当するが大学側が提示していないものは，なさそうである。

目的審査によって，やむにやまれぬ法益がひとつあることが分かった。次に，その法益の実現のため必要最小限の手段（narrowly tailored means）がとられているかが問われる（いわゆる手段審査）。この点に関してもアメリカの判例を参酌すれば，クオータ（quota＝割当て）は，必要最小限の手段としては認められない。本設問の場合のように100名の定員のうち16名分をマイノリティに割り当てるとすれば，たまたまマジョリティに生まれた者に対し特別入試コースの門戸自体を閉ざすこととなりゆき過ぎだ，というのである。

ただし，だからといってアファーマティヴ・アクションがすべて否定されるわけではない。マイノリティであることを有利な一要素として扱い，民族や経歴，特技など多様な側面から学生集団の多様性を実現するものであれば，合憲と判断されることになろう（Grutter v. Bollinger, 539 U.S. 306(2003)参照）。

ステップアップ

国立A大学医学部入試において，特別入試コース，一般入試コースというように分けることはせず，入試制度は一本であるが，ただし150点満点中，マイノリティであれば当然に20点付与するという入試システムをとったとする。このシステムは合憲であろうか。

次回の設問

表現の自由について扱う。

憲法　7

明治大学教授
安西文雄　YASUNISHI Fumio

設問

Xらは，国民健康保険制度のあり方に対して強い批判的見解を抱いており，このような制度を廃止し，国民各自が自主的に民間の任意保険に加入すべきだとする運動を展開している。彼らはこういった運動の一環として，A県B市の中心部にある市民会館において，国民健康保険制度反対の集会を計画した。

この集会に先立って彼らは，市民に参加を呼びかけるポスター（A3サイズ）数枚を，市の繁華街の街路樹に針金でしっかりくくりつける形で掲出した。この行為が屋外広告物法およびそれにもとづく条例（下記参照）により刑事罰に問われた（事件Ⅰ）。

また，集会当日には300名ほどが参加したが，そのうちのひとりZは，市民会館の入口の階段あたりで公衆に向かって立ち，被保険者証を高く掲げ，それにハサミを入れて切り捨てた。法律上，被保険者証を故意に破損する者には刑事罰が科されると仮定し，Zはこの法律のもと刑事罰に問われたとする（事件Ⅱ）。

事件Ⅰおよび事件Ⅱについて，憲法上どのように考えたらよいであろうか。

【参考】A県屋外広告物条例

第4条1項　次の各号に掲げる物件に広告物を表示し，または広告物を掲出する物件を設置してはならない。

1　街路樹，路傍樹およびその支柱

2　……

第33条　次の各号の一に該当する者は，5万円以下の罰金に処する。

1　第3条から第5条までの規定に違反して広告物または広告物を掲出する物件を表示し，または設置した者

2　……

POINT

❶表現の自由に対するとき，場所，方法の規制。❷表現の自由に対する付随的規制。

解説

①表現の自由に関わる規制二分論

表現の自由が優越的地位（preferred position）を占めることは，人権論の基礎をなす理論である。そしてこの理論は，次のように諸々の側面において具体化される。

まず，①表現の自由に対する規制法令の“文言”に関わっては，漠然性のゆえに無効の法理，過度の広範性のゆえに無効の法理が指摘される。すなわち，表現の自由を規制する法令は明確でなければならず，不明確であればその法令の存在自体が許されない。また「法文は一応明確でも，規制の範囲があまりにも広汎で違憲的に適用される可能性のある法令」（芦部信喜〔高橋和之補訂〕『憲法〔第7版〕』214頁）も許容されない。次に，②規制の“とき”に関わっては，事前抑制の原則的禁止，検閲の絶対的禁止が指摘される。そして，③規制法令の“合憲性審査”に関わっては，審査基準が基本的に高められる。

さて，③の審査基準に関してであるが，アメリカの判例理論においては規制を大きくふたつ，すなわち表現内容規制（一定の内容の表現を許さないなど，内容が何であるかに着目した規制。以下，内容規制）と表現内容中立規制（表現の内容ではなく，表現のとき，場所，方法に着目した規制など。以下，内容中立規制）に分ける。そのうえで前者については厳格審査基準，後者については中間審査基準によって，その規制の合憲性を審査することとしているが，日本の有力学説も基本的にこれに倣っている。

では，内容規制と内容中立規制とで，どうして審査基準を異にするのであろうか。これについてふたつの側面から検討してみるとよい。まず，規制権力側の意図の問題である。内容規制の場合，その表現内容が権力担当者にとって都合が悪いから規制するというおそれ，つまり，権力担当者の悪しき意図が推測されるため要警戒といえる。これに対し内容中立規制の場合，たとえば夜8時以降の拡声器を使ったデモを規制するなどを例にとれば，それが住民の夜の静穏のためというように正当な目的のための規制であることが多い。つまり規制権力側の悪しき意図を推測しがたいことが多い。

もうひとつ，規制の効果の問題がある。内容規制の場合，特定のことがらについての表現が発信されなくなり，社会における情報の流通が，量的に減少するのみならず質的に偏ってしまう。つまり公論歪曲の弊害が生じてしまう。これに対し内容中立規制の場合，特定のとき，場所，方法による表現が規制され，社会における情報の流通が量的に減少するのみである。質的な偏り，つまり公論歪曲の弊害は生じないのが一般であろう。

以上の2点をふまえれば，内容規制と内容中立規制を別異に扱うことには，それなりの理由がある。

もっとも内容規制についても，実はさらに二分することができる。主題規制と観点規制の区別である。前者は，特定の“ことがら”についての表現を規制することである。たとえば国の税制について，あるいは外交政策について，意見表明を規制したりすることが例としてあげられる。これに対し後者は，あることがらにつき特定の“観点”からなされる表現を規制する。たとえば，国家の財政政策につき，マルクス主義経済学の見地から批判する表現を規制するなどが例としてあげられよう（参照，安西文雄ほか『憲法学読本〔第3版〕』152-156頁）。

主題規制も観点規制も，ともに内容規制の枠内のものであり，かつ，その合憲性は厳格審査基準によって審査される。そうではあるとしても両者を比較すれば，観点規制の方が要警戒度は高い。その理由は内容規制と内容中立規制を分かつ先述の2つの根拠（規制権力側の意図と，規制の効果）を当てはめて考えてみればよい。主題規制よりも観点規制の方が，規制権力側の悪しき意図が

推測されやすいし，規制の効果としての公論歪曲の程度も大きいのである。

以上，表現の自由に対する規制について鳥瞰図を提示した。本設問において求められているのは，このうち，内容中立規制に関わる問題点の検討である。

② 事件Ⅰについて

事件Ⅰは，表現の方法に関する規制，つまり典型的な内容中立規制に属する問題である。そもそも内容規制か内容中立規制かの区別については，規制法令それ自体に焦点をあてて検討する必要がある。本件の法令は，屋外広告物という表現の方法を規制している。表現内容がいかなるものであっても，こういった方法による表現が規制されるのである。なお，具体的な事案において規制を受けているのは国民健康保険制度に反対するという政治的表現であるが，これは規制それ自体が内容中立規制であることとは，おのずから別個の問題である。

では，本件規制に中間審査基準を当てはめて，その合憲性を検討してみよう。まず，重要な公益のための規制といえるかである。屋外広告物規制の目的は，公衆に対する危害の防止と美観風致の維持である。このうち前者が重要な公益であることについてはコンセンサスがある。立看板などが風に飛ばされて人に当たれば，人の身体に危害を及ぼすわけである。では後者，つまり美観風致の維持についてはどうか。これは確かに正当な利益であるとはいえる。しかし，重要な公益とまでいえるのだろうか。肯定・否定の両論があると思われる。

次に，規制手段に目的との関係で実質的関連性があるかを検討してみよう。まず，公衆に対する危害防止という目的との関係である。ボードに貼付された広告物であっても，それを針金などでしっかりくくりつければ風などで飛ばされることはない。ところが規制法令は屋外広告物一般を規制しており，くくりつけ方などで限定を施していない。つまり，手段の面からして行き過ぎた規制だとされるであろう。

美観風致の維持との関係はどうか。先述のとおり，これが重要な公益といえるか否か疑問であるが，仮にそれが肯定されるとしても，美観風致を侵害する程度の大きさ，数量であるときのみ，屋外広告物を規制すればよいのであるから，こういった限定のない規制はやはり行き過ぎである。

以上のように検討してくると，法令は違憲と判断されよう。ただし判例は，屋外広告物の規制に関しそれほど厳しく合憲性を審査しておらず法令は合憲と判断している（大阪市屋外広告物条例事件判決〔最大判昭和 43・12・18 刑集 22 巻 13 号 1549 頁〕，大分県屋外広告物条例事件判決〔最判昭和 62・3・3 刑集 41 巻 2 号 15 頁〕）。そうではあるにしても，大分県屋外広告物条例事件判決における伊藤正己裁判官の補足意見が指摘するように，適用違憲の可能性について検討すべきである。この際の判断のあり方としては，具体的事件における表現側の利益と公益側（公衆に対する危害防止および美観風致の維持）の利益を衡量するのである。それによって，表現側の利益の方が重いと評価されるのであれば，当該事案における法令の適用が違憲と判断される。

本設問の事案についてはどうか。表現側の利益としては，本件における表現が政治的表現であり，民主主義社会において高い価値を付与すべきものであることが注意される。これに対し公益側はどうか。本件のポスターは針金でしっかりくくりつけられており公衆に対する危害はなさそうであるし，美観風致があまり重視されない繁華街における，あまり大きくもない数枚のポスターであって，美観風致をそれほど害するものでもない。そうだとすれば，適用違憲の判断も十分可能と思われる。

③ 事件Ⅱについて

事件Ⅱにおける規制法令は，表現をターゲットにするものではない。およそ，故意に被保険者証を破損する行為を処罰するものである。そういった法令が付随的に表現――シンボリック・スピーチ――を規制することになってしまった。これは付随的規制であり，やはり中間審査基準によって合憲性が審査される。

ここで参考になるのは，多くの基本書で言及されているオブライエン判決（United States v. O'Brien, 391 U.S. 367(1968)）である。O'Brien は戦争反対のメッセージを伝えようとして，公衆の面前で徴兵カードを焼き捨てた。この行為が故意に徴兵カードを破損する行為を処罰する連邦法によって刑事罰に問われた事件である。

この事件では，表現の自由に対する付随的規制があるとして審査されたのであるが，用いられた合憲性審査の枠組みは，次のようなものであった（391 U.S. at 377. なお，松井茂記『アメリカ憲法入門〔第 8 版〕』287-288 頁も参照）。すなわち，①規制が政府の憲法上の権限の枠内にあるか，②規制が重要な政府の利益を促進するか，③その利益が言論抑圧と無関係か，④付随的規制が利益の促進の不可欠な限度を超えていないか，を審査するというものである。このうち①および③は，付随的規制であるための前提であり，②および④は中間審査基準と同等とみられる。

話をもどして，本設問の事件Ⅱに中間審査基準を当てはめてみよう。まず重要な公益のための規制かであるが，国民健康保険制度の適切な運営を維持するという目的は，多くの国民の健康保持に関わるものであり重要といってよいのではあるまいか。では手段審査はどうか。被保険者証がないと，医療機関における支払において不便を生ずるのであるから，一般には被保険者証を破損するなどの行為はなされない。したがって制度の適切な運営のため被保険者証の破損を刑事罰をもって禁ずるという手段には，実質的関連性を認めがたいのではなかろうか。よって，設問の法律の合憲性は認められないであろう。

ステップアップ

B 市が設営する市民会館において，市条例により「公の秩序をみだすおそれがある場合」，利用申請を不許可とすることができると規定されているとする。市側としては，国民健康保険制度に関しあれこれ議論がなされると，市民が賛否両論に分かれ社会的調和が害されるおそれがあるとして，国民健康保険制度に反対する集団による市民会館の利用申請を不許可にしようと考えている。こういった判断に憲法上問題はないだろうか。

次回の設問

表現の自由について，別の側面から扱う。

憲法　8

明治大学教授
安西文雄　YASUNISHI Fumio

設問

日本国とA国およびB国との間で，外交上の密約が交わされ，国費が不明朗に流用されつつあるといううわさが社会に流布していた（以下，外交上の密約の疑い）。

Yは，日本の古典文学を中心に扱う書店「浮舟」を経営すると同時に，さまざまな市民運動にたずさわってきた。彼は本件外交上の密約の疑いに関心を抱き，社会正義を実現したいという思いから，時おり開催される市民集会において，この疑惑に関し積極的に発言してきた。彼は，大学時代のサークルの友人Pがたまたま外務省の大臣秘書官をしていることを頼りに，本件外交上の密約の疑いに関する省内資料を提供してもらおうと考えた。

Yの資料提供の依頼に対し，Pは当初「とんでもないことだ」と強い拒否の意思を表示していた。しかしもともとYとPは長い間の友人関係にあり，Yの熱心な説得が繰り返されるうちにPは心を動かされていった。また，Yは「情報源を明かすことはない」，「あくまで市民集会で外交問題について発言する際に，若干言及するにとどめるだけだ」などと話していたので，Pも考え直すようになっていった。さらにPは，外交上の密約が真実存在するなら国益に反することであるから，世論の喚起をしておくのが正しい道ではないか，と思うに至った。

そこでPは，A国およびB国との関係についての省内資料で大臣室に回ってきたもの（以下，本件資料）をまとめてコピーし，街の喫茶店でおちあってYに渡した。

さてYは，Pから渡された本件資料を検討し，外交上の密約の疑いは真実であると考えた。そして市民集会での発言にとどめず，別の友人を介してジャーナリストQに本件資料のコピーを渡した。Qは自己の取材も加え，月刊雑誌に「外務省に密約疑惑！」と題するスクープ記事を公表するに至った。

国家公務員法上，国家秘密の漏示およびそのそそのかしは刑事犯罪とされている（国公100条1項・109条12号・111条）。PとYはこれらの規定によって刑事罰に問われた。Yとしては，自らの行為は国民の知る権利に奉仕し，社会正義を実現しようとするものであって，刑事罰を科すことは許されないと主張している。この主張は認められるだろうか。【設問前段】

また，仮にYが書店経営者（かつ市民運動家）ではなく報道機関に属する者であり，大臣秘書官Pに対し秘密漏示を働きかけたのであれば，どう考えるべきだろうか。【設問後段】

なお，本件資料は，国家公務員法上の秘密に該当することを前提とする。

POINT

❶国家秘密の保護と国民の知る権利の調整。❷報道機関の取材の自由と一般市民の情報収集活動の自由との差異。

解説

①Yが報道機関に属する者である場合

設問後段から先に考えてみたい。外交交渉の過程における情報は秘密にする必要性を伴うことがしばしばである。したがって国家秘密の保護の要請が存するが，これに対しY側は取材の自由をもって対峙する。こうして国家秘密の保護の要請と報道機関の取材の自由とが対立する構図が認められるが，これはまさに外務省秘密漏洩事件（最決昭和53・5・31刑集32巻3号457頁）で問われたものである。

取材の自由について最高裁は，「憲法21条の精神に照らし，十分尊重に値いする」（博多駅事件決定・最大決昭和44・11・26刑集23巻11号1490頁）という。微妙な言い回しであるが，ここに最高裁のとらえ方が看取される。取材活動は表現そのものではなく，表現のための資料収集，前提作業と位置づけられる。したがって憲法21条の直接的な保障のもとにはなく，21条の精神に照らして尊重に値するものとされる。ただし，報道機関の取材は国民の知る権利に奉仕するメリットがある。ここから，単に尊重に値するにとどまらず，“十分”尊重に値する，という評価が導出される（安西文雄「表現の自由の保障構造」同ほか『憲法学の現代的論点〔第2版〕』377頁，388-392頁参照。もっとも学説上は，取材の自由を直接21条の保障の下におくべきだとする見解が有力である。松井茂記『マス・メディア法入門〔第5版〕』219頁など参照）。

このように評価される取材活動であるが，それは報道機関に属する者が，国家機関の当事者に対し情報取得のためさまざまな形で働きかけることによる。もしそういった働きかけすべてが国家秘密漏示そそのかし罪で処罰されれば，取材活動は大きく損なわれる。そこで，国家秘密の保護と取材の自由という，相対立しうる価値につき調整する作業が要請される。

その手法として，さしあたり3つほどの選択肢があげられよう。

第1の選択肢は，構成要件の限定解釈である。漏示そそのかしを限定して解釈することによって取材の自由を確保するという手法である。外務省秘密漏洩事件控訴審判決（東京高判昭和51・7・20高刑集29巻3号429頁）はこのアプローチをとる。そそのかしとは「秘密漏示行為……を実行する決意を新たに生じさせてその実行に出る高度の蓋然性のある手段方法を伴い，又は自ら加えた影響力によりそのような蓋然性の高度な状況になっているのを利用してなされるしょうよう行為」だというのである。

ここまで限定して解釈すれば，そそのかしということばの解釈の枠を超えていないか，との疑いすら浮上する。そういうマイナス面はあるものの，構成要件の段階で限定解釈しておくことにはメリットがある。それは予測可能性の確保である。どのような取材までが許容されるのか，あらかじめ構成要件の枠によって明示されることとなれば，取材活動の畏縮を回避することが可能となる。

第2の選択肢は，正当業務行為論による違法性レヴェルでの対応である。国家公務員法上の構成要件該当性は充足するとしても，取材の自由を尊重する見地から，事案によっては正当業務行為（刑 35 条）として違法性阻却を認めるわけである。外務省秘密漏洩事件において最高裁がとったのは，この方法であった。判旨によれば，報道機関の取材について，「それが真に報道の目的からでたものであり，その手段・方法が法秩序全体の精神に照らし相当なものとして社会観念上是認されるものである限りは，実質的に違法性を欠き正当な業務行為というべきである」という。

この第 2 の選択肢（正当業務行為論による対応）を，先述の第 1 の選択肢（構成要件の限定解釈）と対比してみよう。予測可能性の確保の見地からすれば，構成要件の限定解釈の方が優れている。ただし，具体の事実関係に立ち入って刑事罰を科すべきか否かを判断しうる点では，正当業務行為論による対応の方に利点があるといえる。

第 3 にあげられる選択肢として，適用違憲の手法の採用がある。すなわち，当該事案において国家秘密の保護の要請と取材の自由の保護の要請とを衡量し，取材の自由の保護の要請の方が凌駕するのであれば，刑事罰の適用は違憲であると判断する。論理的には考えうる手法ではあるが，やはり予測可能性の確保という見地からは大きなマイナスを伴う（なお，その他にあげられる選択肢として，国家公務員法上の秘密漏示そそのかし罪につき，報道機関に関する部分は違憲である，とする部分違憲の手法もありえよう）。

②Y が書店の経営者かつ市民運動家である場合

設問前段にもどろう。Y は報道機関に属する者ではないので，報道機関の取材の自由を論ずることはできない。しかし，国民の知る権利に奉仕することを目指した，一般市民の情報収集活動の自由を論ずることはできるだろう。すなわち本設問の前段は，国家秘密の保護と一般市民の情報収集活動の自由とが対立する構図においてとらえうる。

報道機関の取材の自由であれば，「憲法 21 条の精神に照らし，十分尊重に値いする」という位置づけが最高裁によってなされているが，報道機関ではない，一般市民の情報収集活動については，どうだろうか。

ここで，法廷メモ訴訟（レペタ訴訟）（最大判平成元・3・8 民集 43 巻 2 号 89 頁）が参酌される。レペタ氏は報道機関に属する者ではなく，アメリカ合衆国ワシントン州の弁護士で経済法の研究者として来日している。レペタ氏の法廷でのメモの自由につき最高裁は，「憲法 21 条 1 項の規定の精神に照らして尊重されるべきである」としている。ここで「十分尊重に値いする」ではなく「尊重される」としていることは注目に値する。報道機関であれば，国民の知る権利に奉仕することを任務としており，したがってその取材は「十分尊重に値いする」が，それ以外の者の情報収集活動は「尊重される」にとどまるのであろう。

以上のようにみてくると，設問前段においては，設問後段と同じような価値の対立構図を前提としつつも，一般市民の情報収集活動であるため，報道機関の取材の場合より尊重の程度が低減することになる。では，先述の 3 つの選択肢それぞれにおいて，Y が一般市民である場合どうなるか考えてみよう。

第 1 の選択肢である，構成要件の限定解釈の手法はどうか。この手法をとるとき，国家秘密漏示そそのかし罪の構成要件そのものが限定して解釈されるため，Y の属性にかかわらず，つまり報道機関に属する者であろうとなかろうと，ねばり強く説得して訴えかける行為にとどまる限り（本設問の場合），構成要件該当性はない。

第 2 の選択肢である，正当業務行為論による対応についてはどうか。外務省秘密漏洩事件においてこの手法をとった最高裁の決定は，報道機関に限定した論理をとっている。「報道機関が公務員に対し根気強く執拗に説得ないし要請を続けることは」，一定の場合に「正当業務行為」になるという。最高裁が決定論理をこのように報道機関の取材に限ったのは，取材の自由は「憲法 21 条の精神に照らして，十分尊重に値いする」のであって，報道機関以外の者の情報収集活動とは憲法上の価値評価が異なるという考えを背後にしているのではないだろうか。

つまり，第 2 の選択肢を第 1 の選択肢である構成要件の限定解釈と対比すれば，判断の射程（一般市民も刑事罰を免れうるか）において重要な相違があることに気がつく。本設問の前段の場合，Y は書店の経営者であり市民運動家であるから，正当業務行為によることはできず，刑事罰を科されることとなる。

第 3 の選択肢である適用違憲の手法についてはどうか。これは事案ごとに，国家秘密保護の要請と情報収集活動の自由保護の要請とを衡量するわけであるが，このフレームワークは当事者が報道機関に属する者であるか否かにかかわらず妥当する。もっとも一般市民の方が，適用違憲の判断を受けづらいことにはなろう。

③もう少し展開してみると

既述のように外務省秘密漏洩事件最高裁決定は，報道機関に関する論理である。したがって設問前段の場合，違法性は認められることになりそうである。ただしここでもう少し展開して考えてみれば，一般市民の情報収集活動について，正当業務行為ではなくとも，正当行為（林幹人『刑法総論〔第 2 版〕』219 頁参照）として違法性を欠くことはありうるのではなかろうか（外務省秘密漏洩事件第 1 審判決・東京地判昭和 49・1・31 判時 732 号 12 頁は，新聞記者の取材活動について正当行為論を展開している）。報道機関が当事者である場合よりも違法性を欠くと判断される可能性は低いであろうが，それにしても可能性自体は存在するといえる。

ステップアップ

新聞記者 Y は，外交上の密約について外務大臣秘書官に漏示を働きかけ，現実に漏示を受けたが，その目的は，報道によって国民の知る権利に奉仕することではなく，資料を野党議員に渡し国会で外務大臣を批判させ，与党側に政治的打撃を与えることにあった。Y は国家公務員法の秘密漏示そそのかし罪で処罰されるだろうか。

次回の設問

国家賠償請求権について扱う。

憲法　9

明治大学教授
安西文雄　YASUNISHI Fumio

設問

Aは腰部の疾患により歩行が困難となり，最近は車椅子に乗ることも著しく困難である。このためAは，身体的原因により投票所に行って投票することが事実上不可能となっている。またXは，身体的能力に何ら問題はないが，対人恐怖症のため引きこもりの状態が続いている。他人と接触するような場所への外出はできないため，精神的原因により投票所に行って投票することが事実上不可能となっている。

AとXは，互いに仲が良く，また政治についての関心も高いため，お互いに電話などで政治上の議論を交わしている。ときには話が盛りあがり，1時間ほど議論を続けることすらある。

公職選挙法（以下，公選法）上，身体的原因にもとづく投票困難者に対しては在宅投票制度が設けられているが，精神的原因にもとづく投票困難者に対しては，そのような制度がない。そのため，最近数回の国政選挙，地方議会議員の選挙に限っても，Aは在宅投票により選挙権を行使することができたが，Xは行使できなかった。

そこでXは，国会の立法行為（公選法に身体的原因にもとづく投票困難者について在宅投票制度を規定し，かつその後，制度の対象を精神的原因にもとづく投票困難者にまで拡充しなかったこと）により選挙権を行使できず，また身体的原因にもとづく投票困難者に比して差別的処遇を受けたことにより精神的苦痛を受けたことを理由として，国家賠償請求を行った。この請求は認容されるだろうか。

なお，設問考察の前提として，精神的原因にもとづく投票困難者の問題は国会においてあまり議論されたことがないが，平成15年ごろから日本弁護士連合会，地方公共団体の議会などが衆議院議長，参議院議長に対し，早急に対応措置をとるよう要望する意見書を提出しているとする。

POINT

❶立法行為についての国家賠償請求。❷選挙権行使の現実的機会の保障。❸平等の争点のとらえ方。

解説

①立法行為についての国家賠償

本設問は，精神的原因にもとづく投票困難者事件（最判平成18・7・13判時1946号41頁。以下，平成18年判決）を手がかりにしている。この事件については，法教462号136頁の「演習」（新井誠執筆）でも投票の機会の保障の見地から扱われているので，本稿では立法行為についての国家賠償を中心にして考察してみたい。ちなみに，立法行為をとらえて国家賠償請求訴訟を提起することは，憲法訴訟を組み立てるためには有用な手法である。たとえ訴訟の結果がどうであろうと，訴訟それ自体が世論喚起につながるし，判決理由において法律の違憲判断が下されることもある（再婚禁止期間違憲訴訟判決・最大判平成27・12・16民集69巻8号2427頁。以下，平成27年判決）。

立法行為についての国家賠償においてまず押さえるべきことは，法律の内容の違憲性と国家賠償法上の違法性とは異なる，という点である。国会議員の立法過程における行為に対する評価は，原則として国民の政治的判断に委ねられるのであり，結果的に法律の内容が違憲であっても，直ちに立法行為が国家賠償法上違法となるわけではない。

では，いかなる場合に立法行為が国家賠償法上違法となるのか。これについてはいくつかの判例が展開してきている。まず最高裁は，在宅投票制度訴訟判決（最判昭和60・11・21民集39巻7号1512頁。以下，昭和60年判決）においてその立場を示した。それによれば「立法の内容が憲法の一義的な文言に違反しているにもかかわらず国会があえて当該立法を行うというごとき，容易に想定し難いような例外的な場合」にのみ，国家賠償法上違法の評価を受けるという。たいそう限定的であり，現実に違法とされる実例はないのではないか，と思わせるフレームワークであった。

ところがその後，平成17年の在外国民選挙権訴訟判決（最大判平成17・9・14民集59巻7号2087頁。以下，平成17年判決）において最高裁は，国家賠償法上違法と評価される場合を2つに分けて論じた。「立法の内容又は立法不作為が国民に憲法上保障されている権利を違法に侵害するものであることが明白な場合〔前段〕や，国民に憲法上保障されている権利行使の機会を確保するために所要の立法措置を執ることが必要不可欠であり，それが明白であるにもかかわらず，国会が正当な理由なく長期にわたってこれを怠る場合〔後段〕など」だという。そして当該事案においては，在外国民に選挙権行使の保障措置を講じていなかったことにつき，後段の場合に該当するとして国家賠償を認めた。

平成17年判決が示した上記フレームワークを，昭和60年判決のフレームワークと比較してみよう。最高裁自身は平成17年判決において「異なる趣旨をいうものではない」とする。しかし，実際には平成17年判決において違法と評価される場合を拡大した，とみるのが学説上一般的である（参照，米沢広一・平成17年度重判解8頁など）。

さらに平成27年判決において最高裁は，いま一度フレームワークを設定し直した。「法律の規定が憲法上保障され又は保護されている権利利益を合理的な理由なく制約するものとして憲法の規定に違反するものであることが明白であるにもかかわらず，国会が正当な理由なく長期にわたってその改廃等の立法措置を怠る場合など」に違法と評価されるという。さらにこの判決における千葉勝美裁判官の補足意見によれば，このフレームワークは，「今回，改めて，……従前の当審の判示をも包摂するものとして，一般論的な判断基準を整理して示したものであり，平成17年判決を変更するものではない」という。

こうして現在においては，平成27年判決のフレームワークに依拠すべきこととなる。それはまとめれば，違憲の“明白”性と，国会の懈怠の“長期”性の双方に目配りしつつ，国家賠償法上の違法性が認められるか否か判断すべきことを示す。さらに考察を展開すれば，違憲の明白性と国会の懈怠の長期性とは総合的に考慮すべきであろうから，違憲の明白性が非常に強度であれば，国会の懈怠の長期性の要請は若干弱まるであろうし，違憲の明白性の強度が若干弱いという場合であれば，国会の懈怠の長期性の要請は強く求められることとなろう。

② 選挙権行使の現実的機会の保障

精神的原因にもとづく投票困難者は，身体的原因にもとづく投票困難者と同じく，法的には選挙権を保障されている。つまり選挙人名簿に登録されているのである。しかし投票所に行くことが事実上不可能または著しく困難であるため，選挙権の行使が現実には不可能または著しく困難となっている（この点が在外国民選挙権訴訟の事案との相違である。在外国民選挙権訴訟の場合は，そもそも在外選挙人名簿がない，または比例代表に選挙権が限定されるなど，法的に選挙権行使ができないか，または限定されていた）。

ここで浮上する憲法上の論点は，そもそも選挙権の保障は，選挙資格の保障を意味するにとどまるのか，それとも，それにとどまらず選挙権行使の現実的機会の保障まで含むのか，ということである。現実的機会の保障まで含むと解釈してはじめて，精神的原因および身体的原因にもとづく投票困難者は選挙権を侵害されていると主張できるからである。

この論点に関しては，選挙権行使の現実的機会の保障まで含むと解すべきであろう。選挙権を現実に行使することができなければ，権利保障の内実が空虚になってしまうからである。選挙権行使の現実的機会の保障が一定のカテゴリーの人々につき不十分であるとき，その人々が不利を被るのみではない。社会における公的意思形成が一定のカテゴリーの人々の参与なくして行われることとなり，意思形成が歪んでしまう弊害すら生ずる。

では最高裁の立場はどうか。平成18年判決において，平成17年判決を引用し，「国民の選挙権の行使を制限することは原則として許されず，……制限をすることなしには選挙の公正の確保に留意しつつ選挙権の行使を認めることが事実上不可能ないし著しく困難であると認められるときでない限り，……所要の措置を執るべき責務がある」との論理は，「国民が精神的原因によって投票所において選挙権を行使することができない場合についても当てはまる」としている。つまり，「精神的原因により投票所において選挙権を行使することができない場合も選挙権の制限となるから，厳格な審査が必要だと論じている」（高橋和之『立憲主義と日本国憲法〔第5版〕』327頁）。選挙権行使の現実的機会の保障も選挙権の保障に含まれるとする立場といえよう（なお，安西文雄ほか『憲法学読本〔第3版〕』216頁も，平成18年判決は，「選挙権を，選挙人名簿への掲載を超えて，選挙権行使の機会を実質的に保障することまで要請するものと解しているように思われる」と指摘する）。

③ 本設問の場合，国家賠償請求は認容されるか

精神的原因にもとづく投票困難者事件の判決において最高裁は，選挙権行使の現実的機会の保障について上記のような立場に立ちつつも，国家賠償請求については平成17年判決のフレームワーク後段の場合に該当するかを検討し，結論的に賠償を認めなかった。

その理由は2つある。第1に，立法措置が必要不可欠であることが明白といえない，という点である。精神的原因は多種多様で，その状況も固定的ではないこと，療育手帳に記載されている総合判定も投票所に行くことの困難さの程度と直ちに結び付くものではないこと，がここで言及される。そして第2に，懈怠の長期性の要件が欠ける点である。この種の問題について国会でこれまでほとんど議論されてこなかったことがここでふれられる。

しかし現時点では，選挙権の保障には選挙権行使の現実的機会の保障まで含むと解されるようになっている。かつ，医師の診察によって，投票日前後において投票所に赴くことが精神的原因にもとづき著しく困難であるか否か診断することは可能であろう。そうだとすれば，このように医師の診断を介して確定された精神的原因にもとづく投票困難者につき，在宅投票制度をとらず，選挙権行使の現実的機会の保障を行わないことは，選挙権保障において欠けているといえる。のみならず，選挙権という基本的権利にかかわる差別（基本的権利型平等事案となる〔参照，松井茂記『アメリカ憲法入門〔第8版〕』420-423頁〕。差別の犠牲者は精神的原因にもとづく投票困難者）に該当する事態だといえよう。このように現時点では，違憲であり，かつそれが明白といえるのではなかろうか。

平成27年判決のフレームワークは，違憲の明白性と懈怠の長期性の双方に目配りするものであった。違憲の明白性の要件は充足するとして，懈怠の長期性はどうか。本設問では平成15年ごろからこの問題が議論され，日本弁護士連合会や地方議会の意見書が提出されているのであり，そのころから10年以上経過している。よって長期性の要件も充足していると思われる。以上まとめれば本設問の場合，現時点では国家賠償請求は認容されるべきであろう。

ステップアップ

衆議院議員選挙において，一票の重みの較差が放置されそれが長期にわたった場合，一票の重みが軽い選挙区の有権者は，国会の立法上の不作為につき国家賠償請求をすることができるだろうか。

次回の設問

国会について扱う。

憲法　10

明治大学教授
安西文雄　YASUNISHI Fumio

設問

電力の安定供給のためどのような政策がとられるべきか，国会の内外で議論が交わされ，対立があるとする。衆議院議員Ｙは，電力需要を火力発電（LNG）によってまかなうべきだとする立場をとると同時に，火力発電推進法案の提案者グループのなかで中心的地位を占めている。この法案は現在開会中の国会において，議員立法として近く（２か月ほど先の３月中旬から衆議院で）審議に入る予定である。

Ｙについては，火力発電のプラント業者である企業Ａから多額の賄賂が渡されているとの嫌疑がもちあがっており，その嫌疑について相当の理由があるため，内閣は衆議院に対し逮捕許諾（国会 33 条・34 条）を求めた。【設問前段】

また，衆議院のある委員会において，火力発電と太陽光発電の利害得失が議論された際，Ｙは太陽光発電の非効率性を指摘しつつ，特定の業者Ｘに関して，次のように言及した。「太陽光パネル業者Ｘは，経済産業大臣Ｂの古くからの友人だが，この前ともにゴルフをした際，大臣に賄賂を渡している。たまたま私の秘書が同じゴルフ場にいて，その場を目撃している。」ところがこの発言はＹ自身，虚偽と知りつつ行ったものであった。太陽光パネル業者Ｘとしては，これによって名誉を毀損されたとして国およびＹを相手どって賠償請求を求める訴訟を提起した。【設問後段】

（小問１）設問前段の許諾請求に対し，衆議院としてはどのような事情を考慮して判断したらよいのだろうか。また，衆議院としては２か月ほど先の３月中旬から火力発電推進法案が審議に入る予定であるので，期限付き逮捕許諾，すなわち３月上旬までに限った逮捕許諾をすることを検討している。このような逮捕許諾は憲法上許されるだろうか。

（小問２）Ｘから提起された，設問後段の賠償請求は，認容されるだろうか。

POINT

❶不逮捕特権の趣旨をどうとらえるか。❷期限付き逮捕許諾は許されるか。❸発言免責特権と一般市民の権利・利益の保護との調整のあり方。

解説

①不逮捕特権

本設問は，国会議員（以下，議員）の特権について問うものである。そのうち小問１は，不逮捕特権（50 条）に関わる。

不逮捕特権の歴史は古い。「沿革的にはヨーロッパ中世・絶対王政期において国王が反対派の議員を逮捕し，議会の結論を左右しようとした例が見られたことから，広く議員の特権として認められるようになった」（市川正人『基本講義 憲法』297 頁）ものである。では，現在において，いかなる趣旨をもつのだろうか。

この点に関してふたつの立場，すなわち，“議員の身体の自由に焦点をあてる立場”と，“議院の審議権に焦点をあてる立場”とがある。前者は「議員の身体の自由を保障し，政府の権力によって議員の職務の執行が妨げられないようにすること」が不逮捕特権の趣旨だとする。これに対し後者は，議院への政府の介入がないようにして「議院の審議権を確保すること」が趣旨だとする。通説的見解は，「いずれか一方に限定するのは，諸外国の考え方を参考にして考えると，狭きに失する」（芦部信喜〔高橋和之補訂〕『憲法〔第７版〕』318 頁）という。もちろん双方の趣旨を考慮に入れるべきであるが，どちらに軸足をおいて不逮捕特権をとらえるべきかについては検討の必要がある。

憲法の条文（50 条）から検討してみよう。条文は「国会の会期中」に焦点をあてたものとなっている。両議院の議員について，一定の場合を除いては「国会の会期中逮捕され」ないとしたり，会期前に逮捕された議員について「その議院の要求があれば，会期中これを釈放しなければならない」としているからである。

議員に対する不当逮捕，およびそれによる議員の身体の自由の侵害は，国会の会期中か否かを問わずありうる。つまり議員の身体の自由に焦点をあてる立場では，国会の会期中に限定する必要性に乏しい。むしろ，とりたてて国会の会期中にこだわっているのは，会期中に行使される議院の審議権に焦点をあてたから，といえるのではなかろうか。そうだとすると，不逮捕特権の趣旨としては，どちらかといえば議院の審議権に軸足をおいて理解すべきであろう。

さて，逮捕許諾を求められた議院（本設問の場合，衆議院）としては，許諾の判断の際，いかなる点に焦点をあてるべきであろうか。議員の身体の自由に焦点をあてる立場では，不当逮捕か否かがポイントである。不当逮捕であれば許諾を拒否すべきであるし，そうでなければ許諾を拒否する理由はない。したがって贈賄罪の嫌疑がどれほど強いかが検討の核心をなす。

これに対し，議院の審議権に焦点をあてる立場では，Ｙが逮捕されて身柄を拘束されてしまうと，衆議院における火力発電推進法案の審議にどれほどの支障が生ずるかがポイントである。法案の審議において，その中心的推進役であるＹの知見・発言・働きかけがどれほど重要かを考慮すべきこととなる（参照，小栗実「議員の不逮捕特権」岩間昭道＝戸波江二編『司法試験シリーズ〔第３版〕憲法Ⅰ［総論・統治］』88 頁）。

以上のように，不逮捕特権の趣旨のとらえ方により，議院が逮捕許諾の判断をする際のポイントが異なってくる。ここに留意すべきであろう。なお，議員の身体の自由と議院の審議権の双方の趣旨を総合する立場をとるときは，犯罪の嫌疑の濃さと当該議員の審議上の重要性の双方を，議院が総合的に考慮して，許諾に関わる判断をすべきこととなろう。

では，期限付き逮捕許諾についてはどうか。ここにおいても不逮捕特権の趣旨のとらえ方が関わってくる。議員の身体の自由に焦点をあてる立場からすれば，既述のように不当逮捕か否かが考慮の核心をなす。不当であれば許諾すべきでないし，不当でないならば許諾すべきである。つまり，この立場では逮捕許諾に期限を付すべき理由を見いだすことが困難である。

これに対し，議院の審議権に焦点をあてる立場では，議院の審議の動向によって，ある時期から当該議員が法案等の審議上重要となることはありうる。現実に本設問の場合，2か月後の3月中旬から火力発電推進法案が衆議院で審議に入る予定となっており，その審議において法案の中心的推進役であるYの重要性が増してくるであろう。そうだとすれば，期限付き逮捕許諾をすべき理由は十分存在する。

以上のように，不逮捕特権の趣旨のとらえ方と期限付き逮捕許諾の可否とは対応関係にあると思われるが，多数説はやや異なった視点からアプローチしている。議員の身体の自由に焦点をあてる立場でありながら，期限付き逮捕許諾がありうるとする。その理由は，「議院は，逮捕許諾の請求に対しては，その許諾を全部的に拒むことができる以上，これに期限または条件をつけることも，かならずしも違法と見るべきではない」（宮澤俊義〔芦部信喜補訂〕『全訂日本国憲法』379頁。また参照，芦部〔高橋補訂〕・前掲319頁）から，という。これは請求に対する一部認容に近似した考え方によるものといえる。しかし，議員の身体の自由に焦点をあてる立場をとる以上，このような一部認容的な考え方は論理として一貫しないのではなかろうか。

なお，この問題点に関しては，下級審決定（東京地決昭和29・3・6判時22号3頁）があり，「適法にして且必要な逮捕と認める限り無条件にこれを許諾しなければならない」として，期限付き逮捕許諾を否定している。

②発言免責特権

小問2は，発言免責特権（51条）に関わる。このような免責を認めた趣旨は，「議員の職務の執行の自由を保障すること」（芦部〔高橋補訂〕・前掲319頁）であることは疑いない。ただし，より現代的な問題状況は，議員の議場での発言が一般市民の名誉・プライヴァシーを侵害してしまう場合など，議員の職務の執行の自由を確保しつつ，一般市民の権利・利益をいかに擁護するか，というところにある。

この問題が現実に問われたのが，いわゆる病院長名誉毀損事件最高裁判決（最判平成9・9・9民集51巻8号3850頁）である。衆議院議員の議場での発言が一般市民（病院長）の名誉を毀損し，結果的に当該一般市民を死に追いやったとして，その遺族が国と当該衆議院議員を相手どって損害賠償請求訴訟を提起したものである。

最高裁はここで議員の賠償責任を否定したが，その際意外な論理を用いた。「本件発言が被上告人○○の故意又は過失による違法な行為であるとしても，被上告人国が賠償責任を負うことがあるのは格別，公務員である被上告人○○個人は，上告人に対してその責任を負わないと解すべきである」という。つまり憲法51条によるのではなく，国家賠償法の構造，すなわち同法は国または公共団体の責任を認めるのみで，公務員の個人責任を認めていないという論理からして，議員の個人責任を否定したのである。これは見方によれば，憲法判断回避のルールによっているといえるのかもしれない。憲法によらないで法律解釈のレヴェルで事案の解決ができるのであれば，それによるべきだ，というわけである。

また最高裁は，国が責任を負うべき場合があることも例外的に認めている。「当該国会議員が，その職務とはかかわりなく違法又は不当な目的をもって事実を摘示し，あるいは，虚偽であることを知りながらあえてその事実を摘示するなど……特別の事情がある」とき，である。

本設問の場合，衆議院議員たるY自身が虚偽と知りつつ行った虚言であるから，例外的に国の責任が認められる場合に該当するであろう。では，このように例外的に国の賠償責任が認められる場合，国から当該発言を行った議員に対する求償権の行使（国賠1条2項）については，どうとらえたらよいか。憲法の定める発言免責特権は，議員の職務の執行の自由確保のために徹底した免責を特に認めたものと解するなら，国から議員に対する求償権も否定すべきではなかろうか。そして，そこに51条の意義を見いだすことも可能であろう。

さて，発言免責特権に関わって学説上，これまでとは別個の視点からアプローチする見解が提示されているので，それについても若干ふれておこう。そもそも議員は議場においては最大限の発言・表決の自由を保障されるべきである。ところが，そういった自由を保障する結果として，一般市民の名誉・プライヴァシーに対し特別の犠牲を課してしまうことがある。そうだとすれば，これは非財産的権利に対する特別犠牲が生じているといえるのではないか。

もともと財産権に対する特別犠牲がある場合，29条3項により損失補償がなされる。しかし，社会全体の公益のために特定個人に対し特別犠牲を課してしまう場合は，別段，財産権に限らない。非財産的権利に関してもありうる。そしてそういう場合の特別犠牲に対して補償をしないならば，個人を尊厳ある個人として扱っていないこととなる。よって，非財産的権利に対する特別犠牲があった場合補償をすべきことは13条から導出することができる（参照，高橋和之『立憲主義と日本国憲法〔第5版〕』160頁）。このように考えるならば，本設問の場合13条によってXに救済を与えることが可能となるだろう。

ステップアップ

衆議院議員Yの議場での発言の結果，Yと対立する議員たちは場内乱闘となってしまい，Yは彼らに対し暴力行為（以下，本件暴力行為）に及んでしまった。本件暴力行為について憲法51条の免責特権は及ぶか。仮に及ばないとして，本件暴力行為に対し刑事訴追をするために，衆議院の告発を要すると解すべきか。

次回の設問

司法権について扱う。

憲法 11

明治大学教授
安西文雄 YASUNISHI Fumio

設問

宗教法人A教と宗教法人X_1寺は，包括・被包括の関係にある（A教が包括団体，X_1寺が被包括団体）。Y_1はX_1寺の住職であり，宗教法人X_1寺の規則において住職をもって代表役員とすると定められていることにもとづき，代表役員でもある。

Y_1（およびX_1寺の門徒のうち数十名）は，A教の最近のあり方に違和感を覚え，悩んだすえ，A教との間の被包括関係の廃止を考えるようになった。被包括関係の廃止にはX_1寺の規則改正が必要であり，さらにその規則改正の要件としてX_1寺の責任役員（計4名，うち1名は代表役員であるY_1自身）全員の同意が求められていた。

責任役員のうち，Y_1以外の3名は被包括関係の廃止には反対の立場であることを考慮し，Y_1は独断で抜き打ち的に彼ら3名の責任役員を解任した。ところが責任役員の解任には包括団体であるA教の代表役員（宗教上の最高位たる法主）の承認が必要と定められていたところ，これがなかったため，Y_1はA教側から呼び出しを受け，文書で訓戒を受けることとなった。しかしY_1の意思は固く，A教側の訓戒に従わなかった。

A教としては，「本宗の法規に違反し，訓戒を受けても改めない者は，住職を罷免する」という規則にもとづき，Y_1を罷免した（X_1寺が被包括関係から離脱することを防止するという，A教側の趣旨も込めている）。これにもとづきX_1寺としては，Y_1が代表役員でもなくなりX_1寺の本堂，庫裡などの建物の占有権限を失ったとして，Y_1を相手どり，所有権にもとづき建物明渡請求訴訟を提起した。この請求は認められるか。【設問前段】

宗教法人X_2寺も宗教法人A教と被包括関係にある（A教が包括団体，X_2寺が被包括団体）。Y_2はX_2寺の住職であり，宗教法人X_2寺の規則により，住職をもって代表役員とすると定められていることにもとづき，代表役員でもある。

Y_2は地元のBカルチャー・センター主催の在家僧侶養成講座の講師となり，独自の判断で受講生に対し宗教上の法階（僧侶たる地位）を与えた。多くの人々が僧侶になれば，この地上は極楽浄土にかわりゆくという信念にもとづいたものであった。

ところがA教においては，開祖A聖人以来の秘伝を受け継いだ法主のみが法階を与えうるとされ，法主以外の者が法階を与えることは禁制にふれることとして戒められていた。A教としては，Y_2の法階授与行為はA教規則の「宗旨または教義に異議を唱え宗門の秩序をみだした」ことに該当するとして，Y_2に対し擯斥処分（僧侶の身分を剝奪する処分）を下した。

これを受けてX_2寺側としては，Y_2は住職・代表役員ではなくなり，したがってX_2寺の本堂，庫裡などの建物の占有権限を失ったとして，Y_2を相手どり，所有権にもとづきこれらの建物の明渡請求訴訟を提起した。この請求は認容されるか。【設問後段】

POINT

司法権と宗教団体の内部問題。

解説

①法律上の争訟と宗教団体の内部問題

裁判所法3条によれば，裁判所は「一切の法律上の争訟を裁判」するとされている。司法権が宗教団体の内部問題に関わることができるかについては，この規定を受け，当該問題が「法律上の争訟」に該当するか，という形で議論されることが多い（法律上の争訟にあたらないなら，司法権が扱うものでないとして却下）。

ここで，議論における基本的視点をまず押さえておこう。一方に「裁判による公権的な紛争解決の必要性」がある。宗教団体の内部問題であっても，本設問のように建物の明渡しなど世俗の法的問題が関わることが多く，したがって裁判所に対し紛争解決を求める要請がでてくるのである。しかし他方，宗教「団体の内部問題への不介入の要請」（新堂幸司「審判権の限界」新堂＝谷口安平編『講座 民事訴訟②』20頁）もある。そもそも信教の自由の保障には宗教的結社の自由が含まれるし（芦部信喜〔高橋和之補訂〕『憲法〔第7版〕』160-161頁参照），さらにそのなかには宗教的結社内部における自律権の保障も認められるからである。

こうして，ふたつの相対立しうる要請を考慮しつつ，法律上の争訟性が認められるか否か考察していくこととなる。

それでは，これまでの判例をふりかえり，実務上この問題にどのように取り組んできたか検討してみよう。まず，種徳寺事件判決（最判昭和55・1・11民集34巻1号1頁）をとりあげよう。この判決は宗教団体の内部問題に裁判所がどこまで関わりうるかにつき基本的な立場を示すものとして重要である。判決によれば，①寺院の住職たる地位は，「宗教的活動における主宰者たる地位」であり，確認の訴えの対象となるべき適格を欠く（銀閣寺事件判決〔最判昭和44・7・10民集23巻8号1423頁〕も同様）。これに対し，②「他に具体的な権利又は法律関係をめぐる紛争があり，その当否を判定する前提問題として特定人につき住職たる地位の存否を判断する必要がある場合には，その判断の内容が宗教上の教義の解釈にわたるものであるような場合は格別，そうでない限り」裁判所は審判権を有する，という。

宗教上の地位それ自体の確認訴訟が認められないことは，容易に理解しうる。ところが，具体的な法的紛争があり，その前提問題としてであれば，宗教上の地位について裁判所の審判権が及ぶというのは，どうしてなのだろうか，疑問点として浮上する。世俗の法的問題が関わっており，そうであるがゆえに裁判による公権的な紛争解決の必要性が大きいことがひとつの理由としてあげられる。そしてさらに，訴訟物として直接に宗教上の地位を判断するわけではないので，宗教団体の内部問題への介入の程度が比較的小さいことも理由としてあげられる（新堂・前掲20頁）。

次に，宗教関係の寄付金の返還請求が問われた板まんだら事件判決（最判昭和56・4・7民集35巻3号443頁）をみてみよう。この判決において最高裁は，法律上の争訟について次のように定式化した。㋐当事者間の具体的な権利義務ないし法律関係の存否に関する紛争であって，かつ，㋑それが法令の適用により終局的に解決することができるもの，である。そしてこの事件では㋑の要件が欠けるとして，法律上の争訟性を否定した。

この事案は，たしかに形の上では一定額の金銭の返還請求であるが，宗教上の寄付であり，「いわば，自然債務的な性格の強いもの」（新堂・前掲10頁）といえる。よって裁判による公権的な紛争解決の必要性はさほど強くない。また，紛争の核心は宗教教義であり，それに「法律関係の衣をきせて提訴した」（新堂・前掲21頁）のであり，宗教教義への不介入の要請は強い。このような判断のもと，法律上の争訟性が否定されたものと思われる。

もうひとつ，蓮華寺事件判決（最判平成元・9・8民集43巻8号889頁）もチェックしておきたい。この事件は，宗派の本尊観，法主の地位の承継をめぐって宗派を二分する内部紛争の一環として争われたものである。法的紛争の前提として宗教上の地位を審理することについて，「地位の選任，剝奪に関する手続上の準則で宗教上の教義，信仰に関する事項に何らかかわりを有しないものに従って……なされたかどうかのみを審理判断すれば足りるとき」，裁判所は審理判断できるが，「宗教上の教義，信仰に関する事項をも審理判断しなければならないとき」，裁判所は審理判断できないと区分し，本件の事案は後者に該当すると位置づけ，法律上の争訟性を否定している。

この判決は，裁判所の審理判断の権限をかなり限定している感がある。ただ，それは事案の特性，つまり宗派を二分する深刻な争いがあり，したがって宗教団体の内部問題への司法的不介入の要請がとりわけ強いタイプの事案であることを前提としたフレームワークとみうるのではあるまいか。

②設問前段について

さて，設問の考察に入ろう。設問前段は，建物の明渡請求という具体的な法的問題であり，その前提として住職という宗教上の地位の有無が問われるという構造になっている。これまでの判例に学ぶならば，宗教上の地位を剝奪する根拠となったA教の規定「本宗の法規に違反し，訓戒を受けても改めない」という要件の判断において，宗教教義の解釈を要するかが検討課題となる。

本設問における要件充足の判断それ自体は，客観的事実関係をみればよい。A教代表役員の承諾なく責任役員を解任し法規に反したこと，訓戒を受けたこと，それに従わないことなどである。宗教教義の解釈は要しない。

しかし，本件の実体はX_1寺の被包括関係を存続させるか否かが関わっている。Y_1が責任役員3名を解任したのは被包括関係からの離脱を動機としており，またA教側がY_1を住職から罷免した動機も，規定にしたがってなされてはいるが，背景にある動機は包括関係からの離脱の防止である。

宗教法人法78条1項は，包括団体は，被包括関係の廃止を防ぐことを目的として被包括団体の代表役員に対し不利益取扱いをすることを禁ずる。これは，被包括団体（末寺）の信教の自由を保護する趣旨によるものである。この78条1項を広く解するならば，A教側によるY_1罷免は当該規定に反し無効となり，したがってX_1寺のY_1に対する建物明渡請求は認められない，という立場もあるだろう（本設問前段のモデルとなった法布院事件の控訴審判決〔名古屋高判平成9・3・12判時1612号67頁〕はその立場である）。

しかし，このように78条1項を広く解するなら，ではどこまで広く解するのか，際限がないことになりかねない。本設問のように，A教の規則に反したことを理由とする不利益処分には同規定は及ばないと解するのが妥当であろう（参照，八木一洋「判解」曹時54巻2号659-660頁）。そうだとすれば住職罷免処分は有効で，建物明渡請求は認容されることとなる。

③設問後段について

設問後段も宗教上の地位が前提となっており，住職たる地位の喪失が「宗旨または教義に異議を唱え宗門の秩序をみだした」行為に由来するといえるか，が問題になる。

Y_2の行為が宗旨または教義に異議を唱えたといえるか否かについては，教義を理解しそれにもとづき判断するしかない。教義を理解しなければ教義に異議を唱えたか否かは判断できないのである。そうだとすれば法律上の争訟性は欠けることとなる。

なお，この設問後段は，玉龍寺事件判決（最判平成21・9・15判時2058号62頁）を題材としている。最高裁は，Y_2への処分が剝職処分（宗制に違反して甚だしく本派の秩序をみだした場合の処分）であったなら，教義に立ち入らずに審理判断できたので，法律上の争訟性は認められたと指摘する。裁判所による紛争解決の要請を充足すべく配慮したものとして注目される。

ステップアップ

A教においては，開祖A聖人が自画像を墨で描いており，これが本尊に準ずる重要な意義あるものとされている。また同教においては，開祖の肖像を信者が描くことは固く禁じられている。

A教の末寺であるX_3寺の住職Y_3は水墨画をたしなんでおり，禁制に反し開祖A聖人の肖像画を何幅も描いていた。さらにY_3は，特別門徒講金10万円を納付した門徒に対し自ら描いたA聖人の肖像画を頒布していたが，のちにA教の禁制を知った門徒（特別門徒講金を納付済みの門徒）たちは，Y_3の描いた肖像画を破却するとともに，Y_3に対し特別門徒講金の返還請求訴訟を提起した。この請求は裁判所によって認容されるであろうか。

次回の設問

選挙について扱う。

憲法 12

明治大学教授
安西文雄 YASUNISHI Fumio

設問

選挙権に関する小問(1)および(2)につき，考察を加えよ。なお，衆議院議員は小選挙区選出議員と比例代表選出議員からなる（公選４条１項）が，小問(1)は小選挙区選挙について，小問(2)は比例代表選挙について，それぞれ問うものである。

小問(1)　202※年，日本において人口減少が進み，国内各地に多くの過疎地域がみられ，かつ過疎地域の住民（総人口の15%）とそれ以外の地域に在住する住民との間で，利害状況，考え方などにおいて顕著な食い違い，対立がみられるようになった。

さて，衆議院小選挙区の区割りにおいて，人口比例の原則を厳格に順守しつつ（したがって，一票の重みの較差がほとんど生じないようにしつつ）も，過疎地域を意図的にバラバラに分断するよう選挙区が確定された。すべての選挙区において過疎地域の住民は全くの少数派となり，彼らの発言は封じ込められてしまったのである。

そこで過疎地域に住むXは，このような選挙区割りは選挙権を侵害するもので違憲であると考え選挙訴訟（公選204条）を提起した。この請求は認容されるだろうか。

小問(2)　衆議院の比例代表選挙においては，各政党が候補者の当選順位をあらかじめ定めて作成した名簿にもとづいて有権者の投票がなされる（拘束名簿式）。202※年の衆議院議員選挙の際，比例東京ブロックに候補者を立てた甲党は，次のような名簿を作成した（衆議院の場合，小選挙区との重複立候補もあるが，議論の単純化のため甲党では重複立候補はないとする）。

A（第１順位），B（第２順位），C（第３順位），D（第４順位），E（第５順位）

この選挙で甲党は３議席獲得し，A，B，Cの３名が議員となった。もともと甲党は自由主義経済を党是とし，選挙においてもこの立場にもとづく政策を標榜し有権者の票を獲得した。ところが選挙後，党幹部の入替えもあって党の政策が変わり，自由主義経済に批判的な政策を提唱するようになった。

このような状況のもと，当選したAと第４順位のDは，党の政策変更を変節だとして批判し自由主義経済をあくまで堅持する主張を繰り返したため，党の幹部と衝突し，ついに党から除名処分を受けた（AとDは無所属となった。また除名処分自体は党内で適正手続に従ってなされている）。

のちになって，衆議院議員Bは都知事選挙に立候補するため議員を辞職したので，繰上補充の手続に入ることとなった。本来，第４順位のDが当選となるはずであったが，Dはすでに党から除名されているため，第５順位のEが当選とされた。Dとしてはこの繰上補充による当選は不当であるとして当選訴訟（公選208条）を提起した。この請求は認容されるだろうか。

POINT

❶選挙権保障の意味。❷拘束名簿式比例代表制の問題点。

解説

①選挙権保障の多層構造

選挙権に関しては，これまでもいくつかの側面から議論が積み重ねられてきた。投票の機会の現実的保障については，身体的原因による投票困難者について（最判昭和60・11・21民集39巻7号1512頁）のみならず，精神的原因による投票困難者について（最判平成18・7・13判時1946号41頁）も議論され，また一票の重みの較差については学説上も判例上も，それなりの議論の蓄積がある。

もっとも，選挙権に関してはさらに豊かな議論の広がりがある。そういった広がりの一端を今回，比較法の視座も踏まえて展望してみたい。

アメリカにおいて，選挙権に関し多くの業績をエネルギッシュに公表している研究者P. Karlanは，選挙権を多層的にとらえる議論を提示しており，考察の手がかりになる（*See* Pamela S. Karlan, *The Rights to Vote: Some Pessimism About Formalism*, 71 TEX. L. REV. 1705, 1709-20 (1993)）。彼女によれば，投票はまず，有権者が投票することによって政治に参加する局面（いわば投票のステージ）で問題になる（voting as participation）。次いで集計のステージがある。有権者の票が集計され議員が選出される局面である（voting as aggregation）が，ここにおいては，各選挙人の票が，同様の利益状態・考え方を持つ他の選挙人の票と集計され，自らが選好する議員を選出する公正な現実的可能性があることが求められる。そして最後に，統治のステージがある（voting as governance）。有権者の投票によって選出された議員が，議会において有権者の利益状態・考え方を反映しつつ政策形成がなされる局面である。

このような多層構造のもとで考察するなら，たとえば，アメリカにおいて議論される質的投票希釈化問題などは，集計のステージにおける論点であることが理解される。ある地域において選出される議席数が5であり，有権者の80%が白人，20%がアフリカン・アメリカン（黒人）であるとする。マイノリティであるアフリカン・アメリカン（黒人）は有権者の5分の1であるから，この地域に割り当てられる5議席のうち1議席を保有してよさそうにみえる。

ところが，5つの選挙区を確定する際，アフリカン・アメリカン（黒人）のコミュニティをバラバラに分断し，どの選挙区においても白人が圧倒的多数となるように仕組めばどうであろうか。たとえ一人一票の原則が堅守され，投票価値の平等が確保されても，マイノリティたるアフリカン・アメリカン（黒人）は，その選好する議員を議会に送り出す可能性を不公正に奪われてしまう。これが“質的”投票希釈化問題である。これは，日本において盛んに論じられている一票の重みの較差——“量的”投票希釈化問題といわれる——と並んで存在する，選挙権の集計のステージにおける難問である。

また，衆議院の小選挙区に関し，かつて一人別枠方式がとられていた（各都道府県にまず1議席を付与し，残りの議席につき人口比例で各都道府県に配分する方式）。最高裁は一時期，この方式の合憲性を認めていたが，その根拠として過疎地域優遇論を提示した。過疎地域に意図的に手厚く議席配分することによって，こういった地域が政策形成上不当に軽視されることがないようにするというわけである。これは統治のステージにおける考慮のため，投票価値平等に対し調整を求める論理である。この過疎地域優遇論は結局最高裁自身によって否定されたが（最大判平成23・3・23民集65巻2号755頁），一時期ではあれ，統治のステージに関わる議論が判例上もなされていたことは注目に値する（参考，安西文雄「選挙権の平等に関わる多層構造」高橋和之先生古稀記念『現代立憲主義の諸相(下)』728-729頁）。

以上のように視野を設定したことを受け，以下，小問の考察に入ろう。

② 小問(1)について

この小問は，上述の質的投票希釈化問題に近似した文脈を問うている。アメリカにおける投票希釈化問題は人種が関わっているが，それに限定されないインプリケーションをもつ。ポイントは，利益状態や考え方においてマジョリティとマイノリティとの間に分断が生じてしまった社会においては，マイノリティの有権者であっても，その選好する議員を選出する現実的可能性を公正な程度にもつべきであり，そうでなければ選挙権保障の見地から許容しがたい，ということである。これは選挙権保障の集計のステージにおける含意といえるだろう。

こういう認識で日本の最高裁判決を読み直してみよう。一票の重みの較差に関わるリーディング・ケースである昭和51年判決（最大判昭和51・4・14民集30巻3号223頁）において，立法裁量上考慮しうることがらとして，投票価値の平等や都道府県による区分などに続けて「選挙区としてのまとまり具合」に言及していることが着目に値する。まとまりのあるコミュニティを分断しないようにして，利益状態や考え方において同様な選挙人たちの票が集計され，彼らが選好する議員の選出に至る現実的可能性を確保する趣旨とみることができる。集計のステージにおける考慮である。

以上のように考えるならば，小問(1)のような選挙区割りによる選挙は，質的投票希釈化状況が顕著で許容しがたい程度に至っている場合，選挙権保障に欠けるものとなる。ただし，訴訟の扱いとしては一票の重みの較差を扱う訴訟のように，請求は棄却しつつ判決主文で選挙の違法を判示する手法をとることになろう。

③ 小問(2)について

この小問は，日本新党繰上補充事件判決（最判平成7・5・25民集49巻5号1279頁）を題材にしている。ちなみにこの判決は参議院についてのものであるが，のちに参議院の比例代表は拘束名簿式から非拘束名簿式に変更されている。

最高裁はこの判決において，政党の自律権を中心に論じている。「当選訴訟において，名簿届出政党等から名簿登載者の除名届が提出されているのに，その除名の存否ないし効力という政党等の内部的自律権に属する事項を審理の対象とすることは，かえって，……立法の趣旨に反する」という。

しかしこの判決に対しては，国民の選挙権保障の見地が欠落しているとする興味深い学説上の批判がある。「政党の定めた順位を国民が承知した上で投票するのであるから，国民の投票はその順位を承認し確定する意味をもつ」のであり，「除名による順位剥奪を政党の自由に委ねる制度は，国民の選挙権を侵害する」という（高橋和之「国民の選挙権 vs. 政党の自律権」ジュリ1092号53-54頁）。

本設問において，当選したAと第4順位のDを対比して考察してみよう。Aは議員たる地位を有権者の投票によって獲得した。選挙後たとえ甲党から除名されても（対立政党にくら替えしない限り〔公選99条の2第1項〕），Aは議員たる地位を失わない（自由委任の原則）。ではDはどうか。第4順位の地位を有権者の投票によって確定された。であるのに選挙後，甲党から除名されれば第4順位で繰上補充されるべき地位を失うとするのは，平仄が合わない。Aと同じくDも，政党の除名いかんによってもその地位は変動しないとみるべきではないか。

視点を転換し，有権者に対して掲げた公約との関係で考察してみよう。選挙の際に所属した政党から選挙後くら替えすることは，公約を破ることとみられがちである。確かにそういう場合が多い。しかし，政党の方が選挙後に政治的立場を豹変させ，公約を破ることもある（本設問の場合）。そういう場合，公約をあくまで遵守すべきだとして所属政党と衝突し除名された者がいるならば（本設問の場合のAやD），公約を破ったとして批判されるべきなのはどちらなのか。政党の方ではないのか。であるのに，Dについて繰上補充されるべき地位を剥奪するのは，不当というしかない。

このように考えてくると，繰上当選の無効を争う方途をDに対し認めてしかるべきであろう。日本新党繰上補充事件判決において最高裁は，無効原因を限定的に解釈した。しかし，選挙権を保障する見地から，「当選無効訴訟においても順位喪失制度違憲の主張が許されなければならない」（高橋・前掲57頁）という見解には，説得力があると思われる。

ステップアップ

身体的原因により候補者の氏名などを自ら記載することができない選挙人については，代理投票の制度が認められている（公選48条）。この制度については，秘密投票の原則が守られないなどの批判があるところである。そういった批判を考慮し，代理投票の制度を廃止することは，選挙権保障の見地から許容されるだろうか。

憲法・論点索引

（数字は登場回を示します）

行政法

國學院大學教授
高橋信行
TAKAHASHI Nobuyuki

行政法 1

國學院大學教授
高橋信行 TAKAHASHI Nobuyuki

設問

Xはビンテージのジーンズ等を集めることを趣味としているが，趣味が高じて古着のリサイクルショップ（古着を不特定多数の客から買い取り，それを店舗にて販売すること）を経営することを思い立ち，近所の小さな店舗を借りてリサイクルショップを開店した。

開店してしばらく経って，見知らぬ男Aが数十着の新品同様のジーンズを売りに来た。Xは少し不審に思い，ジーンズの出所をAに聞いてみたものの，Aはごにょごにょと呟くだけではっきりとは答えなかった。Xはますます不審に思ったが，それ以上詮索せずに，ジーンズを合わせて5万円で買い取ることにした。その際，XはAの氏名・住所を免許証等で確認しなかった。

数日後，警察官がXのリサイクルショップにやってきた。話を聞いてみると，Aは窃盗犯であり，Aが売りに来たジーンズも盗品であるとのことであった。

Xが(1)リサイクルショップの経営を始めたことと，(2)Aからジーンズを買い受けたことには，行政法の観点から見てどのような問題があるか。古物営業法の条文を踏まえて検討しなさい。

POINT

❶行政法の個別法の仕組みを理解する，❷条文から関連する規範を読み取る，❸規範に事実を当てはめる，の三つのプロセスを通して結論を導き出す。

解説

①行政法総論と個別法

いわゆる「行政法」とは様々な法律の集合体であり，行政手続法や行政事件訴訟法のように総則的ルールを定める法律もあれば，都市計画法や道路交通法のように分野ごとのルールを定める法律（以下「個別法」という）もある。量的には後者の個別法が圧倒的に多く，このような個別法の多様性が行政法の特徴であると言える。

ところが，事例問題を解決するに際しては，この多様性が躓きの石となってくる。例えば有斐閣刊行の「行政判例百選」に載っている判例を一読すれば分かるように，そこで登場する個別法は多種多様である上に，それぞれが複雑な仕組みを有している。事例問題を解く際には，挙げられている参照条文を素早く読み取り，その基本的な仕組みを理解した上で解答に取り掛からなければならないが，よほど行政法に熟練した者でなければ，個別法の仕組みを読み解くのは容易ではない。

そこで，普段の学習では，なるべく多くの個別法に親しむことが望ましい。もちろん，無数の個別法を網羅することは実際上不可能であるので，ある程度代表的な法律に限定するしかないが，様々な個別法に共通する基本パターンをおさえておけば，他の個別法を理解することも比較的容易となるだろう。

そこで，本演習の前半では，個別法の仕組みを条文から読み解くことを学ぶが，まずは比較的条文数が少なく，仕組みが簡単なものから始めよう。

②古物営業法の仕組み

この設問で問題となる個別法は「古物営業法」であり，その名の通り，古物営業を規制するための法律である。その条文数は40程度であり，難しい用語もほとんど登場しないので，通読するのはそれほど難しくないだろう。以下の解説を読む際には，面倒でも，挙げられている条文に必ず目を通してほしい。

まず注目すべきは，1条（目的）の規定である。一般に，法律の冒頭の1条には，法律がどのような事項を規律し，何を達成することを目指すのか，その概要が宣言されている。この目的規定が他の条項を解釈する際の指針となることも多いので，必ず確認しておこう。

古物営業法では，その目的は(a)「盗品等の売買の防止，速やかな発見等」を目指して，その結果として，(b)「窃盗その他の犯罪の防止を図り，及びその被害の迅速な回復」を実現することであるとされる。少し分かりにくいところであるが，(a)が直接の目的で，(b)が究極の目的であると整理できるだろう。

ポイントとなるのは，古物営業法が「盗品等の売買の防止等」のための規制であり，それ以外の目的のために利用することは原則として許されないことである。この点は「裁量権の濫用」や「他事考慮」に関係する重大な論点であるので，第10回で説明しよう。

次に，2条（定義）の規定も重要である。この法律に登場する様々な用語の定義がまとめて記載されている。この定義規定の内容については，**3**でより詳しく見ていこう。

続いて，章ごとの規定を見てみると，第2章「古物営業の許可等」とあるように，古物営業法が許可制を採用していることが見て取れる。人々の行動（経済活動の場合が多い）を法令に基づき一律に禁止した上で，特定の個人や法人に限って行政庁が審査してその禁止を解除する，という仕組みのことを「許可制」と呼ぶが，古物営業は許可制の典型例に当たる。

また，第3章「古物商及び古物市場主の遵守事項等」では，古物商が許可を得て営業を開始した後に守るべき義務が定められている。許可を受けた後にも，古物商の活動が法律で規律されていることが理解できるだろう。

第4章「監督」と第6章「罰則」では，古物商が上述の遵守事項に違反した場合の対応策が定められている。具体的には，行政調査や営業停止命令の権限の他，義務履行確保の手段として行政刑罰に関する規定が並んでいる。

③事例に関連する規範

法律の大まかな仕組みを理解できたら，次に，設問に関連する規範を探し出そう。とはいえ，行政法の事例問題に慣れていないと，どの規定が関連するのか，皆目見当がつかないかもしれない。これぱかりは数多くの個別法に接して訓練を積むしかないので，諦めずに続けてほしい。

設問を読み返すと，X が古物営業の許可を受けたとは書かれていないので，仮に許可を受けていないのであれば，この点が問題になりそうである（小問 1）。また，A からジーンズを買い取る際に，怪しいと思いつつもその氏名等を確認しなかったことも X の落ち度となりそうである（小問 2）。

そこで，3 条の規定を見ると，「前条第 2 項第 1 号に掲げる営業〔＝古物営業〕を営もうとする者」は「都道府県公安委員会（……）の許可を受けなければならない」とあるので，X には，許可を得ないまま営業を始めたという違法性（無許可営業）が認められそうである。

ただ，ここではより慎重な検討が必要になる。つまり，古着のリサイクルショップの経営が許可を要する「古物営業」に当たるのか，法律の規定に照らして判断しなければならない。リサイクルショップが古物営業に当たることは自明のようにも思われるが，あくまで条文に即した法的な検討が求められるのである。

そこで，2 条に即して「古物」と「古物営業」の定義を確認すると，細かい例外はあるものの，原則として，「一度使用された物品」や使用されていなくても「使用のために取引されたもの」は古物に当たり（2 条 1 項），古物の「売買」や「交換」が古物営業に当たること（2 条 2 項 1 号）が読み取れる。

他にも関連する規定はあるが，設問の解決に際しては，これらの原則を確認すれば十分であろう。厳密に言えば，古物の売買であっても，「古物を売却すること……のみを行うもの」であれば，古物営業には当たらないとされている。また，「自己が売却した物品を当該売却の相手方から買い受けることのみを行うもの」も同様である（2 条 2 項 1 号）。これらの営業形態であれば，盗品の買い取りが起きるおそれは小さいことから，規制を及ぼす必要が小さいからである。ただ，設問によってはこれらの例外が問題となることもあるだろう。

次に，氏名等の確認については，第 3 章に定める古物商の遵守事項のうち，「確認等及び申告」（15 条）が関係してくる。すなわち，古物商が「古物を買い受け」る際には，「相手方の真偽を確認するため」に，例えば「相手方の住所，氏名，職業及び年齢を確認すること」が求められている（15 条 1 項 1 号）。また，古物を買い受ける際に「当該古物について不正品の疑いがあると認めるときは，直ちに，警察官にその旨を申告しなければならない」という申告義務も定められているのである（15 条 3 項）。

もっとも，古物商の負担を軽減するために，この規定にも例外があり，「対価の総額が国家公安委員会規則で定める金額〔＝1 万円〕未満である取引をする場合」には氏名等の確認は不要となる（15 条 2 項 1 号）。ただし，例外の例外として，「特に前項に規定する措置をとる必要があるものとして国家公安委員会規則で定める古物〔＝ゲームソフトや音楽 CD，書籍等〕」であれば，総額 1 万円未満の取引でも氏名等の確認が必要になる（15 条 2 項 1 号かっこ書き）。これらの物品は換金性が高く，窃盗（いわゆる「万引き」）の対象となりやすいからである。

④事実の規範への当てはめ

3 で見たように，設問に関連しそうな規範には様々なものがある。原則はシンプルであるが，例外も多いために，全体の仕組みを理解するのは簡単ではないかもしれない。ただ，これでも個別法の中では比較的簡単な仕組みであることを付言しておこう。

では，設問の事実にこれらの規範を当てはめると，どのような結論に至るだろうか。既に答えは見えていると思われるが，一つ一つ確認しておこう。

まず，小問 1 については，「古着」が「一度使用された物品」に当たることは間違いないし，不特定多数の客から古着を買い取り，それを店舗にて販売するという営業形態は古物の「売買」に当たるので，X は古物営業を営んでいることになる。そうすると，3 条に基づき許可を得なければならなかったので，仮に許可を受けていないのであれば，法的には X の営業は無許可営業と評価される。したがって，31 条 1 号に基づき，「三年以下の懲役又は百万円以下の罰金」（行政刑罰）を科される可能性がある。

次に，小問 2 については，X が A からジーンズを買い受ける際に，「相手方の住所，氏名，職業及び年齢」を確認していないので，15 条 1 項 1 号違反が認められる。なお，その総額は 1 万円以上であるから，15 条 2 項 1 号に定める例外は適用されないこともおさえておこう。したがって，X は古物商の遵守事項に違反したことになるので，33 条 1 号に基づき「六月以下の懲役又は三十万円以下の罰金」を科される可能性がある。

その他，A が大量の新品のジーンズを持ち込んだことは不自然であり，X も A のことを不審に思ったのであるから，「不正品の疑いがあると認めるとき」に当たると言えるだろう。そうすると，X が A のことを警察官に通報しなかったことは 15 条 3 項に違反したことになる。ただ，第 6 章「罰則」の規定を見ても，15 条 3 項違反については罰則が定められていないので，X に罰金等が科されることはない。

当たり前のことを長々と論じる必要があるのだろうか，と疑問に思う読者もいるかもしれないが，個別法の規定を素早く読み解き，それらを事実に的確に当てはめるという作業は思った以上に難しいものである。まずは簡単な事例から始めて，その習慣をしっかり身に着けよう。

ステップアップ

A が持ち込んだジーンズは量販店 C で盗まれたものであるとする。C の経営者が X に対してジーンズの返還を求めた場合，X は返還に応じなければならないか。関連する規定を古物営業法の中から見つけ出して，X がとるべき対応について説明しなさい。

次回の設問

公務員の懲戒処分と比例原則について学ぶ。

行政法　2

國學院大學教授
高橋信行　TAKAHASHI Nobuyuki

設問

A市では，公務員が飲酒運転をして交通事故を起こす事件が続いたため，A市長Yは，懲戒処分の処分基準を改正して，飲酒運転に対する懲戒処分を厳格化した。

その後，A市の公務員であるXが職場の忘年会に参加してビールを3杯飲んだところ，妻から突然電話があり，Xの母が急病で倒れたので，急いで帰ってきてほしいとの連絡を受けた。

動転したXは，飲酒運転となることを承知しつつも，自宅までは3km しかないので警察に捕まることはないだろうと考えて，自動車を運転して自宅へ向かった。

ところが，途中で警察官の検問に合い，Xは「酒気帯び運転」で逮捕されて，運転免許停止等の行政処分や罰金刑を科された。このことを知ったYは，Xの飲酒運転は地方公務員として許されない行為であるとして，Xを「免職」とする懲戒処分を行った。

この免職処分は，懲戒処分として妥当なものだろうか。地方公務員法と「宇都宮市職員に対する懲戒処分の基準に関する規程」に照らして検討しなさい。

POINT

❶公務員に対する懲戒処分の仕組みを理解する。❷比例原則の意義と内容を理解する。❸処分基準を事実に当てはめる。❹処分基準の法的効果について検討する。

解説

①公務員と懲戒処分

公務員に対する懲戒処分は「不利益処分」の典型例であり，その違法性が裁判で争われることも少なくない。そこで今回は，この懲戒処分の仕組みについて，関連する法規範を踏まえて学んでいこう。

なお，設問では，懲戒処分をする際に行政庁（市長Y）が適正な手続を踏んだのか，という適正手続の問題や，行政庁にどの程度広い裁量権が認められるか，といった問題も関係するが，これらについては第7回～第9回で改めて説明しよう。

さて，公務員には「国家公務員」と「地方公務員」の二つがあり，その地位や職責はそれぞれ「国家公務員法」と「地方公務員法」で定められている。幾つかの違いはあるものの，懲戒処分の基本的な仕組みはほぼ同じなので，以下では地方公務員法について解説する。

地方公務員法には80近い条文があるので，その仕組みを理解するのは少し難しいかもしれない。大まかに言えば，給与等の勤務条件の他に，服務や懲戒，研修といった公務員が遵守すべき義務を定めている。また，福利厚生や公務災害補償，職員団体等，公務員の権利利益を守るための仕組みも定められているのが特徴である。

これらのうち，今回の設問では29条（懲戒）が問題となるが，第6節「服務」の規定も関係することに注意しよう。すなわち，公務員が守るべき義務が第6節（30条～38条）で定められていて，違反した場合には29条に基づき懲戒処分が為される，という仕組みがとられているのである。なお，懲戒処分の対象となるこれらの行動・態様のことを「非違行為」と呼んでいる。

例えば，公務員が特定の政治家を応援するために選挙のビラを配布した場合，36条（政治的行為の制限）に抵触するとして，懲戒処分の対象となることがある。このように，懲戒処分には様々な類型がある。

次に，29条の定める懲戒処分の要件を見ると，①「この法律〔＝地方公務員法〕……に違反した場合」（1項1号），②「職務上の義務に違反し，又は職務を怠った場合」（1項2号），③「全体の奉仕者たるにふさわしくない非行のあった場合」（1項3号）の三つがあることが分かる。ただし，これらの要件はかなりの程度重なり合うので，厳密に区別する必要性はないだろう。

設問について考えると，飲酒運転に対する世論の厳しい評価を踏まえると，公務員の信用を傷つけたという意味で33条（信用失墜行為の禁止）に当たると言える。また，29条1項3号の「全体の奉仕者たるにふさわしくない非行」に当たるとも考えられる。他にも，「飲酒運転をしてはならない」という上司の命令があったとすれば，命令違反として32条（法令等及び上司の職務上の命令に従う義務）が適用されるだろう。

いずれにしろ，飲酒運転が懲戒処分の要件を満たすことは疑いない。しかし，どの程度厳しい懲戒処分をすることが許されるのか，という点はまた別の問題である。**2**では，この問題について考えることにしよう。

②行政法の一般法原則としての「比例原則」

懲戒処分には，戒告，減給，停職，免職の四つが存在するが（29条1項），公務員としての地位を剥奪するという意味で「免職」が最も重いものとなる。次に重いものが「停職」であり，職務を一時的に停止させ，その間の給与を支給しないという効果を有する（停職期間が過ぎれば，公務員としての地位は復活する）。「減給」は，その名の通り，一時的に給与を減額する処分である。最後の「戒告」は最も軽いものであり，注意を与えるにとどまる（ただし，その後の昇進等に影響するという事実上の効果をもたらすこともある）。

このように，懲戒処分には様々な選択肢があるが，29条に限らず，地方公務員法の規定を見ても，行政庁がどのような場合にどの程度厳しい処分をできるか，あるいは処分をすべきか，といった点は一切書かれていない。そうすると，法規範に照らして処分の適法性を判定することは不可能になるのだろうか。

この問題は，行政庁の「裁量権」に関係するものであり，行政法学において最も難解なテーマの一つであるが，ここではごく簡単に解説するにとどめよう。

まず，処分の程度について法律に基準が置かれていないとしても，行政庁は，行政法の一般法原則である「比例原則」に従う必要がある。この比例原則は不文の法原則として認められていて，公務員の懲戒処分に限らず，あらゆる行政分野に妥当すると解されている。

比例原則とは，被処分者がどの程度重大な違反をしたのか，という要素と，処分がどの程度重い不利益を被処分者に与えるのか，という要素を比較して，両者がある程度釣り合っていなければならないことを意味する。

設問について言えば，Xの飲酒運転の危険性や悪質さと，免職処分がXにもたらす不利益の重大さの二つを比較して，均衡がとれていないと評価されるのであれば，比例原則違反が認められるのである。

とはいえ，非違行為の内容や種類も様々であるし，懲戒処分の重さも様々であるから，両者の均衡がとれているのか，はっきりしないことも多い。そもそも，人によって評価が分かれることもあるし，社会の変化により基準が変わることもある（例えば，一昔前であれば，飲酒運転に対する社会的非難は今ほど強くなかった）。

もちろん，判例で基準が確立されていれば問題は少ないが，行政法では，判例の蓄積が進んでいない分野がほとんどであるため，比例原則に依拠するだけでは問題を解決できない。そこで，近年の判例では，「処分基準」に即して処分の違法性を判定するという新たな方法がとられている。**3**では，この点について説明しよう。

③処分基準との整合性

処分基準とは行政手続法12条に基づくものであり，その法的性質は「行政規則」に当たる。簡単に言えば，不利益処分をする際の基準を行政庁が自ら具体的に定めたものであり，公務員の懲戒処分についても処分基準が定められているのが常である。

処分基準を定めることのメリットは以下の点にあると考えられている。まず，処分をする側（行政庁）の立場からは，処分基準が明確かつ具体的に定められていることで，公正で客観的な決定をしたと主張できるようになる。逆に言えば，恣意的な決定をしたという疑いを払拭できるのである。次に，処分を受ける側（被処分者）の立場からは，処分の程度について予測可能性が高まり，不意打ちを避けることが可能になる。

設問でも，A市の懲戒処分の基準は飲酒運転について厳格な処罰を定めていることから，Xとしても，飲酒運転を厳に慎まなければならないことを十分理解できたはずである。その意味でXの落ち度は大きいと言える。

では，処分基準にはどのような基準が置かれているのだろうか？　その内容は自治体ごとに様々であるが，基本的な内容は共通しているので，今回は宇都宮市の基準を例にして説明しよう。

まずポイントとなるのは，懲戒処分の判断に際して何を考慮するか（考慮事由），という点である。規程3条によれば「行為の動機及びその結果」，「故意又は過失の有無」，「公務内外に与える影響」，「職員の職責」，「行為の前後における当該職員の態度」などを総合的に考慮すると定められている。例えば，「職員の職責」については，重要な役職に就いていれば処分がそれだけ重くなることを意味する。

次に，比例原則に即して，「別表」で行為の種類ごとにその重大さに応じて標準的な処分が定められている。飲酒運転関係では，「酒酔い運転」であれば「免職」に当たるが，「酒気帯び運転」であれば「免職又は停職」となる。ただし，酒気帯び運転で人を死亡させる等の重大な結果を招いたのであれば，「免職」が標準になる。

そうすると，設問のように，酒気帯び運転をしたXが免職となったことも，処分基準に即した適切な判断であったと言えなくもない。しかし，本当にそう結論づけてよいのだろうか。

さらに規程を読むと，規程6条1項3号には，「職員が行った行為の違反の程度が軽微である等特別の事情があるとき」には，「〔標準〕より軽い懲戒処分を行うものとする」と定められている。「……ものとする」という定めは，そうしなければならないという義務を意味するので，行政庁としては重い処分を維持できなくなる。

このように，機械的に基準を適用することの不合理さを避けるために，個別の事情を踏まえて処分を軽減することが求められている。そこで設問でも，この規程の適用を主張することが考えられる。すなわち，Xは急病の母親を看護するために飲酒運転をしたのであり，飲酒運転をした距離もごく短いことから，「特別の事情」があるとして，免職処分は違法であり，少なくとも停職に軽減すべきと主張するのである。

④処分基準の法的効果

3で説明したように，事例問題では，法令だけでなく，処分基準等から関連する規定を見つけ出して，その適用を検討することが求められる場合もある。

ただし，処分基準から逸脱する処分は本当に「違法性」を帯びるのか，という問題が残されている。行政が自ら定めた処分基準を無視することは当然に許されないと思われるので，違法性を認めることに特に問題はなさそうであるが，一昔前の行政法学や判例ではそうではないと考えられていた。

すなわち，行政規則（処分基準もこれに当たる）の法的効果は行政内部限りで妥当し，人々の権利自由には影響を及ぼさないという考え方が主張されていた。この古い考え方では，行政規則に反する行政処分であっても，法律や政省令に違反しないのであれば，裁判所はこれを適法としなければならないとされていたのである。

しかし，近年では，平等取扱いの原則や信義則の観点から，合理的な理由もないのに行政規則から逸脱して処分をすることは違法になる，という考え方が支配的となっている（これを「行政規則の外部化現象」と呼ぶ）。判例でも，この新しい考え方を採るものが増えている。

設問でも，行政庁は処分基準に拘束される法的義務を負うと解されるので，免職にすべき合理的な理由を証明できないのであれば，やはり免職処分は違法になると考えられるだろう。

ステップアップ

設問において，酒気帯び運転をした事実をXが上司に報告しなかったところ，新聞報道によりその事実が明らかになったとする。この場合，Xを懲戒免職とすることは適法となるか，検討しなさい。

次回の設問

食品衛生法と規制権限の不作為について学ぶ。

行政法　3

國學院大學教授
高橋信行　TAKAHASHI Nobuyuki

設問

A県の飲食店Bで食中毒が起きた疑いがあったため，A県の保健所はBに立入り検査を実施した（なお，Bは食品衛生法に基づき適法な営業許可を有している）。その結果，食中毒の原因菌は発見されなかったが，調理場の清掃や調理器具の洗浄が不十分であることが判明した。そこでA県知事Yは，同法に基づき営業停止処分を行うことを検討した。

しかし，(a)違反の程度が重大なものではなかったこと，(b)Bの経営者Xが施設の管理の改善を約束したこと，(c)XがYに多額の政治献金をしていたこと，を理由として，Yは行政指導をするにとどめて，Bの営業を継続させることにした。

ところが，その1か月後，Bで新たな食中毒事件が起きて，幼児Cが死亡した。Cの遺族は，Yがもっと早くに営業停止等の厳しい処分をしていれば，Cの死亡を避けることができたはずであると主張している。

(1)飲食店に対する営業規制について，食品衛生法を踏まえてその仕組みを説明した上で，(2)Yが営業停止処分を行わなかったことは適法と言えるか，検討しなさい。なお，検討に当たっては，平成30年6月改正前の食品衛生法を参照すること。

POINT

❶食品衛生法に基づく行政処分の仕組みを理解する。❷飲食店営業に係る衛生基準について条例を踏まえて説明する。❸権限の不作為の違法性について検討する。

解説

①飲食店に対する規制の仕組み

食の安全を守るという意味で，飲食店や食品工場に対する規制も重要な個別法である。今回はその中心的役割を担う「食品衛生法」の仕組みを学ぼう（小問1）。

既に見てきたように，許可や懲戒処分といった行政処分を通じて公益を実現することが行政法の主たる目的であり，飲食店の経営（食品衛生法では「飲食店営業」という）についても，国民の健康（1条）を守るための行政処分の仕組みが導入されている。

とはいえ，食品衛生法には80ほどの条文がある上に，その内容もかなり専門的となるので，ますます理解するのは難しいかもしれない。そこで，事業を営む個人や法人（「事業者」という）がどのような義務を負うのか，また，これらの義務の実現のためにどのような手段（行政調査や行政処分等）が認められているのか，という二点に注意して法律を読み進めよう。

まず，当然のことであるが，6条3号は「病原微生物により汚染され，又はその疑いがあり，人の健康を損なうおそれがあるもの」については，販売等をしてはならないと定めている。また，52条から，飲食店営業でも許可制が採られていることが分かる。

今回の設問では，Xは既に飲食店営業の許可を受けているので，第1回の事例とは異なり，無許可営業が問題となることはない。しかし，食中毒事件を起こした以上，「病原微生物」で汚染された食品を販売した疑いがあることから，6条に違反することは間違いない。

そうすると，法律の究極目的が「国民の健康の保護」（1条）にある以上，行政庁はこの違反を是正する権限と責任を有すると考えられる。では，食品衛生法はそのためにどのような手段を用意しているだろうか。

②行政調査と不利益処分の仕組み

不利益処分の典型例（懲戒処分）については第2回で説明したが，食品衛生法では，違反をした事業者に対して行政庁（都道府県知事等）が措置命令（54条）や営業停止処分（55条）をすることが認められている。また，許可の取消というより強力な手段もある。

詳しく見ると，55条1項は「都道府県知事は，営業者が第6条……の規定に違反した場合……においては，……営業の全部若しくは一部を……期間を定めて停止することができる」と定めている。一般に「営業停止」と呼ばれる行政処分であり，事業者は一定の期間，営業を止めなければならない。その効果として，売上の減少や信用の低下といった不利益が事業者に及ぶが，一定の期間が過ぎれば事業者は営業を再開できる。

とはいえ，6条違反があれば直ちに営業停止にできるわけではない。第2回で説明したように，営業停止がもたらす不利益は小さくないため，比例原則の観点からは相応に重大な違反がなければならないからである。

そこで行政庁は，事業者がどの程度の違反をしたのか，より詳しく調べなければならない。これが「行政調査」と呼ばれる過程である。行政調査も基本的人権の侵害に当たるので，法律でその権限が明示的に認められていない限り，行政庁は調査を実施できないと解されている。実際，食品衛生法では，28条で報告徴収や臨検（立入調査），検査，収去の権限が認められている。

設問では，この規定に即して調査を実施したものの，食中毒の原因菌は発見されなかったことから，そもそも食中毒の原因はBではなかった可能性もある。そうすると，営業停止に相応する違法性を証明できなかった以上，営業停止にはできないだろう。

③「公衆衛生上講ずべき措置の基準」の不遵守

もっとも，検討すべき論点はまだ残っている。設問を読み返すと，調理場等の洗浄・清掃が不十分であったとの記載があるが，この点をどう考えるべきだろうか。

通常，法律には事業者が守るべき責務が定められているので，食品衛生法の該当箇所を探すと，6条の他に，50条と51条にも事業者が守るべき基準が置かれている。少し分かりにくいが，51条は「施設」に関する基準であり，例えば冷蔵庫や排水設備の性能について定めている。これに対して，50条は「管理運営」に関する基準であり，清潔保持を徹底するといった義務を定めている。

今回問題となるのは50条2項にいう「公衆衛生上講ずべき措置」であるので，条文を確認すると，「都道府県は……条例で，必要な基準を定めることができる」（強調筆者。以下同じ）となっている。これは，この法律では基本的な原則を宣言するだけであり，詳細な基準は都道府県ごとに条例で定めることを意味する。

そのため，基準の内容は都道府県ごとに異なっているが，基本的な規定は共通しているので，以下では「栃木県食品衛生法施行条例」を例にして説明しよう（設問を解く過程で，解説を読まずにこの「食品衛生法施行条例」に辿り着けたのであれば，かなりの実力の持ち主であると評価できるだろう）。

この施行条例の内容は第2回で取り上げた懲戒処分の基準によく似ている。ただし，懲戒処分の基準が行政規則に過ぎなかったのに対して，条例は法令と同様の法的効力を有するので，施行条例に違反すると当然に違法の評価を受けることに注意しよう。

より具体的には，飲食店等が守るべき基準が「別表」という形式で定められていて，50条2項にいう「公衆衛生上講ずべき措置」は，施行条例2条に基づき「別表第一」に掲げられている。事業者が講ずべき措置は極めて多様であるが，その多くは常識的な内容であるので，特に説明は要しないだろう。

設問に関係しそうな規定を探すと，2-2「施設の衛生管理」の「⑴施設及びその周辺は，定期的に清掃し，常に衛生上支障がないよう保持すること」という規定や，2-3「食品取扱設備等の衛生管理」の「⑹ふきん，包丁，まな板等は，熱湯，蒸気，消毒剤等で消毒し，乾燥させること」といった規定が挙げられるだろう。

行政調査の結果，Bでの衛生管理には不十分な点が見られたことから，施行条例違反があったと言える。それゆえ，違反の程度に応じて相応の行政処分をすることが行政庁には許されることになる。

④権限の不作為の違法性

ところが，知事Yが営業停止を命じなかったために，Xは営業を続けて，結果としてさらなる被害を招いてしまった。Yが権限を行使しなかったこと（以下「権限の不作為」という）は，被害者Cとの関係で違法と評価されるのだろうか（小問2）。

この点は行政法でも重要で難しい論点であるので，すぐには理解できないかもしれない。その場合には，学習が進んでからまた読み返してほしい。

まず条文を確認すると，55条1項は「〔行政処分を〕することができる」と定めるだけであり，「……しなければならない」と定めてはいない。そうすると，行政処分をするかしないかは行政庁が自由に判断できるとも考えられる。別の言い方をすると，仮に行政処分をする必要性が高いにもかかわらずそれを怠ったとしても，55条違反には当たらず，違法にはならないということである。

そもそも，伝統的には，行政法の目的は行政庁の過剰な権限行使を抑えることにあったので（自由主義的理解），不利益処分がされない場合には行政法は関知しないという考え方もあった。しかし，設問のように，国民の健康を守るという重要な責務を行政庁が怠っても，違法の評価を一切受けないというのでは，常識的な国民感情に反するだろう。

そこで，近年の学説や判例では，権限の不行使の程度が甚だしく，その結果として重大な損害が生じた場合には，その違法性を認めるという考え方が支配的となっている。そして，違法性が認められる場合には，例えば国や地方自治体が被害者に損害賠償を払うといった解決策が採られている。

より詳しく説明すると，判例では，「権限の不行使がその許容される限度を逸脱して著しく合理性を欠くと認められるとき」といった一般論が示されている（最判平成7・6・23民集49巻6号1600頁〔行政判例百選Ⅱ〔第7版〕223事件〕）。ポイントとなるのは「著しく」という副詞であり，権限の不行使の重大性が一定の程度に達する場合に限って違法になると解されているのである。

もっとも，この一般論だけでは抽象的過ぎて，具体的にどのような場合に違法性が認められるのか，見当が付かないだろう。そこで，関連する学説や判例をまとめると，基本的には，①行政庁が損害の発生を予見できたか（予見可能性），②権限行使が可能であり，権限を行使すれば損害を回避できたか（回避可能性），③失われた利益は重大なものであったか（損害の重大性），④被害者が自ら損害を避けることができたか（期待可能性）などを総合的に考慮して判断するとされている。また，⑤行政庁が不当な動機で権限を行使しなかったのであれば，これも違法と評価される余地がある。以下，これらの基準に即して設問について考えてみよう。

まず①については，一般に，衛生管理の悪い飲食店で食中毒事故が起きることは十分に予見できるので，行政庁に予見可能性があったと言えるが，特殊な原因で食中毒事故が起きたとすれば，予見可能性は認められないかもしれない。

②については，営業停止にすれば食中毒事故を防げた可能性は高いものの，そもそも，(a)・(b)の事情を踏まえると，営業停止にした場合には比例原則に反する可能性もあった。そうすると，権限を行使できる条件が欠けていたために，回避可能性は認められないことになる。

③の失われた利益の重大性については，人の生命の重大さを踏まえると，当然に肯定できるだろう。また，④についても，消費者が調理場等の衛生状態を知ることは困難であるから，自ら損害を避けることは期待できなかったと言える。

最後の⑤については，政治献金を理由として処分に手心を加えることは，明らかに不当な動機と言えるので，(c)の事情は違法性を肯定する方向に作用するだろう。

結局，違法性を肯定する事由（③・④・⑤）と否定する事由（①・②）が混在していて，違法性が認められるか否か，よく分からないという結論に至る。ただし，判例を見る限り，権限不行使の違法性が認められるのはごく例外的な事例に限られていることから，設問の場合には権限不行使の違法性は認められなそうであるか。

ステップアップ

解説の**3**で取り上げた管理運営基準（50条）の仕組みは，平成30年6月の法改正によりどのように変わったのか，説明しなさい。

次回の設問

鉄道事業法と原告適格について学ぶ。

行政法 4

國學院大學教授
高橋信行 TAKAHASHI Nobuyuki

設問

大学生のXは，通学のために私鉄のA鉄道を利用しているが，ある日，その運賃が値上がりすることをニュースで知った。調べてみると，Aの利用者が減っている上に原油や人件費が高騰していることから，収益を改善するために2割程度の値上げを計画しているとのことであった。

Xとしては，通学費が増えると経済的に苦しい上に，Aが十分な経営合理化を試みることなく安易に運賃を値上げしようとしていることに憤り，何とかしてこの値上げを阻止できないかと調べたところ，「鉄道事業法」という法律が関係していることを知った。

⑴運賃の値上げについて，鉄道事業法がどのような規制を及ぼしているかを調べた上で，⑵値上げを阻止するためにXはどのような訴訟を提起すればよいか，検討しなさい。

POINT

❶鉄道事業法の仕組みを鉄道事業の公益性を踏まえて理解する。❷運賃規制の仕組みとその基準を理解する。❸訴訟形式の選択と原告適格の有無について検討する。

解説

①鉄道事業法と「特許制」

読者の中には，「運賃値上げを阻止するためにわざわざ裁判を提起する大学生なんて本当にいるのだろうか」と設問のリアリティを疑う人もいるかもしれないが，実際に起きた事件を基にしていることを付言しておこう。

さて，今回取り上げる鉄道事業法は，その名の通り，鉄道事業（鉄道を利用して旅客や貨物を運送する事業）を規律する法律であり，「輸送の安全」と「利用者の利益〔の保護〕」，「鉄道事業等の健全な発達」の三つを目的としている（1条）。鉄道が生活に密着したインフラであることから，その運営の適切さを保つために，法律が様々な義務を鉄道事業者に課している。

鉄道事業法も比較的条文数が多いが，設問に関係するのは第2章「鉄道事業」だけなので，条文を読むのはそれほど難しくないだろう。例えば，飲食店営業や古物営業などと同様に，鉄道事業でも許可制が採られており（3条），許可を受けるためには，「経営上適切」かつ「輸送の安全上適切」な計画を提出すること等が求められている（5条）。その他にも，利用者の安全や利便を守るために，鉄道車両の安全性に関する確認（13条）や列車の運行計画に関する届出（17条）といった仕組みも導入されている。

ところで，「輸送の安全」や「利用者の利益」といった公益の重要性は問題なく理解できると思われる。しかし，「健全な発達」とか「経営上適切」が何を意味するのか，すぐには理解できないかもしれない。

実は鉄道事業法は，利用者の利益だけでなく，鉄道事業者の経営を守ることも目的としている。例えば過当競争で鉄道事業者が倒産してしまうと，沿線の交通手段が失われてしまい，結果として利用者に重大な損害が及んでしまう。そのため，利用者の利便を守りつつも，鉄道事業者が経営を安定して続けられるように（「健全な発達」とはこのことを意味する），特別な仕組みが導入されているのである。行政法では，このような特別の仕組みのことを「特許制」と呼んでいるが，その具体的な特徴については**2**で少し触れよう。

②運賃規制の仕組み

では，Xが問題視する運賃値上げには，どのような規制が及んでいるのだろうか（小問1）。条文を読んでいくと，「16条（旅客の運賃及び料金）」とあるので，この規定が関係することはすぐに分かるだろう。

ところで，条文では「運賃」と「料金」の二つが区別されているが，両者の違いはどこにあるのだろうか。恥ずかしながら筆者も最近まで知らなかったが，運賃とは，一定の区間を移動するために最低限払うべき金額（いわゆる普通乗車券の金額）であり，料金とは，特急料金やグリーン車料金のように，付加的なサービスに関する金額のことを意味する。

設問では運賃の値上げが問題となっているので，運賃規制に着目すると，鉄道事業者は「旅客の運賃……の上限を定め，国土交通大臣の認可を受けなければならない。これを変更しようとするときも，同様とする」と定められているので（16条1項），運賃の上限変更が制限されていることが分かる。すなわち，行政庁（国土交通大臣）の審査を受けて，その承認（これを「認可」という）を得た場合にのみ，上限の引上げが許されるのである。

行政法における分類では，「認可」とは，私人間の法律行為（契約等）の効力を発生させる行政処分のことをいう。鉄道運賃を例にすると，運賃は鉄道事業者と利用者との契約（運送契約）の条件の一つに当たるので，上限を超えて運賃を引き上げることは，認可を得た場合にのみ私法上有効になる。このような認可の仕組みは，料金や約款に対する規制や農地の売買などにも用いられている。

なお，16条にいう「運賃の上限」とは，鉄道事業者が設定できる運賃の上限を画するものである。例えば，初乗り運賃の上限が「160円」である場合には，事業者は実際の運賃を150円や140円に設定できるが，170円に設定する場合には，上限変更の認可を受けなければならない。

このように，鉄道事業法の下では，運賃を下げる場合には認可を受ける必要はない。値下げであれば利用者の利益を損なうことは通常考えられないので，法律で規律する必要はないと判断されたからである。しかし，ここで注意しなければならないのは，過度な値下げについては規制が及ぶことである。すなわち，値下げの結果，「他の鉄道運送事業者との間に不当な競争を引き起こすおそれ」が生じる場合には，行政庁は運賃の変更（値上げ）を命じることができるのである（16条5項2号）。**1** で見たように，鉄道事業法は鉄道事業者の経営を守ることも目的としているが，この規定はそのための手段に当たると言えるだろう。

③認可基準

次に，行政庁はどのような場合に認可を与えることができるのだろうか。この点，16条2項を見ると，「能率的な経営の下における適正な原価に適正な利潤を加えたものを超えないものであるかどうか」を審査すると定められている（これを「認可基準」と呼ぶ）。より詳しく説明すると，まず，「能率的な経営」とは，無駄を省いた合理化された経営のことを意味するので，鉄道事業者には，経済合理性や効率性を追求することが求められる。次の「適正な原価」とは事業を行う際に通常必要とされる費用のことを，最後の「適正な利潤」とは経営を安定的に続けられるだけの利益のことを，それぞれ意味する。

ポイントとなるのは，値上げを申請する以上，事業者は十分な経営努力をしなければならないが，逆に，あまりに原価や利潤が安すぎることも許されないことである。例えば，人件費や安全管理にかかる費用を削減し過ぎると，サービスの質が低下したり，事故が起きやすくなったりする。また，利潤が少なすぎると，経営が不安定になり，交通網の維持に支障が生じるおそれがある。そのため，「適正な」原価や利潤を基に運賃が計算されるのである。

設問について言えば，Xが主張するように，Aが十分な経営合理化を進めていないのであれば，「能率的な経営」の基準を満たしていないと言える。他方で，利用客の減少により「適正な利潤」を得られないのであれば，運賃の上限変更は認可される可能性が高い。その他にも，人件費や燃料費の高騰で「適正な原価」が上がっていれば，やはり認可される可能性は高いだろう。

④運賃値上げと行政訴訟

以上のように，鉄道運賃の値上げ（上限変更）には鉄道事業法による規律が及んでいて，行政庁には，鉄道事業者の申請を慎重に審査して，認可の可否を決定することが求められている。

ところが，時として行政庁が判断を誤り，本来認可すべきでない変更を認可することもあり得る。鉄道事業者にとっては嬉しいことだが，利用者からすれば，違法な変更を行政庁が放置していることは許せることではない。そのため，利用者が行政訴訟を提起して違法な認可を是正できるか否かが問題となるのである。（小問2）

この点，既に行政庁が認可をした後であれば，認可の取消しを求める取消訴訟を，認可をする前であれば，認可の差止めを求める差止訴訟を，それぞれ提起できる。このようなタイプの訴訟を，名宛人とは異なる第三者が提起する訴訟という意味で，「第三者による取消訴訟・差止訴訟」と呼ぶ。

訴訟の提起を受けた裁判所は，認可が適法であるか否か，特に16条2項の定める認可基準や比例原則・平等原則等に反していないかを審査して，結論を下さなければならない。仮に認可の違法性が認められる場合には，裁判所はこれを取り消すか（取消訴訟の場合），差し止めることになる（差止訴訟の場合）。

設問では，既にAが認可を受けたか否かは設問文からは読み取れないが，既に認可を受けていれば，Xは認可の取消訴訟を選択することになる。認可を受ける前であれば，差止訴訟の提起となる。

しかし，いくらA鉄道の利用者であるとはいえ，Xは本当に取消訴訟等を提起する資格を有するのだろうか。行政法では，このような訴訟提起の資格のことを「原告適格」と呼ぶが，以下ではこの問題について考えてみよう。

原告適格とは訴訟要件の一つであるので，原告適格が認められない場合には，訴訟は不適法なものとして却下される。すなわち，裁判所は本案審理（行政処分の違法性の判断・「実体判断」ともいう）に入ることなく，訴訟を打ち切らなければならない。そのため，せっかく訴訟を提起しても，処分の違法性を裁判所に審査してもらうという目的は達成されないままとなる。

もっとも，原告適格の判断枠組みは非常に複雑であるので，詳細については第11回で検討することにして，ここでは基本的な考え方を示すにとどめよう。

まず，上限変更認可がもたらす影響に着目すると，直接的な影響を与えるのは鉄道事業者だけであり，利用者は間接的な影響を受けるに過ぎない。通勤・通学費用の増加は確かに利用者にとって好ましいことではないが，生活そのものに深刻な影響が及ぶわけではない。そのため，裁判による救済の必要性はそれほど高いわけではない。

次に，訴訟の提起を認めると，行政庁や鉄道事業者には裁判に対応する負担（「応訴の負担」と呼ぶ）が生じる。具体的には，弁護士を雇ったり，証拠を集めたり，主張を検討したりする負担であるが，これらは決して軽いものではない。もちろん，審理を担当する裁判所にも重い負担がかかってくる。

そうすると，訴訟提起を認めることのデメリット（応訴の負担の増大等）とメリット（第三者の利益の救済）を天秤にかけて，メリットがある程度上回るのでなければ，訴訟の提起を認めるべきではない（本案審理に移るべきではない）という考え方に行きつく。

結局，原告適格の有無は究極的にはこのような比較衡量に基づき決定されていると考えられる。原告適格の論点は難解に思われるかもしれないが，実はそれほど複雑な話ではない。訴訟のコストをかけてでも救済すべき利益がそこに存在するか否か，という点が決定的となるのである。

設問に戻ると，Xに原告適格が認められるか否か，微妙なところであるが，近年の判例では，類似の状況で鉄道利用者の原告適格が認められている。その詳細は過去の演習（法教439号〔2017年〕108-109頁［大脇成昭執筆］）で既に説明されているので，参考にしてほしい。

ステップアップ

仮に裁判所が上限変更認可処分の違法性を認めてこれを取り消したり，差し止めたりしたとする。この判決の効力はXのみに及ぶか，それとも他の利用者にも及ぶか，検討しなさい。

次回の設問

都市計画法と処分性について学ぶ。

行政法　5

國學院大學教授
高橋信行　TAKAHASHI Nobuyuki

設問

Xは，マイホームを建てるための土地を探していたところ，駅近で価格も手ごろで広さも申し分ない売地を見つけた。急いで下見に行ったところ，建設途中の道路がその土地のすぐ手前で途切れていた。何だか怪しいと感じたXが広告を読み返したところ，物件詳細情報の「備考」の欄に「都市計画道路区域内」と小さく書いてあった。

Xはその意味を不動産屋の従業員に聞いてみたものの，その従業員がものすごい小声で早口に説明したために，Xはまるで理解できなかった。かろうじて聞き取れた言葉は「都市計画法」，「建築制限」，「でも全然問題ありませんよ」だけであった。

⑴Xが都市計画道路区域内の土地を購入する際には，どのような点に注意しなければならないか，都市計画法の条文を踏まえて説明しなさい。⑵Xがこの土地を購入した後，道路建設の違法性を主張するためにどのような訴訟を提起できるか，説明しなさい。

POINT

❶都市計画法における都市計画道路について調べる。❷都市計画法に基づく土地収用や建築制限の仕組みを理解する。❸都市計画決定の処分性と違法性を検討する。

解説

①都市計画法の仕組み

今回登場する「都市計画法」は，都市に住む人々の生活環境を守るという意味で，個別法の中で最も重要なものの一つである。また，都市計画法を主題とする事例問題も数多いので，避けては通れない法律である。

しかし，都市計画法には150を超える条文がある上に，一つ一つの内容も複雑であるので，その概要を理解するのは容易ではない。この解説では，設問に関係する部分を簡単にしか説明できないので，残りについては都市計画法の教科書等を読むことをおすすめしたい。

法律の「目的」から始めると，都市計画法は「都市の健全な発展と秩序ある整備」を目指している（1条）。具体的には，都市の無秩序な開発を制限すると共に，道路や学校，公園といった都市に必要な施設（これを「都市施設」という）を計画的に整備することが目的となる。

そのための手段が「都市計画」であり，大まかに言えば，土地利用の規制（建物の建築制限等）と都市施設の整備方針を地図上に示したものがこれに当たる。百聞は一見に如かずということで，一度実物を見ておこう。

②都市計画道路の整備

では，今回問題となる「都市計画道路」はどのように整備されるのだろうか（小問1）。一口に「道路」といっても様々なものがあるが，都市計画法に基づき整備・管理される道路のことを都市計画道路と呼んでいる。

ここでは，交通渋滞を解消するために新しく都市計画道路を建設する場面を想定しよう。国や地方自治体が道路を新設する際には，多くの場合，私人の所有地を買収して，移転を求める必要が出てくる（これを「立ち退き」と呼ぶ）。立ち退きを求められる住民に多大な不利益が及ぶ上に，他の地域住民にも大きな影響が及ぶことから，どの程度の広さの道路をどこに造るのか，といった点を予め「計画」で示すことが必要になる。

そこで都市計画法では，行政庁（都道府県知事や市長）は都市計画に道路の建設予定地（これを「道路予定地」と呼ぶ）を書き込むことになっている。つまり，「将来ここに道路を造るので住民の方は十分注意してください」と予告するのである。

その後，この計画に即して長い期間をかけて道路建設が進んでいくが，建設に多額の費用がかかる上に，地域住民から強い反対が出ることもあるので，計画決定から数十年近く経っても計画が実現しないことも多い。

設問に戻ると，広告に「都市計画道路区域内」と書いてあるので，この土地上に都市計画道路が建設される予定であることが分かる。そのため，計画が実現する際には，土地・建物を国や地方自治体に売却して，立ち退きをしなければならなくなる。

より詳しく見ると，都市計画決定の後，事業が実施される際には，59条に基づき「事業認可」がなされる。この事業認可の段階から，任意買収や土地収用の手続へと進み，土地・建物の所有者があくまで売却を拒む場合には，最終的には「収用裁決」という行政処分により強制的に所有権が移転させられる。

もちろん，土地・建物の代金や引越し費用は損失補償として国や地方自治体が払ってくれるが，Xがこの土地を買う際には，将来の立ち退きを覚悟しなければならない（ただし，道路予定地が土地の一部を占めるに過ぎない場合には，建物を壊さなくても済むこともある）。

③道路予定地と建築制限

実は，都市計画道路区域内の土地を買う際の不利益はこれにとどまらない。もう一つ，建築制限と呼ばれる問題が残っている。関連する条文を見つけ出すのは難しいかもしれないが，目次の第3章第2節「都市計画施設等の区域内における建築等の規制」に気づくことができれば，答えに辿り着けるだろう。

この点，例外はあるものの，53条は「都市計画施設の区域……内において建築物の建築をしようとする者は，……都道府県知事等の許可を受けなければならない」と定めている。都市計画道路も都市計画施設の一つであるので，道路予定地内で建物を建設する際には，建築確認の他にこの許可も得なければならない。

次に54条の許可基準を見ると，いくつかの基準のうち，今回問題となるのは3号である。それによれば，①階数は2階まで，②地下室がないこと，③木造・鉄骨造・コンクリートブロック造であること，④容易に移転し，又は除却することができることの4つの要件に該当する場合には，行政庁はこれを許可しなければならないとされている。これらの基準を満たす場合には，必ず建築の許可が得られるものの，逆に言えば，3階建ての建物や鉄筋コンクリート造の建物であれば，行政庁が許可することも法律上は禁止されていないとはいえ，実際上は，許可を得る見込みが立たないことになる。

なお，都市計画施設の区域内で特に行政庁（都道府県知事等）が指定した区域（これを「事業予定地」と呼ぶ）については，さらに厳しい建築制限が課せられるため，上述の4つの要件を満たす場合でも許可が下りないことになる（55条1項）。

設問では，この土地が事業予定地に指定されていない場合でも，Xは2階建ての木造や鉄骨造りの家しか建てられない。さらに，事業予定地に指定されていれば，建物の建設はほぼ不可能になる。

Xの落胆する顔が目に浮かぶようだが，朗報がないわけではない。実は，一部の地方自治体では，長期に及ぶ建築制限が所有者の財産権を過度に侵害していることを踏まえて，建築制限が緩和されるに至っている。例えば，(i)都市計画の事業の実施が近い将来見込まれていない場合には，(ii)3階建てで高さ10m以内の建物の建設を許可するといった方針が採られている（その他の要件には変更はない）。もし，この土地に建築制限の緩和が適用されるのであれば，マイホームを建てる際の支障は少なくなるだろう。

④建築制限と訴訟上の救済

次に，Xがこの土地を買った後に，道路建設を阻止するために行政訴訟を提起できるか，という問題について考えてみよう（小問2）。

確かに，もしXが勝訴できれば，都市計画道路の建設は取り止めとなるので，建築制限も及ばなくなるし，立ち退きをする必要もなくなる。実際の判例を見る限り，Xが勝訴できる見込みは低いものの，試してみる価値はありそうである。

具体的には，道路建設に関わる都市計画決定の違法性を主張することになる。例えば，人口減少で渋滞も解消されつつあるので道路建設の必要性が薄れているとか，樹木の伐採等で自然環境が破壊されるといった実体的違法性や，計画決定の際に付近住民の意見を十分に聞かなかったといった手続的違法性を主張することが考えられる。

条文に照らすと，例えば，13条（都市計画基準）1項本文では，都市計画を定める際には「都市における自然的環境の整備又は保全に配慮しなければならない」と定めているので，自然環境を過度に破壊するような道路建設は13条違反となり得る。また，13条1項11号は，道路などの都市施設を計画する際には，「土地利用，交通等の現状及び将来の見通しを勘案」することを求めているので，仮に交通量の将来の見通しに著しい誤りがあれば，同じく13条違反になる可能性がある。

このように，道路予定地内の土地所有者等は裁判を提起できるが，次の問題は，どの行政決定を対象として取消訴訟を提起するか，という処分性の論点である。

⑤都市計画決定の処分性

ここでは取消訴訟を用いた救済について考えると，都市計画道路は「都市計画決定」によって定められているので，常識的には，この都市計画決定の取消しを求める取消訴訟を提起すればよいと思われる。

では，都市計画決定は行訴法3条2項にいう「行政庁の処分その他公権力の行使に当たる行為」に当たるのか，言い換えると，都市計画決定の処分性が認められるのだろうか。詳細については第12回で取り上げることにして，ここでは概略を説明しよう。

まず，処分性も訴訟要件の一つであるので，第4回で述べたように，究極的には，訴訟提起を認めることのデメリットとメリットの二つが比較される。ただ，処分性については，より早期に救済を図る必要があるか，という救済のタイミングも問題となる。

結論から言えば，現在の判例では，都市計画決定には処分性は認められていないので，取消訴訟は不適法却下される。その主たる理由は，都市計画決定から生じる法効果（**3**で挙げた建築制限等）は一般的抽象的なものに過ぎない，という点にある。しかし，処分性が認められている行政決定の中には，その法効果が一般的抽象的であるものも少なくないので，この理由づけは必ずしも説得的ではないかもしれない。

他方で，53条に基づく許可を申請して不許可となった後に，その取消訴訟を提起する手段がある。この場合には，この不許可に処分性が認められることは確立した判例であるので，処分性の問題は生じない。そして，訴訟の場では，都市計画決定が違法である以上，建築制限の効果もなくなるので，申請が許可されるべきであると主張することになる。

また，計画が進捗して59条に基づく事業認可が出るのを待って，その取消訴訟を提起する手段もある。事業認可にも処分性が認められているので，訴訟の場では，都市計画決定が違法である以上，事業認可も違法であり，土地の強制的な収用は許されないと主張することになる（その他，事業認可それ自体の違法性も主張できる）。

以上のように，都市計画決定より後の段階であれば救済を得られるので，敢えて都市計画決定の段階で取消訴訟の提起を認める必要はないとも考えられる。現在の判例の背後には，救済のタイミングを重視するというこのような考え方があると推測される。

ただ，事業認可の段階になると，訴訟を提起しても，審理の間に工事が進捗して原状回復が不可能になる可能性が高くなるので，救済の実効性に乏しいと言える。そのため，学説や一部の下級審では，早期の救済が得られるよう，都市計画決定の処分性を認めることも主張されている。

ステップアップ

都市計画道路の完成が大幅に遅れて，建築制限の効果が極めて長期に及ぶ場合に，建築制限の不利益を受ける土地所有者等にどのような救済が認められるだろうか。

次回の設問

風営法に基づくパチンコ店営業規制について学ぶ。

行政法　6

國學院大學教授
高橋信行　TAKAHASHI Nobuyuki

設問

Ｘはパチンコ店Ａを経営しているが，ある日，Ａのすぐ隣に新しい大規模パチンコ店Ｂが開業するという計画を知った。この計画が実現すると，近隣の客がＢに流れてしまい，Ａの経営は立ちゆかなくなる可能性が高かった。そこで，ＸはＢの開業を阻止しようと県の公安委員会に相談してみたものの，Ｂの建設予定地は「準工業地域」に当たることから，法律上Ｂの営業を規制することはできない，との回答であった。

Ｘが諦めかけていたところ，次の日，「灰原」と名乗る怪しげな男がやってきた。話を聞いてみると，「Ｂのすぐ隣に診療所を急いで開設しましょう。開設費用を出してくれれば，後はこちらでやりますから。」と持ち掛けてきた。灰原の提案に戸惑ったＸだったが，背に腹は代えられないということで，灰原に全て任せることにした。

⑴風営法（風俗営業等の規制及び業務の適正化等に関する法律）の規定を踏まえて，なぜ診療所を開設するとパチンコ店の開業を阻止できるのか，説明しなさい。⑵開業を阻止されたＢの経営者にはどのような訴訟上の救済手段が認められるか，検討しなさい。

POINT

❶風営法に基づくパチンコ店の営業規制について調べる。❷「保護対象施設」に基づく営業禁止区域について理解する。❸Ｘの不法行為責任について検討する。

解説

①風営法の存在意義

今回の設問には元ネタがあるので，興味を持ってくれた方はぜひ元ネタを探して読んでほしい。さて，風営法も非常に重要な個別法の一つであり，その規律対象である「風俗営業」には，キャバクラやパチンコ店，ゲームセンターの他，ソープランドやストリップ劇場といった店舗型性風俗特殊営業等も含まれている（2条）。

このように，法律上，風俗営業とは人々の性的好奇心や射幸心をそそる営業を意味する。人々の本能的な欲求を直接に刺激するだけに，無秩序に営業がなされると，様々な悪影響が生じやすい。例えば，パチンコ店やカジノといったギャンブル施設が広まり過ぎると，いわゆる「ギャンブル依存症」が増える可能性があるし，住宅街にソープランド等の性風俗施設が存在すると，良好な生活環境が損なわれるおそれが生じる。

そこで風営法は，これらの風俗営業に様々な規律を及ぼすことで，その存在をある程度認めつつも，「善良の風俗と清浄な風俗環境」を維持しようとしている（1条）。しかし，風俗営業は得てして近隣住民から忌避される存在であるので，風俗営業をめぐる裁判も数多く提起されている。

風営法の条文もかなり多い上に，関連する政省令の規定も複雑であるので，その概要を摑むのはさらに難しくなっている。今回は「ぱちんこ屋」（2条1項4号）の営業に関する規制だけを取り上げるが，その他にも様々な規定があることを覚えておこう。

②パチンコ店と営業許可

さて，個別法の仕組みにある程度慣れて，関連する規定を素早く見つけられるようになっただろうか。パチンコ店にも許可制が採用されているので，開業に際しては予め行政庁（都道府県公安委員会）の許可が必要になる（3条）。この点については，特に説明は必要ないだろう。

問題となるのが，4条の定める許可基準である。設問では，パチンコ店の構造や設備，遊戯機（パチンコ台）の性能が問題となるわけではなく，その「場所」が問題となっているので，2項1号や4項は関係しなさそうである。むしろ，2項2号の「営業所が，良好な風俗環境を保全するため特にその設置を制限する必要があるものとして政令で定める基準に従い都道府県の条例で定める地域内にあるとき」が関係する。

実際，風営法の下では，風俗営業を開始できる「地域」も規制されているので，いくら構造や設備が適切でも，特定の地域では営業が許可されることはない。そして，この営業禁止地域の場所や広さは条例で定めることとされている。

第3回で取り上げた食品衛生法と同様に，風営法でも，法律は原則を定めるにとどめて，詳細な基準は条例で定めるという仕組みが採られている。条例の内容は様々であるが，パチンコ店の営業規制に関しては全国でほぼ同様の規定が置かれている。そこで，東京都を例にして関連する条例を調べると，「風俗営業等の規制及び業務の適正化等に関する法律施行条例」（以下「施行条例」という）がこれに当たる。

この施行条例は比較的短いので，関連する規定はすぐに見つかるだろう。施行条例3条（風俗営業の営業所の設置を特に制限する地域）を見ると，若干の例外はあるものの，①「第一種低層住居専用地域」などの「住居集合地域」が営業禁止地域とされている（3条1項1号）。住宅地にパチンコ店があると周辺の生活環境に悪影響が及ぶので，このような規制が設けられているのである。

次に，住居集合地域でなくても，②「学校，図書館，児童福祉施設，病院及び診療所の敷地（これらの用に供するものと決定した土地を含む。）」の周囲100m も営業禁止地域とされている（3条1項2号）。確かに，学校のすぐそばにパチンコ店があると，登下校中の児童や青少年に悪影響が及びそうである。そこで，特定の施設（「保護対象施設」と呼ばれる）に着目した規制が導入されているのである。

なお，詳細については省略するが，②の施設周辺規制については，「近隣商業地域」と「商業地域」では規制が緩和されている。簡単に言えば，商業地域であれば住環境に配慮する必要性も小さくなることから，禁止地域の範囲が100m よりも狭く定められている。

そして，もう一つ注意すべきは，パチンコ店の営業許可と施設の開設との先後関係である。すなわち，パチンコ店の営業許可が出る前に診療所の開設が決まると，禁止地域を理由として許可は下りないが，その逆であれば，パチンコ店の営業を事後的に禁止する効果は生じないのである。実際，繁華街では，診療所等の保護対象施設の真横にパチンコ店を見かけることがあるが，これは，過去に営業許可を受けた時点では営業禁止地域に含まれていなかったからであると考えられる。

③診療所開設と制度の「悪用」

設問に戻ると，灰原の怪しげな提案は，この営業許可と禁止地域の制度を用いるものであることが分かるだろう。すなわち，パチンコ店Bの開業予定地は準工業地域に当たるので，上述の①の禁止地域には含まれない。そのため，現状では，Bの営業許可が認められる可能性が高い。しかし，営業許可が出される前に，急いで土地を購入して診療所の開設を予告すれば，②の禁止地域が適用されて開業を阻止できるのである（なお，施行条例3条1項2号は「これらの用に供するものと決定した土地を含む」と定めているので，実際に診療所が開設されていなくても，土地の手配が済んで開業が決まった時点で禁止地域の効力が生じると解される）。

Xにとっては，風営法の規制を巧みに利用した生き残り策であるが，常識的にみると，これはかなり悪質な出店妨害工作ではないだろうか。一般に，大規模なパチンコ店の開業には数億円近い費用がかかるが，その計画を小さな診療所一つで阻止できるのであれば，悪用されるおそれがかなり高い。もちろん，診療所に通う患者の利益を守る必要はあるが，事業者が被る多大な不利益にも配慮する必要がある。

そのため，制度の悪用を防ぐことが求められているが，効果的で現実的な解決策が存在しないのが現状である。もちろん，施行条例を改正して②の施設周辺規制を廃止することも考えられるが，これでは真に保護が必要な施設まで保護されなくなってしまう。

④出店妨害工作と救済手段

結局，Bの経営者は泣き寝入りするしかないのだろうか。それとも，何らかの訴訟を提起して損害を回復できるのだろうか（小問2）。以下，この問題について考えてみよう。

まず，仮にBに対する出店妨害に国や地方自治体が主導的に関与していれば，「行政権の濫用」としてその責任を問うことが可能である。すなわち，外見上は適法な行政処分であっても，その動機・目的が不当なものであれば，処分は行政権の濫用として違法となり，国等に国家賠償責任が生じると考えられるのである。

その著名な例として，いわゆる「余目町トルコ風呂判決」（最判昭和53・5・26民集32巻3号689頁〔行政法判例百選Ⅰ〔第7版〕29事件〕）がある。この事例では，個室付浴場の開業を阻止するために県が児童遊園を認可したことが問題となったが，最高裁は，この認可処分が個室付浴場の営業を「阻止，禁止することを直接の動機，主たる目的としてなされた」ことから，行政権の濫用に当たるとした。しかし，設問では，国や地方自治体が主導的に関与したとは認められないので，その責任を問うことはできないと考えられる。

次に，Bが敢えて営業許可を申請して不許可になった後に，その取消訴訟を提起することが考えられる。保護対象施設が100m以内に存在する以上，不許可の適法性は揺るがないとも考えられるが，Bとしては，出店妨害を目的として開設された診療所は法的な保護に値しないとして，施行条例3条1項2号にいう「診療所」には当たらないと主張することになる。つまり，同号にいう「診療所」を限定解釈して，出店妨害の目的で開設された診療所はこれに当たらないと解するのである。

若干苦しい主張であるように思われるが，判例では，診療所の実体を審査して，人的・物的な設備が整っていない診療所は保護対象施設には当たらないとして，営業不許可処分を取り消したものもある（京都地判平成14・1・25裁判所Web）。そうすると，設問でも，Bの主張が認められる可能性が全くないとは言えないだろう。

しかし，このような「目的の不当性」や「実体の有無」を裁判所が審査するのでは，法的安定性が著しく害されてしまうという問題が残る。また，そもそも営業許可を申請する際には，事業者は開業準備（建物の建設や遊技台の購入等）をかなりの程度進めないといけないので，訴訟を提起するまでのコストが非常に大きいことも問題となる（勝訴する見込みが低いのであれば，多額のコストをかけて訴訟を提起することに事業者は躊躇してしまう）。そのため，この解決策もあまり現実的なものとはならない。

三つ目として，行政法ではなく，民法に基づく救済手段が挙げられる。実は，近年の判例では，設問と類似の状況で，営業許可を得られなかった事業者が妨害工作をした事業者に民事上の不法行為責任を追及するという解決策が採られている。すなわち，裁判所は，近隣への競業他社の出店を阻止する目的で学校施設の開設を積極的に促進したことは，許された営業の範囲を逸脱する不法行為に当たるとして，数億円に上る損害賠償の支払を命じたのである（盛岡地判平成23・1・14判時2118号91頁）。

この場合，事業者はパチンコ店の開業を諦める代わりに，その分の損害を金銭賠償によって回復できる。もちろん，この方法でも，誰が妨害工作をしたのかどうか，証明することが難しいという問題があるが，高額な損害賠償の支払を命じることが抑止力として働き，この種の妨害工作がなくなることが期待できるだろう。

設問でも，Xの妨害工作が首尾よく進み，Bの開業を阻止できたとしても，その後，Bの経営者から損害賠償を請求される可能性が極めて高い。その場合には，Xは数億円に上る損害賠償の支払を余儀なくされるだろう。甘い話には必ず裏がある以上，Xとしては灰原の悪魔の囁きに乗ってはいけなかったのである。

ステップアップ

設問の事例で，パチンコ店Bの新規開業を阻止するために市が主導的に図書館を開設したとする。この場合における図書館開設行為の違法性と市の責任について検討しなさい。

次回の設問

景表法に基づく中止命令と裁量権について学ぶ。

行政法 7

國學院大學教授
高橋信行 TAKAHASHI Nobuyuki

設問

製薬会社Xは，二酸化塩素を用いた除菌グッズを製造・販売しており，その広告には「二酸化塩素の力で空気中のウィルス・菌を退治します！」と表示していた。ところが，一部の専門家から除菌グッズの効果について疑義が出されたために，消費者庁はその裏付けとなる資料を提出するようXに求めた。

そこでXは，除菌グッズの効果を示す実験結果を提出したが，それによれば「6畳相当の閉鎖空間であれば，浮遊ウィルスは180分間で99%，浮遊菌は120分間で99%，それぞれ除去できる」と示されていた。

しかし，消費者庁の長官Yは，この広告は消費者に誤解を与えるものであるとして，景表法（不当景品類及び不当表示防止法）に基づき，広告を取りやめるようXに命じた（以下「中止命令」という）。

⑴不当な広告や宣伝を防ぐための景表法の仕組みを説明しなさい。⑵中止命令の適法性について，Yにどの程度広い裁量権が認められるかを踏まえて検討しなさい。

POINT

❶景表法に基づく誇大広告規制について調べる。❷裁量権の意義について理解する。❸裁量権の有無・広狭の判断枠組を理解する。❹中止命令の適法性を検討する。

解説

①景表法の仕組み

本演習の後半では，行政法に関する重要論点を取り扱うが，様々な個別法の仕組みも引き続いて学んでいく。さて，今回登場する「景表法」は，近年重要性が増している個別法の一つである。いわゆる「偽装表示」がしばしば問題となっているように，消費者を欺くような宣伝や表示に対する社会的非難が強くなっており，その分，行政庁の監督が必要とされているからである。

いつものように法律の目的の確認から始めると，景表法の主たる目的は，「一般消費者による自主的かつ合理的な選択を阻害する」ような行為を取り締まることで，「不当な……表示による顧客の誘引を防止する」ことにある（1条）。簡単に言えば，消費者が正しい情報を得て合理的に判断して商品やサービスを選べる状態を目指しているのである。

具体的な仕組みとしては，5条（不当な表示の禁止）と措置命令に関する7条が重要である。まず5条では，どのような表示が不当なものとして禁止されるかが示されている。そして，この不当な表示に該当する場合には，7条に基づき，行政庁（内閣総理大臣）が行為の差止め等の命令を発することができる（ただし，設問にもあるように，この差止め等の命令を発する権限は33条1項により消費者庁長官に委任される）。設問との関係では，この基本をおさえておけば十分であろう。

②「不当な表示」の要件該当性と措置命令の発動

では，除菌グッズに関するXの宣伝は「不当な表示」に当たるのだろうか。

設問では，商品の「性能」に疑義が出ているものの，他社との比較が問題となっているわけではないので，5条1号にいう「商品……の品質……について，一般消費者に対し，実際のものよりも著しく優良であると示……す表示であって，不当に顧客を誘引し，一般消費者による自主的かつ合理的な選択を阻害するおそれがあると認められるもの」について検討することになる。

なお，「価格」に関する不当な表示であれば5条2号が適用されるし，1号・2号に当たるか微妙な場合でも，特に内閣総理大臣が指定するものであれば，表示が禁止される（5条3号）。なお，この3号の具体例としては，「無果汁の清涼飲料水等」に関する表示の規制がある（昭和48年3月20日公正取引委員会告示第4号）。これは，いわゆる「主婦連ジュース事件」（最判昭和53・3・14民集32巻2号211頁〔行政判例百選Ⅱ〔第7版〕132事件〕）を契機として定められた規定であり，例えば，果汁を使用していない飲料につき，その容器や包装に果実の絵や写真を載せる際には，果汁が使用されていない旨を明瞭に表記しなければならないとされている。

この例のように，禁止される表示の類型が具体的に定められている場合には問題は少ないが，5条1号にいう「著しく優良」や「不当に顧客を誘引」，「阻害するおそれがある」といった基準はかなり抽象的であり，その適用には困難が伴う。つまり，どの程度の表示であれば「著しく優良」と言えるのか，人によって判断が異なってしまうのである。

また，7条についても同じ問題がある。7条は「……必要な事項を命ずることができる」と定めているので，不当な表示に当たる場合でも，行政庁は処分をしないことができるとも読める。また，処分をする場合にも，どのような内容の処分をするのか，といった点は曖昧なままである。

もちろん，第2回や第3回で触れたように，このような場合にも行政庁が法に服することに変わりはない。比例原則や平等原則といった行政法の一般法原則に，処分基準が定められている場合にはその基準に，それぞれ従わなければならないからである。とはいえ，基準が定められているとしても，規定の抽象性が完全に解消されるわけではない。

さらに，これらの規定の適用に際しては，専門的判断が必要になるという問題もある。例えば，多少誇張のある広告でも，消費者が特に惑わされないとも考えられるし，逆に，消費者が広告に敏感になり，合理的な選択をできなくなる場合もある。そうすると，消費者の心理状態や判断能力，広告のインパクトなどを専門的に検討する必要が出てくる。

また，処分の選択の場面でも，事業者の悪質さや消費者に与える影響の程度を的確に評価するためには，ある程度の専門知識が必要になることは否めない。

③行政庁の裁量権の有無

以上の前提を踏まえて，行政庁の裁量権の意義について考えてみよう。第2回でも触れたように，裁量権とは行政法特有の概念であり，それだけに理解するのが難しいものである。

まず，原則について確認すると，「行政庁に裁量権が認められる場合」あるいは「行政庁に認められる裁量権が広い場合」には，行政庁の判断に重大な誤りがない限り，裁判所はその判断を適法なものとして維持しなければならない。別の言い方では，裁判所による統制（「裁量統制」と呼ばれる）が緩和される，あるいは，審査密度が低下するとも言われる。逆に，行政庁に裁量権が全く認められない場合には，行政庁の判断にわずかな誤りでもあれば，裁判所はこれを違法なものとして是正しなければならない（これを「判断代置」と呼ぶことがある）。

簡単に言えば，裁量権が広くなる＝処分が違法とされる可能性が低くなる，という関係にあるので，裁量権をどの程度認めるか，という入り口の問題が，処分の違法性判断に決定的な影響を与えてしまう。そのため，判例で裁量権の有無が重要な争点になるのである。

もう一つ注意しなければならないのは，裁量権を認めるか否かも法的問題であるので，裁判所が決定権を有することである。つまり，行政庁がいくら裁量権の存在を主張しても，裁判所はこれを否定して，より厳格な（審査密度の高い）裁量統制を選択できる。

そうすると，裁判所が行政庁の裁量権を認めることは，裁判所が自らの権限を自主的に制限していることを意味するが，なぜ裁判所はこのような「自主規制」をするのだろうか。

④裁量権の根拠

一般に，行政庁に裁量権を認める根拠として，以下の二点が挙げられる。まず，①専門知識については，裁判所には多様な行政分野の専門知識が欠けているのに対して，行政庁は分野ごとに膨大な専門知識を有していること，次に，②民主的正統性については，裁判官は国民の選挙で選ばれないのに対して，知事や大臣は国民の選挙によって直接・間接に選ばれるので，行政庁の方がより強い民主的正統性を有していることである。

そうすると，特に専門知識が必要な事項や高度に政治的な事項については，裁判所よりも行政庁の判断を優先させた方が，より適切な（＝合理的で国民に受容され易い）結果をもたらすと言えるだろう。

結局，裁判所も，専門知識や民主的正統性に関する自らの限界を自覚して，行政庁の裁量権を認めていると考えられる。分かり易く言えば，自分の限界を察して出しゃばり過ぎないようにしているのである。

もちろん，以上のような考え方には批判もある。例えば，政治的に独立した裁判官だからこそ基本的人権を十分に保障できるとして，自主規制をせずに，積極的に裁量統制をすべきである，と主張されるのである。確かに，裁判所が基本的人権を守るための最後の砦である以上，裁量権を安易に認めることがあってはならないが，裁量権という概念それ自体を否定することはできないだろう。

⑤裁量権の有無の判断基準

では，裁判所はどのような要素を考慮して裁量権の有無を判定しているのだろうか。判例の示す基準は必ずしも一貫していないが，大まかに言えば，**4**で述べたように，(a)政治的に重要な事項や(b)専門知識が必要な事項については，裁判所は裁量権を認める傾向にある。また，(c)法律の文言が抽象的である場合にも，裁量権が認められ易い。逆に，(d)重要な権利の侵害が問題となる場合には，裁量権は認められにくいと言える。

設問について検討すると，(a)広告規制の政治的な重要性は，外交や防衛，財政政策などに比べれば劣ると言えるだろう。また，(b)判断に際して専門知識も必要になるものの，「高度な」専門知識までは必要なさそうである。**2**で述べたように，(c)景表法の関連規定はかなり抽象的であるが，(d)については，広告や表示に関する事業者の営業の自由はそれほど要保護性が高くないと評価できる。

そうすると，(c)と(d)は裁量権を認める方向に，(a)と(b)は裁量権を否定する方向に，それぞれ働くので，結論としては，Ｙには中程度の裁量権が認められることになりそうである。

⑥中止命令の適法性

最後に，行政庁Ｙに中程度の裁量権が認められるという前提の下で，中止命令の違法性を検討しよう。

まず，除菌グッズに関するＸの広告では，虚偽の説明をしているとまでは言えないが，どのような状況下で（屋内か屋外か），どの程度の時間で（数分後か数時間後か），どれだけの効果（ウィルス除去率）が出るのか，といった点が示されていない。そのため，この製品が家屋全体のウィルスや菌を即座に除去してくれると思いこむ消費者もいるだろう。

それゆえ，Ｙが述べるように，Ｘの広告は消費者の誤解を招くものであると言えるが，「著しく優良」や「不当に顧客を誘引」の基準を満たすか否かは微妙である。

しかし，Ｙに中程度の裁量権が認められるのであれば，要件該当性を認めたＹの判断はそれなりに合理的であると言えるので，違法にはならないだろう。すなわち，裁判所としては，Ｙの判断に大きな誤りがない以上，その判断を尊重して，要件該当性を承認しなければならないのである。

また，中止命令を選択したことについても，違法状態を是正するために必要である上に，Ｘに過度な不利益を与えるものではないことから，同じくＹの判断に大きな誤りはなかったと言える。そのため，裁判所はやはりその判断を尊重して，中止命令の適法性を認めるべきだろう。

ステップアップ

第5回で取り上げた都市計画決定について，行政庁の裁量権はどの程度認められるか。上記(a)～(d)の基準を基に検討しなさい。

次回の設問

難民認定と裁量権の有無について学ぶ。

行政法　8

國學院大學教授
高橋信行　TAKAHASHI Nobuyuki

設問

A国出身のXは，A国で反政府組織Bの幹部として反政府活動に従事していたため，A国警察に逮捕されて刑務所に収容された。刑務所の環境は劣悪であり，Xは看守から度々暴行を受けたため，Bのメンバーの手助けで刑務所から脱走し，偽造パスポートを使ってA国を出国した。

その後，幾つかの国を経由して日本に辿り着いたが，入国審査の際にパスポートが偽造品であることが見抜かれてしまった。このままでは退去強制となる可能性があったため，Xは「出入国管理及び難民認定法」（以下「入管法」という）61条の2第1項に基づき難民認定の申請をした。

Xは，難民認定の審査の過程で，A国での反政府活動の内容や刑務所に収容された経緯などを難民調査官に話したものの，身一つで逃げ出してきたこともあって，その証拠を提出できなかった。そのため，法務大臣YはXの申請を拒否する処分を行った（以下「不認定処分」という）。

⑴難民認定に関する入管法の仕組みについて説明しなさい。⑵Yの不認定処分は適法なものと言えるか。Yにどの程度広い裁量権が認められるかを踏まえて検討しなさい。

POINT

❶入管法に基づく難民認定の仕組みを調べる。❷裁量権の有無・広狭を検討する。❸行政法における証明責任論を踏まえて，不認定処分の違法性について考える。

解説

①難民認定と入管法の仕組み

前回と同様，今回も裁量権に関わる問題を取り上げるが，まずは入管法の仕組みを説明しよう（小問1）。

入管法とは，日本人（日本国籍を有する者）と外国人（日本国籍を有しない者）の出入国を公正に管理するとともに，難民認定の手続を整備することを目的としている（1条）。大きく分けると，外国人の出入国，日本人の出入国，難民認定の三つの部分から構成されるが，実務上特に重要なのは，外国人の入国と活動を制限すること（在留資格）と，不法滞在の外国人を強制的に出国させること（退去強制）である。

日本人にとっては，海外旅行や出張に際しての出入国審査を別にすれば，日常生活で入管法を意識することはほとんどないだろう。そのため，その重要性を実感しにくいが，外国人にとっては最重要な法律であることは間違いない。また，近年では，外国人労働者の受入れが重要な課題となっており，それだけ入管法の存在意義も高まっている。

入管法の仕組みも極めて複雑であるので，今回は設問に関係する部分，すなわち難民認定に関する規定のみを取り上げるが，在留資格や退去強制に関する規定も重要であるので，教科書等で学ぶことをお勧めしたい。

さて，難民認定に関する規定は第7章の2「難民の認定等」に置かれていて，その中心となるのが法務大臣による難民認定処分である（61条の2）。その他にも，難民に認定された場合の在留資格や退去強制の特則や，不服申立手続に関する規定もあるが，ここでは説明は省略する。

ポイントとなるのは，難民と認定されると，難民条約の規定に基づき原則として日本人と同じ権利が認められることである。例えば，日本に永住する権利や出入国する自由，年金等の社会保障の受給権などである。

設問でも，Xが難民認定を受けると日本に滞在し続けることができるので，A国に送還されて迫害を受けるおそれもなくなる。逆に不認定処分を受けると，在留を認める理由が他になければ，A国に強制的に送還される可能性がある。そのため，難民認定を受けるか否かで，Xの運命は大きく変わってしまう。

なお，統計的に見ると，日本で難民認定が認められる例は極めて少ない。法務省が公表したデータによると，平成30年の難民認定者数は42人であり，不認定者数は1万541人であった（例年に比べると認定者数は少し増加している）。ただし，難民には認定されなかったものの，人道的な配慮で在留が認められた者（在留特別許可者等）が40人に上っている。この数値をどう評価するかは読者に任せることにしよう。

②難民認定の要件

では，どのような場合に「難民」該当性が認められるのだろうか。難民条約の定義によれば，「人種，宗教，国籍若しくは特定の社会的集団の構成員であること又は政治的意見を理由に迫害を受けるおそれがあるという十分に理由のある恐怖を有する」（1条A⑵）ことが要件とされており，入管法もこの難民条約の定義を採用している（2条3号の2）。

実際，世界を見渡すと，例えば宗教上の理由で内戦が起こり，多数派が少数派を殺害することもまれではない。また，基本的人権が十分に保障されていない国では，反体制派が刑務所に収容されるといった事態も起きている。そこで，国際社会が協力して難民を保護しているのである。

もっとも，「積極的な迫害」のおそれが要件となるので，経済的に生活が困窮しているという理由だけでは難民には該当しない。例えば，干ばつや洪水などの自然災害で生活が苦しくなったとしても，この定義には当てはまらない。ただし，政府が少数民族の農民の田畑を没収して，その結果として生活に困窮したのであれば，難民に認定される余地があるだろう。

このように，難民の定義は比較的厳格であるために，要件該当性が訴訟で争われることも多い。設問でも，Xが真に難民に該当するか否か，考えてみよう。

③行政庁の裁量権の有無

難民認定について行政庁（法務大臣）の裁量権が認められるか否か，第7回で示した4つの基準，すなわち，(a)政治的重要性，(b)専門的判断，(c)文言の抽象性，(d)権利保護の必要性に照らして考えてみよう（小問2）。

まず，(a)については，難民を受け入れるためには受入態勢の整備が必要となり，国の財政等にも影響を及ぼすので，政治的重要性は高いと言える。次に，(b)については，迫害等のおそれを判断するに際しては，申請者の出身国の政治情勢等を的確に分析する必要があるので，専門知識が必要になりそうである。(c)についても，「迫害」や「おそれ」といった文言の抽象性が認められるだろう。ただし，最後の(d)については，迫害が時として生命の危険をもたらすことから，権利保護の必要性は極めて高いと評価できる。

結局，(a)ないし(c)の基準は裁量権を肯定する方向に，(d)の基準は裁量権を否定する方向に，それぞれ作用すると考えられるが，(d)の基準をどの程度重視するか，という点が決め手になりそうである。

この点，判例や学説では，難民認定の判断に際しては行政庁の裁量権は一切認められないとの解釈論が採られている。これは確立された判例法理であり，裁判所は行政庁の判断の妥当性を審査するのではなく，「判断代置」の方法により難民該当性を独自に判断している。

もっとも，裁量権が一切認められないとしつつも，裁判所は難民認定を緩やかに判断しているわけではない。すなわち，入管法にいう「迫害」とは，「通常人において受忍し得ない苦痛をもたらす攻撃ないし圧迫であって，生命又は身体の自由の侵害又は抑圧を意味するもの」（後掲東京地判）とかなり厳格な解釈が示されているため，難民不認定処分が違法とされる例はそれほど多くないのである。

そのため，裁判所は，表向きは裁量権を否定しつつも，実際には広く認めているのではないか，という疑いが生じるが，この点をどう評価するかも読者に任せることにしよう。

④証明責任の問題

もっとも，裁判所が難民認定の判断に厳格に臨んでいる背景には，裁量権とはまた別の問題がある。これが証明責任の問題である。

証明責任とは民事訴訟法上の原則であり，簡単に言えば，主要事実が真偽不明である場合に，当事者のどちらに敗訴のリスクを負わせるか，という問題である。設問を例にすれば，例えば「Xが刑務所に収容されていた事実」について，訴訟の場で審理した結果，その事実が証明できなかったとする（もっとも，行政法における主要事実の捉え方には様々な考え方があるが，この点には立ち入らない）。

仮にA国政府の公文書等にXが刑務所に収容されていた期間等が記録されていれば，それが動かぬ証拠になるが，実際には，公文書を入手できなかったりして，事実の証明に失敗することも多い。

この場合，裁判所はその事実を①嘘（偽）として扱うべきだろうか，それとも②真実（真）として扱うべきだろうか。①であれば，他の事情がない限り，迫害のおそれが認められないので，Xは敗訴することになる（「原告が証明責任を負う」という）。逆に②であれば，迫害のおそれが認められるので，Yが敗訴することになる（「被告が証明責任を負う」という）。

証明責任を原告・被告のどちらに負わせるのか，という点は行政法でも極めて重要な問題である。判例の傾向では，基本的には原告（私人側）が証明責任を負うと解されていて，難民認定に関しても，迫害のおそれを基礎づける事実については，原告（申請者）が証明責任を負うとされている。

ところが，設問にもあるように，原告が証拠をそろえるのは極めて困難であり，この原則を貫くと難民認定の可能性が著しく狭まってしまう。設問の「A国」のモデルはアフリカの「アンゴラ」という国であるが，遠い日本からアンゴラの刑務所や反政府組織に関する証拠を集めることが極めて困難であることは容易に理解できるだろう。

そのため，難民認定に際しては，「疑わしきは申請者の利益に」なるように，証明責任の原則を修正することが必要とされている。具体的には，事実を調べる責務を被告（行政庁）に負わせることや，原告の供述に一定程度の信憑性が認められれば，証明に成功したものとみなすことが挙げられるだろう。

とはいえ，客観的な証拠がないまま，難民認定の判断が裁判官の主観に委ねられる場面も少なくない。その時にこそ裁判官の良心が試されることになるのだろう。

⑤Xの難民該当性

設問に戻ると，XがA国で受けた損害は，政治的な理由に基づく身体の自由に対する制約であり，かつ「通常人において受忍し得ない苦痛」に当たるので，判例が示す「迫害」の基準に当てはまると言える。そして，再びXがA国に戻れば，このような迫害が繰り返される可能性がないとはいえないので，「十分に理由のある恐怖」が認められるだろう。

しかし，Xの主張する事実の証明が容易ではないことは**4**で述べたとおりである。Xの供述が具体的で真に迫ったものであるか，とか，Bのメンバーの証言が得られるか，A国政府の公文書が入手できるか，といった事情によって証明の成否が左右されるが，設問のモデルとなった判例（東京地判平成26・4・15判時2230号11頁）では，原告の供述の信憑性や反政府組織から送付された書類の真正性を認めて，難民該当性が認められている（請求認容・難民不認定処分取消し）。

もちろん，Xが全くの嘘をついている可能性もあるが，仮にXをA国に強制的に送還して，再び刑務所に収容される事態になれば，その生命に危険が及ぶことは想像に難くない。そのような危険性がわずかにでもあれば，やはり難民として認定すべきであると筆者個人は考えているが，読者の皆さんはどう考えるだろうか。

ステップアップ

入管法50条に基づく「在留特別許可」について，裁量権が認められるか否かを調べた上で，難民認定との違いについて検討しなさい。

次回の設問

宅建業法に基づく免許取消しと手続保障について考える。

行政法 9

國學院大學教授
高橋信行 TAKAHASHI Nobuyuki

設問

不動産会社Xは宅地建物取引業法（以下「宅建業法」という）に基づく免許を受けて不動産取引業を営んでおり，Aはその代表取締役（社長）の地位にある。ある日，Aの妻Bが自動車を運転してAを会社に送っていたところ，Bは交通事故を起こして，歩行者に重傷を負わせてしまった。Bのことを案じたAは，自分が自動車を運転していたと虚偽の説明をして，Bの身代わりとして逮捕された。刑事裁判の結果，Aは自動車運転過失傷害の罪で懲役1年，執行猶予4年の刑罰を受けて，判決は確定した。

宅建業法の定めによれば，法人の役員が「禁錮以上の刑」に処せられた場合，その法人の免許は取り消されることから，知事YはXの免許を取り消した（以下「免許取消処分」という）。しかし，免許取消処分に先立ちAは，自分は身代わりとして刑を受けたに過ぎないので，免許取消しは違法であるとYに主張するつもりでいたが，その機会は与えられないままであった。

⑴宅建業法の仕組みについて調べた上で，⑵Yが免許取消処分をする際に適正な手続をとったか否か，行政手続法（以下「行手法」という）に照らして検討しなさい。

POINT

❶宅建業免許の欠格事由について調べる。❷行手法の「聴聞」の必要性を検討する。❸手続的瑕疵と処分の取消可能性について考える。

解説

①宅建業法の仕組み

読者の中には，「妻のためにわざわざ身代わりになる夫がいるのだろうか」と愛の力に疑いを挟む人もいるかもしれないが，そのような夫婦も稀にではあるが存在するかもしれないと付言しておこう。

さて，今回問題となる宅建業法は土地・建物の売買や貸借，その仲介を規制する法律である。不動産取引に際しては多額の金銭が動くことから，取引関係者が重大な損害を受けることも少なくない。そのために法律による規制が必要とされているのである（宅建業法に関する著名判例として，最判平成元・11・24民集43巻10号1169頁〔行政判例百選Ⅱ〔第7版〕222事件〕がある）。

宅建業法の条文数は200近くに上るので，その全容を摑むのは容易ではないが，今回問題となるのは第2章（免許）と第6章（監督）の規定だけであるので，理解するのはそれほど難しくないだろう（小問1）。

関連する規定を確認しておくと，まず5条（免許の基準）1項12号は「法人でその役員……のうちに第1号から第10号までのいずれかに該当する者のあるもの」には免許をしてはならないと定めていて，同項5号には「禁錮以上の刑に処せられ，その刑の執行を終わり，又は執行を受けることがなくなった日から5年を経過しない者」とあるので，Xの役員（代表取締役）たるAが懲役刑を科された場合には，この基準に抵触することになる（令和元年6月14日改正後の規定に基づく。以下同じ）。

ただし，5条の規定は免許を付与する際の基準であるので，免許を得た後に役員が禁錮以上の刑に処せられた場合には，免許の取消しが問題となる。該当する規定を確認すると，66条1項3号は，「法人である場合において，その役員……のうちに第5条第1項第1号から第7号まで又は第10号のいずれかに該当する者があるに至ったとき」には，行政庁（都道府県知事等）は免許を取り消さなければならないと定めている。

他の法律でも，禁錮刑や懲役刑（罰金刑は含まない）といった重い刑罰を受けた者が経営に関与する場合には，許可や免許を付与しないという原則がとられている。当然，その目的は犯罪行為を抑止して事業の適正さを確保することにあるが，考えてみると，宅建業の適正さの確保と自動車事故は直接に関係するわけではない。つまり，自動車事故を起こした経営者を宅建業から排除する必要性が高いかというと，必ずしもそうとは言えない。それゆえ，この規定の合理性には疑問を感じざるを得ないが，現在の判例では，どのような種類の犯罪であれ，禁錮以上の刑罰を受けたことを理由に免許を取り消すことは適法であると解されている。

そのため，設問でも，知事YがXの免許を取り消したことも適法であると言えそうである。しかし，Aが主張するように，実際に交通事故を起こしたのはBであるから，5条1項5号の免許取消事由には当たらないという解釈も成り立つかもしれない。ただ，現実にAに対する有罪判決が確定している以上，Aが再審を請求して無罪判決を得ない限りは，やはり免許取消事由に当たると解するのが妥当であろう。

実際には，この論点が判例で取り上げられたことはないので，裁判所がどちらの解釈をとるのかは分からない。いずれにしろ，設問には関係しないので，これ以上深く立ち入らない（実際の試験等でも，設問で何が問われているかを読み間違えないようにしよう）。

②手続的違法性（手続的瑕疵）

今回問題となるのは，行政庁が処分をする前に適正な手続をとったか否か，という手続的違法性である（小問2）。適正手続の原則も事例問題で頻繁に取り上げられているので，正解に辿り着けるよう準備しておこう。

さて，行政庁が私人に不利益となる処分をする際に，事前に適正な手続をとらなければならないという原則は，いわゆる「個人タクシー事件」（最判昭和46・10・28民集25巻7号1037頁〔行政判例百選Ⅰ〔第7版〕117事件〕）で打ち出されたものである。現在では，行政庁がとるべき手続は基本的には行手法で規律されているが，個別法で例外が定められていることも多い（例えば，宅建業法67条2項は，特別な免許取消しに際しては行手法第3章の規定が適用されないと定めている）。

そこで，行手法の関連規定を探すと，不利益処分に際しての相手方（被処分者）の意見陳述が問題となっているので，13条（不利益処分をしようとする場合の手続）が該当することはすぐに分かるだろう。

同条1項によれば，「許認可等を取り消す」といった重大な不利益処分については「聴聞」を，そうでない場合には「弁明の機会の付与」を，それぞれとらなければならない。詳細については省略するが，両者とも行政庁が相手方の主張や反論を聞く手続であるものの，聴聞の方がより慎重で厳格な手続であることに特徴がある。

もちろん，公益上の理由や行政上の便宜を考慮して，この原則にも例外が置かれている（繰り返し説明しているように，原則が例外を伴っていないか，常に確認する習慣を身に付けよう）。同条2項を見ると，「公益上，緊急に不利益処分をする必要がある」場合や，金銭の納付や金銭の給付の制限に関する処分については，聴聞等を実施しなくても違法とはならないことが分かる。

ここで注意すべきは，同条2項2号である。すなわち，「法令上必要とされる資格が……失われるに至ったことが判明した場合に必ずすることとされている不利益処分であって，その資格の……喪失の事実が裁判所の判決書……その他の客観的な資料により直接証明されたもの」であれば，聴聞等を省略できるのである。これは，処分をすべきことが客観的な資料で証明されている以上，相手方の意見を聴取したところで結論は動かないことから，敢えて聴聞を実施する必要がないためである。

この規定が実際にどのような場面で適用されるのか，かなり分かりにくいかもしれないが，まさに設問の事例がこれに当たる。すなわち，①免許の基準として，禁錮以上の刑に処せられていないという資格が求められているが，Aはその資格を失ったこと，②宅建業法66条に基づき行政庁は必ず免許を取り消さなければならないこと，③Aが懲役刑を受けたことは裁判所の判決書で証明できること，の三つの要素が揃っているので，聴聞等を実施しないことも許されるのである。

まとめると，免許取消しは重大な不利益処分であるので，本来であれば聴聞手続が必要になるが，Xの役員Aが懲役刑を科されたことを理由とする必要的な免許取消しであるので，行手法13条2項2号の例外が適用され，聴聞手続を省略したことも適法とされるのである。

しかし，Aは身代わりとして逮捕されたに過ぎないので，その主張をYが聞く機会を設けた方が望ましかったとも言える。もっとも，Aの主張を踏まえても免許取消処分の結果は動かなかったと解するのであれば，やはり聴聞は不要であったと結論付けられるだろう。

③手続的違法性と行政処分の取消し

2で検討したように，設問では手続的違法性は認められない可能性が高いが，仮に手続的違法性が認められる場合には，裁判所は処分を違法なものとして取り消すべきだろうか。以下，この論点について考えてみよう。

実はこの論点はかなり複雑で難解なものである。まず注意すべきは，仮に裁判所が手続的違法性を理由として処分を取り消すと，判決の拘束力として，申請に関する処分であれば，行政庁は適正な手続を経て再度の処分をしなければならないことである。また，不利益処分であれば，既判力の効果から，適正な手続を経て再度の処分をすることもできるし，処分を諦めることもできる。

設問では不利益処分が問題となるので，Yは聴聞を実施した上で免許取消処分をすることもできるし，宅建業法66条1項3号の要件が満たされないとして免許取消処分を断念することもできる（なお，66条1項は「……免許を取り消さなければならない」としているので，要件に該当すると行政庁が判断する場合には，必ず免許を取り消すべきことになる）。

そうすると，仮に手続的違法を理由として処分を取り消したとしても，再び同じ処分がされる可能性が残る。その場合には，手続やり直しのコストだけかかって，私人の救済につながらないことになる。

もちろん，いくらコストがかかっても，適正手続の理念を実現させるために，裁判所は必ず処分を取り消して手続のやり直しを求めるべきである，という考え方も成り立つ。ただ，実際の判例を見る限り，このような原理的な解釈論はとられていないようである。

では，どのような場合に処分を取り消すべきだろうか。以下，幾つかの場合に分けて考えよう。まず，審理の結果，裁判官が以下のような心証を抱いたとする。⑴手続的違法性は認められるが，実体的違法性は認められない。⑵手続的違法性は認められるが，実体的違法性があるか否かは分からない。⑶手続的違法性も実体的違法性も認められない。

これらのうち，⑶については当然に請求を棄却することになる。また，⑴についても，実体的違法性は認められないとの心証が得られた以上，処分を取り消す必要はないだろう。問題となるのは⑵の場合であるが，さらに，⑵-A処分を取り消した場合に異なる結果になる可能性が高い，⑵-B処分を取り消したとしても同じ結果になる可能性が高い，の二つに場合分けすると，手続コストの軽減を求める立場からは，⑵-Aの場合のみ処分を取り消すことになるだろう。そして，⑵-Bについては，裁判所としては，さらに審理を進めて，実体的違法性の有無を確定させることになる。逆に，適正手続の理念を重視する立場からは，⑵-A，⑵-Bいずれの場合でも処分を取り消すことになるだろう。

もちろん，実際には明確に場合分けできないことも多い。裁判官が抱く心証も「1か0か」といった二者択一的なものではなく，段階的なものであると考えられるからである。そのため，上記の説明はあくまで考える際のポイントを示したものであることに注意してほしい。

設問に戻ると，聴聞を実施した結果，免許取消処分がされない可能性が高いと評価できれば，上記のいずれの立場でも，免許取消処分は違法なものとして取り消されるだろう。しかし，聴聞を実施したところで結論が動かない可能性が高いことから，手続コストの軽減を求める立場からは，免許取消処分は維持されることになる。

ステップアップ

知事YがXの免許を取り消した際に，Xに対する通知に「宅建業法66条の規定に基づきXの免許を取り消す」とのみ理由が説明されていた。この理由付記が行手法に即したものと言えるか，検討しなさい。

次回の設問

墓地経営許可と信義則について学ぶ。

行政法　10

國學院大學教授
高橋信行　TAKAHASHI Nobuyuki

設問

宗教法人Xは，A市の丘陵地帯に墓地を建設することを計画し，「墓地，埋葬等に関する法律」（以下「墓埋法」という）に基づき，墓地経営許可を申請する準備を始めた。

ところで，A市では墓地経営許可についていわゆる「事前審査」を実施している。これは，許可の申請を受理するまでに審査できる事項については事前に審査して，法令等の要件等に適合していると判断された場合にのみ許可の申請を受理し，その後に申請者が工事に着手し，工事が完了した後に，墓地が計画どおりに建設されていることを確認して許可を付与するという仕組みである。

Xも，この事前審査を受けた上で，審査基準に適合するよう計画を修正して許可を申請したところ，A市長のY_1はこれを受理した。従来，申請が受理された後に不許可処分がされた例はなかったため，Xは墓地の造成工事や建物の建設工事に着手した。

ところが，工事が完成する直前にA市で市長選挙が行われ，Y_2が新市長として当選した。Y_2は，Xが十分な資金を有しておらず，安定的で永続的な墓地経営をできないおそれがあるとして，Xの申請を不許可とする処分を行った（以下「不許可処分」という）。

⑴不許可処分の適法性について，墓埋法と東京都「墓地等の構造設備及び管理の基準等に関する条例」（以下「東京都条例」という）の規定に即して検討しなさい。

⑵Y_2が事前審査を経た申請を不許可としたことは，行政法の一般法原則に抵触しないか，検討しなさい。

POINT

❶墓埋法の仕組みと関連規定を調べる。❷経営の許可基準を調べる。❸信義則の適用と救済手段を検討する。

解説

①墓埋法の仕組み

墓埋法とは，墓地や納骨堂の建設や管理を規制する法律であり，「国民の宗教的感情」と「公衆衛生その他公共の福祉」を守ることを目的としている。墓地もいわゆる忌避施設の一つであるため，墓地建設をめぐって住民の反対運動が起きることも少なくない。そのことが墓埋法の重要性を高めているが，墓埋法は実に理解の難しい法律である。条文数は30程度しかないが，このことが却って解釈上の問題を引き起こしているからである。

まず，関連する規定を探すと（小問1），10条1項に「墓地，納骨堂又は火葬場を経営しようとする者は，都道府県知事の許可を受けなければならない」とあるので，墓地経営についても許可制が採られていることが分かる（ただし，同条にいう「都道府県知事」は，2条5項の「墓地」の定義を受けて，市または特別区の区域ではそれぞれ「市長」または「区長」と読み替えるので，設問では市長が許可権者になる）。

問題となるのは，墓埋法には許可基準が一切書かれていないことである。個別法の中でもこのようなタイプの法律は極めて珍しい。代わりに条例や規則で基準が具体化されているが，厄介なことにこれらの条例等の内容は自治体ごとにかなり異なる。

さらに，食品衛生法や風営法とは異なり，墓埋法は明示的に条例等への委任を認めているわけではないので，これらの条例等の法的位置づけが問題となるし，条例等が法律に抵触するという疑いもある。もっとも，判例では条例等の適法性が承認されているので，この点についてはこれ以上立ち入らない。

なお，事例によっては事前審査の適法性も問題となり得る。そもそも，申請者が事前審査を受けずに直ちに申請をした場合でも，行手法7条によれば，行政庁はこれを受理して審査を始めなければならない。この場合，仮に事前審査を経ることが条例で義務づけられていても，行手法の規定が優先され，行政庁は事前審査の不実施を理由として不許可処分をすることは原則として許されないと解される。

ただ，設問の場合には，Xは自主的に事前審査を受けて計画の変更に応じているので，事前審査の適法性それ自体が問題となることはない。この点にも注意しよう。

②経営許可に関する基準

そこで，東京都条例を参照すると，6条（墓地の設置場所）や7条（墓地の構造設備基準）に詳しい基準が置かれているものの，資金に関する基準は見当たらない。また，「墓地等の構造設備及び管理の基準等に関する条例施行規則」では，1条（経営許可に係る申請事項等）の2項で，「資金等計画」（6号）や「財務状況を確認できる書類」（8号）を申請時に提出することを求めているが，やはり資金に関する基準は置かれていない。

他方で，厚生労働省が墓埋法の運用指針として定めた「墓地経営・管理の指針等について（平成12年12月6日生衛発第1764号）」では，「安定的な経営を行うに足りる十分な基本財産を有していること」とか「将来にわたって経営管理が可能な計画を立てていること」といった許可の基準が定められている。しかし，この指針の法的効力については注意が必要である。なぜなら，この指針は地方自治法245条の4に基づく「技術的助言」，分かり易く言えば，厚労省の定めた事務処理上の参考資料に過ぎないために，関係行政庁（都道府県や市町村）を法的に拘束するものでもなければ，裁判所の法解釈を縛るものでもないからである。

そうすると，本件の不許可処分は，法律や条例等に依拠していないことから裁量の濫用（他事考慮）として違法になるのだろうか。それとも，墓埋法10条は経営の安定性を考慮することも許容しているのだろうか，さらには，許可要件の充足の判断につき行政庁に広範な裁量権を認めているのだろうか。

難しい論点であるが，判例は，行政庁に広範な裁量権を認めた上で，経営の安定性を理由とする不許可処分の適法性を認めている。すなわち，墓地の経営が破綻すると，維持管理が不可能となり，利用者に多大な不利益が生じる。これは公共の福祉や国民の宗教的感情を損ねるので，許可に際して経営の安定性を考慮することは法律の目的に合致していると解されているのである（結果的に上記の厚労省指針と同じ解釈がとられている）。

設問に戻ると，Y_2が経営の不安定さを理由としてXの申請を拒否したことも，実際にXの財務状況に問題があれば，適法とされる可能性が高いだろう。

③信義則の適用

2で検討したように，墓埋法や東京都条例に照らす限り，不許可処分は適法となりそうである。しかし，従来の慣行によれば，申請が受理された時点で将来の許可は確実視できる状況であった。だからこそXも多額の費用を投じて工事に着手したのである。もし許可が与えられるか否かが不確実であれば，Xとしては計画を取り止めることも考えたであろう。ところが，新市長のY_2は従来の慣行を無視して，Xの期待を裏切る形で不許可処分をしている。このことはXとの関係で違法性を帯びるのだろうか（小問2）。

ここで問題となるのは，行政法の一般法原則としての「信義則」である。第2回でも述べたように，行政法の一般法原則はあらゆる行政分野に妥当するので，墓地経営許可についても信義則違反が問われ得る。

「信義則」とは，民法1条2項の「権利の行使及び義務の履行は，信義に従い誠実に行わなければならない」に由来する原則であり，行政上の法律関係にも適用される。簡単に言えば，権利や権限を行使する際には相手方の信頼や期待を裏切ってはならないということを意味する。行政庁の権限行使は，法令に即したものであっても，私人の期待を損ねるものであれば，信義則違反として違法になり得るのである。

もっとも，行政上の法律関係に信義則を適用する際には慎重でなければならない，と主張されている。本来，法治主義の下では，行政庁は法律や条例に即して行動し，公益や第三者の利益を守る責務を負うが，信義則はこの責務としばしば抵触するからである。

では，どのような場合に信義則が適用されるのだろうか。判例によれば，少なくとも，①「信頼の対象となる公的見解が表示されたこと」，②「相手方私人がその公的見解を信じて行動したこと」，③「その結果として私人に損害が発生したこと」，④「私人に責めに帰すべき事由がないこと」の4つの要件が満たされなければならないとされている（最判昭和62・10・30判時1262号91頁〔行政判例百選Ⅰ〔第7版〕24事件〕）。

これらのうち，最もポイントとなるのは④であると考えられる。すなわち，不注意や単なる希望的観測で公的見解を信じただけでは，信義則は適用されない。公的見解を信じたことに私人に落ち度がないことが必要となるのである。

④事前協議と信義則へのあてはめ

設問に戻ると，①については，公的見解が明示的に表示されているわけではないが，従来の慣行では，申請を受理した場合に確実に許可処分がされていたことから，行政庁の方針は明確であったと言える。それゆえ，①の要件は満たされると考えられる。

②，③についても特に問題なく認めることができる。Xとしては，将来の許可が確実にされることを期待して工事に着手して，その結果として土地取得費用や工事費用等の損害を受けたからである。

判断が難しいのは④である。これまで許可処分が確実にされてきたとはいえ，この慣行が永続的なものであるとはいえない。行政庁には，社会情勢や世論の変化，法令の改変等を踏まえて，新たな方針を打ち出すことも許されるからである（実際，信義則の適用を過度に認めすぎると，行政庁は従来の方針に縛られてしまい，公益の確保に支障を来すだろう）。特に，設問のように，市長の交代により方針が変更されることも，住民自治の観点からは正当なものと評価され得る。そうすると，Xもこのような方針変更を常に想定しなければならず，許可が確実になされると信じたことに落ち度があると言えなくもない。したがって，④の要件は満たされず，信義則の適用は認められないという考え方も成り立つだろう。

ただ，Xの受ける不利益の大きさを考えると，この結論に賛同することは難しい。すなわち，方針を変更するのであれば，申請を受理する前にすべきであり，時期を逸した場合には，申請者の損害を救済しない限り方針変更は許されなくなると解されるのである。この立場からは，当然に④の要件も満たされることになる。

なお，申請の準備を進めている事業者の地位を行政庁は不当に害してはならないとする判例もある（最判平成16・12・24民集58巻9号2536頁〔行政判例百選Ⅰ〔第7版〕28事件〕）。このように，申請者の利益は判例法で保護されていることにも注意しよう。

もっとも，信義則の適用を認めるとしても，Xにどのような救済を与えるか，という別の問題が残る。不許可処分が違法となる以上，経営を許可するのが筋であるように思われるが，経営の不安定さが解消されないまま墓地の経営を認めることは，利用者保護の観点からは好ましくない。そこで，代替として国家賠償による救済が考えられる。すなわち，不許可処分を維持するとしても，Xが受けた損害は国家賠償法上違法なものであり，Y_2に過失も認められるとして，A市に賠償金の支払を求めるのである。設問のモデルとなった判例（東京地判平成28・11・16判タ1441号106頁）では，理由付けは異なるものの，損害賠償の支払による解決がとられている。

この場合，損害賠償の額が問題となるが，同じく政策変更と信義則の関係が問題となった判例（最判昭和56・1・27民集35巻1号35頁〔行政判例百選Ⅰ〔第7版〕25事件〕）では，「積極的損害」の賠償だけが認められている。そのため，この解釈に従えば，許可を得るために費やされた工事費用等の賠償は認められるものの，「消極的損害」，すなわち墓地経営で得られたはずの利益（「逸失利益」ともいう）の賠償は認められないことになる。

ステップアップ

墓地経営許可につき，近隣で墓地を経営する宗教法人がその取消訴訟を提起した場合に，当該法人に原告適格が認められるか，検討しなさい。

次回の設問

空き家対策特措法と原告適格について学ぶ。

行政法　11

國學院大學教授
高橋信行　TAKAHASHI Nobuyuki

設問

Xは A 市に一戸建てを所有して居住しているが，その隣には老朽化した木造２階建ての空家が建っている。この空家の登記簿上の所有者は既に死亡しており，相続人の所在も明らかでなかった。

Xは，この空家が築50年以上経っていて，その一部が自宅に向かって倒れかかっているため，これ以上放置するのは危険であるとして A 市に対策を求めた。これを受けて，A 市長の Y は「空家等対策の推進に関する特別措置法」（以下「特措法」という）に基づき対策をとることとした。

A 市による調査の結果，空家の相続人が B であることが判明したが，Y は B に空家の全部を撤去することを勧告しただけであり，それ以上の対策をとらなかった。また，B は撤去費用を負担できないとして撤去に応じなかった。そこでXは，Y が B に対して行政処分をすることを求めることにした。

⑴ X が Y に行政処分の発動を求めるためには，どのような抗告訴訟を提起すればよいか，特措法の規定を踏まえて検討しなさい。⑵この抗告訴訟につき X の原告適格が認められるか，検討しなさい。

POINT

❶空家対策に関する特措法の仕組みを理解する。❷行訴法９条２項を踏まえて原告適格の一般論を学ぶ。❸特措法の規定に則して原告適格の有無を判断する。

解説

①空家対策の仕組み

今回登場する「空家等対策の推進に関する特別措置法」は比較的新しい法律である（平成26年制定)。従来，土地・建物は重要な財産であったことから，空家が放置されるといった事態はそれほど多くなかった。しかし，人口減少社会を迎えた今，空家問題は過疎地域だけでなく都市部でも深刻になっており，この特措法が登場する出番も増えてくると予想される（なお，空家の増加には，相続税や固定資産税などの税制上の理由の他に，相続による権利関係の複雑さという理由もある)。そこで，まずは特措法の仕組みを学んでいこう（小問1)。

さて，特措法の目的は「地域住民の生命，身体又は財産」の保護と「その生活環境の保全」にある（1条)。その他にも「空家等の活用を促進」することも挙げられているが，設問ではもっぱら前者が関係することはすぐに分かるだろう。そして，この目的を達成するために，14条（特定空家等に対する措置）に基づき行政処分の権限が行政庁（市町村長）に認められている。その概略は以下のとおりである。

まず，「特定空家」とは，「そのまま放置すれば倒壊等著しく保安上危険となるおそれのある状態」や「著しく衛生上有害となるおそれのある状態」にある空家を意味する（2条2項)。行政庁は，この特定空家に該当すると判断した場合，①所有者等に対して除却や修繕等の措置をとることを勧告できる（14条2項)。次に，②勧告に従わない場合には，当該措置をとることを命ずることができる（14条3項)。③この命令を発する際には，一定の手続をとることが求められている（14条4項～8項)。さらに，④所有者等がこの命令にも従わない場合には，行政代執行として行政庁は自ら義務を実現できる（14条9項)。なお，⑤所有者等が判明せず，勧告等をすべき相手方が見つからない場合には，行政庁は自ら必要な措置をとることもできる（14条10項～12項)。

以上のように，特措法の下では，公益を害するような空家に対する強制的な措置が認められている。特措法が制定される前は，この種の空家について行政庁が強制的に取壊し等を命じることは難しいと解されていた。そこで，新たに特措法が制定されたのである。

設問について言えば，X の生命や財産を守るために，Y が B に建物の除却を命じる（以下「除却命令」という）という解決策が考えられる。その場合，除却命令の適法性が問題となり得るが，今回は，むしろ Y が除却命令を発しない場合の救済方法について考えよう。

②除却命令の義務付け訴訟

行政庁が本来行使すべき権限を行使しないこと（権限の不作為）の違法性については，第3回で検討したが，今回の設問でも，除却命令の不作為が X との関係で違法となる可能性がある。

そして，権限の不作為を是正する手段として，行訴法3条6項1号に基づく義務付けの訴え（いわゆる「直接型（非申請型）義務付け訴訟」）があるので，X としては，Y が B に空家の除却命令を発することを求める義務付けの訴えを提起できる。裁判所での審理の結果，権限の不作為が違法であると判断されれば，請求が認容されて Y は B に空家の除却を命じなければならなくなる。

もっとも，義務付けの訴えについても訴訟要件が問題となる。まず，義務付けの訴え特有の訴訟要件として，「重大な損害を生ずるおそれ」（重損要件）があり，かつ，「その損害を避けるため他に適当な方法がない」（補充性要件）ことが求められる（行訴37条の2第1項)。次に，原告が「行政庁が一定の処分をすべき旨を命ずることを求めるにつき法律上の利益を有する者」（原告適格）でなければならない（行訴37条の2第3項)。その他にも，被告適格や狭義の訴えの利益なども問題となるが，設問で問われているのは原告適格だけなので，以下ではこの論点を取り上げよう。

③原告適格の判断枠組みについて

原告適格については第4回で少し触れたが，ここではより詳しく検討しよう。なお，取消訴訟でも直接型義務付け訴訟でも原告適格の判断は共通しているので，以下の説明では，取消訴訟の原告適格に関する学説や判例を参照している。

原告適格は行政法の中でも最重要論点の一つであり，

判例等で争点となることも極めて多いが，これには行政法特有の理由がある。すなわち，行政法では，私人間の利益対立に行政庁が関与するという三面関係が数多く登場する。行政庁が私人αに許可処分をすることが私人βに不利益となる，というように，行政法で問題となる法律関係は，程度の差はあれ，行政庁と相手方私人という二面関係に収まらず，間接的な影響を受ける第三者も含んでいる（設問でも，ＹがＢに空家の除却を命じることは，Ｘにとって利益となるという関係がある）。そのため，この第三者に訴訟提起の資格があるか否か，という原告適格の有無がしばしば争点となるのである。

第４回で述べたように，原告適格の有無は訴訟提起を認めるデメリット（応訴の負担の増大等）とメリット（第三者の利益の救済）を比較衡量して判定されると考えられる。この観点から見ると，空家の倒壊でＸに重大な損害が及ぶことと，空家の危険性の審理にかかるコストが比較的小さいことを踏まえると，メリットの方が上回り，原告適格を認めることに問題はないと言えるだろう。

おそらく，裁判官が原告適格の有無を判断する際には，以上のような単純な比較衡量をしていると推察されるが，実際の判決文では，行訴法９条２項に則してより複雑な判断枠組みが示されている。しかし，この規定は極めて悪文であり，一読しただけではその意味を摑めないだろう。以下，多少かみ砕いて要点を説明しよう。

④原告適格の三つの考慮要素

まず，①処分の根拠法令の「趣旨及び目的」を考慮しなければならない。ここでは，処分の根拠となる法律や政省令・条例が原告の利益をどれだけ強く保護しているか，という点がポイントとなる。例えば，目的規定が原告の利益に言及している場合や，許可基準が原告の利益と関連付けられている場合，行政手続への参加が原告に認められている場合には，原告適格が認められ易くなると考えられる。

もっとも，個別法の膨大な条文の中から原告適格に関係する規定を見つけ出すのは容易ではない。読者の中にも，ここで躓いてしまう者は少なくないと思われるが，数多くの個別法に接することで確実に実力は上がっていくので，諦めずに学習を続けよう。

設問について言えば，除却命令の根拠法令たる特措法から，空家の近傍に居住する住民の生命や財産を保護する規定を探し出すことになる。例えば，法律の目的として「地域住民の生命，身体又は財産」の保護が掲げられていること（１条），空家等対策計画の作成等を協議する「協議会」に地域住民の参加が認められていること（７条２項），措置命令の目的が「周辺の生活環境の保全」と定められていること（14条２項等）などがこれに当たる。

もっとも，時々問題となるのは，法律や政省令の他に，処分基準や指針といった行政規則も裁判所は考慮できるか否か，さらには，考慮すべきか否か，という点である。難しい問題ではあるが，判例においては，行政規則が考慮されている事例も見受けられる。

次に，②法令の趣旨及び目的を考慮する際には，「目的を共通にする関係法令」にも目を向けなければならない。これは，処分の根拠法令が必ずしも原告の利益を保護していなくても，関連する法令が保護している場合があり，その場合には，法体系全体で見ると原告適格を認める余地が出てくるからである。

もっとも，どのような法令に関連法令としての性質が認められるか，という点はかなりの難問である。著名な例としては，公害対策基本法が都市計画法の関連法令に当たるとする判例があるが（最大判平成17・12・7民集59巻10号2645頁〔行政判例百選Ⅱ〔第７版〕165事件〕），措置法についてはどのように考えるべきだろうか。

この点，建築物の規制により国民の生命等を守るという意味では建築基準法が，都市環境の保全という意味では都市計画法が，それぞれ関係してくると考えられるが，判例の蓄積がないために，裁判所がどのような解釈を示すかははっきりしない。

三つ目として，③「利益の内容及び性質」とその「害される態様及び程度」も考慮される。当然のことであるが，違法な行政処分や権限の不作為の結果として，重要な利益が強く侵害される場合には，原告適格を認める必要性は高まる。そこで裁判所には，侵害される利益の重要性等を評価することが求められているのである。

判例の傾向を見ると，生命に危険が及んだり，健康に重大な影響が生じたりするおそれがある場合には，原告適格はほぼ確実に認められている。例えば，がけ崩れや洪水，建物の倒壊によって生命が失われる場合や，騒音や排気ガス，悪臭，日照の低下，地下水の汚染などによって健康に著しい被害が生じる場合である。ただし，健康への影響がわずかなものにとどまる場合には，判例の結論は分かれていると言える。

他方で，財産的利益や営業の自由については，生命や健康に比べるとその重要性は低いことから，原告適格が認められる可能性は低くなる。また，景観的利益（良好な景観を享受する利益）や良好な生活環境を享受する利益についても可能性は低いと言える。

設問では，Ｘの自宅と空家との距離にもよるが，空家の倒壊等によりＸの生命に危険が及ぶのであれば，原告適格が認められる可能性は極めて高くなるだろう。

まとめると，原告適格は以上の①～③の要素を総合的に考慮して判定される。基本的には，生命や健康に重大な被害が及ぶ場合には，法令の定めにかかわりなく，原告適格が認められているが，そうでない場合には，法令の定めも考慮してその有無が決せられている。

原告適格は典型論点ではあるものの，原告の利益状況や法令の規定に応じて，その判断は様々に変わってくる。このような多様性に惑わされずに正解に辿り着けるようにしよう。

ステップアップ

建築基準法が特措法と「目的を共通にする関係法令」に当たるとした上で，建築基準法１条と10条からＸの原告適格を基礎付けることができるか，検討しなさい。

次回の設問

農地法・農振法と処分性について学ぶ。

行政法 12

國學院大學教授
高橋信行　TAKAHASHI Nobuyuki

設問

Xは A県B市で農業を営んでいるが，その所有する農地は「農業振興地域の整備に関する法律」（以下「農振法」という）8条に基づき「農用地区域」に指定されている。

Xの息子Cが結婚したため，Xは農地の一部を宅地にしてCのための一戸建てを建てようとした。ところが，農地法の定めによれば，農地を宅地に変えるためには許可（以下「転用許可」という）が必要になるが，特に農用地区域ではその要件が極めて厳しく，許可が得られる見込みがなかった。

そこでXは，まずは自分の農地を農用地区域から除外することを求めてB市に要望書を提出した。しかしB市は，「農振法の定める要件に該当しないことから，Xの要望に応じることはできない」とする回答（以下「本件回答」という）をXに伝えた。

⑴農振法の仕組みを踏まえた上で，農用地区域からの除外要件を説明しなさい。⑵Xが本件回答の取消しを求める取消訴訟を提起した場合に，その処分性が認められるか，検討しなさい。

POINT

❶農地法と農振法の違いを踏まえて，農用地区域の制度を理解する。❷「農振除外要件」について調べる。❸本件回答の処分性について検討する。

解説

①農地法と農振法

本演習もいよいよ最終回を迎えたので，かなり難解な個別法を取り上げよう。今回問題となるのは，農地を宅地等に変える際の転用許可であるが，農地法と農振法という2つの法律が関係するので，両者の違いに注意する必要がある（小問1）。

まず，農地法1条は「耕作者の地位の安定と国内の農業生産の増大」を目的としており，その手段の1つとして，「農地を農地以外のものにすることを規制する」ことを挙げている（もちろん，農地法の役割はこれにとどまらない）。そのため，農地転用に際しては農地法4条に基づき行政庁（都道府県知事等）の許可が必要になる。設問でも，自分の農地であるにもかかわらず，A県知事から転用許可を得ない限り，Xはこれを宅地として利用できないのである。

次に，農振法の下では，一部の農地についてさらに規制が強化されている。すなわち，農振法8条に基づき市町村が「農用地利用計画」で指定した区域（「農用地区域」という）の農地については，原則として転用許可は認められないとされているのである。条文を確認すると，農地法4条6項1号イでは，「農用地区域（……）内にある農地」については，農地許可をすることはできないと定められている（ごくわずかな例外があるが，設問には関係しない）。

結局，通常の農地であれば，転用許可が認められる余地はまだあるが，農用地区域の農地では，転用許可が得られる可能性はほぼゼロになる。これは，農用地区域が大規模で生産性の高い「優良農地」を守るための制度であるからである。このような段階的な規制が農地法と農振法の特徴であると言える。

これらの規制が財産権に対する強力な制限であることは言うまでもないが，農地確保の必要性から農地法と農振法の合憲性は従来から認められているので，この点についてはこれ以上立ち入らない。

②農用地区域からの除外

では，Xは農地転用を諦めなければならないのだろうか。この点，市町村は農用地利用計画を変更して農用地区域の指定を外す権限を有するので（これを「農振除外」と呼ぶ），自分の農地を農用地区域から外すことを市町村に求める方法がある。

設問でも，もしB市が農振除外を承認すれば，Xの農地は通常の農地に戻るので，転用許可が認められる可能性が出てくる。ただし，転用許可の条件も相当に厳格であるので（農地4条6項），転用許可が実際に認められるか否かは分からない。

ところが，この農振除外手続には2つの大きな問題がある。まず，①農振除外にも厳格な要件が定められていて，除外が認められない可能性が高いこと，次に，②農振除外が認められなかった場合の裁判上の救済手段である。②については**3**で検討することにして，まずは①について説明しよう。

農振法を参照すると，農用地利用計画は農業振興地域整備計画の一部であるので，13条（農業振興地域整備計画の変更）が関係する。その2項で，農用地区域からの除外要件として5つの要件が置かれている（「農振除外5要件」と呼ばれる）。例えば，農用地区域以外の他の土地では代替できないこと（1号）や「農業上の効率的かつ総合的な利用」に支障を及ぼさないこと（2号）などであり，これら全てが満たされる必要がある。

設問では，Cのための住宅をXの農地に建てる必要性が真にあるのか，といった点が審査され，仮に必要性が認められない場合には，1号要件の欠如を理由に農振除外は拒否されることになる。おそらくこのような理由から，B市は農振除外を認めなかったのだろう。Xの落胆する顔が目に浮かぶようだが，裁判所はXを救ってくれるのだろうか。

③処分性に関する判例の動向

では，農振除外を認めないという本件回答に対して，どのような訴訟を提起すればよいのだろうか。単純に考えれば，本件回答の取消しを求める取消訴訟を提起することが考えられるが，その処分性の有無が問題となる（小問2）。

処分性については，第5回で少し触れたところである。行訴法3条2項によれば，「行政庁の処分その他公権力の行使に当たる行為」が取消訴訟の対象とされているが，より具体的な基準は判例で定まっている。そのリーディングケースである「大田区ごみ焼却場訴訟」（最判昭和39・10・29民集18巻8号1809頁〔行政判例百選Ⅱ〔第7版〕148事件〕）では，「公権力の主体たる国または公共団体が行う行為のうち，その行為によって，直接国民の権利義務を形成しまたはその範囲を確定することが法律上認められているもの」との定義が示されており，この定義自体は今日でも維持されている。

その後の判例を踏まえると，処分性判断のポイントは以下の3点にまとめられる。⑴法令に基づき権利義務に対する法効果を一方的に発生させること，⑵その法効果が一般的で抽象的なものでなく，個別的で具体的なものであること，⑶特に早期に救済を図る必要性があることである。

判例では，⑵を理由として処分性を否定するものが少なくない。第5回で挙げた都市計画決定もその一例であるし，用途地域指定についても同じ理由で処分性が否定されている（最判昭和57・4・22民集36巻4号705頁〔行政判例百選Ⅱ〔第7版〕153事件〕）。

もっとも，なぜ法効果の個別性・具体性が求められるのか，と改めて考えてみると，よく分からないところがある。確かに，原告の受ける権利侵害が抽象的なものにとどまる場合には，審理対象が曖昧になるし，そもそも救済の必要性が乏しいから，訴訟の提起を認めるべきではないとも考えられる（「紛争の成熟性」の欠如）。しかし，損害が具体的に発生し，審理対象が明確になっているのであれば，法効果の抽象性や一般性に拘る必要はないだろう。

実際，近年の判例では，告示による2項道路の指定にも処分性が認められているが（最判平成14・1・17民集56巻1号1頁〔行政判例百選Ⅱ〔第7版〕154事件〕），この指定のもたらす法効果が抽象的・一般的であることを踏まえると，現在では，⑵の要素はより柔軟に解釈されていると言える。

関連して，⑶を理由として処分性を認める判例も増えている。すなわち，通常，一連の行政過程の最終段階の決定には処分性が認められるが，中間段階の決定にも処分性を認めて，より早期に権利救済の機会を与える，という判例が登場しているのである（その代表例として，土地区画整理事業の事業計画決定に処分性を認めた最大判平成20・9・10民集62巻8号2029頁〔行政判例百選Ⅱ〔第7版〕152事件〕がある）。

また，⑴についても，労災就学援護費の支給決定のように，法令ではなく通達や要綱といった行政規則に基づく決定であっても，処分性が認められている（最判平成15・9・4判時1841号89頁〔行政判例百選Ⅱ〔第7版〕157事件〕）。

④「本件回答」の処分性

3で述べたように，近年では，私人の権利救済の便宜を重視して，⑴から⑶の要素を比較的緩やかに解釈して鷹揚に処分性が認められている。ところが，結論から述べると本件回答には処分性は認められていない（津地判平成29・1・26判自431号79頁。上告審の最決平成30・4・13 D1-Law 28263299もこの判断を是認している）。その主たる理由は，農用地区域の指定がもたらす制約（転用許可の要件厳格化）は，「当該地域内の不特定多数の者に対する一般的抽象的なもの」であり，「直ちに国民に具体的な義務を課したり，権利を侵害するもの」に当たらないことにある。

また，救済の必要性については，農地転用を申請して不許可処分がされた後に，その不許可処分の取消訴訟を提起し，農用地利用計画の違法性を主張することが可能であるとして，敢えて本件回答の処分性を認める必要性はないとしている。

結局，この判決では，⑵と⑶に基づき処分性が否定されているが，この判断に問題はないのだろうか。

まず，農用地区域は農用地利用計画の策定により指定されるが，通常，この指定は一定のエリアを包括的に対象としており，特定の農地を個別的に指定するという方法は採られていない。また，農用地利用計画を変更して指定を解除する場合も同様である。

そうすると，判決が述べるように，農用地利用計画から生じる制約は，不特定多数を対象にするという意味で「一般的」であると言える。しかし，農地の転用許可をほぼ不可能にするという意味で，この制約は十分に「具体的」であり，「直ちに」所有者の権利を侵害すると評価できる。また，設問のように，農地所有者の要請に応じて農用地利用計画の変更が検討される場合，特定の個別的な農地が農振除外の要件に当たるか否かが判断されるため，その回答に「個別性」を認めることもできる。

まとめると，本件回答は，個別的な農地を対象として，その具体的な制約を解除しないという法効果をもたらすので，⑵の要素も十分に満たすと結論づけられる。その意味で判旨には疑問が残るところである（実際，類似の事例で，さいたま地判平成20・2・27判自308号79頁では処分性が認められている）。

もっとも，⑶については，判決が述べるように，農地転用の不許可処分の取消訴訟を提起することで十分救済が可能である。転用不許可処分の取消訴訟において，農振除外の5要件に即して農用地利用計画の適法性が審理され，その違法性が認められれば，Xの農地には農用地区域の制約が及ばなくなり，転用許可が認められる可能性が出てくるからである。そして，救済のタイミングの観点からも，この方法でも特にXに不利となることはない。

おそらく裁判所は，農地転用に関する救済手段が複雑化しないように，処分性の認定に慎重になったと推測される。確かに，処分性が安易に認められると，複数の救済ルートが混在して法関係が錯綜してしまうので，デメリットもないわけではない。処分性の拡大はその意味で両刃の剣であると言えるだろう。

さて，この1年間，行政法の演習を執筆してきたが，読者の皆さんはどう感じただろうか。個別法の大海の中を上手に泳げるよう，これからも行政法の勉強に励んでいただきたい。

ステップアップ

処分性の判断に際しては，抗告訴訟と当事者訴訟の役割分担という観点も重要となるが，この事例でXは当事者訴訟による救済を求めることができるか，検討しなさい。

行政法・論点索引

（数字は登場回を示します）

民法

立教大学教授
原田昌和
HARADA Masakazu

※掲載が新法施行前の時期であったため，旧法と新法の両方について解説しています。

民法　1

立教大学教授
原田昌和　HARADA Masakazu

設問

Aは，甲建物を新築したが，登記をしないでいるうちに，役所の誤りによって，Aの夫B名義で固定資産課税台帳に登録され，そのため固定資産税もB名義で課税されていたが，Aはこれをそのまま支払い，固定資産課税台帳への登録を事後的に承認していた。それから10年を経て，AB間の関係が悪化し，かねてより多額の借金をしていたBは，固定資産課税台帳登録事項証明書などを用いて，Aの知らないうちに，B名義の所有権保存登記をした上，事情を知らないCに甲建物を売却し，代金受領の上，引き渡した（移転登記は未了）。この事実を知ったAは，Bと離婚し，法的対応を検討していたが，上記の事情を知るDから「ある程度安くしてくれるのであれば購入してもよい」という申出があったため，甲建物をDに売却し，代金を受領した。甲建物の登記名義はいまだBのもとにとどまっている。

（問い1）DはCに対して甲建物の引渡しを求めることができるか。

（問い2）甲建物が，第三者Eの放火によって滅失した場合の法律関係について答えなさい。

POINT

本問では，❶民法94条2項（以降，民法については，条文番号のみを挙げるものとする）の類推適用，❷CとDはAを介して対抗関係に立つか，❸二重譲渡と危険負担が問題となる。

解説

①94条2項類推適用

（問い1）に関して，本問では，DのCに対する甲土地引渡請求の可否を検討するにあたって，甲土地の所有者は誰かが問題となる。まず，Cについて検討しよう。

Cは甲建物の売却を受けているので，所有権を取得できるかが問題となる。CはBから甲建物を譲り受けたものであるが，甲建物につきB名義で所有権保存登記がされていたとしても，Bは無権利者であり，現行法上登記に公信力はないので，Cは甲建物上の所有権を取得できないのが原則である。

原則がそうであるとしても，B名義の甲建物の登記を真実と信じて取引関係に入ったCが一切保護されないとするのは取引の安全を害する。そこで，Cを保護するための法律構成が問題となる。

この点，94条は，相手方と通じてした虚偽の（＝真意でない）意思表示は無効であるのが原則であるが（同条1項），善意の第三者に対してはこれを主張することができない（同条2項）旨を定めている。しかし，本件では，AB間には「通謀」も虚偽の「意思表示」もないため，94条2項を直接適用することはできない。

そこで，94条2項を類推適用できないかが問題となる。94条2項の趣旨は，真の権利者が虚偽の外観を作出した場合には，その外観を信頼した第三者を保護するために，外観どおりの効果を認めるという権利外観法理の表れであるが，この考え方によって第三者が保護されるべき場合は通謀虚偽表示の場合に限られない。通謀や虚偽の意思表示がなくとも，不動産の登記が真の所有者以外の者のところにあり，その虚偽の外観の発生につき権利者に帰責性がある場合に，登記名義人を真の所有者だと信じた第三者を保護するために，94条2項を類推適用し，不動産取引の安全を図ることは可能と解される。そこで，判例は，通謀や虚偽の意思表示がない場合においても94条2項を類推しており，現在までに多数の判例が出されている。

94条2項類推適用は，すでに確立した判例法理であるが，判例の展開の中で，次のような要件が必要であるとされている。すなわち，①虚偽の外観の存在，②虚偽の外観の発生に対する本人（権利を失う者）自身の帰責性，③虚偽の外観に対する第三者（権利を手に入れる者）の正当な信頼，である。

まず，①の虚偽の外観の存在については，Cは，甲建物に関する，B名義での所有権保存登記を真実と誤信して取引関係に入ったものであり，満たされる。

②の虚偽の外観の発生に対する本人の帰責性はどうか。たしかに，B名義での不実の所有権保存登記は，BがAに無断で行ったものであって，Aが作出・承認したものではない。しかし，この不実の保存登記という虚偽の外観は，固定資産課税台帳におけるB名義の不実の登録を利用することによってはじめて作出されたものであるから，かかる不実の登録名義の存在を知りながら，10年という長期にわたって放置し，承認してきたAの帰責性は重い。このような，権利者の作出した外形に他人が手を加えることによってできた外形を第三者が信頼した場合のように，真実の権利者の意思と第三者の信頼の対象となった外形との対応が欠けており，外形が意思を逸脱する類型を，学説は，「意思外形非対応型」と呼んでおり，かかる場合にも94条2項類推適用が認められている（四宮和夫＝能見善久『民法総則〔第9版〕』238頁以下は，これまでの判例を，権利者自身が外形を作出し，あるいは他人の作出した外形を承認した場合のように，真実の権利者の意思と第三者の信頼の対象となった外形とが対応する「意思外形対応型」，両者の対応が欠けている「意思外形非対応型」，以上のどちらの類型にも属さないが，94条2項と110条が類推適用される類型の3つに整理し，解説している）。

③の第三者の正当な信頼については，第三者は無過失であることが必要か，第三者が保護されるためには登記を備えることが必要かが議論されている。

無過失の要否については，権利者の帰責性と第三者の信頼の相関関係によって判断されている。本問のような意思外形非対応型においては，Aは，B名義の不実の登録を承認したにとどまり，Cの信頼の対象となった不実の保存登記という虚偽の外観の作出に積極的に加担した者ではない以上，帰責性において，虚偽表示とまったく同視することはできない。むしろこの場合は，110条の規定する代理人が与えられた権限を越えた行為をした場合と類似することから，第三者の保護要件として，善意だけでなく，無過失まで要求するのが一般である（山本敬三『民法講義Ⅰ総則〔第3版〕』174頁など)。判例も，「110条の法意」を持ち出して，第三者の無過失を要求している（たとえば，本問類似の事案に関する最判平成12・12・19判時1737号35頁など)。

登記の要否については不要と解される。AC間の関係は対抗関係ではないし，不実の登録を長期にわたり放置して承認したAの帰責性はそれなりに大きいといえるため，Cに，無過失に加えて，権利保護要件としての登記の具備までも要求する必要性はないからである（これに対して，意思外形非対応型については，通謀虚偽表示の場合に比べれば権利者の帰責性はなお小さいとして，第三者に権利保護要件としての登記を要求する立場はありうる)。

以上より，Cは，甲建物の所有権を原則として取得できないが，外観が虚偽であることを知らず，かつ，知らなかったことに過失がなかった場合には，94条2項類推適用により，甲建物の所有権を取得することができる。

② 権利者からの譲受人との関係

他方，Dは，真の所有者Aからの譲受人であり，所有権を取得しうる地位にある。そこで，Cが94条2項類推適用により保護される場合には，権利者からの譲受人と94条2項の第三者との関係がどうなるか——対抗関係になるか——が問題となる。

この問題は，主に，94条2項直接適用に関して議論されているが，まず，94条2項が優先し，対抗問題にはならないとする見解がある。本問のような事例でいえば，Dに対する関係では，A—B—Cの譲渡が有効とされ，AからBDへの二重譲渡があることになるから，Bに登記がある以上，BはDに優先し，その結果，Bの承継者たるCは，Dに対して登記なくして所有権取得を対抗できるとするものである。その理由としては，94条2項の趣旨，および，Dは登記をもたないAから譲り受けた者であり，94条2項の趣旨を無視してまで保護するには値しないといったものが挙げられている（四宮和夫『民法総則〔第4版補正版〕』167頁注(6)(b))。

しかし，一般には，この見解は支持されていない。理由はいくつかある。①Dは，登記をもたない真の権利者から譲り受けた者であり，虚偽表示の無効を主張しているのであって，外観を信頼して取引に入ったものではないのだから，「登記をもたない者から譲り受けることは保護に値しない」とする考え方は成り立たない。②Cにも，Bからの譲受後直ちに登記を経由していない点で，対抗要件主義的非難を受けてもやむを得ない落ち度がある（①②につき近江幸治『民法講義Ⅰ民法総則〔第7版〕』200頁)。③Cは善意であれば，誰に対しても常に物権の取得を主張できることになり，取引の安全を著しく害する（山本・前掲162頁)。④善意の第三者Cが登場する前は，Bはたとえ登記を有していても，Dに対する関係で，AB間の譲渡の有効性を主張できないのだから，BD間でBが優先するという見解は導けない。⑤Bが登記をAに戻し，さらにDに移転登記がなされた場合ですら，DはCに負けることとなり，かえって取引の安全を害する（④⑤につき四宮＝能見・前掲236頁)。加えて，⑥本問のような，AB間に譲渡のない94条2項類推適用の事案の場合には，AからCへの直接の権利変動を考えざるを得ないであろう。以上のような理由から，権利者からの譲受人と94条2項の第三者との関係は対抗関係になり，177条が適用されるとするのが通説である。

以上より，原則として，Dは，Cに甲建物の引渡しを請求できるが，Cが94条2項類推適用により保護される場合には，登記なくして，Cに対して甲建物の所有権を主張し，引渡しを請求することはできない。

③ 二重譲渡と危険負担

（問い2）に関して，まず，Cが94条2項類推適用によって保護されない場合には，CはBに追奪担保責任(561条）を追求することとなる。Dは，放火者Eに対して，登記なくして，所有権侵害ないし債権侵害を理由として不法行為に基づく損害賠償を請求できる（709条)。

つぎに，Cが94条2項によって保護される場合には，甲建物の引渡・移転登記請求権（Cに関しては移転登記請求権）が履行不能となっているため，二重譲渡と危険負担に類似した問題状況が生じる。特定物の危険負担に関して，534条1項は債権者主義を定めるが，これを二重譲渡の場合にそのまま適用すると，売主は双方の買主から代金を受け取れることになる。そこで，通説は，二重譲渡の場合には，登記を備えることにより確定的に所有権を取得した買主が生ずるまでは，536条1項の債務者主義が適用されるものとする（内田貴『民法Ⅱ〔第3版〕』68頁)。これを本問に当てはめると，登記のないCDはそれぞれ，BまたはAに対して，既払代金の返還を請求することが可能である。

このとき，放火者Eに対する所有権侵害を理由とする不法行為に基づく損害賠償請求権は，所有者であるAに帰属する。不法行為の加害者との関係は対抗関係ではないが，二重譲渡型紛争の場合には，登記のない限り，CもDもいまだ確定的に所有権を取得していないからである。同様の理由から，CまたはDからEに対する債権侵害を理由とする損害賠償請求も否定すべきである。

改正民法においては，解除をする要件として債務者の帰責事由が不要となったことから（改正542条)，CDはそれぞれ，BまたはAとの間の売買契約を解除して，既払代金の返還を請求することができる。また，解除せずに，改正536条1項の債務者主義を理由に，既払代金の返還を請求することも可能である（条文は履行拒絶権を定めているが，立案担当者は，既払代金の返還請求も認められるとする。筒井健夫＝村松秀樹編著『一問一答民法（債権関係）改正』228頁注3))。

ステップアップ

（問い1）において，甲建物をCからさらに譲り受けたFがいた場合，DはFに甲建物の引渡しを請求できるか。必要であれば場合分けもすること。

次回の設問

代理に関する出題をする。

民法　2

立教大学教授
原田昌和　HARADA Masakazu

設問

Aは，事業資金調達のため，自己所有の甲土地を担保に入れてCから融資を受けようと考え，息子Bにこれを委託し，甲土地の登記済証や印鑑登録証明書とともに，委任事項欄が白地の白紙委任状をBに渡した。ところがBは，この白紙委任状に勝手に「甲土地の処分に関する一切の事項」と書き込み，Aを代理して，以上の事情を知らないCに甲土地を3000万円で売却し，代金の一部として受け取った1000万円を着服した。なお，Cは，売買契約の際に，Aに対して，Bに甲土地の処分に関する代理権を与えたかどうかを確認することは行っていない。また，Cは，Bによる着服の意図は知らなかったものとする。

（問い1）Cは，Aに対して，残代金の支払と引換えに，甲土地の所有権移転登記手続に協力するよう請求できるか。

（問い2）Cは，Bに対して，どのような法的主張をすることができるか。

（問い3）Cが請求をしないでいる間にAが死亡した。Aには，子BとDがいたが，Dは相続を放棄した。この場合に，Cは，Bに対して，どのような法的主張をすることができるか。Dが相続を放棄しなかった場合には，どうか。

POINT

（問い1）では❶白紙委任状と表見代理が，（問い2）では❷表見代理と無権代理の関係が，（問い3）では❸無権代理と相続が，それぞれ問題になる。

解説

①白紙委任状と表見代理

（問い1）について，Cが，Aに対して，甲土地の所有権移転登記手続に協力するよう請求するには，Bの行為の効果がAに帰属することが必要である。しかし，Bは土地売却についての代理権をもたないため，無権代理行為であり，Aに効果帰属しないのが原則である（113条1項）。Aが無権代理行為を追認すれば無権代理行為は追完されるが，Aが追認することは考えにくい。だが，かかる結論は代理権があると信じたCの保護に欠ける。そこで，Cを保護する法律構成が問題となる。本問では，白紙委任状を交付された代理人Bが，本人Aから与えられた内容を越える代理行為を，委任事項欄補充の上行っており，代理権授与表示による表見代理（109条〔改正法109条1項〕），権限外の行為の表見代理（110条）の2つの構成が問題となる（山本敬三『民法講義Ⅰ総則〔第3版〕』411頁，佐久間毅『民法の基礎1総則〔第5版〕』280頁）。

109条の要件は，①代理権授与表示の存在，②授与表示された代理権の範囲内での代理行為，③代理権不存在について相手方に悪意または過失のないことが必要である。本問では，Aが交付した白紙委任状に「甲土地の処分に関する一切の事項」と書き込まれてCに提示されたことから，Aは，甲土地の売却に関する代理権をBに与える旨の表示をCに対して行い，Bは表示された範囲内での法律行為を行ったものと解することができる（よって要件①②は満たされる）。要件③については，委任状のほかに，登記済証や印鑑登録証明書も提示されているため，無過失とされる可能性が高いと思われるが，親子関係では実印等が冒用される事例も多く――本問は実印の冒用ではなく，白紙委任状の濫用なのだが――，事情によっては，Aへの確認が必要とされる場合もあろう。

他方，110条の要件は，①基本代理権の存在，②基本代理権の範囲を越えた代理行為，③権限があると信ずべき正当な理由が相手方にあることである。本問では，Bは，甲土地を担保に入れてCから融資を受けることを委託され，その限りで代理権を有している。にもかかわらず，甲土地の売却という，与えられた代理権の範囲を越えた代理行為を行っていることから，①②の要件は満たされる。要件③の「正当な理由」の意義については，本人側の事情と相手方の事情を総合的に考慮すべきであるとする見解も有力であるが（内田貴『民法Ⅰ総則・物権総論〔第4版〕』196頁など），通説は，これを善意無過失と解する（我妻栄『新訂民法総則』371頁など）。通説によれば，本問は，109条の要件③について述べたところと同様に解されよう。有力説による場合，白紙委任状交付に至る事情，基本権限との乖離の程度，本人Aの不利益の程度なども正当な理由の中で考慮されるが（山本・前掲424頁），結論に大きな差は生じないと思われる。

109条構成と110条構成の違いは，立証責任に現れる。すなわち，109条構成の場合は，Cが要件①②を立証すれば，Aの側でCの悪意・有過失（要件③）を証明できない限り，表見代理の成立が認められる。これに対して，110条構成の場合は，Cが要件①②③をすべて立証しなければならない。したがって，立証責任の点では，109条構成による方がCにとって有利といえるが，白紙委任状の交付が代理権授与表示にあたるか否かという問題の中で正当な理由の有無が問題となっているとみることもでき，実際には両者にあまり違いはないとする見解もある（山本・前掲412頁）。

以上より，Cは，109条または110条による表見代理の成立が認められれば，Bによる法律行為がAに帰属することを主張して，Aに対して，残代金の支払と引換えに，甲土地の所有権移転登記手続に協力するよう請求できる。

②表見代理と無権代理の関係

（問い2）について，Cは，無権代理につき善意であるので，Aによる追認があるまでは，契約を取り消し（115条），Bに不当利得（703条・704条）として支払済みの代金額および利息を請求することが可能である。なお，改正民法のもとでは，取り消した場合の原状回復の適用条文は，121条の2となる。

Aからの追認が得られず，取消権を行使する意思もない場合には，Cは，Bに対して，無権代理人の責任（117条1項）として，履行または損害賠償の責任の追及をすることが考えられる（もっとも，Aの追認は得られないであろうから，損害賠償を請求するしかないであろう）。Cが無権代理につき善意無過失であれば，責任追及の要件は満たされる（117条2項）。改正民法のもとでは，Cに過失があっても，無権代理人Bは自己に代理権がないことを知っているため，CはBに対して無権代理人の責任を追及できる（改正法117条2項2号。改正前の有力説を採用したものである）。

これに対するBからの反論としては，表見代理が成立する場合にはCはAに履行請求できるのであって無権代理人の責任の追及はできないというものが考えられる。しかし，表見代理は本来相手方保護のための制度であるから，無権代理人が表見代理の成立要件を主張立証して自己の責任を免れることは，制度本来の趣旨に反する（最判昭和62・7・7民集41巻5号1133頁）。したがって，Bからの反論は認められない。

無権代理人の責任の追及が認められない場合には，Cは契約を取り消して（Aによる追認拒絶があり，またはCからの催告〔114条〕に期間内の確答がなく追認拒絶とみなされれば取り消すまでもなく），Bに不当利得（703条・704条）として支払済みの代金額および利息を請求できる。無権代理人への不法行為責任の追及を肯定する立場によれば，CはBに対して上記代金額および甲土地の取得のために支出した費用等の損害の賠償を不法行為（709条）として請求できる。

③無権代理と相続

甲土地の売買は無権代理行為であるので，その効果は原則としてAに帰属しない。この点，（問い3）では，Dが相続放棄をしたことによって，BがAを単独で相続したことになる。このような無権代理人による本人の単独相続の事例では，無権代理人の地位と本人の地位が同一人に帰属しており，無権代理行為が有効に（表見代理をまつまでもなく）Bに効果帰属しないかが問題となる。

このような場合について，無権代理人と本人の地位の融合が生じ，無権代理が追完されるとする見解がある（資格融合説。最判昭和40・6・18民集19巻4号986頁）。しかし，相続という偶然の事情により，相手方の取消権（115条）が奪われるのは妥当でないし，本来は無権代理人の責任を追及するしかない可能性もあった相手方が，相続という偶然の事情により，当然有効という望外の利益を享受するのは妥当ではない。そもそも相続は，被相続人が生きている場合と同じ法律関係を，相続人を通じて維持するにすぎない。そこで，通説は，相続により，本人の資格と無権代理人の資格が同一人の中に併存するという考え方に立っている（資格併存説）。

資格併存説に立つ場合，CはBに対して，取消権（115条），追認するか否かの催告権（114条），表見代理の主張（109条・110条・112条），無権代理人の責任の追及（117条）が可能である。

これに対して，Bは本人の資格で，無権代理行為の追認を拒絶できるか。相続という偶然の事情によって相手方が有利になる理由はないとして，追認拒絶を可能とする見解もあるが（完全併存説），通説は，無権代理行為を行った当の本人が追認を拒絶するのは信義則（1条2項）に反すると考えて，無権代理人は追認拒絶権を行使できないとする（信義則説）。これによれば，無権代理行為を行ったBの追認拒絶は信義則に反し，行うことができない結果，Cが催告を行った場合は，本件売買は有効にBに効果帰属する。

次に，Dが相続を放棄しなかった場合について。この場合にも，無権代理人の地位と本人の地位は併存し，無権代理行為が相続により当然に有効になることはなく，CはBおよびDに対して，取消権，追認するか否かの催告権，表見代理の主張，Bに対しては無権代理人の責任の追及が可能である。

では，本人の資格での追認拒絶の可否についてはどのように考えるべきだろうか。無権代理行為にはかかわりのないDも相続人であるため問題となる。これについて，信義則説に立ったうえで，追認権は相続分に応じて分割承継され，追認拒絶が信義則に反するかどうかは各相続人ごとに判断されるとする見解がある（追認可分説）。これによれば，追認権はBとDに2分の1ずつ承継され，Dは問題なく追認拒絶が可能なのに対し，無権代理行為を行ったBが追認を拒絶することは信義則に反するから，CがBおよびDに履行請求し，Dが追認拒絶した場合には，本件売買はBの相続分の限度で有効になる。しかし，これは，追認拒絶をした共同相続人Dと相手方Cによる甲土地の共有という，どちらも望まない錯綜した法律関係を発生させることとなり，妥当ではない。

そのようなところからは，追認権は，その性質上相続人全員に不可分的に帰属し，共同相続人全員が共同してこれを行使しない限り，無権代理行為が有効となるものではないとする見解が妥当である（追認不可分説。判例は，共同相続の場面に関しては，資格併存説・信義則説・追認不可分説に立っている。最判平成5・1・21民集47巻1号265頁）。これによれば，無権代理行為が有効になるためには，BとDが揃って追認しなければならないから，Dが追認しない限り，追認の効果は生じない。ただし，他の共同相続人Dが追認している場合に，無権代理人Bが追認を拒絶することは信義則に反し許されない。したがって，Cが催告を行った場合において，Dが本件売買を追認したときには，無権代理行為は有効となり，CはBおよびDに対して甲土地の引渡しを請求することができる。Dが追認拒絶したときには，Cは表見代理を主張するか，または無権代理人の責任追及をすることになる。

無権代理と相続に関する判例とその解説については，原田昌和ほか『START UP 民法①総則 判例30！』86頁以下を参照。

ステップアップ

（問い3）において，Cが請求をしないでいる間に，まずBが死亡し，その後Aが死亡して，本人と無権代理人の資格がともにDに帰属した場合はどうなるか。また，まずAが死亡し，その後Bが死亡して，本人と無権代理人の資格がともにDに帰属した場合はどうか。

次回の設問

債務不履行に関する出題をする。

民法 3

立教大学教授
原田昌和 HARADA Masakazu

設問

（問い 1）A は B 酒店から，B がその倉庫に保管中の特定年度の特定銘柄のワイン 50 本のうち 20 本を，1 週間後に A が B の店に取りに行く約束で購入した。このワインは大変人気があり，B 自らが醸造主のもとへ行き，親しくなり，格安で買い求めたものを，A にも市場価格よりはるかに安い価格で売却したものであった。なお，醸造主のもとにはすでに在庫はなく，仮に同じワインを市場で買う場合には海外渡航費等契約代金をはるかに超えた高額の調達コストがかかる。1 週間後，引渡しの直前に大地震が起き，倉庫内のワインはすべて割れてしまった。A は，B に対して，ワインを他から調達して引き渡すよう，請求できるか。

（問い 2）A は B 酒店から，特定年度の特定銘柄のワイン 20 本を，1 週間後に A が B の店に取りに行く約束で購入した。1 週間後，B は，仕入れたワインを取り分けて梱包し，A に，すでに準備ができているので，約束通り引き取りに来るように電話で連絡した。しかし，A は代金の手当てができなかったので，その日に取りに行かなかった。その後も何度か，B は A に連絡したが，A が引き取りに来ることはなかった。しばらくして，店の倉庫がいっぱいになったので，B は，やむをえずそれらのワインを自家消費用のワインとともに自宅で保管していたが，数日後，大地震が発生し，それらのワインは自家消費用ともどもすべて割れてしまった。なお，倉庫内のワインは無事だった。

この場合における，AB 間の法律関係について論じなさい。

POINT

本問では，❶制限種類債権の認定，❷種類債権の特定，❸受領遅滞の法的性質および効果が問題になる。

解説

①制限種類債権の認定

（問い 1）について，A は，B に対して，ワインを他から調達して引き渡すよう請求できるか。本件ワイン引渡債権の法的性質が問題となる。

本件ワインは，当事者が目的物の個性を重要視せず，種類（規格や銘柄）と数量のみを表示するだけで取引できる不特定物（種類物）であるから，本件ワインの引渡債権は種類債権である。通常の種類債権であれば，B はワインを他から調達して A に引き渡さなければならない。しかし，問題文記載の事情からすると，特殊な事情があって安く手に入ったから売るというのが当事者の意思であり（買主 A もそれを十分知っている），高額の調達コストをかけてまで引き渡すことが両当事者の意思に合致するとは思われない。よって，本件ワイン引渡債権は，本件倉庫にある 50 本のワインから 20 本を引き渡すという，制限種類債権であると考えられる。本問では，制限内のものがすべて滅失しているので，特定の有無にかかわらず，本件ワイン引渡債権は履行不能になり，引渡請求をすることはできない（中田裕康『債権総論〔第 4 版〕』55 頁）。

②種類債権の特定

（問い 2）について，まず，A は B に対してワインを引き渡すよう請求できるかを検討する。

上記のように，本件ワイン引渡債権は種類債権であるが，（問い 2）では，（問い 1）のような制限を認定することはできないので，通常の種類債権である。種類債権については，目的物に特定を生じたときは，以後その物が債権の目的物となり，以降は特定物とほぼ同様に取り扱われる。特定の要件は，401 条 2 項が定めるが，前段の「債務者が物の給付をするのに必要な行為を完了し」た場合に関して，通説は，本問のような取立債務（債務者の住所で引き渡す債務）については，債務者が目的物を分離し引渡しの準備を整えてこれを債権者に通知することによって特定を生ずるものと解している（我妻栄『新訂債権総論』32 頁）。本件で，B は，仕入れたワインを取り分けて梱包し，A に，すでに準備ができているので，約束通り引き取りに来るように電話で連絡しているため，この時点でワインに特定が生じている。

特定の主要な効果としては，①債務者は，特定した目的物の保存につき善管注意義務（400 条）を負う，②特定した目的物が滅失した場合には引渡債務は履行不能となる（ただし，債務者には，同じ品質・数量の他の物に変更する権利が認められる），③所有権が移転しうる状態になる，④特定した目的物が滅失した場合の危険負担は債権者主義となる（534 条 2 項）といったものがある（中田・前掲 50 頁以下）。本問では，特定したワインはすべて滅失しているので，ワイン引渡債権は履行不能となり，A は B にワインの引渡しを請求することはできない。このとき，B は，滅失について帰責事由があれば，損害賠償義務を負う（415 条）。これについては**3**で解説する。

特定の効果に関して，平成 29 年改正民法のもとでは，①③については変更はないが，④について，534 条 2 項が削除され，債務者主義となったほか（改正法 536 条 1 項。債権消滅構成から抗弁権構成へと変更になった点にも注意），②については，学説は，特定した目的物が滅失した場合，売主は依然として調達義務を負い，買主は代替物の引渡しなどの追完請求等ができるとする見解（履行可能説）と，改正前と同様に，特定した目的物が滅失した場合には引渡債務は履行不能となるとする見解

（履行不能説）とに分かれている。すなわち，履行可能説は，改正法567条を根拠に，特定した目的物が引渡しまたは受領遅滞の前に損傷した場合，修補が可能であれば，買主は追完請求等ができ，滅失した場合でも，売主は依然として調達義務を負い，買主は代替物の引渡しを含む追完請求等ができるとし，他方，履行不能説は，特定した目的物が引渡しまたは受領遅滞の前に損傷した場合，修補が可能であれば，改正法567条を根拠に，買主は追完請求等ができるとするが，特定した目的物が滅失した場合に関しては，履行可能説のように調達義務を肯定することは改正前との相違が大きすぎるなどの理由から，改正前と同様，引渡債務は履行不能となるとする（以上につき，中田裕康『契約法』330頁以下）。本問のAも，改正法のもとで，履行可能説によった場合には，Bにワインの引渡しを請求することができる。

③受領遅滞の法的性質，効果

では，Aはワイン引渡債権の履行不能を理由に，Bに対し損害賠償請求（415条）を行うことができるか。これについては，上記のように，Bに滅失についての帰責事由があるかが問題となる。

（問い2）においては，引渡しの目的物はワイン20本に特定しているので，Bはワインを引き渡すまでその保管につき善管注意義務（400条）を負う。本問では，特定したワインを自家消費用のものとともに自宅で保管していたために，滅失が起こっているため，Bに帰責事由があるとも思われる。しかし，Bがワインを取り分けて，梱包し，Aに引き取りに来るよう連絡したにもかかわらず，Aは，期日にワインを受け取りに行かなかったのであって，もしこれによりAが受領遅滞（413条）に陥っているとすれば，受領遅滞の効果としてBの保管義務が軽減され，Bは自己の財産に対するのと同一の注意をもって保管する義務を負うものとされ，帰責事由がないと判断されうる（中田・前掲『債権総論』236頁。改正法413条1項において明文化された）。よって，この点につき検討する。

受領遅滞の要件はその法的性質と関連するため，まずこの点につき確認しておく。受領遅滞については，債権関係においては債権者と債務者とは共同の目的に向かって協力すべき一種の協同体をなし，債権者にも信義則が要求する程度において協力義務が存在し，受領遅滞は債権者の協力義務の債務不履行責任であるとする見解がある。この見解によれば，受領遅滞は債権者による債務不履行だから，一般の債務不履行と同様，債権者の帰責事由が必要である（債務不履行説。我妻・前掲236頁，238頁など）。しかし，債権には，不作為債務のように，そもそも受領を観念することができないものもあるし，双務契約の場合には，受領遅滞にある債権者は，通常，反対債務について債務不履行に陥っているので，その債務の不履行責任を追及して，損害賠償請求や解除を行うことも可能である。受領義務を認めるべき場合には，例外的に，契約の解釈や信義則により，受領義務を認めることも可能である。こういった理由から，通説は，受領遅滞について，債権者は受領義務は負わないが，受領遅滞以後も債権者の責任に変更がないとするのは履行の提供をした債務者にとって酷であり，公平に反するので，信義則上認められた法定責任であると考えている（法定責任説。内田貴『民法Ⅲ 債権総論・担保物権〔第4版〕』108頁以下など）。

法定責任説によれば，受領遅滞の要件は，①給付をなすにつき受領その他債権者の協力が必要であること，②債務者が債務の本旨に従った履行（弁済）の提供を行ったこと，③債権者の受領拒絶または受領不能である。法定責任説によれば，受領遅滞の要件として，債権者の帰責事由は不要である。本件ワイン引渡債権は，取立債務であるため，弁済提供の方法は準備・通知であり（493条ただし書），また，Aは代金の用意ができず期日に取りに行かなかったため，以上の要件を満たす。

受領遅滞の効果としては，①債務者は以後の債務不履行責任を免れる（ただしこれは弁済提供の効果である），②債務者の保管義務が自己の財産に対するのと同一の注意に軽減される（改正法413条1項で明文化），③債務者は増加費用を債権者に請求できる（改正法413条2項で明文化），④危険が債権者に移転する（改正法413条の2第2項・536条2項，567条2項で明文化），といったものがあげられる。

本件では，Aは受領遅滞に陥っているため，Bの保管義務が軽減され，自己の財産に対するのと同一の注意をもって保管する義務しか負わないので，自家消費用のものとともに自宅で保管していたワインが大地震によってすべて割れてしまった本問では，Bに帰責事由はなく，Aは損害賠償請求を行うことはできない。

このとき，BはAに対して代金を請求することができるであろうか。これについては，債権者主義の制限等諸説あるけれども，Aが受領遅滞に陥っている本件においては，上記のように，危険は債権者Aに移転しており，Bは代金を請求することができる。あわせて，Bは，Aに対して，受領遅滞中のワインの保管費用を増加費用として請求することもできる。

なお，契約の解除について，改正法において，債務者の帰責事由は解除の要件ではなくなったが，受領遅滞の場合には，以後の当事者双方の責めに帰すことのできない履行不能は債権者の帰責事由によるものとされるため（改正法413条の2第2項），Aは契約を解除することはできない（改正法543条）。

ステップアップ

平成29年改正法415条1項の帰責事由の意義について，「改正により，帰責事由を契約の趣旨や取引上の社会通念から離れて考えようとするような意味での過失責任主義が否定された」などと説明されることがある。これはどのような意味か，説明しなさい。

次回の設問

不動産の対抗問題について出題をする。

民法 4

立教大学教授
原田昌和 HARADA Masakazu

設問

Aの所有する甲土地を，子のBおよびCが相続した。(問い1）から（問い3）についてはAは遺言を残さずに死亡したものとする。遺留分については考えなくてよい。

（問い1）Cは，遺産分割協議書を偽造して，甲土地について単独相続した旨の登記をなし，Xに売却して移転登記してしまった。Bは，登記なくして自己の持分をXに主張しうるか。また，Xが甲土地の上に建物を建ててしまっている場合に，BがXに対してなしうる法的主張について検討せよ。

（問い2）遺産分割協議により甲土地はBの単独所有となったが，その登記がなされないうちに，Cの債権者Yが，Cを代位してCの持分登記をし，それを差押えた場合，BはYに対して登記なくして甲土地が自己の単独所有であることを主張できるか。

（問い3）Cが相続を放棄した後，B単独所有名義の登記がなされる前に，Cの債権者Zが，Cを代位してCの持分登記をし，それを差押えた場合，BはZに対して登記なくして甲土地が自己の単独所有であることを主張できるか。

（問い4）DはAから甲土地の遺贈を受けたが，遺贈に基づく移転登記がなされる前に，Bが相続を原因とする移転登記を得て（Cは相続を放棄したものとする)，甲土地をWに売却し，移転登記を行った。Dは，登記なくして遺贈による甲土地の取得をWに主張できるか。遺言執行者が指定されている場合はどうか。

POINT

本問では，❶共同相続と登記，❷遺産分割と登記，❸相続放棄と登記，❹遺贈と登記が問題になる。

解説

①共同相続と登記

（問い1）では，BおよびCがAの相続人となり，相続分は各2分の1である（887条1項・900条4号本文)。そのため，甲土地については，A・Bが各2分の1の割合で共有することになる。それにもかかわらず，Cは，甲土地を単独相続した旨の登記を勝手に行い，Xに売却して移転登記をした。

このような事案につき，判例は，他の共同相続人Bは，CならびにCから単独所有権移転の登記を受けた第三取得者Xに対し，自己の持分を登記なくして対抗できるとする（登記不要説。最判昭和38・2・22民集17巻1号235頁)。その理由としては，①Cは，甲土地のうち，他の共同相続人Bの持分については無権利であり，そのようなCから譲り受けたXも無権利者であって，177条の第三者に該当しないこと，②わが国の法制上，不動産登記には公信力が認められていないことが挙げられている。

これに対して，学説には，Bは登記がなければ自己の持分をXに対抗できないとする見解も存在する（対抗要件説)。この説によれば，共有とは，数個の所有権が1個の物の上に互いに制限しあって存在する状態であり，共有者各自の所有権は，他の共有者の同じ権利によって縮減されているにすぎず，1つが欠けるときは他のものが全部に拡張する性質をもっているため，共有不動産について共有者の1人のために単独登記がされ，他の共有者の持分権の登記がないときは——所有権について存在する制限物権について登記がなかった場合と同様に——対第三者関係においては，その者の持分権が拡張しており，BはXとの関係では登記を必要とする（我妻栄＝有泉亨『新訂物権法』111頁)。

たしかに，Bは相続開始と同時に共同相続登記の手続を単独で行うことができたとも言えよう。しかし，相続財産の共有は，遺産分割等によって財産の具体的な帰属が確定するまでの暫定的な状態にすぎず，遺産分割によって分割前と異なる権利関係が定められた場合に，共同相続登記と分割登記の2段階の登記を行わせるのは酷であろう。無権利者からの譲受人である第三者の保護は，94条2項類推適用によっても図ることができるのであり，判例の見解でよいと考える（佐久間毅『民法の基礎2 物権〔初版〕』99頁)。したがって，BはXに登記なくして自己の持分を主張することができる。このとき，甲土地はBとXの共有となる。

Xが甲土地上に建物を建ててしまっている場合，Bの主張として考えられるのは，①土地に関するXの所有権取得登記の抹消，②建物の収去および土地の明渡し，③共有物分割請求である。①については，Cの持分に関しては登記内容は正しいので，Bが請求できるのは，自己の持分についての一部抹消（更正）登記請求手続にとどまる（前掲最判昭和38・2・22)。②については，Bは持分に関してしか妨害排除請求権を持たず，Xは自己の持分権に基づき共有物全体を使用収益する権限を有しているから，建物の収去および土地の全面的な明渡しを求めることはできない（最判昭和41・5・19民集20巻5号947頁)。Bとしては，Xが建物を建てて甲土地を排他的に使用することによって，自己の持分に応じた使用が妨げられているとして，持分割合に応じて，不当利得返還または不法行為に基づく損害賠償として，甲土地の賃料相当額の金銭の支払を請求することとなる（最判平成12・4・7判時1713号50頁)。

②遺産分割と登記

（問い2）は，遺産分割後に現れた第三者について尋ねる問題である。遺産分割の場合には，相続開始と同時に生じた物権状態が遺産分割という新たな原因によって変更され，その変更には遡及効が認められる（909条本文)。909条ただし書は，このような遡及効によって害される第三者を保護する規定であり，保護の対象は遺産分割前に現れた第三者である。

本問のような遺産分割後の第三者について，判例は，909条本文の定める遡及効にもかかわらず，第三者との関係では，相続人が相続によりいったん取得した権利につき遺産分割時に新たな変更を生ずるのと実質上異ならないとして，177 条を適用し，遺産分割により相続分と異なる権利を取得した相続人は，その旨の登記を経なければ，第三者に対して，自己の権利の取得を対抗することができないとする（最判昭和 46・1・26 民集 25 巻 1 号 90 頁）。実質論としても，遺産分割によって財産の具体的な帰属が確定したのであれば，速やかに登記を行うべきであり，それを懈怠した以上は，権利を失うという不利益を受けてもやむを得ないであろう。したがって，B は，Y に対して登記なくして甲土地が自己の単独所有であることを主張できない。

平成 30 年改正民法（相続関連）のもとでは，結論に変わりはないものの，遺産分割後の第三者との関係では，適用条文が，177 条から 899 条の 2 第 1 項へと変わることに注意（法律構成にも変化が生じるのではないかとする興味深い論文として，水津太郎「相続と登記」ジュリ 1532 号 48 頁）。

③相続放棄と登記

（問い 3）は，相続放棄後に現れた第三者について尋ねる問題である。939 条によれば，相続放棄により，C は最初から相続人でなかったものとされる。この放棄の遡及効については，909 条ただし書のような第三者保護規定は置かれていない。判例は，本問のような相続放棄後に現れた第三者についても，「（相続放棄の）効力は絶対的で，何人に対しても，登記等なくしてその効力を生ずる」としている（最判昭和 42・1・20 民集 21 巻 1 号 16 頁）。したがって，B は，Z に対して登記なくして甲土地が自己の単独所有であることを主張できる。

では，相続放棄の場合と遺産分割の場合とで，結論がこのように異なるのはどのように正当化されるだろうか。これについて，遺産分割と登記に関する前掲最判昭和 46・1・26 は，①相続放棄には，909 条ただし書のような遡及効を制限する規定が定められていないこと，②909 条ただし書は，第三者の出現可能性が，相続放棄の場合に比して遺産分割の場合の方が多く，第三者保護の要請が高いことに由来するが，遺産分割後においても，第三者保護の要請は遺産分割前と同様に認められること，の 2 点を指摘する。加えて，学説は，③相続放棄は相続資格の遡及的消滅をもたらす行為であるのに対し，遺産分割の遡及効は相続資格の問題と無関係であること，④第三者は管轄家庭裁判所において放棄の有無を確かめうること，などを指摘している（広中俊雄『物権法〔第 2 版増補〕』151 頁）。

④遺贈と登記

（問い 4）は，受贈者と相続人からの譲受人との関係について尋ねる問題である。これについて，判例は，不動産の所有者が不動産を他人に贈与しても，その旨の登記手続をしない間は完全に排他性のある権利変動を生じず，所有者は全くの無権利者とはならないと解すべきところ，遺贈もまた，意思表示によって物権変動の効果を生ずる点においては贈与と異なるところはないから，遺贈を原因とする所有権移転登記のなされない間は，完全に排他的な権利変動を生じないものと解すべきであり，不動産の二重譲渡等における場合と同様，登記をもって物権変動の対抗要件とするものと解すべきである，とする（最判昭和 39・3・6 民集 18 巻 3 号 437 頁）。これによれば，D は，登記なくして遺贈による甲土地の取得を W に主張することはできない。

ただし，遺言執行者が指定されていた場合には（指定された者が遺言執行者への就職を承諾する前も含む），相続人 B が 1013 条に違反して行った，遺言の執行を妨げる処分行為は無効であり，受遺者 D は，遺贈による甲土地の取得を登記なくして W に主張することができる（最判昭和 62・4・23 民集 41 巻 3 号 474 頁）。その理由として判例は，1013 条の趣旨は，遺言者の意思を尊重し，遺言執行者を通じて遺言の公正な実現を図ることにあり，そのためには，同条に違反する相続人による相続財産の処分は無効とする必要がある，とする。

遺言執行者の指定の有無によってこのような違いが出ることの理論的説明として，学説上，遺言執行者の指定がない場合には，相続人 B は，甲土地の移転に関して被相続人 A の法的地位を一部承継し，受贈者 D への登記移転についての協力義務を負うのに対して，遺言執行者の指定がある場合には，遺言の実現はもっぱら遺言執行者に委ねられ，B は甲土地の移転に関して A の法的地位を何ら承継せず，甲土地に関しては無権利者であり，B から譲り受けた W もまた無権利者となるからである，との説明もある（佐久間・前掲 106 頁）。

しかし，そうはいっても，遺言および遺言執行者の存在を第三者が知る制度がないにも関わらず，遺言執行者の指定の有無でこのような大きな差異が生じることについては，強い疑問が提示されていた。そこで，平成 30 年改正民法 1013 条には，①遺言執行者がいる場合には，相続人の行った相続財産の処分その他遺言の執行を妨げるべき行為は無効であるが，これをもって善意の（遺言執行者が指定されていることを知らない）第三者に対抗することはできない――受遺者と善意の第三者との関係は，遺言執行者がいない場合と同様に，対抗関係となる――旨の規律（同 2 項）と，②遺言執行者の有無に関する善意悪意を問わず，相続債権者または相続人の債権者が相続財産についてその権利を行使することは妨げられない――受遺者との関係は対抗問題となる――旨の規律（同 3 項）とが，付加されるに至った。改正法のもとでは，遺言執行者が指定されている場合でも，W が善意である場合には，D は，登記なくして遺贈による甲土地の取得を W に主張することはできない。

「相続と登記」全般については鎌田薫『民法ノート 物権法①〔第 3 版〕』133 頁以下を，平成 30 年改正民法との関係については佐久間毅『民法の基礎 2 物権〔第 2 版〕』92 頁以下を参照。

ステップアップ

A の所有する甲土地を，子の B および C が相続した。A は「甲土地は B に相続させる」旨の遺言をしていた。C の債権者 V が，C を代位して C の持分登記をし，それを差押えた場合，B は V に対して登記なくして甲土地が自己の単独所有であることを主張できるか。平成 30 年改正民法 899 条の 2 第 1 項の施行後の状況についても検討せよ。

次回の設問

消滅時効に関する出題をする。

民法 5

立教大学教授
原田昌和 HARADA Masakazu

設問

Bは A から借金をする際に，保証人を立てるように要求されたので，Cに委託して保証人になってもらったが，弁済期から10年が経過し，主債務と保証債務の消滅時効期間が経過してしまった。この場合において，次の問いに答えなさい。

（問い1）Cは A からの請求に対してどのような反論を行うことができるか。

（問い2）C が保証債務の履行として，借金の全額を支払った場合，A・B・C の関係はどうなるか。C による保証債務の履行の前に，B による主債務の消滅時効の援用があった場合となかった場合に分けて検討しなさい。

（問い3）B が借金の半額を支払ったときは，B および C の立場はどうなるか。

POINT

本問では主に，❶保証人による主債務の消滅時効の援用，❷主債務の時効の援用と保証債務の時効の援用の関係，❸時効利益の放棄および時効完成後の自認行為が問題になる。

解説

① 保証人による主債務の消滅時効の援用

まず，全体に関わる前提として，主債務と保証債務が別の債務であること（別個債務性）を確認しておこう。

（問い1）では，債権者から請求を受けた場合の保証人の反論が問題となっている。まず，C は単純保証人であるため，催告の抗弁権（452条）と検索の抗弁権（453条）を主張できる。すなわち，債権者が主債務者に履行請求をせずに保証人に履行を請求してきた場合には，保証人は，まず主債務者に催告すべき旨を請求し，それまで履行を拒絶することができる。仮に債権者が主債務者に催告をした場合であっても，主債務者に弁済をする資力があり，かつ，その責任財産への執行が容易であることを保証人が証明したときは，債権者が主債務者の財産に対する執行を行うまで，保証人は履行を拒絶できる。

次に，弁済期から10年経っているので，中断事由のない限り，C は保証債務の消滅時効の援用をすることができる（167条1項・145条）。なお，平成29年民法改正により，中断は完成猶予および更新に再編され（改正法147条以下），債権の消滅時効期間は，権利を行使することができることを知った時から5年，権利を行使することができる時から10年に変更されている（改正法166条1項）。

では C は，別個債務性に基づき，主債務の消滅時効を援用して，主債務の消滅に付従して保証債務も消滅したと主張できるか。145条は，時効の援用は「当事者」がこれを行うものと定めているため，保証人が「当事者」に含まれるかが問題となる。「当事者」の意義について，判例は，「時効により直接に利益を受くべき者」という基準を用いているが，保証人については，保証債務は主債務が消滅すればそれに付従して消滅することから，時効により直接に利益を受ける者に該当するとして，主債務の消滅時効の援用権を認めている（大判大正4・12・11民録21輯2051頁，大判昭和7・6・21民集11巻1186頁）。本件の C も，主債務の消滅時効を援用して，主債務の消滅に付従して保証債務も消滅したと主張することができる。たとえ，B が主債務の時効の利益を放棄したとしても，放棄の効力は相対的であるから（**3** を参照），C はなお主債務の時効を援用することによって保証債務を免れることができる。なお，平成29年改正民法145条において，当事者の意義として，「消滅時効にあっては，保証人，物上保証人，第三取得者その他権利の消滅について正当な利益を有する者を含む」という定めが付記され，保証人が援用権者に含まれることが明文化されている。

② 主債務の時効の援用と保証債務の時効の援用の関係

（問い2）においては，主債務と保証債務の時効の援用の関係が問題になる。

委託を受けた保証人が，主債務者に事後求償権を行使するための要件としては，自己の財産をもって，弁済その他債務を消滅させる行為をしたことが必要である（459条1項）。本問では，C は主債務の消滅時効完成後に弁済しているため，すでに主債務は消滅していたとも考えられる。そこで，時効の法的構成，とくに援用の性質が問題となる。

これについては，確定効果説（攻撃防御方法説），不確定効果説，法定証拠提出説があり，不確定効果説は，さらに，解除条件説，停止条件説，要件説に分かれる。通説および判例（最判昭和61・3・17民集40巻2号420頁〔ただし特殊な事案〕）は，不確定効果説の停止条件説に立つ。これは，時効の完成だけではいまだ時効の効果は発生せず，援用があってはじめて，権利の取得または消滅の効果がはじめに遡って確定的に発生する，とする見解である。この見解は，時効の効果が発生するために援用が必要とされる趣旨を，非権利者が権利を取得し，未弁済者が義務を免れるというのは道徳に反するため，そうした時効による利益を受けるかどうかを当事者の良心に委ねたのが援用である，と説明する。この見解は，時効の完成によって権利の取得または消滅の効果が生ずると定める162条や166条等の文理からは離れるが，当事者の意思をも顧慮して時効の効果を生じさせようとする民法の趣旨にかなうものとして支持されている（佐久間毅ほか『民法Ⅰ 総則〔第2版補訂版〕』316頁以下）。

以下では停止条件説に立って検討を進めよう。まず，Bが主債務の消滅時効を援用したにもかかわらず，Cがかかる時効の利益を放棄して，保証債務の履行として借金の全額を支払った場合について検討する。この場合については，結論を同じくする2つの構成が考えられる。1つは，主債務者による主債務の時効の援用により主債務が消滅する結果，付従性により保証債務も消滅する――したがって459条1項の要件は満たされない――が，保証人による弁済は「債務の存在しないことを知って」なされた非債弁済に該当するため（705条），保証人は債権者に対して不当利得返還請求権を行使できず，また，主債務者に対しても求償権を取得しない，というものである（奥田昌道『債権総論〔増補版〕』396頁）。もう1つは，時効の援用・放棄の効力が相対的であることから，主債務者が主債務の時効を援用しても，保証人がその利益を放棄すれば，保証人との関係では時効が完成していないものと扱われる結果，保証人との間ではなお主債務および保証債務が存続し，保証人の債権者に対する弁済は本来的な有効なものと扱われるため不当利得返還請求はできず，主債務者との関係でも，主債務者は時効の援用によりもはや債務を免れている以上，459条1項の要件は満たされず，保証人は求償権を取得しない，というものである（我妻栄『新訂債権総論』482頁）。いずれの構成によっても，CはAに不当利得返還請求はできず，Bに求償することもできない。

次に，主債務について消滅時効が完成したが，主債務者による時効の援用がないうちに，保証人が保証債務の時効の利益を放棄して，保証債務の履行として借金の全額を支払った場合について検討する（保証人が主債務の時効の利益を放棄した場合については以下の解説の中で触れる）。この場合について，判例は，保証人は原則として主債務の消滅時効を援用することができるとする（前掲大判昭和7・6・21）。ただし，主債務者が時効の利益を放棄し，保証人もそれを知りながら保証債務の時効の利益を放棄した場合には，保証人がその後に主債務の時効を援用することは信義則に照らして許されない（最判昭和44・3・20判時557号237頁）。

これについて学説は分かれている。まず，保証債務の時効の利益の放棄の意思表示を，主債務の存否に関わりなく自らが弁済するという意思表示と解釈できる場合には，もはやその後の時効の援用は許されないという点については異論がない（保証人が保証債務のみならず主債務の時効の利益をも放棄した場合には，このような場合と解されよう）。しかし，そのように解釈できない場合については，保証人の放棄の意思表示の中には主債務の時効の利益の放棄も含まれ，もはや主債務の時効の援用は許されないとする立場と，別個債務性から，原則として，保証人はなお主債務の時効を援用することができるが，例外的に，主債務者が時効の利益を放棄し，保証人がそれを知りながら保証債務の時効の利益を放棄することは，主債務についての時効の利益の放棄を容認するに等しい態度であるとして，保証人が後になって別個債務性を理由に主債務の消滅時効を援用するのは信義則に反するとする立場がある（以上について，松尾弘ほか『新ハイブリッド民法3 債権総論』177-178頁を参照）。別個債務性に鑑みると，保証人の放棄の意思表示の中に主債務の時効の利益の放棄も含まれると一般的に言えるかどうか疑問があることから，後者が妥当であろう。本問では，Bによる時効の援用がないうちに，Cが保証債務の時効の利益を放棄して，保証債務の履行として借金の全額を支払った場合には，原則として，Cはその後に主債務の消滅時効を援用することができる。しかし，Bが時効の利益を放棄し，Cもそれを知りながら保証債務の時効の利益を放棄した場合には，Cがその後に主債務の時効を援用することは信義則に照らして許されない。

③時効利益の放棄および時効完成後の自認行為

（問い3）について，まず，Cに関しては，時効利益の放棄の効果は，援用と同様，相対効であり，時効完成後のBによる弁済はCに影響しない。よって，Cは，主債務・保証債務どちらについても消滅時効を援用することができる。

次に，Bに関して，時効完成を認識して一部弁済をした場合，金銭債務は可分債務なので，可分債務の一部について債務者がとった行動が全部についての放棄とみられるかが問題となる。これは当事者の意思の解釈の問題であるが，特段の事情のない限り，全部についての放棄とみてよい（幾代通『民法総則〔第2版〕』554頁など）。

Bが時効完成を知らずに一部弁済していた場合，その後に改めて主債務の消滅時効の援用をし，残債務の支払を拒むとともに，既払金の返還を請求できるだろうか。時効完成後の自認行為の法的意義が問題となる。これについて，かつての判例は，放棄は時効の完成したことを知ってされなければならないという前提に立ち，時効期間の経過により債権が消滅することは周知のことだから，時効完成後に自認行為をしたときは，時効が完成していることを知ってしたものと推定され，もはや時効を援用することはできないとしていた（大判大正6・2・19民録23輯311頁，最判昭和35・6・23民集14巻8号1498頁）。しかし学説は，この結論は是認しつつも，推定構成は実態に反し，擬制的であると強く批判していた。これを受けて，最高裁は上記判例を変更し，矛盾行為の禁止，相手方（債権者）の信頼保護などを理由に，時効完成後に債務の承認をした債務者は，時効完成の事実を知らなかったときでも，消滅時効の援用をすることは信義則上許されないとした（最大判昭和41・4・20民集20巻4号702頁）。これによれば，Bは主債務の消滅時効の援用をすることはできず，残額を支払わなければならない。

ステップアップ

Bは，Aから借金をする際に保証人を立てるように要求されたので，Cに委託して保証人になってもらったが，その後破産し免責を得た。Bの免責決定の確定から10年後，Cは，Aからの請求に対して，主債務の時効消滅に基づき付従性により保証債務も消滅したと反論した。認められるか。

次回の設問

抵当権について出題をする。

民法　6

立教大学教授
原田昌和　HARADA Masakazu

設問

（問い 1）X 銀行は A に対する貸金債権を担保するため，A 所有の本件建物に抵当権の設定を受け登記を経由した。A は本件建物を Y 会社に賃貸し，Y は合意に基づいて 3150 万円の保証金を A に預託したが，その後，保証金を 330 万円とする新契約を締結し，残りの保証金の返還については月 30 万円の賃料と相殺することが合意された。他方，X は，A が貸金返還債務の履行をしないため，抵当権に基づく物上代位権の行使として，本件賃料債権のうち差押命令送達時以降支払期にあるものから 900 万円に満つるまでのものについて差押命令を取得し，同命令は A および Y へ送達された。X からの賃料請求に対する Y の相殺の抗弁は認められるか。

（問い 2）X 銀行は A に対する貸金債権を担保するため，A 所有の本件建物に抵当権の設定を受け登記を経由した。A は本件建物を Y 会社に賃貸したが，この賃貸借契約においては，敷金は 1000 万円とし，その 20% に相当する金額を契約終了金として A が取得し，賃貸借契約が終了し，Y が本件建物を明け渡した後，6 か月以内に，A が Y に契約終了金および未払賃料を控除した残額を返還する旨の約定がされ，敷金が預託された。他方，X は，A が貸金返還債務の履行をしないため，抵当権に基づく物上代位権の行使として，A が Y に対して有する賃料債権のうち差押命令送達時以降支払期にあるものから 4 億円に満つるまでのものについて差押命令を取得し，同命令は A および Y へ送達された。ところが，この賃貸借契約については，差押えの少し前に Y から解約申入れがされており，差押え後，解約期限日限りで Y は本件建物から退去した。Y は，X からの未払賃料の請求に対して，賃料債務は敷金が充当されて消滅したと主張している。認められるか。

POINT

（問い 1）においては❶物上代位による差押えと相殺の優劣が，（問い 2）においては❷物上代位による差押えと当該債権への敷金の充当の優劣が，それぞれ問題となる。

解説

① 賃料に対する物上代位の可否

本問は物上代位に関する設問であり，（問い 1）は最判平成 13・3・13 民集 55 巻 2 号 363 頁を，（問い 2）は最判平成 14・3・28 民集 56 巻 3 号 689 頁をもとにしたものである。

抵当権に基づく物上代位には，保険金請求権や不法行為に基づく損害賠償債権のように，抵当不動産の代替的価値に対するもの（代替的物上代位）と，賃料債権のように，抵当不動産から派生した増加価値に対するもの（付加的物上代位）とがある。平成 15 年民法改正前は，賃料債権に対して物上代位できるかについて争いがあり，抵当権は抵当不動産の換価価値のみを把握するという抵当権の性質や，抵当不動産の差押え前は（天然）果実に抵当権の効力が及ばないとしていた同改正前 371 条 1 項との均衡を理由に，否定説も有力であった。同改正後の 371 条によれば，抵当権は，被担保債権の不履行後に生じた抵当不動産の果実に及び，果実には法定果実（賃料債権）も含まれる（88 条 2 項）ことから，抵当権者は，被担保債権の不履行後の賃料債権に対して，「払渡し又は引渡しの前に」差押えをなすことによって物上代位できることとなる（372 条・304 条）。

② 物上代位と賃借人の相殺

（問い 1）においては，X による賃料債権に対する物上代位に基づく差押えと，Y による賃料債務と保証金返還債権との相殺の優劣が問題となる。この問題を検討するにあたっては，372 条が準用する 304 条が物上代位を行うために差押えを要求している趣旨を考える必要がある。これについては，古くから特定性維持説と優先権保全説の対立があった。

特定性維持説は，担保物権は交換価値把握権であり，その交換価値の変形物に対して優先的な効力が及ぶのは当然であって，物上代位はこの当然のことを規定したものであるが，この価値の変形物が債務者の一般財産に混入して特定性を失うのを阻止するために，差押えが要求されていると考える立場である（我妻栄『新訂担保物権法』288 頁）。他方，優先権保全説は，目的物の滅失によって担保物権が消滅するところを，法律が政策的な観点から抵当権者に与えた権能が物上代位であって，代償物に対する優先権は当然のものではなく，抵当権者が物上代位という特別の優先権を保全するために，差押えをしなければならないと考える立場である（大連判大正 12・4・7 民集 2 巻 209 頁）。

これに対して，現在の判例（最判平成 10・1・30 民集 52 巻 1 号 1 頁）は，物上代位における差押えの趣旨は，差押命令の送達を受ける前には抵当権設定者に弁済をすれば足り，弁済による目的債権消滅の効果を抵当権者にも対抗することができることにして，二重弁済を強いられる危険から第三債務者を保護する点にあるとする（第三債務者保護説）。また，判例は，第三債務者以外の第三者との関係では，抵当権の効力が物上代位の対象債権に及ぶことは抵当権設定登記によって公示されているとしている。ただし，抵当権者が実際に優先権を主張できるのは差押え後であって，対象債権につき差押え前に弁済を受けた第三者に対して，差押え後に抵当権者による不当利得返還請求権が認められることはない。抵当権の効力が物上代位の対象債権に及ぶことは抵当権設定登記によって公示されているとはいっても，抵当権者は必ずしも物上代位権を行使するとは限らないのであって，それにもかかわらず，かかる請求を認めるのでは，第三者を不当に害すること甚だしいからである。

〔問い1〕について，優先権保全説によれば，抵当権者が物上代位という特別の優先権を保全するためには差押えをしなければならないため，Xによる差押えとYによる相殺の優劣は511条によって決せられることになる。511条については，双方の債権の弁済期が差押えの時点でまだ到来していない場合であっても，自働債権の弁済期が，受働債権の弁済期よりも先に到来するものであるときには，後に自働債権の弁済期が到来した時点で，受働債権については期限前に支払うこととして相殺適状を生じさせ，差押債権者に対して，相殺を主張できるとする見解（制限説）と，自働債権が差押え後に取得されたものでないかぎり，自働債権および受働債権の弁済期の前後を問わず，後に相殺適状に達しさえすれば，差押え後においても，相殺をすることができるとする見解（無制限説）との対立があり，最大判昭和45・6・24民集24巻6号587頁は無制限説をとることを明らかにしている（平成29年改正民法511条は，無制限説を採用することを明示している）。無制限説によれば，Yは，Xによる差押えの前に保証金返還債権を取得しているから，相殺の抗弁は認められることになる。

しかし，前掲最判平成13・3・13は，物上代位に基づく賃料債権の差押えと相殺の場面に関しては，511条の枠組みによらずに，第三債務者保護説を前提に，抵当権設定登記の後に賃貸人に対して取得した債権を自働債権とする賃料債権との相殺をもって，抵当権者に対抗することはできない，とした。その理由として，判例は，物上代位により抵当権の効力が賃料債権に及ぶことは抵当権設定登記により公示されているとみることができるから，抵当権設定登記の後に取得した賃貸人に対する債権と物上代位の目的となった賃料債権とを相殺することに対する賃借人の期待を，物上代位権の行使により賃料債権に及んでいる抵当権の効力に優先させる理由はない，とする。これによれば，保証金返還債権の発生は抵当権設定登記よりも後であるから，Yの相殺の抗弁は認められないことになる。

なお，特定性維持説による場合も，物上代位により抵当権の効力が賃料債権に及ぶことは抵当権設定登記により公示されているとみることができるから，差押命令送達時以降支払期にある賃料については，差押えにより特定性が維持されるものとして，物上代位を主張できるものと考えられる。

③物上代位と賃料債権への敷金充当

では，相殺の対象となる反対債権が保証金返還債権ではなく，敷金返還債権だった場合はどうか。前掲最判平成13・3・13にしたがい，物上代位が優先するとなると，賃貸人の資力が悪化した場合，賃借人は，賃料を支払わなければならない一方で，賃貸人に差し入れていた敷金を失うおそれがある。

そこで，前掲最判平成14・3・28は，反対債権が敷金返還債権の場合には前掲最判平成13・3・13の法理を及ぼさず，敷金の性質から別様の判断を行っている。すなわち，賃貸借契約における敷金契約は，敷金をもって，賃料債権，賃貸借終了後の目的物の明渡しまでに生ずる賃料相当の損害金債権，その他賃貸借契約により賃貸人が賃借人に対して取得することとなるべき一切の債権を担保することを目的とする賃貸借契約に付随する契約であり，目的物の返還時に残存する賃料債権等は，敷金が存在する限度において，敷金の充当により当然に消滅することになるが，このような敷金の充当による未払賃料等の消滅は，敷金契約から発生する効果であって，相殺のように当事者の意思表示を必要とするものではないから，511条によって上記当然消滅の効果が妨げられることはない。また，抵当権は被占有担保であり，抵当権者は，物上代位権を行使して賃料債権を差し押さえる前は，原則として抵当不動産の用益関係に介入できないのであるから，抵当不動産の所有者等は，賃貸借契約に付随する契約として敷金契約を締結するか否かを自由に決定することができ，敷金契約が締結された場合は，賃料債権は敷金の充当を予定した債権になり，このことを抵当権者に主張することができる。したがって，敷金が授受された賃貸借契約に係る賃料債権につき抵当権者が物上代位権を行使してこれを差し押さえた場合においても，当該賃貸借契約が終了し，目的物が明け渡されたときは，賃料債権は，敷金の充当によりその限度で消滅する。以上の判例によれば，Xが差押えたYの賃料債務は，敷金の充当により消滅することになり，Yの主張は認められる。

ここでは，問題を511条の射程から外すにあたって，賃料債権は，敷金の充当という相殺とは別の理由によって消滅するものとされていることに注意が必要である。また，賃貸借契約に当たって敷金が授受されるのは通常のことであり，抵当権者としてもこれを予期すべきであるし，敷金が授受された賃貸借契約に係る賃料債権を差し押さえた抵当権者は，敷金の充当が予定された賃料債権を差し押さえたのであって，目的物明渡時において敷金の当然充当によって賃料債権が消滅することは甘受すべきであろう。賃借人としても，賃貸借契約を終了させて賃借物件を明け渡せば，敷金返還債権を未払賃料債権と相殺することによって回収できるという強い期待をもっていることは否定できないであろう。ところで，本判決によると，賃料を支払わないで賃貸借契約を終了し，明け渡した賃借人が保護され，正直に滞りなく賃料を支払ってきた賃借人が救われないという問題が生じる。そもそもの問題として，敷金につき分別管理義務を負わせたり，法による敷金保護の仕組みを整えるべきとする見解も存在する（安永正昭・金法1684号40頁など）。

ステップアップ

転貸賃料債権に対する物上代位の可否について検討しなさい。

次回の設問

引き続き抵当権について出題をする。

民法 7

立教大学教授
原田昌和　HARADA Masakazu

設問

次の各場合に，法定地上権は成立するか。

（問い1）Aは，自己の所有する甲土地にGのための1番抵当権を設定したが，甲土地上には息子Bの所有する乙建物が建っていた。その後，Aが死亡し，Bが甲土地を単独で相続し，甲土地にHのための2番抵当権を設定した。Gが抵当権を実行した。

（問い2）Bは，父Aの所有する甲土地上に建つB所有の乙建物にGのための1番抵当権を設定した。その後，Aが死亡し，Bが甲土地を単独で相続し，乙建物にHのための2番抵当権を設定した。Gが抵当権を実行した。

（問い3）Aは，自己の所有する甲土地にGのための1番抵当権を設定したが，甲土地上には息子Bの所有する乙建物が建っていた。その後，Aが死亡し，Bが甲土地を単独で相続し，甲土地にHのための2番抵当権を設定した。1番抵当権が合意解除により消滅した後に，Hが抵当権を実行した。

（問い4）AとBが共有する土地の上に，AがBの承諾を得て建物を所有していた。Aは土地に対する自己の共有持分の上にGのための抵当権を設定し，これが実行されて買受人Cがその持分権を取得した。Aは，B・Cに対して法定地上権を主張できるか。

（問い5）Aの所有する土地の上にAとBの共有する建物が存在した。Aは土地にGのための抵当権を設定し，これが実行されてCが買い受けた。A・Bは，Cに対して法定地上権を主張できるか。

（問い6）AとBが共有する土地の上に，AとCの共有する建物が存在した。AがGに対して負う債務の担保のために，A・B双方の土地持分上に抵当権が設定され，これが実行されてDが買い受けた。A・Cは，Dに対して法定地上権を主張できるか。A・Bが親子だった場合はどうか。

POINT

本問は法定地上権の成否を尋ねる問題である。（問い1）から（問い3）では，❶複数の抵当権と法定地上権の成否が，（問い4）から（問い6）では，❷共有と法定地上権の成否が問題となる。

解説

①複数の抵当権と法定地上権

法定地上権とは，土地と建物を別個の不動産とするわが国の法制のもとで，自己借地権を設定できないことによる不都合を回避すべく，同一の所有者に属する土地とその上の建物が，抵当権の実行により別人の所有となったときに，法が，建物のために地上権を生じさせ，建物の存立を保護する制度である（388条）。法定地上権が問題になる場面は多様であるにもかかわらず，条文は1か条しかないため，判例も多く，全体を見通すことが難しい。学習者としては，その内容や射程を，教科書等で一つ一つ確認していくことが，結局は早道になる。

法定地上権の要件は，①抵当権設定当時，土地の上に建物が存在すること，②土地と建物が同一の所有者に属すること，③土地・建物の一方に抵当権が設定されたこと，④土地・建物の所有権が競売により異なるに至ること，である（内田貴『民法Ⅲ 債権総論・担保物権〔第4版〕』515頁等）。

（問い1）から（問い3）では，1番抵当権設定時には②要件が満たされていなかったが，2番抵当権設定時にはこれが満たされていたという場合に，法定地上権が成立するかが問題となる。

まず，抵当権が土地に設定された（問い1）のような事例で，判例は法定地上権の成立を否定している。その理由は，「土地について1番抵当権が設定された当時土地と地上建物の所有者が異なり，法定地上権成立の要件が充足されていない場合には，1番抵当権者は，法定地上権の負担のないものとして，土地の担保価値を把握するのであるから，後に土地と地上建物が同一人に帰属し，後順位抵当権が設定されたことによって法定地上権が成立するものとすると，1番抵当権者が把握した担保価値を損なわせることになる」と述べる（最判平成2・1・22民集44巻1号314頁）。

これに対して，抵当権が建物に設定された（問い2）のような事例では，法定地上権の成立が肯定されている（大判昭和14・7・26民集18巻772頁。最判昭和53・9・29民集32巻6号1210頁はこれを前提としたもの）。抵当権が設定されたのが土地か建物かでこのような相違が生じる理由として，前掲最判平成2・1・22は，「建物についてはこのように解したとしても1番抵当権者が把握した担保価値を損なわせることにはならないから，土地の場合をこれと同視することはできない」と説明する。しかし，この考え方は支持できない。建物の保護は，1番抵当権設定当時に存在した敷地利用権を混同の例外として存続させる（179条1項または520条の各ただし書）ことによって図ることができるのであるから，約定利用権による処理の優先という考え方からは，②要件の充足は，土地の抵当権であれ建物の抵当権であれ，最優先順位の抵当権を基準とすべきである（内田・前掲522頁，松岡久和『担保物権法』141-142頁）。

（問い3）では，（問い1）と同様の状態になった後に，1番抵当権が合意解除によって消滅している。ここでは，法定地上権の成立を否定した前掲最判平成2・1・22の射程が問題になるが，最判平成19・7・6民集61巻5号1940頁は，法定地上権の成立を肯定している。これによると，前掲最判平成2・1・22にしたがい法定地上権が成立しないものと予測していた後順位抵当権者(H)の期待が害されるが，判例は，後順位抵当権者としては，先順位抵当権の消滅が生じうることを予測した上で，その場合における順位上昇の利益と法定地上権成立の不利益とを考慮して担保余力を判断すべきであるとしている。実質的理由として，学説は，過去に抹消済みの登記についてまで調査を強いることは具体性を欠き，現実的でないと指摘する（松本恒雄・民法判例百選Ⅰ〔第8版〕185頁〔91事件〕。なお，松岡・前掲143頁など，本判決に反対する見解も有力である）。本判決によると，法定地上権の成立要件を満たすかどうかの基準となる抵当権とは，「競売により消滅する最先順位の抵当権」ということになる。

（問い1）から（問い3）については，水津太郎ほか『START UP 民法②物権 判例30！』88頁を参照。

②共有と法定地上権

（問い4）から（問い6）も，②要件に関する設問であるが，ここでは，共有者の1人についてのみ②要件が満たされている場合の，法定地上権の成否が問題となる。

（問い4）は，土地持分権に抵当権が設定された場合であるが，判例は，「共有者は，各自，共有物について所有権と性質を同じくする独立の持分を有しているのであり，しかも共有地全体に対する地上権は共有者全員の負担となるのであるから，共有地全体に対する地上権の設定には共有者全員の同意を必要と」し，「共有者中一部の者だけがその共有地につき地上権設定行為をしたとしても，これに同意しなかった他の共有者の持分は，これによりその処分に服すべきいわれはな」く，「この理は民法388条のいわゆる法定地上権についても同様であ」るとして，共有者(B)の同意がない限り法定地上権は成立しないとした（最判昭和29・12・23民集8巻12号2235頁。最判昭和44・11・4民集23巻11号1968頁は，建物に抵当権が設定された事例について，土地共有者の同意があったとされる場合に，法定地上権の成立を認めたもの）。この場合の建物の利用関係について，道垣内弘人『担保物権法〔第4版〕』222頁は，Aが建物を所有するためには，A・B間で土地利用についての合意がなされなければならないところ，買受人Cはこの合意を対抗され（借地借家法10条の拡大解釈），建物の存続を容認しなければならないとし，地代については――当初の合意はAのBに対する使用料支払のみを定めていると思われるが――，AはC・B双方に支払わなければならないはずであり，その場合は，388条後段の類推適用によって，裁判所が地代を新たに定めうる，と述べている。

これに対して，（問い5）は，共有建物の敷地となっている土地に抵当権が設定された場合であるが，判例は，（問い4）の場合と異なり，「建物の共有者の1人がその建物の敷地たる土地を単独で所有する場合においては，同人は，自己のみならず他の建物共有者のためにも右土地の利用を認めているものというべきであるから，同人が右土地に抵当権を設定し，この抵当権の実行により，第三者が右土地を競落したときは，民法388条の趣旨により，抵当権設定当時に同人が土地および建物を単独で所有していた場合と同様，右土地に法定地上権が成立する」と述べる（最判昭和46・12・21民集25巻9号1610頁）。法定地上権の負担を受ける土地所有者(A)が抵当権を設定していることが重視されていると思われるが，約定利用権による処理の優先という考え方からは疑問である（借地借家法15条により，自己借地権の設定も可能である）。この場合の建物の利用関係について，道垣内・前掲222頁は，ここでも，買受人は，A・B間での土地利用についての合意を対抗され（借地借家法10条の拡大解釈），建物の存続を容認しなければならず，また，地代について上記と同様に解すべきとする。

（問い6）は，土地と建物の双方が共有だった場合である。前掲最判昭和29・12・23と前掲最判昭和46・12・21から，最高裁は，土地が共有かどうかを決定的な判断基準としており，このことからすれば，（問い6）においても，法定地上権の成立は否定される。すなわち，判例は，「土地共有者の1人だけについて民法388条本文により地上権を設定したものとみなすべき事由が生じたとしても，他の共有者らがその持分に基づく土地に対する使用収益権を事実上放棄し，右土地共有者の処分にゆだねていたことなどにより法定地上権の発生をあらかじめ容認していたとみることができるような特段の事情がある場合でない限り，共有土地について法定地上権は成立しない」と述べる（最判平成6・12・20民集48巻8号1470頁）。同判決は，BがAの家族（実際の事案はBが複数で，Aの妻子であった）であり，その持分にも抵当権を設定していることから，法定地上権の発生をあらかじめ容認していたと考えうる場合であっても，「土地共有者間の人的関係のような事情は，登記簿の記載等によって客観的かつ明確に外部に公示されるものではな」いから，法定地上権の成否には影響せず，また，建物共有者の1人である土地共有者のために他の土地共有者が共同して自己の持分に抵当権を設定したという事情も，「他の土地共有者らは建物所有者らが当該土地を利用することを何らかの形で容認していたといえるとしても，その事実のみから右土地共有者らが法定地上権の発生を容認していたとみるならば，右建物のために許容していた土地利用関係がにわかに地上権という強力な権利に転化することになり，ひいては，右土地の売却価格を著しく低下させることとなるのであって，そのような結果は，自己の持分の価値を十分に維持，活用しようとする土地共有者らの通常の意思に沿わない」ことから，やはり，法定地上権の成否には影響しないとする。一般論としては，本問についても，上記と同様に，土地建物の共有者間における合意の対抗の問題として考えることができると解するが，本件では，当事者間での合意ないし約定利用権が明確ではなかった。

ステップアップ

Bは，自己の所有する甲土地にGのための1番抵当権を設定したが，甲土地上には夫Aの所有する乙建物が建っていた。その後，Aが死亡し，Bおよび子Cが乙建物を相続し，甲土地にHのための2番抵当権を設定した。1番抵当権が合意解除により消滅した後に，Hが抵当権を実行した。法定地上権は成立するか。

次回の設問

不法行為について出題をする。

民法　8

立教大学教授
原田昌和　HARADA Masakazu

設問

A（36歳）の子である女児B（9歳）が道路で遊んでおり，Aもそれを認識しながら放置していたところ，C会社に雇用されているD（30歳）が私用で運転していたC社の自動車にBがはねられて，負傷した。Bのケガそのものは，3か月の入院により完治したが，この事故により，容貌に重大な傷害が残った。事故当時，Dは，カーナビの操作に気をとられて前方不注意の状態にあったために，車道に飛び出してきたBに気付くことができなかった。また，Dは，C社の運転手であり，私用で用いることは内規により禁じられていたが，自動車および鍵を自由に持ち出せる状態にあった。上記の事実関係のもとにおいて，次の問いに答えなさい（自賠法は考慮しなくてよい）。

（問い1）Bは，C社およびDに対してどのような請求ができるか。

（問い2）Aは，C社およびDに対してどのような請求ができるか。

POINT

（問い1）においては，❶使用者責任の要件，❷過失相殺のために必要な能力，❸被害者側の過失が，（問い2）においては，❹近親者による治療費等の支出，❺近親者固有の慰謝料請求が問題となる。

解説

①使用者責任の要件

（問い1）について，まず，BはDにどのような請求ができるか。Dは，前方不注意という過失により，Bの身体を侵害し，負傷という損害を生じさせている。負傷という損害について，本問で問題となる損害項目は，入院費，治療費，通院費，付添費，慰謝料といったものが考えられる（損害論については損害事実説による。損害事実説については，窪田充見『不法行為法〔第2版〕』163頁，373頁など）。以上より，BはDに対して，不法行為に基づき，上記損害の賠償を請求できる（709条・710条）。

次に，BはC社にどのような請求ができるか。DはC社に雇用されているため，使用者責任（715条）が問題となる。使用者責任の要件は，①被用者の不法行為，②使用関係の存在，③「事業の執行について」，④免責事由の不存在である（内田貴『民法Ⅱ 債権各論〔第3版〕』483頁など）。このうち，①については，上記のように認められる。

②の使用関係とは，ある「事業」のために「他人を使用」することであって，「事業」とは「仕事」という程度の広い意味であり，「他人を使用する」とは実質的な指揮監督関係が存在することである（内田・前掲484頁）。本問のDはC社に雇用されており，使用関係は問題なく認められる。

③については，「事業の執行について」の意義に関して争いがあるところ，判例は，手形振出しのような取引的不法行為の場合だけでなく，交通事故のような事実的不法行為の場合についても，「事業の執行について」とは，「必ずしも被用者がその担当する業務を適正に執行する場合だけを指すのではなく，広く被用者の行為の外形を捉えて客観的に観察したとき，使用者の事業の態様，規模等からしてそれが被用者の職務行為の範囲内に属するものと認められる場合で足りるものと解すべきである」としている（最判昭和39・2・4民集18巻2号252頁）。かかる外形標準説は，正当な権限が存在するという外観に対する信頼を裏切られた相手方を保護しようとするものであるが，そうであるがゆえに，相手方の信頼が問題とならない事実的不法行為の場面で外形標準説を採用することには学説からの批判が強い。事実的不法行為の場面について，学説はさまざまだが，加害行為が客観的に使用者の支配領域内の事柄であると認められるか否かといった判断基準を主張するものが有力である（領域説。近江幸治『民法講義Ⅵ 事務管理・不当利得・不法行為〔第3版〕』231頁など。内田・前掲492-495頁は，自動車のような危険物に由来する事故については領域説をとるが，暴行のような被用者の主体的行為による不法行為の場合には，事業の執行行為との密接関連性を基準とすべきとする）。領域説によれば，本問の場合，自動車という危険物の管理はC社の支配領域内にあり，Dは自動車および鍵を自由に持ち出せる状態にあったというのだから，本件事故による損害はC社の事業の執行について生じたものと解することができよう。なお，判例は，職務中の暴力行為の場面について，外形標準説ではなく，「事業の執行行為を契機とし，これと密接な関連を有すると認められる行為」という基準を用いている（最判昭和44・11・18民集23巻11号2079頁。暴力団組員による発砲事件の組長の責任が問題となった最判平成16・11・12民集58巻8号2078頁でも「事業の執行と密接に関連する行為」という基準が用いられている）。

④について，715条1項ただし書の免責事由を使用者の方で立証した場合には，免責されるが，この立証が認められることはほとんどない。

以上より，BはC社に対して，使用者責任に基づき，初めに述べた損害の賠償を請求できる。

なお，C社とDの賠償責任の関係は不真正連帯債務となるが，平成29年改正民法は連帯債務の絶対効に関する規定の多くを削除したため，同改正法のもとでは，両者の関係は436条以下の連帯債務となると考えてよい（ただし，求償の範囲については，442条1項ではなく，自己の負担部分を超える弁済をした場合にその超える範囲でのみ求償できるとする最判昭和63・7・1民集42巻6号451頁が引き続き妥当するものと考える余地もある）。

②過失相殺のために必要な能力

ではこのとき，BはC社およびDに対して損害を全額請求できるか。事故当時Bは道路で遊び，車道に飛び出しているため，過失相殺（722条2項）が問題となる。この点について，9歳のBに責任能力はないと考えられるため，過失相殺のために被害者に必要な能力が問題となる。これについて，判例は，722条2項の過失相殺の問題は，不法行為者に対し積極的に損害賠償責任を負わせる問題とは趣を異にし，不法行為者が責任を負うべき損害賠償の額を定めるにつき，公平の見地から，損害発生についての被害者の不注意をいかに斟酌するかの問題に過ぎないとして，過失相殺のためには，被害者に事理を弁識するに足る知能が備わっていれば足りる，とする（最大判昭和39・6・24民集18巻5号854頁）。学説上は，事理弁識能力も不要であるとする見解もあるが，おおむね判例を支持しており，妥当であろう。すなわち，加害者は自己の過失を理由として，被害者から損害の転嫁を求められるが，被害者自身によっても結果を回避するための行動が期待できるような場合に，加害者の側からも被害者に対して損害を一定の範囲で負担せよと主張することは合理的である。それが過失相殺の制度であるが，被害者が危険についての弁識能力を欠いているような場合には，結果回避のための合理的な行動を期待することはできない。よって過失相殺のためには事理弁識能力が必要である（窪田・前掲427-429頁）。9歳のBには事理弁識能力はあるといえ，裁判所は，Bの過失を考慮して損害賠償額を決定できる。

次に，Bが道路で遊ぶことを放置していた親Aの落ち度を過失相殺において考慮できるか。過失相殺にあたって，被害者だけでなく，被害者側の者の過失を考慮できるかが問題となる。これについて，判例は，722条2項に定める被害者の過失とは，ひろく被害者側の過失をも包含する趣旨と解すべきであり，被害者に対する監督者である父母ないしはその被用者である家事使用人などのように，「被害者と身分上ないしは生活関係上一体をなすとみられるような関係にある者」の過失をいう，とする（最判昭和42・6・27民集21巻6号1507頁〔被害者である幼児を引率していた保育園の保育士の過失は含まれないとした〕）。学説は，その適用範囲について議論はあるものの，被害者側の過失法理についてはおおむね支持している（批判学説について，平野裕之『民法総合6 不法行為法〔第3版〕』433頁を参照）。被害者側の過失法理によれば，本問では，AとBは親子であるから，裁判所は，Aの過失をも考慮して損害賠償額を決定できる。

③近親者による治療費等の支出，固有の慰謝料請求

（問い2）について，Aも，Bと同様，709条，715条に基づいて，DおよびC社に対して，損害賠償請求できる。請求の内容としては，まず，入院費，治療費，通院費，付添費が考えられるが，これらは，Bの負傷という損害の損害項目であるから，たまたま支出した主体がBではなくAであっても，Bに対する損害賠償と同様に，賠償請求が認められてよい（内田・前掲466頁，窪田・前掲328頁）。なお，同様の損害につきBも賠償請求する場合は，両者の関係は不真正連帯債務（平成29年改正民法のもとでは連帯債務）となる。

次に，Aは，自己固有の慰謝料請求をすることができるか。711条は，近親者が自己固有の慰謝料請求をなしうる場合として，生命侵害の場合のみを挙げているが，判例は，女児が顔面に傷害を受けた結果，外傷後遺症の症状となり医療によって除去しえない著明な瘢痕を残すに至ったという事案において，711条が生命を害された者の近親者の慰謝料請求につき明文をもって規定しているという一事をもって，生命侵害以外の場合はいかなる事情があってもその近親者の慰謝料請求権がすべて否定されると解しなければならないものではなく，その子の死亡したときにも比肩しうべき精神上の苦痛を受けたと認められ，711条所定の場合に類する場合には，近親者は，709条・710条に基づいて，自己の権利として慰謝料を請求することができる，としている（最判昭和33・8・5民集12巻12号1901頁）。学説は，判例に賛成するものが多いが，傷害の場合には被害者自身が慰謝料の請求ができるし，慰謝料の額は裁量で決められるものであり，近親者からの請求を認めたからといって必ずしも額が増えるわけでもなく，女児の損害を重大だと考えるのであれば，女児自身の損害賠償を増額することで解決するべきであるとして，反対するものも有力である（内田・前掲458頁，窪田・前掲337頁。吉村良一『不法行為法〔第5版〕』147頁は，両説の間に結果としてそれほど大きな差はないとする）。判例によれば，Aは，709条・710条に基づき，固有の慰謝料を請求できる。

最後に，Aからの請求に際しても，裁判所は，Aの過失およびBの過失を考慮して損害賠償額を決定できる（722条2項）。親Aからみたとき，子Bは監督者ではないが，親からの治療費等の請求という形をとることによって，Bの過失が斟酌されないこととなるのは評価矛盾だからである。

ステップアップ

B（60歳）に雇用されている運転手A（30歳）が，Bを乗せて，B所有の自動車を運転していたところ，C（20歳）の運転する自転車が道路に飛び出してきたため，衝突を回避しようとしたところ，街路樹に激突し，Bは重傷を負った。事故当時，A・Cともに前方不注意の過失があったとして，BのCに対する損害賠償請求は認められるか。Cにはどのような反論が考えられるか。

次回の設問

請負契約について出題をする。

民法　9

立教大学教授
原田昌和　HARADA Masakazu

設問

Aは，B工務店との間で，A所有の甲土地上に建物を建築することを目的とする請負契約を締結した。以下の各場合に，A・B間の法律関係はどうなるか（現実的ではないが，A・B間の請負契約には民法の規定と異なる特約はなかったものとする）。

（問い1）建築中の建物が火災により全焼した場合。工期内に建て直すことが可能な場合と不可能な場合とに分けて考えること。

（問い2）建物が完成後引渡し前に火災により全焼した場合。

POINT

（問い1）では，仕事完成前における目的物の滅失の危険負担が，（問い2）では，仕事完成後引渡し前における目的物の滅失の危険負担が問題になる。

解説

①仕事完成前における目的物の滅失の危険負担

本問は，「請負の危険負担」と呼ばれる問題である。（問い1）では，仕事完成前における目的物の滅失の危険負担が問題となる。

(1)　まず，工期内に立て直すことが可能な場合，および，工期に若干の遅れは生じるが仕事の完成はなお可能であり契約目的も達成可能である場合について，考えよう。伝統的な見解によれば以下のようになる（我妻栄『債権各論中巻二』620頁以下。中田裕康『契約法』506-507頁のまとめも参照）。

まず，①火災が請負人Bの帰責事由による場合は，請負契約は仕事の完成を目的とするから，Bは依然仕事完成義務を負うが，Aに対して追加費用の請求はできない。仕事の完成が工期に遅れた場合には，Bは債務不履行（履行遅滞）として損害賠償責任を負い（415条），他方，Aは，契約を解除することもできる（541条）。

次に，②火災が注文者Aの帰責事由による場合，Bは仕事完成義務を負い，追加費用の請求はできないが，Aは付随義務違反による損害賠償責任を負うから，結果的に報酬の増額を認めたのと同様の結論になる。火災がAの提供した材料の瑕疵またはAの与えた指図によって生じた場合には――Bがその材料または指図の不適当なことを知りながらその注意を与えなかった場合を除き――Aの責めに帰すべき場合と同視するのが，信義則，および，瑕疵担保責任を排斥する636条の趣旨から正当と解される（瑕疵担保責任が契約不適合責任へと改められた改正民法636条のもとでも同様に解してよいだろう）。

③火災の帰責事由が両当事者のどちらにもない場合は，Bは仕事完成義務を負い，追加費用の請求もできない。そのために仕事の完成が遅延しても，債務不履行（履行遅滞）による損害賠償責任を負わないにとどまる。ただし，かかる結論は請負人に酷であるため，実務上は，注文者に負担を負わせる特約がなされることが多いが，特約がない場合でも，請負人の負担が著しく重く，これを強いることが信義則に反するときは，事情変更の原則により，相当の報酬増額を請求するか，または新たに製作する義務を免れることができると解すべきとの見解もある（我妻・前掲622頁）。

改正民法のもとでは，債務者の帰責事由は解除の要件ではなくなったので，①だけでなく③の場合にも，仕事の完成が工期に遅れたときには，Aは催告解除をすることができる（改正民法541条。ただし，工期の遅れが若干であり，契約目的も達成可能である場合，不履行が軽微であるとされる可能性もある）。このとき，例えば，Bによる再工事の途中で解除がなされ，その結果に引き続いて別の業者が工事を請け負って建物を完成させた場合のように，Bのした仕事の結果が可分であり，それによってAが利益を得る場合には，Bは，Aが受ける利益の割合に応じて報酬を請求できる（改正民法634条2号）。

(2)　次に，工期内に立て直すことが不可能であり，かつ，期日までに完成させなければ契約目的を達成できない場合について考えよう。この場合には，帰責事由の所在を問わず，仕事完成債務は履行不能となり，消滅する（改正民法では412条の2第1項）。そして，①火災が請負人Bの帰責事由による場合には，Bは報酬を請求できず，債務不履行（履行不能）による損害賠償責任を負う。Aは履行不能解除をして報酬支払義務を免れることができる（543条）。②火災が注文者Aの帰責事由による場合には，Bは報酬を請求することができ（536条2項。最判昭和52・2・22民集31巻1号79頁），債務不履行による責任を負うこともない。③火災の帰責事由が両当事者のどちらにもない場合は，請負人は報酬を請求できず（536条1項），債務不履行による責任を負うこともない。

以上に対して，請負契約では，請負人による仕事の完成が先履行になるから，仕事完成前に仕事の目的物が滅失した場合は，請負人は注文者にそもそも報酬を請求できないとする見解もある。ただ，この見解も，仕事完成債務の履行不能につき注文者に帰責事由がある場合は，536条2項により，請負人に特別な報酬請求権が認められるとする（山本敬三『民法講義Ⅳ-1 契約』670頁のまとめを参照）。

改正民法のもとでは，①だけでなく，③の場合も，Aは無催告解除が可能である（改正民法542条1項1号または5号）。このとき，改正民法634条1号により，Bは出来形部分の報酬を請求できるかが一応問題になるが，否定的に解される。途中まで作った出来形は全焼し，その後の仕事の完成には寄与していないので，注文者は利益を受けていないからである（吉永一行「請負における報酬債権」法教467号92頁。その他，536条の適用に関し，改正民法のもとでは危険負担が消滅構成から履行拒絶構成になったことにも注意）。

②仕事完成後における目的物の滅失の危険負担

（問い2）では，仕事完成後における目的物の滅失の危険負担が問題になる。本問における建物の新築工事のように，請負の目的たる仕事の性質が，目的物を注文者に引き渡すことをも含む場合には，仕事を完成していても，これを引き渡さないうちに仕事の結果が滅失・毀損するときは，請負人の債務はまだ完済されていない。そのような請負において，仕事の完成後，引渡し前に目的物が滅失した場合に，請負人の債務が履行不能となるかどうかは争いがある。伝統的な見解は，このような性質の請負においては，主要な目的は仕事の完成であって，引渡しは従たるものにすぎないから，請負人が仕事を完成したときには，請負人の債務は，その完成されたものを引き渡すことに「集中」し，引渡し前に滅失したときは，その原因が何びとの責めに帰すべきものであるかを問わず，原則として履行不能となると説く（我妻・前掲624-625頁）。これに対しては，滅失が仕事の完成前か後かで理論的な違いはなく，仕事完成後の滅失の場合には履行不能になったと解される場合が事実上多いにすぎないとする見解もある（内田貴『民法Ⅱ 債権各論〔第3版〕』282頁）。後者によると，引渡しまでは，仕事完成が可能である限り，仕事完成義務が残ることになり，請負人の負担が大きいほか（中田・前掲506頁），とりわけ改正民法のもとでは，たしかに改正民法567条は引渡しを給付危険の移転時期としているものの，再度のやり直し工事に係る請負人の負担に鑑みれば仕事完成義務は取引上の社会通念に照らして履行不能（412条の2第1項）と考えられるし，民法641条のように「完成」を時的区分の基準とする規定も存在することに鑑みれば，民法改正前だけでなく改正後も，「集中」を肯定する前者の見解に従い，仕事の完成後，引渡し前に目的物が滅失した場合には，請負人Bは再び建物を製作する義務を負わないと解すべきである。

そのうえで，A・B間の法律関係は**1**(2)で述べたのと同様になるが，③の火災の帰責事由が両当事者のどちらにもない場合の請負人の報酬請求権の存否について，現行法のもとで，536条を適用するか，534条を適用するかの争いがある。いささか古い見解も混じるが，この問題は製作物供給契約の法的性質（混合契約か否か）や，仕事完成債務と完成物引渡債務を別個のものとみるかとも関係している。

これについては，(a)請負人が材料を提供する場合のうち，当事者の意思が主として製作に重きを置くときは，純粋の請負だから536条を適用し，当事者の意思が主として財産権の移転に重きを置く場合および両者に重きを置く場合には，売買と請負の混合契約となるから，製作中の履行不能については請負の規定により請負人が危険を負担し，完成後引渡し前の履行不能については，目的物が特定物か否かを区別して534条1項または2項を適用するとの見解（鳩山秀夫『増訂 日本債権法各論(下)』597頁），(b)請負の目的が仕事を完成することと目的物を引き渡すことを含む場合でも，請負の本質は仕事の完成であり，引渡しはあくまでもその一部であるから，両者を切り離して引渡しの部分についてだけ534条を適用するのは適当でなく，また，534条は公平に反し，当事者の意思はこれを排斥するものと見るべき場合が多いことから，引渡しまでに生じた危険は，536条1項により，請負人が負担すべきであるとする見解（我妻・前掲627頁。同606-607頁は，そもそも，建物その他土地の工作物の建造や製作されるものが不代替物として取り扱われる場合は，混合契約ではなく，純粋な請負であるとする），(c)製作物供給契約においては，製作段階では請負固有の規定を，供給段階では売買の規定（とくに代金の支払時期・場所，果実の帰属に関する573条から575条）を適用するのが妥当であり，混合契約と考えるが，仕事完成債務と完成物引渡債務をとくに区別せず，仕事完成前に目的物が滅失した場合と同様に考えて，536条1項を適用すべきとする見解（内田・前掲274-275頁，282頁）などがある。現在では，製作物供給契約を混合契約と考える説が多数といえるが（内田・前掲274-275頁の他，広中俊雄『債権各論講義〔第6版〕』263頁，星野英一『民法概論Ⅳ（契約）』256頁，近江幸治『民法講義Ⅴ　契約法〔第3版〕』322頁，中田・前掲66頁など），仕事完成後に売買の色彩が濃くなるのはたしかとしても，やはり請負の本質は仕事の完成であるし，534条の債権者主義にはそれ自体に問題があることからすれば，引渡し時を危険の移転時期と考え，それまでは536条を用いるべきだろう。改正民法のもとでは，534条は削除され，目的物の滅失等についての危険は引渡し時とされているから（改正民法567条1項），危険負担が536条によることに争いはない。

しかしそうすると，火災の帰責事由が両当事者のどちらにもない場合，一旦は仕事を完成した請負人Bが536条1項によりまったく報酬を得られないという酷な結果が発生する。そこで，近時の学説の中には，536条2項を柔軟に解釈し，いずれの危険領域で生じた事故かによって危険の負担者を決める危険領域説という考え方を主張するものがある。すなわち，注文者に415条と同じ意味における帰責事由がない場合でも，注文者に何らかの関与があった場合（注文者の「支配領域」に履行不能の原因がある場合）には，536条2項を類推適用して，請負人に出来形部分に応じた報酬請求権が認められるとの主張である（笠井修「請負契約と危険領域の確定」成城法学51号87頁以下）。注文者の支配領域内での事故としてどのようなものが考えられるかは今後の課題だが（**1**(1)で述べた火災がAの提供した材料の瑕疵またはAの与えた指図によって生じた場合は，その一つと言えよう），方向性としては支持できよう（近江・前掲251頁なども同旨。危険領域説による場合，改正民法のもとでは，注文者の支配領域に履行不能の原因がある場合にも，543条に基づき注文者からの解除はできないものと解すべきだろう。解除によって報酬支払義務を免れるべきではないからである）。

ステップアップ

（問い2）において，火災が，注文者の指示の誤りと請負人の不注意とが競合して生じたものである場合はどうなるか。

次回の設問

改正民法における錯誤について出題をする。

民法 10

立教大学教授
原田昌和　HARADA Masakazu

設問

骨董収集を趣味とするAは，日頃から取引のある骨董商Bの店を訪れた際，萩焼の抹茶茶碗（甲）が置かれているのを目にとめ，Bに尋ねたところ，これは約30年前に亡くなった人間国宝Sの作であり，日本有数の美術品愛好家の家から出た物であるから間違いないとの説明を受けたため，甲を300万円（Sの作品であった場合の時価相当額）で購入し，代金の支払および甲の引渡しを終えた。ところがその後，Aが依頼した鑑定の結果，甲が収められていた桐箱は本物だったが，甲そのものは，ごく最近作られた贋作であり，来歴も誤りであることが判明した（贋作のため，市場価値はほとんどない）。Aは，Bに対して，どのような主張が可能だろうか。平成29年改正民法を前提に考えなさい。

POINT

本問では，❶改正民法における性質の錯誤の位置づけ，❷法律行為の基礎とされていることの表示の意味，❸錯誤の重要性の意味，❹錯誤と契約不適合責任の関係が問題となる。

解説

①改正民法における性質の錯誤の位置づけ

改正民法95条1項は，錯誤の分類として，「意思表示に対応する意思を欠く錯誤」（同1号）と「表意者が法律行為の基礎とした事情についてのその認識が事実に反する錯誤」（同2号）の2つを挙げるが，これは従来の二元論に従ったものである。すなわち，改正前民法95条は錯誤の定義を定めていなかったが，判例は，「動機→内心的効果意思→表示意思（意識）→表示行為」という意思表示の伝統的な構造分析を前提に，改正前民法95条にいう錯誤とは，原則として，内心的効果意思と意思表示の内容たる表示的効果意思（表示から推断される効果意思）との間の不慮の不一致である（かかる錯誤を表示錯誤という）としたうえで，動機の錯誤については，意思表示の動機に属すべき事実であっても「表意者がこれをもって意思表示の内容に加うる意思を明示又は黙示したるときは意思表示の内容を組成する」と述べている（大判大正3・12・15民録20輯1101頁〔現代仮名遣いに改めた〕）。最近の判例にも，「動機は，たとえそれが表示されても，当事者の意思解釈上，それが法律行為の内容とされたものと認められない限り，表意者の意思表示に要素の錯誤はない」としたものがある（最判平成28・1・12民集70巻1号1頁）。伝統的通説も，「動機が表示され，相手方がこれを知っているときは，その範囲内における錯誤は，法律行為の内容の錯誤となる」として，判例に賛成している（我妻栄『新訂民法総則』297頁）。このような，改正前民法95条にいう錯誤は原則として表示錯誤に限られるとする見解を二元論という。なお，民法改正前には，改正前民法95条にいう錯誤には，表示の錯誤だけでなく，動機の錯誤も含まれるとし，両者に統一的な要件を立てようとする見解（一元論）も有力であった。

本問で問題になっている目的物の性質の錯誤は，これまで動機の錯誤に位置づけられてきたが，民法改正により，この位置づけについて議論がある。この問題は，錯誤をどのように定義するかにも関わる。まず，改正民法95条1項1号の錯誤は，書き間違い，言い間違い，入力ミスのような伝達における表現・入力の誤り（表示段階での表示手段選択ミス）の場合をいい，同2号の錯誤は広く動機の錯誤（最終的な効果意思形成に至るまでの事情認識の誤り）をいい，錯誤全般について意思の不存在という説明をもはやしない（意思主義錯誤論を出発点としない）見解がある（丸山絵美子・法教464号73頁）。これによれば，性質の錯誤は2号の錯誤に位置づけられることになる。1号の錯誤について意思の不存在という説明を維持する見解の中では，性質の錯誤を2号の錯誤に位置づける見解が多いが，一部には，改正民法のもとで物の性状も契約内容（債務内容）になるものとされたことを前提に，契約内容になっている性質の錯誤を，目的物の同一性の錯誤と同様に扱い，1号の錯誤に位置づける見解もある（四宮和夫＝能見善久『民法総則〔第9版〕』249頁）。どちらの錯誤かによって，「その事情が法律行為の基礎とされていることが表示されていた」（改正民法95条2項）という要件の要否に差が生じる。

このように，1号の錯誤について意思の不存在という説明を維持する場合，目的物の同一性の錯誤と性質錯誤の区別の困難という問題が今後も維持されることになり，これを回避できる最初の見解にも魅力を感じる。少なくとも，本問の真贋鑑定のような事案では，2号の枠組みの中で，両当事者が契約の中で錯誤リスクをどのように分配したのかを判断するのが望ましいだろう。この問題は，錯誤による意思表示はなぜ取消可能なのかという問題につながっており，今後の深まりが予想される。以下，性質の錯誤は2号の錯誤に分類されるものとして，続けよう。

②法律行為の基礎とされていることの表示

2号の錯誤に関する「その事情が法律行為の基礎とされていることが表示されていたとき」（改正民法95条2項）の要件は，動機の錯誤に関する従来の判例を踏まえたものである。上記のように，判例は，動機が表示され法律行為の内容とされたことを要求しているが，その理解として，動機が表示されていることを重視する見解と動機が内容化されていることを重視する見解とが分かれていた（山本敬三『民法講義Ⅰ　総則〔第3版〕』187頁）。これを反映して，改正民法95条2項の「表示」の解釈として，基礎とされた事情が法律行為の内容とされたことまで必要かが議論されている（潮見佳男『民法（債権関係）改正法の概要』9頁）。

本項の文言が，動機の表示＋αが必要であることを何とか表現したいという観点から設けられたものであることや（法制審議会民法（債権関係）部会第96回会議議事録3頁），従来の裁判例が，表示の有無だけでなく，両当事者の地位や，相手方による説明，相手方が表意者の錯誤を認識しえたかどうか，価格決定の経緯などの諸事情を総合的に考慮に入れて判断していたことを踏まえれば，この要件は，当該事案のもとで，「その事情が表示され，両当事者によって法律行為の基礎とされたものと評価できるとき」を意味するものと解すべきである（丸山・前掲76頁など）。

本問では，骨董を趣味とするとはいえ消費者のＡと事業者のＢという立場の差，甲の来歴についてのＢの説明（美術品の価値の判定において来歴は極めて重要である。陶磁器と絵画の真贋が問題となった東京地判平成24・7・26判時2162号86頁などを参照），人間国宝Ｓの作に見合った価格などの事情からすれば，甲は人間国宝Ｓの作であるという事情が表示され，Ａ・Ｂ両当事者によって法律行為の基礎とされたものと評価できよう。

③錯誤の重要性

改正前民法95条は，法律行為の「要素」に錯誤があることを必要としていた。この要件について，判例通説は，錯誤がなかったら，ⓐ表意者は意思表示をしなかったであろうこと（因果関係），かつ，ⓑ意思表示をしないことが一般取引の通念に照らして正当と認められること，としている（四宮＝能見・前掲255頁など）。これを踏まえて，改正民法95条1項は，ⓐ錯誤に基づき意思表示がされていたこと，ⓑ錯誤が法律行為の目的および取引上の社会通念に照らして重要なものであることを要件としている。2号の錯誤に関しては，ある事情が両当事者によって法律行為の基礎とされたと評価できる場合に，それにもかかわらず，その錯誤が法律行為の目的および取引上の社会通念に照らして重要なものでないということはまずないであろう。

④契約不適合責任との関係

以上より，Ａは錯誤取消しを主張できると考えられるが，他方で，契約不適合責任（改正民法562条以下）との関係が問題になる。すなわち，甲は人間国宝Ｓの作であるという事情が表示され，Ａ・Ｂ両当事者によって法律行為の基礎とされたものと評価できる場合，論理的には，①Ａ・Ｂ間で「人間国宝Ｓ作の甲」を目的物とする旨が合意されたと認められる場合（性質が債務の内容になっている場合），②目的物は「甲」であるが，その甲はＳ作であることが表示され，Ａ・Ｂ両当事者によって法律行為の基礎とされている場合（性質は債務の内容にまではなっていない）とが考えられる（佐久間毅『民法の基礎１総則〔第4版〕』162頁）。

②の場合には，契約不適合責任は問題にならず，錯誤取消しのみが問題になるが，性質の錯誤に関しては，目的物の性質が契約の基礎とされた場合とはその性質が債務内容とされた場合をいい，②の場合は生じない（①の場合しかない）という考え方もありうる。

①の場合には，錯誤取消しのほかに，「引き渡された目的物が……品質……に関して契約の内容に適合しないもの」（改正民法562条1項）に該当するとして，契約不適合責任，すなわち，追完請求権，代金減額請求権，損害賠償請求権，解除権を行使できる可能性があり（改正民法562条以下），錯誤と契約不適合責任の関係が問題となる。改正前には，類似の問題として，錯誤と瑕疵担保責任の関係に関する問題があり，それぞれの要件を満たす限り両者を選択的に行使できるとする見解がかなり有力であった（山本・前掲225-226頁）。改正民法についても，両者を選択可能であるとする見解があるが（中田裕康『契約法』325頁），もっぱら契約不適合の問題として処理するとの見解も有力である。すなわち，目的物にある性質や状態が備わっていることが契約内容として合意されているなら，そのような性質や状態が備わっていない物が目的物として引き渡された場合には，それは目的物の性状の方が「契約の内容に適合しない」のであって，買主の「その認識が事実に反する」のではないと考えられるからである（佐久間・前掲162頁〔第5版165頁で改説〕など）。ただし，本問の美術品の真贋のように，社会通念上代替性も性質の変更可能性もない特定物の売主の合理的意思は，現物をそのまま引き渡す義務を負う契約の締結であり，性質を変えて引き渡すという実現不可能な内容の義務を負うことになる契約の締結ではないと考えられるとして，特段の事情がない限り，上記②になるとの指摘もある（佐久間・前掲163頁）。これに対して，同じく性質の錯誤でも，100馬力であるとの説明を受けて中古の電動機を購入したが，10馬力の能力しかなかったという場合には，同等の物との取替えや修理が可能であるため，①の場合（「100馬力の中古電動機」を目的物とする合意）も十分に成り立つ。この場合には，たとえば，中古電動機の性能について，それが法律行為の基礎となっていることが表示されていたとして，買主が錯誤取消しを主張したところ，売主から，「当該性能は契約の内容になっている。引き渡した電動機が契約の内容に適合しないだけで，性能に関する買主の認識が事実に反するわけではない。修理して追完する。遅滞分の損害も賠償する。追完可能な場合の解除には相当期間を定めた催告が必要だから，取消しの主張を解除に転換することはできない。よって契約は依然有効である」という主張が行われうる（追完を拒絶すると売主は受領遅滞になりうる）。これは錯誤の成否そのものを争っているのだから，選択可能説では解決できない――両者は並び立たない主張である――ということになるのではないか。今後の議論の深まりが期待される。

ステップアップ

商品購入代金の立替払契約から生ずる立替金支払債務について，連帯保証をしたところ，その立替払契約は商品購入を伴わない空クレジット契約だったため，保証人が保証契約の錯誤無効を主張したのに対して，債権者が動機の表示がないと反論した事案で，「保証契約は，特定の主債務を保証する契約であるから，主債務がいかなるものであるかは，保証契約の重要な内容である」として，動機の表示を問題とすることなく，錯誤無効を認めた最高裁判決がある（最判平成14・7・11判時1805号56頁）。この判決は，改正民法のもとでどのように扱われるだろうか。

次回の設問

不当利得について出題をする。

民法 11

立教大学教授
原田昌和　HARADA Masakazu

設問

X社は，A社へ送金すべきところ，誤ってY信用金庫のA組名義の普通預金口座（本件口座）に振込みを行った（本件誤振込み）。Aは，この振込みの２年半ほど前に，A組からの会社分割により設立された株式会社であるが，この会社分割により，Aは，A組の債務については責に任じない一方，A組の主たる事業に関する権利関係や人的物的設備のほぼすべてを承継した。この時点で，A組は債務超過の状態にあり，任意整理を行う旨の通知があったため，Yは，A組の口座について支払差止めの設定をし，その後本件口座への入金は，本件誤振込みまでの間ほとんどなかった。本件誤振込金は，本件口座に支払差止めの設定がされていたため，本件口座に自動入金されず，一旦Yの別段預金口に入金された。Yの担当者は，AおよびA組の経緯を知っており，本件振込みが誤振込みである可能性を認識したが，特段確認等をすることなく，A組の口座の支払差止めの設定を一時的に解除して，本件振込みを完了させ，直ちに，本件誤振込金を含むA組の預金払戻請求権とYのA組に対する貸付債権とを対等額で相殺した。まもなくして，Xの担当者が誤振込みに気付き，Yに，誤振込みであるから返金してほしい旨伝えたが，Yからは，すでに取引が成立しているので返金には応じられない旨の回答があった。そこで，XはYに対して本件誤振込金額相当額の不当利得返還請求を行った。認められるだろうか。

POINT

本問においては，❶誤振込みの場合の受取人の預金債権の成否，❷誤振込みに係る預金の受取人の払戻請求の可否，❸被仕向銀行による相殺と不当利得の成否が問題となる。

解説

①誤振込みの場合の受取人の預金債権の成否

本問は，名古屋高判平成27・1・29金判1468号25頁を素材にした出題である。誤振込みに関しては，授業で解説される機会は少ないかもしれないが，重要論点の一つなので，この機会に勉強してほしい（学習者にも読みやすい解説として，大村敦志『もうひとつの基本民法Ⅱ』137頁以下，内田貴『民法Ⅱ 債権各論〔第3版〕』586頁以下，潮見佳男『債権各論Ⅰ 契約法･事務管理･不当利得〔第3版〕』366頁以下を参照）。

本問を考える前提として，まず，誤振込みの場合に，A組（受取人）はYに対して預金債権を取得するかが問題になる。これについては，振込依頼人と受取人の間に振込みの前提となる原因関係が存在しない場合には受取人に預金債権は成立しないという立場（原因関係必要説）と，振込依頼人と受取人の間に原因関係が存在しない場合でも受取人に預金債権は成立するという立場（原因関係不要説）があるが，最判平成8・4・26民集50巻5号1267頁は，原因関係不要説に立つ。その理由として，判例は，振込みは銀行間及び銀行店舗間の送金手続を通して安全，安価，迅速に資金を移動する手段であって，多数かつ多額の資金移動を円滑に処理するため，その仲介に当たる銀行が各資金移動の原因となる法律関係の存否，内容等を関知することなくこれを遂行する仕組みが採られていること，を重視している。

原因関係不要説によれば，本問のA組は，Yに対して誤振込金額相当額の預金払戻請求権をもつことになる。

②受取人の払戻請求の可否

A組のYに対する誤振込金額相当額の預金払戻請求権が存在するとして，A組はこの払戻請求権を行使できるか。仮に権利者であるA組ですら権利行使できないなら，Yがこの預金払戻請求権を相殺に供することもできないとも考えられるため，問題となる。

これに関しては，誤振込みがあることを知った受取人が，その情を秘して預金の払戻しを請求することは，詐欺罪の欺罔行為に当たり，また，誤振込みの有無に関する錯誤は同罪の錯誤に当たるというべきであるから，錯誤に陥った銀行窓口係員から受取人が預金の払戻しを受けた場合には，詐欺罪が成立する，とした最決平成15・3・12刑集57巻3号322頁，振込みの原因となる法律関係が存在しない場合において，受取人が当該振込みに係る預金の払戻しを請求することについては，払戻しを受けることが当該振込みに係る金員を不正に取得するための行為であって，詐欺罪等の犯行の一環をなす場合であるなど，これを認めることが著しく正義に反するような特段の事情があるときは権利の濫用に当たるとしても，受取人が振込依頼人に対して不当利得返還義務を負担しているというだけでは権利の濫用に当たるということはできない，とした最判平成20・10・10民集62巻9号2361頁（ただし誤振込みに関する事案ではない）がある。

「特段の事情」の射程は明らかではないが，少なくとも，誤振込みであることを知った受取人が，その情を秘して預金の払戻しを請求することは，詐欺罪の一環をなす行為であり，権利濫用といえるだろう。これに対して，A組による権利行使が権利濫用とされる理由が，その権利行使がYに対する詐欺罪等の犯罪の一環をなすからであるとすると，Yがこの預金払戻請求権を相殺に供することが当然に否定されるわけではない，といえよう。

③被仕向銀行による相殺と不当利得

以上を前提に，XのYに対する不当利得返還請求の可否を考えてみよう。703条によれば，不当利得の成立要件は，①他人の財産または労務によって利益を受けたこと（受益），②他人に損失を及ぼしたこと（損失），③受益と損失の因果関係，④受益が法律上の原因のないものであることの4つである。

まず，XとA組の間には原因関係はないものの，A組はYに対して誤振込金額相当額の預金払戻請求権を取得し，Yは，これとA組に対する債権を相殺したのであるから，Yに受益はなく，Xの不当利得返還請求の相手方はYではなくA組であるとする見解がある。これに対しては，たしかに原則としてはそうであるとしても，倒産状態のA組から不当利得の返還を受けることは実際にはできないし，誤振込みの可能性を認識していたYがいち早く自己の債権を回収することを完全に是認するのは，騙取金による弁済を受けた債権者が悪意・重過失である場合に被騙取者から弁済受領者に対する不当利得の成立を認める最判昭和49・9・26民集28巻6号1243頁との均衡を失するように思われる。誤振込みをした本人であるXが，誤振込みとは関係のない他の債権者と平等に誤振込金を取り合うという見方が適切なのかは問題であろう。

そこで，誤振込みであることを認識していたYは，A組の預金がXに返還されるべき不当利得金であることを認識していたのであるから，Yによる相殺は正義公平に反するものとして無効であり，Yの相殺による誤振込金額相当額の利得は法律上の原因を欠く（Xの損失と利得の因果関係も肯定される）との見解もある（名古屋地判平成16・4・21金判1192号11頁）。しかし，相殺が無効ならば，A組の預金債権が復活し，YはA組に預金払戻義務を負うことになるから，Yに利得はないのではないかという疑問もある。さらに，Yによる相殺を無効としたうえで，Xに債権者代位権を行使させるべきとする見解もあるが，これによると，誤振込みに関係のない債権者による責任追及も可能になってしまい，相殺を無効とした趣旨に合致しないという問題がある。

本問の素材である前掲名古屋高判平成27・1・29は，Yには，誤振込みにより発生した預金債務を本件相殺により消滅させることで，事実上回収不能であるA組に対する貸金債権を回収するという利得がある一方，Xは，A組に対して不当利得返還請求権を取得するものの，事実上その回収は不能であるため，誤振込金額相当額の損失を被る結果となるとしたうえで，次のように述べて，Yが，誤振込金額相当額についてXの損失の下に利得することは，Xに対する関係においては，正義公平の観点から，法律上の原因を欠いて不当利得になるとしている。すなわち，「Xにおいては，本件口座に本件振込金が入金記帳される前に，誤振込みに気付くことは事実上困難であった」ところ，「本件振込みが誤振込みであると認識していたYにおいては，本件口座に本件振込金を入金記帳する前に，又は，本件口座に本件振込金を入金記帳した後でも本件相殺をする前に，XやA組に対し，誤振込みか否か確認して組戻しの依頼を促すなど対処すべきであった」のに，Yは「たまたま誤って本件振込みがあったことを奇貨として，Xが誤振込みに気付かなければ組戻しを依頼することがないことから，事実上回収不能なA組に対する貸金債権等を回収するために，あえて支払差止め設定を一時的に解除して本件振込みを完了させて，直ちに本件相殺をしたものと認められ」るが，このような行動は振込制度における被仕向金融機関としては不誠実な対応であり，正義公平に反するものである（A組への振込みが誤振込みであることをYが認識できたとの事実認定には批判もあるが，地域の事情に通じる信用金庫の性格が重視されたとも考えられる）。

本判決の読み方として，騙取金による弁済に関する前掲最判昭和49・9・26の延長上に位置づけて，悪意の債権者が誤振込金から債権を回収した点を重視する見方と，単なる悪意の債権者というだけでなく，振込制度の運営者たる金融機関が回収不能の自己の債権を誤振込人の犠牲で回収した点に不当性を見出す見方とがありうるが，判決の表現からすると，後者のように考えるのが素直であろう。

また，本判決のように，XとYという相対的な関係において相殺の効力を否定する考え方によると，YがXに不当利得返還義務を負う一方で，A組に対する貸金債権をも失ってしまうという問題が生じる。これについては，YがXに対して不当利得返還債務を履行した場合，この不当利得の返還の内実は組戻しであって，組戻しの実質は，A組がXに対して負う不当利得返還義務をYが履行していることに等しく，その結果，YからA組に対して求償権が発生すると考えることで解決できるのではないか（結局，A組に対する貸金債権が求償権に置き換わることになる。ただし，このように置き換わることで遅延利率が変わってしまう，という問題はある）。

誤振込みと相殺について，下級審裁判例は，被仕向金融機関が悪意の場合に振込依頼人への不当利得返還義務を認めるということでおおむね一致しているようだが，学説も分かれており，最高裁判決が待たれる状況にある。誤振込みと相殺について，さらに勉強したい読者は，原田昌和「誤振込みと相殺」近江幸治先生古稀記念『社会の発展と民法学(下)』235頁以下も参照してほしい。

ステップアップ

本問において，Yは誤振込みの可能性が高いことに気付きながらXに確認もせず放置していたが，他方，Xも，誤振込みをしたことに気付きながら即時の対応を怠り，1か月以上たってYに組戻し依頼をしたところ，誤振込みから半月後にYが相殺を行っていたという事案だったら，どうか。

次回の設問

弁済について出題をする。

民法 12

立教大学教授
原田昌和 HARADA Masakazu

設問

ＡのＢに対する貸付債権（600万円）を担保するために，Ｂから委託を受けたＣ・Ｄが連帯保証人となり，さらにＣ所有の甲土地（評価額300万円）およびＥ所有の乙土地（評価額200万円）に抵当権が設定され，登記を了した（Ｃは保証人と物上保証人を兼ねる）。その後，履行遅滞に陥ったＢの債務相当額全額（600万円）を，保証債務の履行として支払ったＤは，ＢおよびＣに対してどのような権利を行使できるか。平成29年改正民法を前提に考えなさい。

POINT

本問では，❶委託を受けた保証人の事後求償権，❷弁済による代位，❸同一人が保証人と物上保証人を兼ねる場合の扱い，❹共同保証人間の求償権を定める465条・改正442条と代位の関係が問題となる。

解説

①委託を受けた保証人の事後求償権

まず，弁済した保証人Ｄと債務者Ｂの関係について，Ｄは主債務者Ｂから委託を受けて保証をした者であり，主債務者に代わって，債権者Ａに対して保証債務を弁済しているから，459条1項により，Ｂに対して，その支出した額（600万円）の事後求償権を行使できる。

②弁済による代位

このとき，債務者に対して取得する求償権を確保するため，債務者について消滅したはずの債権者の債権（原債権）および担保権が，求償権の範囲で弁済者に移転する（改正499条・501条）。この制度を弁済による代位という。求償権と原債権の関係については，両者は成立原因・内容・性質を異にする別個の債権であり（別債権性），原債権等は求償権を確保することを目的として存在するものとされる（求償権確保目的性。詳細については，中田裕康『債権総論〔第4版〕』418頁以下を参照）。

弁済による代位の要件は，①弁済その他により債権が実現したこと，②弁済者が債務者に対して求償権を有すること，③弁済をするについて正当な利益を有する者が債権者に代位する場合を除き，確定日付ある証書での通知・承諾が行われたこと，が必要である（改正499条・500条）。「弁済をするについて正当な利益を有する者」とは，ⓐ保証人のように，弁済しなければ債権者から執行を受ける地位にある者や，ⓑ後順位担保権者のように，弁済しなければ債務者に対する自己の権利が価値を失う地位にある者をいう。本問のＤは，ⓐに当たることから，債権譲渡の対抗要件（上記③要件）は必要なく，①・②要件は満たされており，弁済による代位が認められる。

弁済による代位の効果として，代位者（Ｄ）は債務者（Ｂ）に対して，求償権（600万円）の範囲内で，「債権の効力及び担保としてその債権者が有していた一切の権利」（改正501条1項）を行使することができる。すなわち，原債権について，履行請求権・損害賠償請求権・債権者代位権・詐害行為取消権など，一切の権利を行使できる。また，担保権も移転するので，本問のＤは，甲土地および乙土地に対する抵当権を実行できるようになるほか，保証人Ｃに対する権利も取得する。

③同一人が保証人と物上保証人を兼ねる場合の扱い

以上のように弁済による代位ができるとして，代位者ＤはＣに対してどのような範囲で権利行使できるか。Ｃは保証人と物上保証人の地位を兼ねるため，この者を2人と数えるのか1人と数えるのか，1人と数えるとして保証人と数えるのか物上保証人として数えるのかが問題になる。

最判昭和61・11・27民集40巻7号1205頁は，「複数の保証人及び物上保証人の中に二重の資格をもつ者が含まれる場合における代位の割合は，501条但書4号，5号〔改正501条3項3号・4号――筆者注〕の基本的な趣旨・目的である公平の理念に基づいて，二重の資格をもつ者も1人と扱い，全員の頭数に応じた平等の割合である」として，1人説を採用した。本判決については，保証人1人説を採用したものであるという理解と，保証人兼物上保証人が存在する類型においては，これを1人として扱った上で，単純頭割りにするという準則（頭数1人説）を定立したものであるという理解とがあるが，本問に関しては，どちらの理解によっても，Ｃ・Ｄ・Ｅの負担部分は200万円となり（改正501条3項4号により，保証人と物上保証人の関係は頭割りである），Ｄは，200万円の限度で，Ｃに保証債務の履行を求め，あるいは，Ｃ所有に係る甲土地上の抵当権を実行できる。

これに対しては，より重い負担を引き受けた者は，他の者に対しても，より重い出捐を忍ぶべしという価値判断その他の理由から，2人説も依然有力である（我妻栄『新訂債権総論』261頁など）。すなわち，本問で，仮にＣが保証人にならず，物上保証のみを引き受けたとしよう。この場合には，保証人が1人，物上保証人が2人ということになるから，501条3項4号ただし書にしたがい，まず保証人の負担部分を除き，その残額について各財産の価格に応じて負担部分を分けることになる。すなわち，保証人Ｄの負担部分は200万円（頭数に応じて分けるから，600 ÷ 3）であり，甲土地および乙土地の負担部分は，400 万円を 3：2 で割り付けると，甲土地について 240 万円，乙土地について 160 万円となる。したがって，D は，240 万円の限度で C 所有に係る甲土地上の抵当権を実行できることになり，先に述べた結果と比較すると，物上保証に加えて保証も引き受けた方が負担が少なくなるという奇妙な結果になる。

本問を 2 人説によって処理する場合には，保証人が 2 人，物上保証人が 2 人ということになるから，上記同様 501 条 3 項 4 号ただし書にしたがい，保証人 C・D の負担部分は 150 万円ずつ（頭数に応じて分けるから，600 ÷ 4）であり，甲土地および乙土地の負担部分は，300 万円を 3：2 で割り付けると，甲土地について 180 万円，乙土地について 120 万円となる。したがって，D は，C に対して，150 万円の限度で保証債務の履行を求め，かつ，180 万円の限度で C 所有に係る甲土地上の抵当権を実行でき，合計すると 330 万円の負担を求めることができる。

平成 29 年の民法改正でも，この場合のルールの明文化が検討されたが，判例の準則が保証人兼物上保証人がいるすべての場合に妥当するわけではなく，問題点もかなり指摘されていることなどから，明文化は見送られ，引き続き解釈に委ねられることになった。

④共同保証人間の求償権を定める 465 条・改正 442 条と代位の関係

ところで，複数の連帯保証人（共同保証人）がいる場合には，465 条・改正 442 条により，弁済その他の債務消滅行為をした共同保証人は，他の共同保証人に対して求償権を取得する。この共同保証人間の求償権と弁済による代位との関係はどうなるか。

仮に，D と C の関係を共同保証人間の求償問題として捉え，465 条・改正 442 条に基づく求償権を考えた場合には，上記いずれの見解に従っても連帯保証人は 2 人であるから，C・D の負担部分は，頭数に応じて，300 万円（600÷2）とも考えられ，**3** で見た代位割合との間でずれが生じる。

この点の調整を図るため，学説には，465 条が定める負担割合は，物上保証人がいるときは，その者も含めて頭数に応じて決定することになるとする見解（山田誠一・民商 107 巻 2 号 190 頁），465 条は，共同保証人以外の法定代位者が存在する局面ではその適用を排除され，求償制度としての弁済者代位制度により一元的に処理されると考えるべきとする見解（潮見佳男『新債権総論Ⅱ』168 頁）などがある。前説による場合，物上保証人が複数いる場面において，物上保証人の負担割合を財産の価格で案分する代位（改正 501 条 3 項 2 号・3 号）との間でやはりずれが生じうる。共同保証人以外の法定代位者が存在する場面では 465 条は適用しないとする後説でよいのではないか。したがって，本問では，465 条の存在は考慮しなくてよいことになる。

なお，465 条が適用される場面でも，弁済による代位との関係が問題になるので，この点について解説しよう。たとえば，本問で，甲土地・乙土地の抵当権が存在せず，C・D の 2 人が連帯保証人になっていただけだとしよう。この場合，D が A に保証債務の履行として弁済すると，**1** および **2** でみたように，D は B に対して事後求償権を取得し，その求償権を担保するために，債務者について消滅したはずの債権者の債権（原債権）および担保権が D に移転し，C に対して保証債務の履行を求めることができる。それと同時に，465 条・改正 442 条により，D は，他の共同保証人である C に対して求償権を取得する。

保証人は 2 人なので，本問では，どちらの経路をたどっても，D が C に求めることのできる負担は 300 万円（600 ÷ 2）である。しかし，次のような場合には，どちらのルートをたどるかで違いが生じる。すなわち，上記の事案で，D の主債務者 B に対する求償権と，代位によって取得した原債権には法定利率（404 条 2 項により，改正民法施行時は 3%）を超える遅延損害金料率が約定されているが，共同保証人間には求償権についての遅延損害金の約定がなく法定利率によるという場合には，弁済による代位のルートによれば，D は C に対して 300 万円と約定利率で算定した遅延利息を請求でき，共同保証人間の求償権のルートによれば，D は C に対して 300 万円と法定利率で算定した遅延利息を請求できることになる。この場合，上記した求償権確保目的性から，弁済による代位によって移転した原債権および担保権は求償権の制限を受けることになるが，共同保証人間の求償権の制限も受ける――弁済による代位のルートをたどったとしても，D が C に請求できるのは 300 万円と法定利率で算定した遅延利息だけとなる――のだろうか。

この問題については，学説上多様な見解が主張されていたが（各説の紹介も含め，佐久間弘道・駒澤法曹 6 号 84 頁以下を参照），改正民法は，501 条 2 項括弧書に，代位した権利の行使は「保証人の一人が他の保証人に対して債権者に代位する場合には，自己の権利に基づいて当該他の保証人に対して求償をすることができる範囲内」に限る旨を規定し，弁済による代位によって移転した保証債権を行使する際には，共同保証人間の求償権の制限も受ける――上記設問では，D が C に請求できるのは，300 万円と法定利率で算定した遅延利息に限られる――ことを明らかにした。

ステップアップ

A の B に対する貸付債権（600 万円）を担保するために，B から委託を受けて，C 所有の甲土地（評価額 600 万円）および D 所有の乙土地（評価額 200 万円）に抵当権が設定され，登記を了した。その後，甲土地には，E のために後順位抵当権が設定され，登記がなされた。甲土地についての抵当権が上記評価額で実行された場合，E は D に対してどのような権利を行使できるか。

民法・論点索引

（数字は登場回を示します）

商法

名古屋大学教授
今井克典
IMAI Katsunori

商法 1

名古屋大学教授
今井克典 IMAI Katsunori

設問

甲株式会社（以下「甲社」という）は，取締役会設置会社であり，監査役設置会社であり，監査役会設置会社ではない。甲社の代表取締役Aは，新規の事業を提案したが，他の取締役に反対されたため，その事業を，甲社の事業ではなく，A個人の事業として行うことにした。Aは，その事業を開始するのに必要な資金を調達するため，甲社代表取締役Aとして，Bから金銭を借り入れた。Aは，甲社の金銭から借入金の一部を返済し，残部につき返済猶予を受けた。その後も，Aは，甲社の金銭から借入金の残部を返済することを予定した。

Aによる甲社代表取締役AとしてのBからの金銭の借入れ，Aによる甲社の金銭からの借入金の一部の返済，Aによる甲社の金銭からの借入金の残部の返済の予定等の事情を知った甲社の取締役C，監査役Dまたは株主Eは，どのような対応をすることができるか，またはどのような対応をしなければならないか。

POINT

❶代表取締役の行為の監督是正等の方法。❷監督是正等のための情報の伝達の方法。

解説

①設問のねらい

本設問においては，代表取締役の違法な行為に対して，会社法が予定する措置等を検討する。検討を通じて，株式会社の業務執行に対する取締役，監査役および株主のそれぞれの立場を概観する。

②Aによる金銭の借入れ

⑴ 代表取締役は，株式会社を代表する権限である代表権を有し，その代表権は，包括的な権限である（349条1項・4項）。代表取締役の行為の効果は，株式会社に帰属する。また，代表取締役は，株式会社に対して善管注意義務（330条，民644条）および忠実義務（355条）を負うから，代表権を株式会社のために行使する義務を負う。代表取締役は，主観的に代表権を濫用して行為をした場合には，すなわち，自己または第三者の利益のために株式会社の代表者として行為をした場合には，善管注意義務および忠実義務に違反する。また，そのような代表取締役の行為は，相手方が代表取締役の目的を知り，または知ることができたときは，無権代理行為であり，無権代理行為による契約は，株式会社に対して効力を生じない（民107条・113条1項。最判昭和38・9・5民集17巻8号909頁参照）。

本設問においては，Aは，Bからの金銭の借入れ（以下「本件借入れ」という）を，甲社の代表取締役として行いながら，A個人の利益のために行っている。したがって，Aは，善管注意義務および忠実義務に違反し，また，本件借入れに係る契約は，BがAによる代表権の濫用を知り，または知ることができたときは，甲社に対しては無効である（金銭の借入れの事案として，最判昭和51・11・26判時839号111頁参照）。

⑵ 代表取締役が重要な業務執行をするには，取締役会の決議による決定が必要である（362条4項）。財産の処分が「重要な財産の処分」（同項1号）に該当するか否かについては，財産の価額，財産が株式会社の総資産に占める割合，財産の保有目的，処分行為の態様，株式会社における従来の取扱い等の事情を総合的に考慮して判断すべきものとされている（最判平成6・1・20民集48巻1号1頁）。

本件借入れが「多額の借財」（362条4項2号）に該当すれば，Aが甲社のために本件借入れをするとしても，本件借入れには，取締役会の決議による決定が必要である。借財が多額の借財に該当するか否かについても，重要な財産の処分と同様の事情を総合的に考慮して判断されると考えられる。判断においては，本件借入れの目的は，新規の事業を開始するのに必要な資金の調達であるという事情も考慮されよう。

代表取締役が包括的な代表権を有することを踏まえると，代表取締役が取締役会の決議を経てすることを要する取引行為をその決議を経ないでした場合でも，その取引行為は，内部的意思決定を欠くに止まるから，原則として有効であるが，相手方が取締役会の決議を経ていないことを知り，または知ることができたときに限って，無効であると解されている（最判昭和40・9・22民集19巻6号1656頁）。

本件借入れは，甲社の取締役会の決議を経ずに行われた。本件借入れは，BがAによる代表権の濫用を知らず，かつ知ることができなかった場合でも，多額の借財に該当すれば，Bが取締役会の決議を経ていないことを知り，または知ることができたときは，甲社の行為としては無効である。

③取締役の対応

⑴ 取締役会は，取締役の職務執行の監督を行う（362条2項2号）。取締役会による監督は，職務執行の適法性および妥当性に及ぶ。取締役会を構成する取締役は，株式会社に対し，代表取締役の業務執行を監視する義務を負い，取締役会を通じて業務執行が適正に行われるようにする職務を有すると解されている（最判昭和48・5・22民集27巻5号655頁）。取締役会による代表取締役の業務執行の監督是正は，最終的には，代表取締役を解職（同項3号）して代表権を奪う方法による。取締役会を通じた監督是正のため，取締役は，取締役会の招集または招集請求をすることができる（366条各項）。

本設問においては，少なくとも，Aによる本件借入れは，代表権の濫用であるから，善管注意義務および忠実義務に違反する行為である。したがって，本設問の事情を知った取締役Cは，取締役会を通じて，Aの職務執行の監督是正，本件借入れに係る事後処理等を検討する義務を負う。本件借入れの効果が甲社に帰属する場合には，例えば，甲社によるAへの損害賠償請求が検討される必要があろうし，本件借入れの効果が甲社に帰属しない場合には，例えば，Aが借入金の残部の返済に甲社の金銭を用いることを阻止する必要があろう。

(2) 監査役設置会社においては，取締役は，株式会社に著しい損害を及ぼすおそれのある事実があることを発見したときは，直ちに，その事実を監査役に報告する義務を負う（357条1項）。監査役は，取締役の職務の執行を監査する（381条1項）が，株式会社の業務執行に関与しない。取締役の報告義務は，監査役の監査の実施を容易にするために，設けられている（内部統制体制については，362条4項6号，会社則100条3項4号イ参照）。

取締役が報告義務を負うのは，取締役が株式会社に「損害」ではなく，「著しい損害」を及ぼすおそれのある事実を発見したときである。著しい損害に限られるのは，業務執行の決定および監督の権限が，取締役会にあるからであろう。著しい損害は，取締役会の決定を要する重要な業務執行（362条4項）に該当する取引行為から生じる損害に限られるわけではないと解される。

監査役は，独任制であり，1人でも業務監査を行うことができるので，監査役が複数である場合にも，取締役は，1人の監査役に報告すれば足りると解されている。

本件借入れの効果が甲社に帰属する場合には，甲社は，借入金の返還債務を負うから，本件借入れは，甲社に著しい損害を及ぼすおそれのある事実であると考えられる。本件借入れの効果が甲社に帰属しない場合には，Aによる甲社の金銭からの借入金の一部の返済と残部の返済の予定とは，甲社に著しい損害を及ぼすおそれのある事実であろう。また，報告義務を負う前提として，本件借入れの効果が甲社に帰属するか否かについて，取締役が判断しなければならないのは，妥当ではない。したがって，本設問の事情を知った取締役Cは，直ちに，それらの事情を監査役に報告する義務を負うと解される。

④ 監査役の対応

(1) 監査役は，取締役が不正の行為をし，もしくは当該行為をするおそれがあると認めるとき，または，法令もしくは定款に違反する事実もしくは著しく不当な事実があると認めるときは，遅滞なく，その旨を取締役会に報告しなければならない（382条）。報告を受けた取締役会は，取締役の職務の執行の監督として，措置を講じることになる。ここでいう法令には，個別的具体的な規定だけではなく，取締役の善管注意義務のような一般的な規定が含まれると解されている。監査役は，取締役会への報告の義務を負う場合には，取締役会の招集請求または招集をすることができる（383条2項・3項）。

本設問においては，少なくとも，Aによる本件借入れは，代表権の濫用であるから，善管注意義務および忠実義務に違反する事実である。したがって，本件借入れを知った監査役Dは，本件借入れが法令に違反すると認める旨を取締役会に報告しなければならない。

(2) 監査役は，取締役が株式会社の目的の範囲外の行為その他法令もしくは定款に違反する行為をし，またはこれらの行為をするおそれがある場合において，その行為によって株式会社に著しい損害が生じるおそれがあるときは，その取締役に対し，その行為の差止請求をすることができる（385条1項）。

目的の範囲外の株式会社の行為の効力を判断するにあたっては，目的の範囲内の行為には，定款に記載された目的自体に含まれる行為のほか，目的遂行に必要な行為が含まれ，その目的遂行に必要か否かは，定款の記載自体から観察して，客観的に抽象的に必要であるかを基準とすると解されている（最判昭和27・2・15民集6巻2号77頁）。しかし，目的の範囲については，対外的な取引の安全を保護するためには，このように解することが妥当であるとしても，対内的な株式会社または株主の保護のための差止請求権との関係では，広く解する必要はないと説かれている。また，法令違反行為の法令には，個別的具体的な規定だけではなく，取締役の善管注意義務のような一般的な規定が含まれると解されている。

監査役による差止請求が認められるには，取締役の行為によって，株式会社に「損害」ではなく，「著しい損害」が生じるおそれがあることが必要である。

本件借入れは，代表権の濫用であるから，主観的には甲社の目的のために行われていないので，目的の範囲外の行為であり，また，取締役の善管注意義務および忠実義務に違反する行為である。しかし，本件借入れは，すでに行われているから，差止めの対象ではない。

一方，無効な行為による契約の履行行為を差し止めることは，認められると解されている（株主による差止請求〔360条〕の事案であるが，東京地判昭和37・9・20判タ136号103頁参照）。本件借入れが甲社にとって無効であれば，Aが甲社の金銭から借入金の残部を返済する行為は，法令違反行為による契約の履行行為であり，また，甲社に著しい損害を及ぼすおそれ（**3**(2)参照）があると考えられる。したがって，監査役Dは，Aが甲社の金銭から借入金を返済する行為の差止請求をすることができ，差止請求をする義務を負うと解される。

⑤ 株主の対応

監査役の差止請求の対象である取締役の行為については，公開会社でない株式会社においては，株主は，また，公開会社においては，6か月前から引き続き株式を有する株主は，差止請求をすることができる（360条2項・1項）。ただし，監査役設置会社においては，株主の差止請求が認められるのは，株式会社に「著しい損害」ではなく，「回復することができない損害」が生じるおそれがあるときである（同条3項・1項）。

本件借入れが甲社にとって無効であり，例えば，Aの資力等から，Aが甲社の金銭から返済する借入金の残部に相当する額の金銭を甲社に賠償することができない場合には，株主Eは，Aに対し，甲社の金銭から借入金の返済をする行為の差止請求をすることができる。

参考文献

畠田公明「株主・監査役・監査委員による取締役の行為の差止めの要件と効果」浜田道代＝岩原紳作編『会社法の争点』146頁。

ステップアップ

どのような場合に，監査役または株主は，代表取締役が株主総会を開催することを差し止めることができるか（東京地決平成20・12・3資料版商事法務299号337頁参照）。

次回の設問

公開会社における募集株式の発行等の無効事由。

商法　2

名古屋大学教授
今井克典　IMAI Katsunori

設問

甲株式会社（以下「甲社」という）は，公開会社であり，種類株式発行会社ではない。甲社の代表取締役A，取締役B等を含む経営陣と，甲社の株主Cとの間で，甲社の経営を巡って争いが生じた。甲社の取締役会は，AおよびBの持株比率の上昇を目的として，甲社が発行する株式を引き受ける者の募集をして，株式の発行（以下「本件新株発行」という）を行うこととし，募集事項を決議により決定した。その決定における払込金額は，一般に認められている株式価値の評価方法のいずれによっても，募集株式を引き受ける者に特に有利な金額であった。甲社は，払込期日の２週間前までに，募集事項を官報に掲載する方法により公告した。甲社の定款には，公告方法の定めはない。AおよびBは，募集株式の総数を引き受け，それぞれの募集株式の払込金額の全額を払い込んだ。本件新株発行のための甲社の対外的な行為は，Aによって行われた。

本件新株発行の結果として，Aの持株比率とBの持株比率とは，それぞれ20%から30%に，Cの持株比率は，60%から40%になった。

Cは，本件新株発行の効力が生じた日から６か月以内に，新株発行の無効の訴えを提起した。訴えに係る請求は，認容されるか。

POINT

❶公開会社における株主総会の特別決議を欠く募集株式の有利発行の効力。❷公開会社における募集株式の不公正発行の効力。

解説

①設問のねらいと前提

⑴　会社法には，公開会社における募集株式の発行等の無効事由を直接に定める規定はない。そこで，無効事由について，判例を手掛かりとして検討する。また，株主が保有する株式の経済的価値の低下への対応と，株主の持株比率の低下への対応とについて，考慮する。

⑵　新株発行の無効は，訴えをもってのみ主張することができ，甲社は，公開会社であるから，訴えは，新株発行の効力が生じた日から6か月以内に提起されなければならない（828条1項2号）。本件新株発行については，払込期日が定められているので，その効力が生じた日は，払込期日である（209条1項1号）。Cは，株主であるから，新株発行の無効の訴えを提起することができる（828条2項2号・1号）。

②有利発行等

⑴　株式会社は，その発行する株式を引き受ける者の募集をするには，募集事項を定めなければならない（199条1項）。公開会社においては，次の場合を除いて，募集事項の決定は，株主総会の特別決議ではなく，取締役会の決議による（201条1項・199条2項・309条2項5号）。公開会社においては，資金調達の機動性が重視されるからである。払込金額が募集株式を引き受ける者に特に有利な金額で（199条3項），かつ，株主が割当てを受ける権利を与えられ（202条1項・3項3号）ないで行われる募集株式の発行等（以下「有利発行等」という）の場合には，募集事項の決定は，株主総会の特別決議によらなければならない。有利発行等の場合には，株主が既存株式の価値の低下による経済的損失を被るおそれがあるからである。

判例（最判昭和46・7・16判時641号97頁）によれば，公開会社の代表取締役が募集株式の発行等をした場合には，有利発行等における株主総会の特別決議の欠缺は，募集株式の発行等の無効事由ではない。判例においては，このような結論は，従来の判例（最判昭和40・10・8民集19巻7号1745頁，最判昭和36・3・31民集15巻3号645頁）の趣旨に従うとされる。従来の判例によれば，第1に，募集株式の発行等は，株式会社の業務執行に準ずるものとして取り扱われる。また，第2に，必要とされる取締役会の決議または株主総会の特別決議は，それぞれ会社の内部の意思決定であるから，募集株式の引受人の保護等（前掲最判昭和36・3・31参照）または募集株式の取得者および会社債権者の保護等（前掲最判昭和40・10・8参照）を考慮するのが妥当である。代表取締役が募集株式の発行等を行うというのは，代表取締役が募集株式の引受けおよび出資の相手方となることを意味すると考えられる。

⑵　本件新株発行は，払込金額が引受人に特に有利な金額であるから，有利発行等に当たる。甲社の代表取締役Aが，本件新株発行を行っているので，甲社の株主総会の特別決議の欠缺は，新株発行の無効事由ではない。

実際の募集株式の発行等については，前提として，払込金額が募集株式を引き受ける者に特に有利な金額であるか否かが問題となることも多い（募集株式に市場価格がない場合については，最判平成27・2・19民集69巻1号51頁参照）。

③不公正発行等

⑴　著しく不公正な方法により行われる募集株式の発行等（以下「不公正発行等」という）は，差止請求の対象である（210条2号）。不公正発行等は，不当な目的を達成する手段として行われる募集株式の発行等である。例えば，取締役が自己に有利に支配関係を変動させる目的で行う募集株式の発行等は，不公正発行等に該当する。支配関係の変動を目的とする募集株式の発行等は，取締役の選解任が株主総会の専決事項である（329条1項・339条1項）という会社法の機関権限の分配に反することから，許容されないと説明されている。

判例（最判平成6・7・14判時1512号178頁）によれば，公開会社の代表取締役が募集株式の発行等をした場合には，その募集株式の発行等は，不公正発行等であっても，有効である。判例は，不公正発行等においても，従来の判例（前掲最判昭和36・3・31）の第1の理由が妥当するとする。また，第2の理由に関連しては，募集株式の発行等は，株式会社と取引関係に立つ第三者に影響を及ぼすから，その効力は，画一的に判断される必要があり，取締役が募集株式を引き受けて保有しているという事情の有無によって個々の事案ごとに判断されるのは相当ではないとする。

閉鎖的な株式会社での不公正発行等においては，募集株式の引受人は，通常は，取締役またはその関係者であって，不公正発行等につき悪意であり，また，募集株式を譲渡しないで保有すると考えられる。

(2) 本件新株発行は，AおよびBの持株比率の上昇を目的とするから，不公正発行等である。甲社の代表取締役Aが，本件新株発行を行っているので，本件新株発行は，不公正発行等であっても，有効である。

実際の募集株式の発行等については，前提として，それが不公正発行等であるか否かが問題となることも多い（閉鎖的な株式会社については，東京地決昭和52・8・30金判533号22頁，東京地判昭和58・7・12判時1085号140頁等参照）。

④官報公告

(1) 公開会社は，取締役会の決議によって募集事項を決定する場合には，株主に割当てを受ける権利を与えるときを除いて，出資の期日または出資の期間の初日の2週間前までに，募集事項を株主に対し通知し，または，募集事項を公告しなければならない（201条3項・4項。同条5項参照）。公告または通知という公示は，株主に募集株式の発行の差止請求権（210条）の行使の機会を保障することを目的とする。

判例（最判平成5・12・16民集47巻10号5423頁）によれば，募集株式の発行等の差止仮処分命令（210条，民保23条2項）違反は，公開会社の募集株式の発行等の無効事由である。その理由は，差止請求権の実効性を担保することにある。また，判例（最判平成9・1・28民集51巻1号71頁，最判平成10・7・17判時1653号143頁）によれば，募集事項の公示（201条3項・4項）の欠缺は，公示の欠缺以外に差止事由がないため，差止請求が許容されないと認められる場合ではない限り，公開会社の募集株式の発行等の無効事由である。公示の欠缺は，株主から募集株式の発行等の差止請求権を行使する機会を失わせるからである。

(2) 公告方法が官報に掲載する方法である場合には，株主は，実際には，募集事項を知ることが難しく，そのため，差止請求権の行使の機会を保障されているとはいい難い。しかし，募集事項の公示は，通知または公告で足り，株式会社は，定款の定めに従い官報に掲載する方法で公告をした場合には，予め選択した方法を履践しているから，株主が事実上了知しえたか否かに関わらず，株主には差止請求権の行使の機会が付与されたと解するのが妥当であるとされる（東京高判平成19・3・29金判1266号16頁）。

(3) 甲社の公告方法は，定款に定めがないので，官報に掲載する方法である（939条4項・1項1号）。甲社は，募集事項を官報に掲載する方法で公告したので，甲社に公示義務違反はない。

⑤株主の救済

(1) 有利発行等によって既存株主が受ける不利益は，株式価値の低下である。株主総会の特別決議を欠く有利発行等が無効ではない場合には，株式価値の低下は，取締役の損害賠償責任（423条・429条）または取締役と通じて著しく不公正な払込金額で募集株式を引き受けた者の責任（212条1項1号）によって処理されうる。

(2) 不公正発行等によって既存株主が受ける不利益は，持株比率の低下である。定款に記載された発行可能株式総数（37条1項・113条1項）を超える数の募集株式の発行等は，無効事由であると解されている（東京地判昭和31・6・13下民集7巻6号1550頁）。発行および処分された募集株式の数が発行可能株式総数を超える場合には，募集株式の発行だけではなく，これと併せて行われた募集株式の処分にも，無効事由が認められると考えられる。したがって，株主の持株比率は，その株主が保有する株式数を定款に記載された発行可能株式総数（公開会社については，37条3項・113条3項参照）で除した比率までは保護される。

有力な学説によれば，特定引受人が生じる場合（206条の2）には，特定引受人に関する通知または公告の欠缺と，株主総会の普通決議による承認が必要であるときのその決議の欠缺とは，それぞれ無効事由である。したがって，特定引受人が生じる場合には，株主の持株比率は，株主総会の普通決議，または，募集株式の発行等の無効を通じて保護される。

不公正発行等については，発行および処分された募集株式の数が発行可能株式総数を超える場合および特定引受人が生じる場合を除くと，株主は，判例に従えば，差止請求によって対応するしかない。公開会社の募集株式の発行等における公示方法を，実際に株主の差止請求権の行使の機会の保障を図ることができる方法に制限することは，立法論としての問題であろう。解釈論として，例えば，不公正発行等が無効事由であるとされれば，株主の救済は図られる。

(3) 自己の持株比率の上昇ではなく，既存株主の持株比率の低下を目的として，募集株式の発行等が行われた場合には，募集株式の引受人が不公正発行等につき悪意であるとは限らない。また，判例において，募集株式の発行等が影響を及ぼすとされる，株式会社と取引関係に立つ第三者の利益とは，誰のどのような利益であるかについても，検討が必要である。

参考文献

松中学「閉鎖的な公開会社における新株発行の瑕疵と救済手段」商事法務2041号39頁。

ステップアップ

本設問において，仮に，甲社の募集事項の公告が，払込期日の2週間前ではなく，12日前に行われたとすれば，その公告の法定期間の不足は，本件新株発行の無効事由となるか（前掲東京地判昭和58・7・12，大阪高判平成28・7・15判タ1431号132頁参照）。

次回の設問

分配可能額による規制に違反する剰余金の配当。

商法　3

名古屋大学教授
今井克典　IMAI Katsunori

設問

甲株式会社（以下「甲社」という）は，会計監査人設置会社ではない。甲社は，計算書類およびその附属明細書（以下「本件計算書類等」という）を巧妙に粉飾して作成し，定時株主総会の普通決議によって剰余金の配当に関する事項を決定した。その普通決議の日の翌日に，剰余金の配当はその効力を生じ，1株につき金銭500円を割り当て，総額2000万円の剰余金の配当（以下「本件配当」という）が行われた。普通決議があった日とその翌日とにおける分配可能額は，いずれも1200万円であったが，粉飾決算によって3000万円であることになっていた。

甲社の代表取締役Aは，本件計算書類等を作成し，株主総会に取締役会の決議に基づいて本件配当の議案を提案した。甲社の取締役Bは，計算書類の作成に関する職務の担当ではなかったが，本件配当の議案を株主総会に提案する取締役会の決議に賛成し，本件配当による金銭の交付に関する職務を行った。本件計算書類等の粉飾には，Aのみが関与しており，また，監査報告は，本件計算書類等が甲社の財産および損益の状況を適正に表示している旨の意見を内容に含んでいた。

甲社の株主Cは，本件配当により金銭400万円の交付を受けた。Dは，甲社に対して，弁済期が1か月後である300万円の金銭債権を有する。

BおよびCは，本件配当に関して，どのような会社法上の義務または責任を負うか。また，Dは，本件配当に関して，どのような会社法上の請求をすることができるか。

POINT

剰余金の配当に関する義務または責任。

解説

①設問のねらいと前提

会社法には，いわゆる財源規制に違反する剰余金の配当に関する義務または責任を定める規定がある。本問が扱うのは，会社法上の義務または責任であり，剰余金の配当の効力を問題とする必要はない。また，本件計算書類等の粉飾と本件配当とについては，取締役の任務懈怠責任も問題となるが，本問が扱うのは，本件配当である。

②財源規制に違反する剰余金の配当

(1)　剰余金の配当により株主に交付する金銭等の帳簿価額の総額は，剰余金の配当がその効力を生じる日における分配可能額を超えてはならない（461条1項8号）。この規制は，分配可能額を基準とする規制（以下「財源規制」という）である。剰余金の配当による株式会社の財産の株主への払戻しが規制されるのは，株主有限責任（104条）の下で債権者の保護を図るためである。

財源規制に違反して株式会社が剰余金の配当をした場合には，剰余金の配当を受けた者および以下の者は，株式会社に対し，連帯して，その金銭等の支払を受けた者が交付を受けた金銭等の帳簿価額に相当する金銭を支払う義務を負う（462条1項柱書・同項6号）。第1に，剰余金の配当に関する職務を行った業務執行者である。第2に，剰余金の配当に関する事項の決定に係る株主総会の決議（454条1項）または取締役会の決議（459条1項4号参照）があり，その決議によって定められた配当財産の帳簿価額がその決議の日における分配可能額を超える場合には，総会議案提案取締役または取締役会議案提案取締役である。

この支払義務は，株式会社の財産を確保し，債権者の保護を図ることを目的とする。債権者の保護は，金銭等の交付を受けた者による支払義務の履行により図られ，その支払義務が履行されない場合に備えて，業務執行者および総会議案提案取締役または取締役会議案提案取締役は，支払義務を負うと考えられる（463条1項参照）。

(2)　甲社が本件配当により株主に交付した金銭の総額は，2000万円であり，本件配当が効力を生じた日における分配可能額1200万円を超える。したがって，甲社の各株主は，自己が交付を受けた金銭の額に相当する金銭を支払う義務を負い，また，本件配当に関する職務を行った業務執行者は，株主が交付を受けた金銭の額に相当する金銭2000万円を支払う義務を負う。本件配当の決定に係る株主総会の決議があり，その決議によって定められた配当財産である金銭の総額2000万円が決議の日における分配可能額1200万円を超えるので，総会議案提案取締役は，株主が交付を受けた金銭の額に相当する金銭2000万円を支払う義務を負う。

③取締役その1

(1)　支払義務を負う業務執行者は，剰余金の配当「に関する職務を行った業務執行者」である（462条1項柱書）。「業務執行者」は，「業務執行取締役」（2条15号イ）と「業務執行取締役の行う業務の執行に職務上関与した者として法務省令〔会社計算159条8号〕で定める者」とである。文言上は，剰余金の配当「に関する職務を行った業務執行者」は，剰余金の配当「に関する職務を行った」「業務執行取締役」と剰余金の配当「に関する職務を行った」「……法務省令で定めるもの」とである。しかし，後者については，一般には，剰余金の配当「に関する職務を行った」かは考慮されずに，「法務省令で定めるもの」は，剰余金の配当「に関する職務を行った業務執行者」であるとされるようである。

「業務執行者」には，剰余金の配当による金銭等の交付に関する職務を行った取締役が含まれる（会社計算159条8号イ）。

取締役Bは，本件配当による金銭の交付に関する職務を行った取締役であるから，剰余金の配当に関する職務を行った業務執行者である。

(2)　剰余金の配当における取締役会設置会社の総会議案

提案取締役は，株主総会に剰余金の配当の議案を提案した取締役と，その提案が取締役会の決議に基づいて行われたときは，その取締役会においてその決議に賛成した取締役とである（462条1項6号イ・同項1号イ，会社計算160条1号・3号）。

取締役Bは，本件配当の議案を株主総会に提案する取締役会の決議に賛成した取締役であるから，総会議案提案取締役である。

(3) 業務執行者および総会議案提案取締役は，その職務を行うについて注意を怠らなかったことを証明したときは，支払義務を負わない（462条2項）。

取締役Bは，本件計算書類等の作成に関する職務の担当ではない。その上，本件計算書類等は，巧妙に粉飾され，また，監査報告は，本件計算書類等が適正に表示している旨の内容を含んでいる。そのため，Bは，本件計算書類等の適正について，疑念を抱かなくても，また，監査報告に基づいて判断しても，その職務を行うについて注意を怠ったとはいえなかろう。したがって，Bは，本件配当に関する職務についても注意を怠ったとはいえず，さらに，注意を怠らなかったとも考えられる。

④取締役その2

(1) 取締役は，その任務を怠ったときは，株式会社に対し，これによって生じた損害を賠償する責任を負う（423条1項）。取締役の法令違反行為には，任務懈怠が認められる。

本件配当は，財源規制（461条1項8号）に違反する。取締役Bは，財源規制に違反する剰余金の配当に関して支払義務を負う者（462条1項柱書）との関係では，本件配当に関する職務を行った業務執行者である（**3**(1)参照）。任務懈怠責任を負う取締役（423条1項）との関係でも，Bは，本件配当に関する職務を行った取締役であると解することも可能であろう。

本件配当と因果関係が認められる甲社の損害には，本件配当の額2000万円，本件配当に係る費用および株主の支払義務（462条1項）の履行の請求に係る費用が考えられる。ただし，甲社は，本件配当により金銭の交付を受けた者に対して支払を求めることができるので，本件配当の額は，その者が無資力等により支払義務を履行することができない額に限り，甲社の損害であるとも解されうる。なお，本問においては，その他の甲社の損害は，本件計算書類等の粉飾だけではなく，本件配当により生じた損害であるかが問題となる。

(2) 取締役は，任務を怠ったことがその責めに帰することができない事由によるものであることをもって責任を免れる（428条1項参照）。

取締役Bは，その職務を行うについて注意を怠らなかったといえる（**3**(3)参照）から，財源規制に違反する本件配当は，Bの責めに帰することができない事由によると考えられる。

⑤株主

(1) 剰余金の配当が財源規制に違反することを知らなかった株主は，株式会社に対し支払義務を負わないとする見解がある。善意の株主が，株式会社に対し支払義務を負うとすると，支払義務を履行した業務執行者および総会議案提案取締役または取締役会議案提案取締役からの求償の請求に応じる義務を負わないこと（463条1項）が無意味になるからである。

これに対して，善意の株主も，株式会社に対し支払義務を負うとするのが，多数説である。善意の株主を債権者より保護すべき理由は，見当たらないからである。また，善意の株主は，株式会社に対し支払義務を負わないとすると，求償の請求に応じる義務を負わない旨を定める規定（463条1項）は，不要であるからである。

(2) 株主Cは，本件配当により金銭400万円の交付を受けた。多数説によれば，Cは，本件配当が財源規制に違反することにつき善意であるか悪意であるかに関わらず，甲社に対し，400万円を支払う義務を負う。

⑥債権者

(1) 財源規制に違反して株式会社が剰余金の配当をした場合には，株式会社の債権者は，支払義務（462条1項）を負う株主に対し，その交付を受けた金銭等の帳簿価額とその債権者の株式会社に対して有する債権額とのいずれか低い額に相当する金銭を支払わせることができる（463条2項）。

債権の期限が到来していない場合にも，債権者は，株主に支払を請求することができる。通説によれば，債権者が株主に対し支払を請求しうる額は，債権額に限定されるから，株主が金銭を支払う相手方は，株式会社ではなく債権者である。

(2) そこで，債権者の株主に対する支払請求権は，債権者代位権（民423条1項・423条の2・423条の3前段）の特則（民423条2項本文参照）であると解されている。債権者代位権は，「自己の債権を保全するため必要があるとき」（同条1項）を要件とする。債権者の株主に対する支払請求権を定める規定は，これを要件として明示しないから，株式会社の無資力は，要件ではないとする見解がある。これに対して，株式会社の無資力を要件としなければ，債権者の権利が強すぎるとする見解がある。

株式会社が無資力でないにも関わらず，債権の期限の到来前に，債権者の株主に対する支払請求が認められる必要はないと考えられる。

(3) 株主Cは，本件配当により金銭400万円の交付を受けたが，債権者Dが甲社に対して有する債権額は，300万円である。Dは，Cに対し，自己に金銭300万円を支払うことを請求することができる。ただし，甲社の無資力を要件とする見解によれば，DのCに対する支払請求が認められるかは，甲社の資力による。

参考文献

弥永真生『会社法の実践トピックス24』204頁。

ステップアップ

甲社は，Cの支払義務を免除することができるか（462条3項参照）。Cは，Dからの支払請求に対して，甲社に対する抗弁をもって，対抗することができるか（民423条の4参照）。

次回の設問

債務超過の株式会社における株主の入替え。

商法　4

名古屋大学教授
今井克典　IMAI Katsunori

設問

甲株式会社（以下「甲社」という）は，公開会社であり，種類株式発行会社ではない。また，甲社は，株券発行会社でも，振替株式の発行者でもない。甲社は，簿価によっても，清算価値の時価によっても，債務超過である。甲社の株主は，20人であり，それぞれ，甲社の株式50株を有している。

甲社の関係者は，甲社の継続企業価値が正であると考えている。Aは，甲社の募集株式を引き受けることによって，甲社に出資することにした。Aは，甲社の株主ではない。Aは，出資にあたり，既存株主を甲社から退出させ，出資により自己のみが甲社の株主となるよう，甲社に対して要請した。甲社は，全部取得条項付種類株式を用いて，発行済株式の全部を取得し，Aを引受人として，取得した株式を処分すること（以下「本件出資」という）にした。

本件出資の会社法上の手続および問題について，説明しなさい。

POINT

❶全部取得条項付種類株式の設定および取得の手続。
❷募集株式の処分の手続。

解説

①設問の前提

負債が資産を超過する状況にある株式会社が，単に金銭の貸付けを受けることは，通常は困難であろう。株式会社が事業を継続することにより得る利益を期待する者は，募集株式の発行または処分を受けて，出資により資金を提供する可能性がある。その者の出資を促すためには，既存株主の株式会社からの退出が望ましい。なぜならば，出資または出資および利益により債務超過が解消され，さらに利益が得られた場合に，既存株主が残存すると，その利益は，既存株主と新たな株主との間で持株数に応じて按分されるからである。

②手続の概要

⑴　全部取得条項付種類株式は，株式会社が株主総会の決議によってその全部を取得することを内容とする株式である（108条1項7号）。全部取得条項付種類株式は，種類株式であり，全部取得条項付種類株式を取得することができるのは，種類株式発行会社（2条13号）である（171条1項柱書）。したがって，株式会社は，全部取得条項付種類株式を用いて既存株主を退出させるには，①その株式会社が種類株式発行会社でなければ，既存の株式とは異なる種類の株式を発行することにして，種類株式会社となる手続，②既存の株式を全部取得条項付種類株式にする手続，および③全部取得条項付種類株式を取得する手続をすることが必要である。

本件出資においては，①甲社は，既存の株式とは異なる種類の株式の内容に関する事項，および発行可能種類株式総数の定款の定めを設ける定款変更（108条2項2号）を，株主総会の特別決議によって行う（466条・309条2項11号）。②甲社は，既存の株式を全部取得条項付種類株式にする旨，発行可能種類株式総数，および取得対価の価額の決定の方法の定款の定めを設ける定款変更（108条2項7号イ）を，株主総会の特別決議（466条・309条2項11号）および既存の株式の種類株主総会の特別決議（111条2項1号・324条2項1号）によって行う。③甲社は，全部取得条項付種類株式の全部を取得するため，取得対価，取得対価の割当てに関する事項，および取得日を，株主総会の特別決議によって定める（171条1項・309条2項3号）。

⑵　株式会社は，④募集株式として自己株式を処分する手続をして，新たに株主となろうとする者から出資を受けることができる。株式会社が募集株式として自己株式を処分する場合には，資本金の額は，増加しない（445条1項，会社計算14条1項。199条1項5号参照）。

本件出資においては，甲社は，募集株式をAに割り当て（204条），または，Aと総数引受契約を締結し（205条），募集株式として自己株式を処分する。④甲社は，募集株式の種類と数，払込金額，金銭の払込みの期日または期間を，払込金額が特に有利な金額であれば株主総会の特別決議によって，そうでなければ取締役会の決議によって定める（199条・309条2項5号・201条）。募集株式の種類は，全部取得条項付種類株式である。

⑤甲社は，④の前に，①の種類株式の定款の定めを廃止し，②の全部取得条項付種類株式を種類株式でない株式とする定款の定めを設ける定款変更を，株主総会の特別決議（466条・309条2項11号）によって行うことができる。このような定款変更が行われる場合には，④の募集株式の種類はない。

⑶　甲社は，①～⑤の株主総会の特別決議を同一の株主総会において行うことができ，また，その株主総会において，②の種類株主総会の特別決議を併せて行うことができると解されている。

③種類株式の定款の定め（①②）

⑴　①の種類株式は，本件出資では発行されることはないから，名目的な種類株式で足りる。①の種類株式の例としては，残余財産の分配を普通株式に先立ち1株当たり金銭1円を分配する株式があげられる。

⑵　①と②の各発行可能種類株式総数の和は，発行可能株式総数（37条・113条参照）を下回っても上回ってもよいと解されている。②の発行可能種類株式総数は，発行済株式の総数以上でなければならないと考えられる（114条1項参照）。また，②の取得対価の価額の決定の方法に従って，③の取得対価が定められる（**7**参照）。

④取得対価（③）

⑴　株式会社が全部取得条項付種類株式の取得により株主に対して交付する金銭等の総額は，分配可能額を超え

てはならない（461条1項4号）。ここでの金銭等からは，その株式会社の株式は除かれる（151条1項柱書・461条1項柱書。ステップアップ参照）。

甲社は，簿価で債務超過であるから，その分配可能額は，負である。したがって，本件出資においては，甲社は，③の取得対価がないことを定めなければならない。

(2) 株主は，裁判所に対し，全部取得条項付種類株式の取得の価格の決定を申し立てることができる（172条1項）。取得の価格は，取得日の公正な価格をもって決定され，公正な価格は，株式の客観的価値に加えて，株価の上昇に対する期待を評価した価額を考慮した価格であると解されている（東京高決平成20・9・12金判1301号28頁参照）。

既存の株式の全部の取得および募集株式の発行または処分がなければ，株式会社は，支払不能または債務超過（破16条1項等）であり，倒産手続に入ることが確実である場合には，取得の価格は，0円であると解されている（大阪地決平成27・12・24 LEX/DB25542068参照。また，福岡高判平成26・6・27金判1462号18頁参照）。破産手続開始の原因である債務超過は，少なくとも事業活動を継続する株式会社については，その清算価値ではなく継続企業価値に基づいて判断されるというのが，有力な見解である。

株式会社は，倒産手続に入ることが確実ではない場合については，見解が分かれている。株式会社の清算価値が負であることを理由として，取得の価格は，0円であるとする見解がある。一方，取得の価格は，既存の株式の全部の取得がなければ，その株式が有していた価値に，募集株式の発行または処分による企業価値の増加分のうち既存の株式に分配される価値を加えた価格であるとした上で，清算価値が負である株式会社の株式に分配される価値はないとする見解がある。

(3) 本設問においては，本件出資がなければ，甲社は，支払不能であり，倒産手続に入ることが確実であるか否かによって，取得の価格は，分かれる。なお，一般に取得の価格が0円であることは認められないのであれば，③の株主総会の特別決議の成立は，困難であろう。

裁判所が決定した取得の価格が0円ではないと，甲社は，その分配可能額が負であるにもかかわらず，取得の価格の決定を申し立てた者に金銭を支払わなければならない。この金銭の支払は，分配可能額による規制の対象であるか否かについては争いがある。

⑤取得日と払込みの期日（③ ④）

(1) 株式会社は，取得日の20日前までに，全部取得条項付種類株式の株主に対し，通知しなければならない（172条2項）。この通知は，公告で代えることができる（172条3項）。通知または公告は，株主が取得の価格の決定の申立てをする機会を確保するためである。

通知または公告は，全部取得条項付種類株式の株主の存在を前提とするのであれ，甲社は，②の既存の株式を全部取得条項付種類株式にする定款変更の効力発生日以後に通知または公告をしなければならない。また，甲社は，③の全部取得条項付種類株式の取得日の20日前までの日に，②の定款変更の効力発生日を定めなければならない。

(2) 株式会社が全部取得条項付種類株式の取得によって発行済株式の全部を取得し，株主が存在しない状態を認める見解と，これに否定的な見解とがある。

甲社は，取得する甲社の株式を処分するので，後者の見解によれば，③の全部取得条項付種類株式の取得日と④の募集株式の払込みの期日とを同一日にしなければならない。前者の見解によれば，④の募集株式の払込みの期日または期間の初日を，③の全部取得条項付種類株式の取得日より後の日にすることができる。

⑥払込金額（④）

(1) 公開会社が株主割当てによらずに募集株式を処分するには，払込金額が引き受ける者に特に有利な金額（199条3項）である場合には，株主総会の特別決議が必要である。株主総会の特別決議が必要であるのは，既存株主の財産的利益を保護するためである。

(2) 甲社が募集株式を処分する際には，既存株主は存在しないから，仮に払込金額が甲社の継続企業価値に基づく価額よりも低額であっても，その払込金額は，特に有利な金額であるとはいえないと考えられる。④の募集株式の処分は，取締役会の決議による。

⑦決定の方法と取得対価（② ③）

(1) 全部取得条項付種類株式の取得対価の価額の決定の方法の定款の定め（108条2項7号イ）は，株式会社が取得の株主総会の決議時の財務状況を踏まえて定める旨でも足りるとされる。

株式会社は，決定の方法として，具体的な取得対価の額または算定方法を定款に定めることも可能であるとする見解がある。このような見解は，取得対価（171条1項1号）がこの定款の定めに拘束されるとする。しかし，株主の申立てにより裁判所が決定する取得の価格は，前述（**4**）の内容の公正な価格であれば，具体的な取得対価の額等の定款の定めは，実際には効力がない結果となる（大阪高決平成21・9・1金判1326号20頁参照）。一方，公正な価格が定款の定めと別に定められるのであれば，決定の方法それ自体を定款に定める意義に疑問が生じる。

(2) 決定の方法の定款の定めは，全部取得条項付種類株式の内容である。定款に定める決定の方法に反対の株主には，株式買取請求権による救済が用意されている（116条1項2号）。したがって，取得の価格は，定款の定めに基づいて定められるのが妥当ではなかろうか。

参考文献

笠原武朗「全部取得条項付種類株式の意義と利用」浜田道代＝岩原紳作編『会社法の争点』42頁。

ステップアップ

甲社が全部取得条項付種類株式1株につき，③の取得対価として他の種類株式60分の1株を割り当てる場合に，Aの要請は満たされるか（461条1項柱書・234条1項2号・3項参照）。

次回の設問

取締役の利益相反取引。

商法 5

名古屋大学教授
今井克典 IMAI Katsunori

設問

甲株式会社（以下「甲社」という）および乙株式会社（以下「乙社」という）は，取締役会設置会社である。Aは，甲社の代表取締役かつ乙社の取締役である。Bは，乙社の代表取締役かつ甲社の取締役である。以下のような各行為（以下「本件各行為」という）により，甲社は，丙から手形貸付を受けた。甲社代表取締役Aは，乙社を受取人とする手形金額1000万円の約束手形（以下「本件手形」という）を振り出してBに交付し，乙社代表取締役Bは，丙を被裏書人として本件手形を裏書譲渡し，丙は，甲社に金銭980万円を交付した。乙社は，甲社から無償の保証の委託を受けて本件手形を受け取り，甲社の手形債務を保証するために本件手形に裏書をした。本件各行為は，甲社および乙社において，取締役会の決定を必要とする重要な業務執行（362条4項）には該当しない。

問1　AまたはBは，本件各行為をするには，どのような会社法上の手続を採らなければならないか。

問2　問1の会社法上の手続が採られなかった場合に，丙による甲社への本件手形の手形金の請求は，認められるか。

POINT

❶取締役会の承認を要する利益相反取引。❷承認を受ける取締役。❸承認のない利益相反取引の効力。

解説

①設問の前提

会社法が定める取締役の利益相反取引の規制（356条・365条）は，忠実義務（355条）に違反する取引を予防するための規制である。規制される利益相反取引は，取締役が自己または第三者のためにする株式会社との取引（以下「直接取引」という）と，株式会社が取締役の債務を保証することその他取締役以外の者との間においてする株式会社とその取締役との利益が相反する取引（以下「間接取引」という）とである（356条1項2号・3号）。

取締役会設置会社の取締役は，規制される利益相反取引をしようとする場合には，取締役会において，取引につき重要な事実を開示し，その承認を受けなければならない（365条1項）。

②甲社の振出（問1）

⑴　判例（最大判昭和46・10・13民集25巻7号900頁）によれば，利益相反取引の規制は，約束手形の振出に適用され，また，その規制の適用は，手形上の記載によるのではなく，現実に行為をした当事者を基準として判断される。前者の理由については，約束手形の振出は，決済手段だけではなく信用授受の手段としても行われること，約束手形の振出人は，原因債務とは別個の新たな債務を負担すること，その債務は，原因債務よりも厳格な支払義務であることが指摘される。

一般的および抽象的な観点から，株式会社に不利益であるとはいえない取引は，規制される利益相反取引には当たらないと解されている。例えば，取締役による株式会社への無利息かつ無担保の金銭貸付（最判昭和38・12・6民集17巻12号1664頁）や，株式会社が取締役から手形金額と同額の金銭の交付を受けて行ったその取締役への約束手形の裏書（最判昭和39・1・28民集18巻1号180頁）である。

⑵　本件手形の振出の当事者は，振出人甲社と受取人乙社とである。第1に，乙社取締役Aが，甲社代表取締役として本件手形を振り出す行為は，文言上は，乙社において直接取引である。しかし，約束手形の振出を受ける行為は，受取人に不利益ではない。したがって，Aの本件手形の振出は，乙社において規制される直接取引ではない。

第2に，甲社取締役Bが，乙社代表取締役として本件手形の振出を受ける行為は，文言上は，甲社において直接取引である。しかし，甲社の振出は，乙社が甲社の手形債務を保証するための裏書，すなわち，いわゆる隠れた保証裏書をする目的で行われるので，甲社の不利益ではない（大阪高判昭和38・6・27高民集16巻4号280頁）。したがって，Bの本件手形の振出を受ける行為は，甲社において規制される直接取引ではない。

利益相反取引の規制の適用にあたって，株式会社の不利益の判断には，取引の目的が考慮されるが，さらに，取引の目的は，手形行為の当事者の判断にも考慮されよう。甲社は，丙から手形貸付を受けるため，丙に対して手形債務を負担する目的で本件手形を振り出す。利益相反取引の規制の適用の判断にあたっては，振出の当事者は，甲社と丙とであるとも考えられる。

⑶　本件手形の振出の甲社と乙社との間の原因関係は，甲社の手形債務についての保証の委託契約である。保証の委託契約が，文言上は，甲社と乙社とのそれぞれにおいて直接取引であるのは，本件手形の振出と同様である。保証の委託契約は，無償であるから，甲社にとって不利益であるとはいえない。一方，保証の委託契約は，仮に有償であっても，乙社にとって不利益である可能性がある。したがって，甲社代表取締役Aの保証の委託契約は，乙社において規制される直接取引である。

直接取引において，取締役会の承認を受けなければならない取締役は，株式会社と取引をしようとする取締役（356条1項2号・365条1項），すなわち，株式会社の取引の相手方である取締役であり，株式会社と利益が相反する取締役である。本設問においては，Aは，乙社の取締役会の承認を受けなければならない。

利益相反取引の規制の適用の判断にあたっては，甲社の振出の当事者は，甲社と丙とであるとすれば，その原因関係は，甲社と丙との間の手形貸付契約である。

③乙社の裏書（問1）

⑴　利益相反取引の規制は，約束手形の振出に適用される理由（**2**⑴参照）に基づくと，その他の裏書等の手形行為にも適用されると解される。ただし，判例が振出につき厳格な支払義務の理由の１つとして指摘する不渡処分の危険は，裏書には妥当しない。

Ｐ株式会社（以下「Ｐ社」という）の代表取締役ＣがＱ株式会社（以下「Ｑ社」という）の代表取締役である場合に，Ｃが，Ｐ社の債務につき，Ｑ社を代表してする保証は，Ｐ社の利益にして，Ｑ社に不利益を及ぼす行為であって，ＣとＱ社との利益が相反する間接取引に当たる（最判昭和45・4・23民集24巻4号364頁）。ＣがＱ社の取締役または代表取締役である場合に，Ｃ以外の取締役がＱ社を代表してする保証も，間接取引であると解するのが多数説であろう。この場合には，間接取引に当たるＱ社の保証は，ＣがＰ社を代表して負担した債務についての保証であるとする有力説もある。

本件手形の裏書は，乙社が甲社の手形債務を保証するためにする丙への裏書であり，また，その裏書の原因関係は，乙社と丙との間における甲社の手形債務についての保証契約である。甲社代表取締役Ａは，乙社取締役であるから，多数説によれば，乙社の裏書および保証契約は，乙社を代表した者がＢであっても，それぞれ乙社における間接取引である。乙社取締役Ａは，甲社を代表して本件手形の振出により手形債務を負担し，また，丙との間の手形貸付契約を締結したから，有力説によっても，乙社の裏書および保証契約は，それぞれ乙社における間接取引である。

⑵　間接取引において，取締役会の承認を受けなければならない取締役は，株式会社を代表して取引をしようとする取締役であるとする見解と，株式会社と利益が相反する取締役であるとする見解とがある。後者の取締役は，必ずしも間接取引を行うわけではないから，間接取引につき重要な事実を開示する取締役としては適切ではなかろう。

乙社の取締役会の承認を受けなければならない取締役は，前者の見解によれば，乙社を代表するＢ，後者の見解によれば，乙社と利益が相反するＡである。

④利益相反取引の効力（問2）

⑴　取締役会の承認のない利益相反取引については，多数説によれば，無効（356条2項）である。株式会社は，直接取引の相手方に対しては，無効を主張することができる。しかし，株式会社は，直接取引の第三者または間接取引の相手方に対しては，取引が利益相反取引であること，および取引につき取締役会の承認がなかったことについて，その者の悪意を主張立証するのでなければ，取引の無効を主張することができない。株式会社は，重過失を主張立証しても，取引の無効を主張することができるとする学説もある。

直接取引である約束手形の振出に関する判例（前掲最大判昭和46・10・13）は，手形取引の性質を理由とするが，結論につき多数説と同様である。間接取引に関する判例（最大判昭和43・12・25民集22巻13号3511頁）は，相手方の悪意の対象について，前者を示していないことを除いて，多数説と同様である。

⑵　利益相反取引の規制は，株式会社の利益を保護することを目的とするから，利益相反取引の無効を主張することができる者は，株式会社であり，相手方は，無効を主張することができないと解されている（直接取引について，最判昭和48・12・11民集27巻11号1529頁）。

第三者による無効の主張については，代表取締役が取締役会の決議を経ないでした重要な業務執行（362条4項）に該当する取引の無効の主張であるが，次のような判例（最判平成21・4・17民集63巻4号535頁）がある。取引の無効は，原則として株式会社のみが主張することができ，それ以外の者は，株式会社の取締役会が無効を主張する旨の決議をしているなどの特段の事情がない限り，無効を主張することはできない。利益相反取引の第三者による無効の主張についても，同様に考えることができよう。

⑶　本件手形の裏書は，乙社の取締役会の承認がない場合には，無効である。仮に，乙社の裏書が間接取引であること，およびその裏書につき乙社の取締役会の承認がなかったことについて，丙が悪意であれば，乙社は，丙の悪意を主張立証して，丙に対して裏書の無効を主張しうる。しかし，さらに，仮に，乙社の取締役会が裏書の無効を主張する旨の決議をしていても，甲社による本件手形の裏書の無効の主張が認められるのは，妥当ではない。甲社は，手形貸付を受けるために，丙に手形債務を負担する目的で本件手形を振り出したからである。

⑷　甲社が裏書の無効を主張しえない場合には，甲社は，悪意の抗弁（手17条但書）として，丙に本件手形の振出の原因関係の抗弁を主張しうるかが問題となる。

保証の委託契約は，乙社の取締役会の承認がない場合には，無効であり，乙社は，甲社に対して，無効を主張することができる。しかし，保証の委託契約の無効は，甲社と丙との間の手形貸付契約の効力または内容に影響を及ぼさなければ，甲社を害さない。したがって，手形貸付契約の特約によって，保証の委託契約の無効が甲社を害するような場合を除いて，甲社は，丙に対して悪意の抗弁を主張することはできないと解される。なお，乙社が裏書の無効を主張しえないのは，乙社が丙の悪意を立証することができない場合であり，その場合には，甲社も悪意の抗弁における丙の悪意を立証することは難しいであろう。

参考文献

川村正幸「商法265条に関する相対的無効説と手形法理」堀口亘先生退官記念『現代会社法・証券取引法の展開』79頁。

ステップアップ

本設問において，どの取締役が，取締役会への報告義務を負う（365条2項）か，乙社に損害が生じた場合に，任務懈怠を推定される（423条3項）か。丙が甲社の取締役である場合の問1および問2。

次回の設問

公開会社でない株式会社の募集株式の発行等。

商法　6

名古屋大学教授
今井克典　IMAI Katsunori

設問

甲株式会社（以下「甲社」という）は，取締役会設置会社であり，公開会社ではない。Aは，甲社の取締役かつ株主である。甲社の取締役会は，投資資金等を調達するとともに，Aに多数の株式を保有させて経営への意識を高めることを目的として，Aを引受人とする募集株式の発行（以下「本件新株発行」という）を行うことを，株主総会に提出する議案の内容である各募集事項とともに決議した。その決議をした取締役会において，Aは，募集株式の総数の引受けを行う契約を締結することについて，取締役会の承認を受けた。また，甲社は，取締役会の決議によって，Aが募集株式の総数の引受けを行う契約の承認を受けた。

α年6月10日に，甲社の取締役は，株主総会において，Aが募集株式の総数の引受けを行う旨を説明した上で，甲社は，株主総会の特別決議（以下「本件総会決議」という）によって，募集事項を決定した。決定された払込金額は，募集株式を引き受ける者に特に有利な金額である。甲社の取締役は，株主総会において，その払込金額でその者の募集をすることを必要とする理由を説明しなかった。

決定された払込期日であるα年7月1日に，Aは，それぞれの募集株式の払込金額の全額を払い込んだ。現在は，α年7月10日である。甲社の株主であるBは，本件新株発行の無効を主張することができるか。

POINT

❶公開会社でない株式会社における株主総会の特別決議を欠く募集株式の発行の効力。❷株主総会の決議の取消し。❸訴えの提起における❶と❷との関係。

解説

①設問のねらいと前提

(1)　公開会社でない株式会社（以下「非公開会社」という）は，募集株式の発行等を行うには，株主総会の特別決議によって，募集事項を決定しなければならない（199条1項・2項・309条2項5号）。会社法には，非公開会社における募集株式の発行等の無効事由を直接に定める規定はない。

甲社は，非公開会社であり，また，本件総会決議には，瑕疵がありそうである。そこで，株主総会の特別決議を欠く募集株式の発行等の効力について，これに言及する判例を手掛かりとして検討する。

(2)　新株発行の無効は，訴えをもってのみ主張することができ，訴えは，非公開会社においては，新株発行の効力が生じた日から1年以内に提起されなければならない（828条1項2号）。一方，株主総会の決議に取消事由に該当する瑕疵が存在する場合には，株主総会の決議の取消しは，訴えをもってのみ請求することができ，訴えは，株主総会の決議の日から3箇月以内に提起されなければならない（831条1項）。株主は，いずれの訴えについても，提起することができる（828条2項2号・1号・831条1項）。

本件新株発行の効力が生じた日は，払込期日であるα年7月1日であり（209条1項1号），本件総会決議の日は，α年6月10日である。現在は，α年7月10日であるから，新株発行の無効の訴えの提訴期間内であり，株主総会の決議の取消しの訴えの提訴期間内である。また，Bは，甲社の株主である。非公開会社において，株主総会の決議の欠缺が募集株式の発行等の無効事由であれば，株主Bが本件新株発行の無効を主張するにあたって，その主張と本件総会決議の取消しの主張との関係について，検討する必要があろう。

(3)　甲社は，取締役会設置会社である。第1に，取締役Aが締結する甲社の募集株式の総数の引受けを行う契約は，取締役が自己のためにする株式会社との取引であるから，Aは，甲社の取締役会の承認を受けた（356条1項2号・365条1項）。

なお，募集事項が株主総会の特別決議によって決定される場合には，取締役会の承認は，不要であるとすることも考えられる。しかし，募集株式を引き受ける者は，株主総会の決議により決定されなければならない募集事項ではない。そのため，取締役会の承認が不要であるのは，株主総会において，募集株式を引き受ける者を含む，その契約につき重要な事実が開示（356条1項柱書）された上で，募集事項が株主総会の特別決議によって決定される場合であると解するのが妥当である。開示されなければならない重要な事実は，通常は，株式会社と契約を締結する相手方および募集事項で足りるであろう。また，株主総会にとって必要なことは，重要な事実が開示されることであるから，重要な事実を開示した者が利益相反取引の相手方である取締役以外の取締役であっても違法ではないと解される。

第2に，本件新株発行における募集株式は，譲渡制限株式である。そのため，本問においては，甲社は，取締役会の決議によって，Aがその総数の引受けを行う契約の承認を受けた（205条2項）。

②本件総会決議の取消事由

(1)　払込金額が，募集株式を引き受ける者に特に有利な金額である場合には，取締役は，募集事項を決定する株主総会において，その払込金額でその者の募集をすることを必要とする理由を説明しなければならない（199条3項）。取締役は，株主から説明を求められ（314条参照）なくても，自発的に説明しなければならない。取締役がこの説明をしないことは，決議方法の法令違反であり，株主総会の決議の取消事由（831条1項1号）に当たる。

本件新株発行における払込金額は，特に有利な金額であるが，本件総会決議があった株主総会において，甲社の取締役は，理由を説明しなかった。本件総会決議には，取消事由がある。議決権行使の判断のために必要とされている説明がないのは，違反する事実が重大でないとも，決議に影響を及ぼさないとも認められない。したがって，裁判所は，本総会決議の取消しの請求を棄却すること（831条2項）はできない。

(2) 株主総会の決議について特別の利害関係を有する者が，議決権を行使したことによって，著しく不当な決議がされたことは，株主総会の決議の取消事由である（831条1項3号）。

他の株主と異なる利害関係は，特別の利害関係である。株主Aは，本件総会決議があると，本件新株発行における募集株式を引き受けることができるから，本件総会決議について特別の利害関係を有する。また，特に有利な金額である払込金額で募集することを必要とする理由に客観的合理性がない場合には，その払込金額を含む募集事項を決定した株主総会の決議は，著しく不当な決議であると解される。取締役Aの経営への意識を高める目的という理由に客観的合理性がない場合には，本件総会決議は，著しく不当な決議である。さらに，特別の利害関係を有する者が，議決権を行使したことによってされた特別決議は，株主総会に出席した株主から特別の利害関係を有する者を除いた株主の議決権の3分の2以上に当たる多数の賛成がない決議である。本件総会決議については，出席した株主からAを除いた株主の議決権から判断される。

(3) 本件総会決議には，取消事由として，少なくとも，取締役が理由の説明をしなかったという決議方法の法令違反がある。

③本件新株発行の無効事由

(1) 判例（最判平成24・4・24民集66巻6号2908頁）は，行使条件に反した新株予約権の行使による株式の発行の効力の判示において，次のように，非公開会社での募集株式の発行の無効事由に言及する。非公開会社において，株主総会の特別決議を経ないまま株主割当て以外の方法による募集株式の発行がされた場合には，この発行手続の瑕疵は，その募集株式の発行の無効事由である。多数説も，同様である。

判例によれば，非公開会社については，その性質上，①会社の支配権に関わる持株比率の維持に係る既存株主の利益を重視し，②その意思に反する株式の発行は，株式発行の無効の訴えにより救済する，というのが会社法の趣旨であるからである。公開会社との比較で非公開会社においては，①については，募集事項の決定は，取締役会の決議ではなく，委任した場合を除いて株主総会の特別決議によること（201条1項・199条2項），②については，株式発行の無効の訴えの提訴期間は，6箇月ではなく，1年であること（828条1項2号）が，判例により指摘されている。

このような理由によれば，株主総会の特別決議の不存在に限らず，取消しによる無効も，非公開会社における株式発行の無効事由であると解される。

(2) 本件総会決議の取消しによる無効は，本件新株発行の無効事由である。

④本件新株発行の無効の主張

(1) 株主総会の決議の取消しの訴えと会社の組織に関する行為の訴えである組織再編の無効の訴え（828条1項7号等）との関係については，いわゆる吸収説が多数説である。株主総会の決議の取消しの訴えと会社の組織に関する訴えである新株発行の無効の訴えとの関係については，吸収説に従うと，次のように考えられる。

新株発行の無効を主張しようとする者は，新株発行の効力が生じるまでは，株主総会の決議の取消しの訴えを提起し，その後に新株発行の効力が生じると，新株発行の無効の訴えに変更する（民訴143条1項）。一方，その者は，新株発行の効力が生じた日以後は，株主総会の決議の取消しの訴えを提起することはできず，新株発行の無効の訴えを提起する。いずれの訴えの提起も，株主総会の決議の取消しの訴えの提訴期間内にされなければならない。また，いずれの新株発行の無効の訴えにおいても，株主総会の決議の取消事由は，新株発行の無効事由として主張される。

(2) 本件新株発行の効力が生じた日は，α年7月1日であるから，α年7月10日現在において，本件新株発行の効力は，生じている。Bは，本件総会決議の日であるα年6月10日から3箇月以内に，本件新株発行の無効の訴えを提起しなければならない。Bは，本件総会決議の取消事由を新株発行の無効事由として主張することになる。本件総会決議には，少なくとも，決議方法の法令違反という取消事由があるから，本件新株発行の無効の訴えに係る請求は，認容される。したがって，Bは，その訴えをもって，本件新株発行の無効を主張することができる。

参考文献

笠原武朗「株主総会決議と募集株式の発行等の無効原因」岩原紳作ほか編『会社・金融・法(上)』471頁。

ステップアップ

本件株式発行の無効の訴えを認容する判決が確定した場合に，甲社は，どのような会社法上の措置をとらなければならないか（839条・840条1項・915条1項・911条3項9号。なお，911条3項5号，会社計算25条2項1号）。また，本設問において，α年9月11日以降には，Bは，本件新株発行に関して，どのような会社法上の請求をすることができるか（212条1項1号・847条）。

次回の設問

欠損が生じた場合の責任。

商法 7

名古屋大学教授
今井克典　IMAI Katsunori

設問

甲株式会社（以下「甲社」という）は，取締役会設置会社であり，種類株式発行会社ではない。甲社の１事業年度は，４月１日から翌年の３月31日までである。Ａは，甲社の株式80株を有し，Ｂは，甲社の株式60株を有する。甲社は，Ａとの合意により，金銭を交付して甲社の株式80株を取得することにした。Ｂは，甲社から次の請求（以下「議案変更請求」という）をすることができる旨等の通知を受けて，議案変更請求をした。甲社が取得価格等の事項についての通知を行う相手方である特定の株主に自己をも加えたものを，株主総会の議案とすることの請求である。

甲社は，会社法上の必要な手続を行い，ＡとＢとは，株式の譲渡しの申込みの期日であるα年９月10日に，甲社に対し，それぞれ80株の譲渡しの申込みと60株の譲渡しの申込みとをした。α年９月30日に，甲社は，ＡおよびＢに対して金銭700万円を交付し，甲社の株式140株の取得（以下「本件取得」という）をした。同日における甲社の分配可能額は，700万円以上であった。本件取得に関する職務を行ったのは，甲社の代表取締役Ｃである。（α＋1）年６月10日に，甲社のα年４月１日に開始する事業年度に係る計算書類は，定時株主総会の承認を受け，承認を受けた時における甲社の分配可能額は，－200万円であった。

Ｃは，本件取得に関して，どのような会社法上の義務または責任を負うか。

POINT

欠損が生じた場合における取締役の義務または責任。

解説

①設問の前提

⑴　本件取得は，甲社がした株主Ａおよび株主Ｂとの合意による甲社の株式の有償での取得である。本件取得は，取得価格等の事項についての通知（158条１項）を受けた株主Ａおよび株主Ｂが，その有する株式の譲渡しの申込みをしたこと（159条１項）による。甲社による自己株式の取得の相手方には，当初は，特定の株主Ａが予定され，議案変更請求をした株主Ｂが加えられた（160条２項・３項。会社則28条・29条参照）。したがって，甲社は，株主総会の特別決議によって，自己の株式（以下「自己株式」という）の取得に関する事項を決定するのに併せて，取得価格等の事項についての通知をＡおよびＢに行う旨を決定した（160条１項・156条１項。155条１項３号参照）。

甲社は，その株主総会の決議による決定に従い自己株式の取得を実行するために，取締役会設置会社であるから，取締役会の決議によって，取得価格等の事項を決定した（157条）。本件取得は，その取締役会の決議による決定（同条１項）に基づく自己株式の取得（以下「自己株式の取得」という）である。

⑵　会社法には，株式会社が自己株式の取得をした場合において，次のときは，自己株式の取得に関する職務を行った業務執行者は，株式会社に対し一定額の支払義務を負う旨が定められている（465条１項３号）。自己株式の取得の直後の計算書類の確定時における分配可能額が負の額であるときである。

自己株式の取得の直後の計算書類の確定時は，株式会社が自己株式の取得をした日の属する事業年度が最終事業年度ではないときは，その事業年度の直前の事業年度に係る計算書類の確定時であり，その他のときは，株式会社が自己株式の取得をした日の属する事業年度に係る計算書類の確定時である。以下では，本設問との関係から，後者のときを扱う。

計算書類の確定時は，会計監査人設置会社の特則（439条）により定時株主総会の承認を受けない場合には，取締役会の承認（436条３項）時であり，その他の場合には，定時株主総会の承認（438条２項）時である。以下では，本設問との関係から，後者の場合を扱う。

②欠損が生じた場合の責任

⑴　株式会社が自己株式の取得をした日の属する事業年度に係る計算書類につき定時株主総会の承認（438条２項）を受けた時における分配可能額（461条２項）が負の額である場合（以下「欠損が生じた場合」という）には，自己株式の取得に関する職務を行った業務執行者は，株式会社に対し，連帯して，次の額を支払う義務を負う（465条１項３号）。零から分配可能額を減じて得た額（欠損の額。309条２項９号ロ・449条１項２号，会社則68条２号，会社計算151条２号参照。465条１項柱書における「超過額」）と，自己株式の取得により株主に対して交付した金銭等の帳簿価額の総額とのいずれか低い額である。

分配可能額の判定時期は，事業年度の末日ではなく，株式会社が事業年度に係る計算書類につき株主総会の承認を受けた時である。支払義務を負う者は，自己株式の取得に関する職務を行った業務執行者（462条１項柱書・２条15号イ。会社計算159条３号）であり，支払義務を負う者には，金銭等の交付を受けた株主および取締役会議案提案取締役（462条１項柱書・同項２号ロ）は含まれない。

⑵　本件取得の日は，α年９月30日であり，その日の属する事業年度は，α年４月１日に開始する事業年度である。株式会社がその事業年度に係る計算書類につき

（α +1）年6月10日の株主総会の承認を受けた時における分配可能額は，－200万円であり，負の額である。欠損の額200万円は，本件取得により株主Aおよび株主Bに交付した金銭の総額700万円より低い額である。Cは，本件取得に関する職務を行った代表取締役（363条1項1号）であるから，自己株式の取得に関する職務を行った業務執行者である。したがって，Cは，甲社に対し，200万円を支払う義務を負う。

③責任の態様

⑴ 業務執行者は，その職務を行うについて注意を怠らなかったことを証明した場合には，支払義務を負わない（465条1項但書）。ここでの職務は，自己株式の取得後の業務執行で欠損を生じさせることになったものではなく，自己株式の取得である。業務執行者が注意を怠らなかったとは，自己株式の取得の時点で，株式会社が計算書類につき株主総会の承認を受ける時における分配可能額が負の額ではないと，業務執行者が予測し，その予測につき業務執行者に不注意がなかったことであると解される。

株式会社は，株式の譲渡しの申込みの期日（157条1項4号）において，株式の譲受けを承諾したものとみなされる（159条2項）。自己株式の取得の時点は，株式の譲渡しの申込みの期日以後である（128条1項，社債株式振替140条参照）。そのため，株式会社は，自己株式の取得の時点以前である株式の譲渡しの申込みの期日には，株式会社が決定した取得する株式の数（157条1項1号）の範囲内で，申込みのあった株式の数について自己株式の取得をする義務を負う。したがって，予測につき業務執行者に不注意がなかったか否かを判断する時点は，株式の譲渡しの申込みの期日であると解するのが妥当であろう。

⑵ 本件取得における株式の譲渡しの申込みの期日は，α年9月10日である。この時点で，甲社がα年4月1日に開始する事業年度に係る計算書類につき株主総会の承認を受ける時において分配可能額が負の額ではないと，Cが予測し，その予測につきCに不注意がなかった場合には，Cは，不注意がなかったことを証明すれば，支払義務を負わない。

④任務懈怠責任

⑴ 欠損が生じた場合に，自己株式の取得に関する職務を行った業務執行者は，支払義務（465条1項）とは別に，任務懈怠責任（423条1項）を負うか。業務執行者が，支払義務とは別に，任務懈怠責任を負う可能性を認める見解もある。

欠損が生じた場合に業務執行者が負う支払義務は，資本維持に基づく義務または資本維持を確保するための義務であるという説明がある。この説明によれば，支払義務は，債権者保護を目的とするとも考えられる。しかし，支払義務は，総株主の同意によって免除されうる（465条2項）から，債権者保護を目的とするとはいい難い。

そこで，欠損が生じた場合に業務執行者が負う支払義務は，次のような株式会社の財産状況から，株主を保護することを目的とし，その趣旨は，株式会社が自己株式の取得をした時の株主と，計算書類の確定時以降の株主との利害の調整であると解されている。株式会社が自己株式の取得をした事業年度の次の事業年度の分配可能額が負の額になる，という財産状況である。

業務執行者は，次の株式会社の損益状況の判断を不注意により誤ったことに基づいて，支払義務を負うと考えられる。株式会社が自己株式の取得をした事業年度の損益状況である。

⑵ 会社法には，自己株式の取得により株主に対して交付する金銭等の帳簿価額の総額が分配可能額を超える場合に，株式会社がその自己株式の取得をすることを禁止する規定（461条1項3号）がある。しかし，株式会社が自己株式の取得をした事業年度に係る計算書類につき株主総会の承認を受ける時における分配可能額が負の額になると予測される場合に，株式会社が自己株式の取得をすることを禁止する規定（461条1項3号参照）はない。したがって，この場合に，自己株式の取得に関する職務をした取締役は，法令違反行為による任務懈怠責任（423条1項）を負うわけではないと解される。

この場合に，取締役が任務懈怠責任を負うとすれば，任務懈怠に当たる行為は，自己株式の取得それ自体であると解される。したがって，任務懈怠による株式会社の損害は，自己株式の取得により株主に対して交付した金銭等の帳簿価額の総額であり，この総額が欠損の額を超えるとしても，前者の総額であると考えられうる。

しかし，取締役がこの総額の損害の賠償をする責任を負うことは，欠損が生じた場合の業務執行者の支払義務の趣旨に必ずしも合致するとはいえず，また，業務執行者が負う支払義務の額は，欠損の額に限定されることにも反する。したがって，欠損が生じた場合には，取締役は，支払義務とは別に，任務懈怠責任を負わないと解するのが妥当である。

⑶ 本設問においては，本件取得に関する職務を行った代表取締役Cは，本件取得に関しては，欠損が生じた場合の支払義務である200万円の支払義務とは別に，任務懈怠責任を負わない。

参考文献

郡谷大輔＝和久友子編『会社法の計算詳解〔第2版〕』371-374頁。

ステップアップ

α年9月30日における分配可能額が700万円未満である場合に，Cは，欠損が生じた場合の支払義務を負うか。

次回の設問

譲渡制限株式の譲渡。

商法　8

名古屋大学教授
今井克典　IMAI Katsunori

設問

甲株式会社（以下「甲社」という）は，取締役会設置会社であり，公開会社でない株式会社である。甲社の取締役は，A，BおよびCである。A，BおよびCは，甲社の株主である。

Cは，その有する甲社の株式（以下「本件株式」という）をAに譲り渡すことにした。α年1月31日に，Cは，甲社に対し，Aがその株式を取得することについて承認をするか否かの決定をすること，および，承認をしない旨の決定をする場合において，甲社または指定買取人がその株式を買い取ることを請求した。Bは，甲社が承認をする旨の決定をすることに反対である。

甲社は，定款で取締役会を招集する取締役を取締役社長であると定めている。甲社の取締役社長は，Aである。Aには，取締役会を招集する様子がなかった。α年2月1日に，Bは，Aに対し，譲渡による甲社の株式の取得について承認をするか否かを議題として示して，取締役会の招集を請求した。同月6日に，Aは，同月15日を取締役会の日とする取締役会の招集の通知を発した。

α年2月15日に，取締役会は，A，BおよびCならびに甲社の監査役が出席して開催された。取締役会においては，甲社がAによる本件株式の取得について承認をする旨の議案に，AおよびCは賛成し，Bは反対した。取締役会の議長であるAは，その議案が可決された旨を宣し，甲社がAによる本件株式の取得について承認をする旨の取締役会の決議（以下「本件決議」という）は，行われた。本件決議後の同日中に，甲社は，Cに対し，甲社がAによる本件株式の取得について承認をした旨を通知した。Cは，Aに本件株式を譲渡した。

甲社は，株主名簿を書面をもって作成している。Aは，甲社に対し，本件株式に係る株主名簿記載事項を株主名簿に記載することを請求することができるか。

POINT

❶譲渡等承認請求を受けた株式会社の手続。❷取締役会の運営。

解説

①株主名簿の名義書換請求権

⑴　譲渡制限株式の株主は，その有する譲渡制限株式を，これを発行した株式会社を除く他人に譲り渡そうとするときは，その株式会社に対し，その他人がその譲渡制限株式を取得することについて承認をするか否かの決定をすることを請求することができる（136条）。譲渡制限株式の譲渡は，その請求（以下「譲渡等承認請求」という。138条1号参照）を受けた株式会社の承認がなくても，譲渡の当事者間では有効であると解されている（最判昭和48・6・15民集27巻6号700頁）。

譲渡制限株式を，その譲渡制限株式を発行した株式会社以外の者から譲渡により取得した者は，その者がその譲渡制限株式を取得することについてその株式会社の承認を受けている場合には，その譲渡制限株式に係る株主名簿記載事項を株主名簿に記載または記録することを請求することができる（133条1項・134条1号・4号）。

⑵　甲社は，公開会社でない株式会社であるから，本件株式は，譲渡制限株式である。Cは，本件株式をAに譲り渡そうとし，甲社に対し，Aが本件株式を取得することについて承認をするか否かの決定をすることを請求した。したがって，Aが本件株式を取得することについて甲社の承認を受けていれば，Aは，本件株式に係る株主名簿記載事項を株主名簿に記載することを請求することができる。

②取締役会の決議方法

⑴　譲渡等承認請求を受けた株式会社が承認をするか否かの決定をするには，その株式会社が取締役会設置会社であれば，取締役会の決議によらなければならない（139条1項）。取締役会の決議は，定款に定めがなければ，議決に加わることができる取締役の過半数が出席し，その過半数をもって行う（369条1項）。決議について特別の利害関係を有する取締役は，議決に加わることができない（369条2項）。

代表取締役の解職の事案に関する判例（最判昭和44・3・28民集23巻3号645頁）においては，特別の利害関係は，取締役が，一切の私心を去って，株式会社に対して負担する忠実義務（355条）に従い公正に議決権を行使することが必ずしも期待し難く，かえって，自己個人の利益を図って行動することすらありうる関係であると示唆される。多数説によれば，特別の利害関係は，特定の取締役が，取締役会の決議について，株式会社に対する忠実義務を誠実に履行することが定型的に困難であると認められる個人的利害関係または会社外の利害関係である。

譲渡等承認請求に係る取締役会の決議については，多数説によれば，譲渡人である取締役も，譲受人である取締役も，特別の利害関係を有する。譲受人が株主となることまたはその持株数が増加することが株式会社にとって好ましくない場合には，株式会社と譲渡人および譲受人との間の利害は，衝突すると考えられる。

取締役会の決議の手続に瑕疵がある場合には，その決議は，無効であると解されている。特別の利害関係を有する取締役が議決に加わって行われた取締役会の決議は，その決議の方法に法令違反という瑕疵があるから，無効である（特別の利害関係を有する取締役が議決に加わり，かつ，議長として議事進行をした取締役会の決議について，東京高判平成8・2・8資料版商事法務151号143頁参照）。

⑵　取締役Aと取締役Cとは，それぞれ，本件株式の譲受人と譲渡人とであり，本件決議について特別の利害関係を有するから，本件決議の議決に加わることができない。本件決議は，AおよびCが議決に加わって行われたから，その決議の方法に瑕疵があり，無効である。

仮に，AおよびCが議決に加わらなかったとすれば，取締役会において，Bは，甲社が承認をしない旨の議案を提案し，その議案は，Bの賛成によって可決されるであろうから，甲社が承認をしない旨の決議が行われる。

③ 取締役会の招集手続

(1) 取締役会は，取締役会を招集する取締役を定款で定めたときは，その取締役（以下「招集権者」という）が招集する（366条1項）。実際には，株式会社は，取締役会の招集権者を定款で定めることが多いようである。招集権者以外の取締役は，招集権者に対し，取締役会の目的である事項，すなわち議題を示して，取締役会の招集を請求することができる（366条2項）。取締役会の招集の請求があった日から5日以内（民140条参照）に，その請求があった日から2週間以内の日を取締役会の日とする取締役会の招集の通知が発せられない場合には，その請求をした取締役は，取締役会を招集することができる（366条3項）。

(2) 本設問においては，取締役会の招集の請求があったα年2月1日から5日以内である同月6日に，同月1日から2週間以内である同月15日を取締役会の日とする招集の通知が発せられた。したがって，本件決議に係る取締役会の招集の手続には，法令違反はない。

④ 承認をする旨の通知

(1) 譲渡等承認請求を受けた株式会社は，承認をするか否かの決定をしたときは，譲渡等承認請求者に対し，その決定の内容を通知しなければならない（139条2項）。株式会社は，譲渡等承認請求の日から2週間を下回る期間を定款で定めた場合を除いて，2週間以内に通知をしなかった場合には，承認をする旨の決定をしたものとみなされる（145条1号）。

(2) 本件株式に係る譲渡等承認請求の日は，α年1月31日であるから，甲社は，同年2月14日までに通知をしなかった場合には，承認をする旨の決定をしたものとみなされる。甲社がCへの通知をしたのは，同月15日である。

また，甲社がしたCへの通知は，無効な本件決議による甲社の決定を内容とする。通知の内容が無効な決議に基づく場合には，通知それ自体は，無効であると解するのが妥当である。そのため，α年2月15日の通知は，甲社がしなければならない通知（139条2項）としては認められない。

本設問においては，本件決議の内容に関わらず，通知の日または本件決議の無効により，甲社は，承認をする旨の決定をしたものとみなされる。

⑤ 承認をしない旨の決定

(1) 株式会社は，譲渡等承認請求の日から2週間を下回る期間を定款で定めた場合を除いて，2週間以内に通知をしなかった場合には，承認をする旨の決定をしたものとみなされる（145条1号）。そのため，株式会社は，譲渡等承認請求の日から2週間以内に，株式会社が承認をするか否かの決定をして，その決定の内容を通知しなければならないと解される。株式会社が承認をしない旨の決定をしたという効果が生じるには，2週間以内のその旨の決定および通知が必要である。

招集権者は，1週間を下回る期間を定款で定めた場合を除いて，取締役会の日の1週間前までに，取締役会の招集の通知を発しなければならない（368条1項）。実際には，株式会社は，招集の通知の期間として3日間を，また，緊急の必要があるときは3日間よりも短縮することができる旨を定款で定めることが多いようである。

招集権者は，譲渡等承認請求の日から2週間以内の日を取締役会の日とする取締役会の招集の通知を発しない場合には，取締役会の招集の請求を受けたか否かに関わらず，善管注意義務（330条，民644条）に違反すると解される。取締役会設置会社において，承認をするか否かが議題として示されて，取締役会の招集の請求があったにもかかわらず，上述の日を取締役会の日とする招集の通知が発せられない場合には，取締役会の招集の請求をした取締役は，取締役会を招集することができる（366条3項参照）という解釈も考えられよう。

(2) 本設問においては，招集権者Aは，遅くともα年2月14日を取締役会の日とする取締役会の招集の通知を発しなければならない。しかし，Aは，招集の通知を発しようとせず，また，同月1日に取締役会の招集の請求を受けながら，同月15日を取締役会の日とする取締役会の招集の通知を発した。

譲渡等承認請求があれば，招集権者Aは，通常は，取締役会を招集すると考えられるから，譲渡等承認請求があったα年1月31日に，Bが，Aに対し，取締役会の招集を請求することを期待するのは難しい。また，仮に，同年2月14日よりも後の日を取締役会の日とする招集の通知が発せられたから，取締役Bは，取締役会を招集することができるとしても，Aが招集の通知を発した同月6日に，Bが，同月14日を取締役会の日とする招集の通知を発することを期待するのは難しいであろう。

(3) C，または，CおよびAは，無効である本決議に関与している。そのため，Cの譲渡等承認請求，または，CからAへの譲渡に係る譲渡等承認請求について，甲社が承認をする旨の決定をしたものとみなされる結果は，妥当ではないかもしれない。また，Aは，譲渡等承認請求に対応する甲社の手続につき善管注意義務に違反する。そのため，譲受人Aが本件株式に係る株主名簿記載事項を株主名簿に記載することを請求するのは，信義則（民1条2項）に反しないかが問題とされる余地があろう。

ステップアップ

本設問において，仮に，以下の(1)～(4)であるとする。(1)甲社の取締役は，A，B，CおよびDであり，(2)甲社が承認をすることについて，Bは反対であり，Dは賛成であり，(3)取締役会の招集手続は，適法に行われ，(4)α年2月10日に，取締役会の決議は，AおよびCが議決に加わらずに行われ，甲社は，Cに対し通知した。取締役会の決議の内容は，承認をするか否かのいずれか。甲社が通知する決定の内容は，どのような内容か。甲社の決定は，結果的に承認するか否かのいずれか。

次回の設問

選定されていない取締役。

商法 9

名古屋大学教授
今井克典 IMAI Katsunori

設問

甲株式会社（以下「甲社」という）は，取締役会設置会社である。甲社の1事業年度は，4月1日から翌年3月31日までである。甲社においては，毎年6月に，その年の3月31日に終了した事業年度に関する定時株主総会が招集されている。甲社の取締役は，A，BおよびCであり，Aは，甲社の代表取締役である。甲社の株主は，A，BおよびCを含む10人である。A，BおよびCは，それぞれ総議決権の20%弱を有し，合計で総議決権の60%弱を有する。

α年6月10日に，甲社の定時株主総会（以下「本件総会」という）は，A，BおよびCが出席して開催された。本件総会の招集は，取締役会の決議により決定された。Aは，その取締役会においてBおよびCに口頭で本件総会の招集を通知し，その他の株主には，本件総会の招集通知を発していなかった。Dは，本件総会の決議（以下「本件決議」という）によって取締役に選任された。Aは，本件決議前に，Dから取締役への就任の承諾を得ていた。一方，取締役にAを再任する議案は，否決された。Aを取締役に再任した直近の株主総会は，（α－2）年6月の定時株主総会であった。

本件総会の直後に招集された取締役会は，B，CおよびDの賛成によって，代表取締役にDを選定した。α年6月17日に，Dの取締役の就任および代表取締役の就任の各登記，ならびにAの取締役の退任および代表取締役の退任の各登記がなされた。

α年7月10日に，Aは，甲社代表取締役として，甲社の取引先であった乙株式会社からの申込みを受けて，売買契約（以下「乙契約」という）を締結し，甲社には必要でない商品を購入した。また，同日に，Dは，甲社の代表取締役として，丙株式会社との間で売買契約（以下「丙契約」という）を締結し，甲社には必要でない高価な備品を購入した。

α年8月7日に，Aは，主位的に本件決議の不存在の確認を請求し，予備的に本件決議の取消しを請求する訴えを提起した。

乙株式会社と丙株式会社とは，甲社に対して，それぞれ，乙契約に基づく代金と丙契約に基づく代金とを請求することができるか。

POINT

❶代表取締役に欠員を生じた場合の措置。❷選定されていない代表取締役の行為の効力。

解説

①株主総会の決議の不存在と取消し

(1) 株主総会を招集するには，代表取締役は，株主に対して招集通知を発しなければならない（299条1項）。取締役会設置会社では，招集通知は，書面でされなければならない（同条2項2号）。招集通知が株主全員に発せられずに株主総会が開催された場合には，招集手続を省略することに株主全員の同意があるとき（300条），または，株主全員が株主総会の開催に同意して出席したとき（最判昭和60・12・20民集39巻8号1869頁）を除いて，開催された株主総会での決議は，不存在である。

招集通知が一部の株主に発せられずに株主総会が開催された場合には，その株主総会での決議に，招集手続の法令違反という取消事由（831条1項1号）が認められる。また，招集通知が書面でされなければならない場合に，招集通知がそれ以外の方法でされたときは，招集手続の法令違反という株主総会の取消事由（同号）が認められる。

著しい招集通知の漏れがある場合には，株主総会の決議は，不存在であると解されている。判例（最判昭和33・10・3民集12巻14号3053頁）は，株主でもある代表取締役が，総株主9人のうち総議決権の42%を有する6人の株主に招集通知を発せず，実子である他の株主2人に口頭で招集を通知した事案において，株主総会の決議が，不存在であるとした。

(2) 本件総会の招集通知は，70%の株主に発せられなかったから，本件決議は，不存在であると解するのが妥当である。本件決議が不存在であると解する事情としては，招集通知が40%強の議決権を有する株主に発せられなかったことや，適法な招集通知が存在しないことも，考えられうる。しかし，本件決議には，招集通知の一部漏れ，または書面によらない招集通知に取消事由があるにすぎないと解される可能性もあろう。

(3) 株主総会の決議が不存在であることの確認は，訴えをもって請求することができるが（830条1項），株主総会の決議が不存在であり効力を有しないことは，訴えによらずに主張することができる。また，株主総会の決議の取消しは，訴えによらなければ主張することはできない（831条1項）。株主総会の決議の取消しの請求を認容する判決が確定したときは，その決議は，遡って無効となる（なお，839条参照）。不存在確認が請求された場合に，この請求に取消しの請求が含まれるものとして審理判決されるわけではない（東京高判昭和59・4・17判時1126号120頁）。

②任期の満了

(1) 取締役の任期は，選任後2年以内に終了する事業年度のうち最終のものに関する定時株主総会の終結の時までである（332条1項）。

Aが（α－2）年6月に選任された後2年以内に終了する事業年度のうち最終のものは，α年4月1日に開始する事業年度である。また，本件総会は，α年4月1日に開始する事業年度に関する定時株主総会（296条1項）である。したがって，Aは，本件総会の終結の時に，任期の満了により取締役を退任する。代表取締役は，取締役でなければならない（362条3項）から，Aは，取締役の任期の満了に伴って代表取締役を退任する。

⑵ しかし，本件総会は，著しい招集通知の漏れのため，株主総会として認められないとも解しうる。したがって，α年4月1日に開始する事業年度に関する定時株主総会の終結は認められず，Aは，依然として取締役であり，代表取締役である。乙契約は，甲社の代表取締役（349条4項）が締結した契約であるから有効である。

これに対して，本件総会は，代表取締役によって招集されたから，少なくとも取締役の任期との関係では存在するとも考えられる。したがって，Aは，任期の満了により取締役を退任する。

③代表取締役権利義務者

⑴ Aが取締役を任期の満了により退任したとされる場合について，検討する。取締役会設置会社においては，取締役は，3人以上でなければならない（331条5項）。会社法で定めた取締役の員数が欠けた場合には，任期の満了により退任した取締役は，新たに選任された取締役が就任するまで，なお取締役としての権利義務を有する（346条1項）。

取締役会設置会社には，1人以上の代表取締役が置かれなければならない（362条3項参照）。代表取締役が欠けた場合には，任期の満了により退任した代表取締役は，新たに選定された代表取締役が就任するまで，なお代表取締役としての権利義務を有する（351条1項）。代表取締役は，取締役であることを前提とするので，代表取締役としての権利義務を有する者は，取締役または取締役としての権利義務を有する者であることを前提とすると解されている（東京地判昭和45・7・23判時607号81頁）。

取締役は，定款に定めることができる定足数に下限があるが，株主総会の普通決議によって選任する（329条・341条。309条1項参照）。選任の決議前に，取締役の候補者が取締役への就任を承諾している場合には，その候補者は，選任の決議の成立と同時に取締役に就任する。

⑵ 本件決議が不存在である場合には，Dは，取締役でも代表取締役でもない。そのため，取締役の員数は欠け，代表取締役は欠ける。したがって，Aは，本件総会の終結後も，取締役としての権利義務を有し，代表取締役としての権利義務を有する。乙契約は，有効である。

本件決議に取消事由が存在するにすぎない場合には，Aは，乙契約を締結した際には，代表取締役としての権利義務を有する者ではない。仮に，本件決議の取消請求を認容する判決が確定したときは，本件決議は，遡って無効である。Aは，本件総会の終結後も代表取締役としての権利義務を有する。乙契約は，有効である。

⑶ 任期の満了により退任した取締役または代表取締役が「なお」（346条1項・351条1項）その権利義務を有するのは，取締役または代表取締役の退任により欠員を生じる場合であると解される。取締役を選任する株主総会の決議が欠員の前提である場合には，決議が物理的に不存在であればともかく，代表取締役が招集した株主総会での決議があれば，欠員の前提は，問題とされないと考えることもできよう（東京高決平成元・12・25判時1339号138頁参照）。

④表見代理と不実登記

⑴ 本件決議が不存在である場合，または，本件決議の取消請求を認容する判決が確定した場合には，Dは，取締役でも代表取締役でもない。表見代表取締役の規定（354条）によれば，株式会社は，代表取締役以外の取締役に株式会社を代表する権限を有するものと認められる名称を付した場合には，その取締役がした行為について，善意の第三者に対してその責任を負う。

株式会社は，名称の付与という帰責事由が認められる場合に責任を負う。甲社には，名称を付す代表取締役が存在しない。代表取締役としての権利義務を有するAは，Dに代表取締役の名称を付していない。取締役会は，代表取締役にDを選定したが，その取締役会の決議は，Aへの取締役会の招集手続を欠くので，無効である。

株式会社の取締役の多数が代表権を行使することを承認した場合に，表見代表取締役の規定の類推適用によって，その株式会社の責任を認めた判例（最判昭和44・11・27民集23巻11号2301頁）がある。この判例に従えば，甲社の取締役および取締役としての権利義務を有する者の3人のうち，BおよびCの2人が承認したので，甲社には帰責事由が認められるであろう。

株式会社が責任を負うのは，取締役に名称を付した場合である（なお，使用人に名称を付した場合については，最判昭和35・10・14民集14巻12号2499頁参照）。Dは，取締役ではない。

⑵ 表見代理の規定（民109条1項）によれば，第三者に対して他人に代表権を与えた旨を表示した株式会社は，その他人が第三者との間でした行為について，その責任を負う。

甲社がDに代表権を与えた旨を表示したという帰責事由については，前述⑴の帰責事由と同様に考えられる。

⑶ 故意または過失によって不実の事項を登記した者は，その事項が不実であることをもって，善意の第三者に対抗することができない（908条2項）。

Dは，代表取締役ではないが，登記上は，甲社の代表取締役である。Dを代表取締役とする登記について，甲社には，少なくとも過失があると考えられる。したがって，甲社は，丙株式会社が善意であれば，丙契約の無効を主張することができない。

参考文献

中村信男「事実上の取締役・執行役の行為に関する効果の確保」浜田道代＝岩原紳作編『会社法の争点』136頁。

ステップアップ

⑴ Aは，α年7月10日に訴えを提起したとする。丙株式会社は，甲社に対し，丙契約に基づく代金を請求することができるか。

⑵ （α＋1）年3月10日に，本件決議の取消しの請求を認容する判決が確定したとする。Aは，甲社に対し，監視義務違反による任務懈怠責任として，丙契約による甲社の損害を賠償する責任を負うか。

次回の設問

新株予約権の行使。

商法 10

名古屋大学教授
今井克典 IMAI Katsunori

設問

甲株式会社（以下「甲社」という）は，公開会社でない株式会社であり，取締役会設置会社である。甲社は，業績向上への意欲を喚起することを目的として，使用人に報酬として新株予約権を付与することにした。

甲社は，株主総会の特別決議（以下「本件総会決議」という）によって，発行する募集新株予約権（以下「本件新株予約権」という）について，本件新株予約権の目的である株式の数，発行する本件新株予約権の数の上限，本件新株予約権と引換えに金銭の払込みを要しないこと等に加えて，以下の事項を定め，募集事項の決定を取締役会に委任した。本件新株予約権の割当てを受ける者は，甲社の使用人であること，本件新株予約権の行使の条件として，本件新株予約権を有する者が新株予約権の行使時において甲社の使用人または役員であることを要すること（以下「本件使用人条件等」という），譲渡による本件新株予約権の取得について，甲社の承認を要することである。甲社の取締役は，株主総会において，金銭の払込みをさせずに本件新株予約権の発行をすることを必要とする理由を説明していた。

本件総会決議後に，甲社は，取締役会の決議によって，本件新株予約権の割当てを受ける者とその者に割り当てる本件新株予約権の数を定めた。

以下の問1と問2とは，独立した問である。

問1　甲社の株主総会は，本件総会決議によって，使用人条件等の他の本件新株予約権の行使の条件を取締役会の決議により決定することができることを定めていた。甲社の取締役会は，以下の本件新株予約権の行使の条件（以下「本件上場条件等」という）を定めた。本件新株予約権の権利者は，甲社の株式が証券取引所に上場する日まで本件新株予約権を行使することができないこと，使用人として一定の職務懈怠がある場合には本件新株予約権を行使することができないこと等である。本件上場条件等は，有効か。

問2　Aは，甲社を退職した後に，本件新株予約権を行使し，甲社は，Aに対し，新株の発行（以下「本件新株発行」という）により株式を交付した。本件新株発行は，有効か。

POINT

❶新株予約権の内容の決定の委任。❷新株予約権の行使による新株発行の無効の主張。

解説

①設問の前提

⑴　株式会社は，その発行する新株予約権を引き受ける者を募集するには，その都度，募集新株予約権について募集事項を定めなければならない（238条1項）。公開会社でない株式会社（以下「非公開会社」という）の株主総会は，その特別決議によって，法定の事項を定めて，募集事項の決定を，取締役会設置会社にあっては取締役会に委任することができる（239条1項・309条2項6号）。

甲社は，非公開会社であり，取締役会設置会社である。甲社の株主総会は，その特別決議によって，法定の事項を定めて，本件新株予約権の募集事項の決定を取締役会に委任した。

⑵　募集新株予約権と引換えに金銭の払込みを要しないこととすることが，募集新株予約権を引き受ける者に特に有利な条件である場合には，取締役は，株主総会において，その条件で募集することを必要とする理由を説明しなければならない（239条2項1号）。使用人に報酬として付与される新株予約権の公正な評価額が報酬額として相当である場合には，金銭の払込みを要しないこととすることは，特に有利な条件には該当しない。

甲社の株式は，市場で流通していないので，本件新株予約権の発行時において，甲社の新株予約権の公正な価額を評価するのは，困難である。そのため，本件新株予約権の発行が特に有利な条件であるか否かの判断は，困難である。しかし，甲社は，非公開会社であるから，本件新株予約権の発行が特に有利な条件であるか否かにかかわらず，甲社が本件新株予約権の発行をするには，株主総会の特別決議が必要であり，甲社の取締役は，その株主総会において理由を説明した。

⑶　募集新株予約権の目的である株式が譲渡制限株式である場合，または，募集新株予約権が譲渡制限新株予約権である場合には，取締役会設置会社は，取締役会の決議によって，募集新株予約権の割当てを定めなければならない（243条1項・2項）。

本件新株予約権の目的である株式は，譲渡制限株式であり，また，本件新株予約権は，譲渡制限新株予約権である。甲社は，取締役会の決議によって，本件新株予約権の割当てを定めた。

②新株予約権の行使の条件（問1）

⑴　株主総会は，新株予約権の募集事項の決定を取締役会に委任するには，新株予約権の内容を定めなければならない（239条1項1号）。新株予約権の行使の条件は，株式会社が新株予約権の内容としなければならない事項（236条1項各号）には示されていない。しかし，株式会社が新株予約権の行使の条件を新株予約権の内容として定めることは，可能であるとされている（911条3項12号ハ参照）。

株式会社が新株予約権の行使の条件を新株予約権の内容とする場合には，株主総会は，新株予約権の内容を定めなければならないから，新株予約権の行使の条件を定めなければならず，行使の条件の決定を取締役会に委任することはできないとする見解（以下「否定説」という。最判平成24・4・24民集66巻6号2908頁の寺田逸郎裁判官補足意見参照）がある。これに対して，株主総会は，新株予約権の行使の条件の決定を取締役会に委任することができるとする見解（以下「肯定説」という）がある。株主総会が定めなければならない新株予約権の内容は，新株予約権の内容としなければならない事項

(236条1項各号) に限られ，新株予約権の行使の条件を含まないと説明される。また，新株予約権の行使の条件の設定は，一般的には，新株予約権の行使を制限するから，既存株主の利益を害しないと指摘される。

(2) 肯定説においては，新株予約権の行使の条件の決定に関する委任の内容が検討される。既存株主の利益を害する内容の委任，包括的または白紙の委任等は，無効であるという考え方が示されている。株主総会が，その決議によって，既存株主の利益を害する内容の決定を委任するとすれば，株主総会の決議の瑕疵 (830条2項・831条1項3号) が問題となるであろう。また，行使の条件の設定が一般的に既存株主の利益を害しないのであれば，包括的または白紙の委任が許されないとされる必要もなかろう。問題は，委任に基づいて取締役会が決定する行使の条件それ自体にあると解される。

否定説に従っても，取締役会が新株予約権の行使の条件を定めて，新株予約権の引受けの申込みをした者と株式会社との間の新株予約権の引受契約において，その新株予約権の行使の条件を合意することは，認められる。このような新株予約権の行使の条件は，新株予約権の内容ではないが，引受契約の当事者において債権的効力を有する。引受契約上の新株予約権の行使の条件は，新株予約権の内容ではないから，取締役会が引受契約上の新株予約権の行使の条件を決定するには，株主総会による委任は必要ではないと解される。新株予約権が譲渡制限新株予約権である場合には，株式会社は，少なくとも，新株予約権の譲渡を承認しなければ，引受契約上の新株予約権の行使の条件を維持することができる。

(3) 本件上場条件等は，株主総会の委任に基づいて，取締役会が決定した本件新株予約権の行使の条件である。本件新株予約権は，業績向上への意欲の喚起を目的として，使用人に報酬として付与されるから，本件上場条件等は，株主総会が行使の条件の決定を取締役会に委任した趣旨に従っている。肯定説によれば，本件上場条件等は，新株予約権の内容として効力を有する。

否定説によれば，本件上場条件等は，新株予約権の内容には含まれない。しかし，本件上場条件等は，新株予約権の引受契約の内容として効力を有する。

③ 新株予約権の行使による新株発行（問2）

(1) 新株予約権の行使の条件に反して行われた新株予約権の行使による新株発行については，平成17年改正前商法の下での事案ではあるが，以下のように，新株発行の無効の訴え (828条1項2号) に係る請求を認容した判例 (前掲最判平成24・4・24) がある (第6回参照)。非公開会社については，その性質上，会社の支配権に関わる持株比率の維持に係る既存株主の利益の保護を重視し，その意思に反する株式の発行は，新株発行無効の訴えにより救済するというのが会社法の趣旨であるとされる。その上で，非公開会社が株主割当て以外の方法により発行した新株予約権に株主総会によって行使の条件が付された場合に，行使の条件が新株予約権を発行した趣旨に照らして新株予約権の重要な内容を構成しているときは，行使の条件に反した新株予約権の行使による株式の発行には，無効原因があるとされる。

甲社は，非公開会社であり，また，本件使用人条件等は，株主総会が付した新株予約権の行使の条件である。本件新株予約権は，業績向上への意欲を喚起することを目的として，使用人に報酬として付与されるから，本件使用人条件等は，本件新株予約権の重要な内容を構成していると解される。また，Aは，本件新株予約権を行使した日には，甲社の使用人でも役員でもなく，Aの本件新株予約権の行使は，本件使用人条件等に反する。したがって，Aの本件新株予約権の行使による本件新株発行には，無効原因がある。甲社の株主等 (828条2項1号) は，本件新株発行の日，すなわち，本件新株予約権の行使の日 (282条1項) から1年以内に，訴えをもってのみ，本件新株発行の無効を主張することができる (828条1項2号・2項2号)。

(2) これに対して，新株予約権の行使の条件に反して行われた新株予約権の行使による新株発行は，新株発行の無効の訴えによらずに，当然に無効であるとする見解がある。この見解は，以下のような説明をする。株主等が株式発行の日を認識することは，困難であるにもかかわらず，無効の主張について，提訴期間に制限のある新株発行の無効の訴えが必要とされるのは，適切ではない。新株予約権が行使されるたびに，新株発行の無効の訴えを提起するのは，面倒である。また，新株予約権の行使の条件が新株予約権の内容を構成している場合には，その行使の条件に反する新株予約権の行使は，その新株予約権の行使には当たらない。

新株発行の無効の訴えは，株式会社の行為 (828条1項柱書) を対象とするが，しかし，新株予約権者の新株予約権の行使による新株発行は，株式会社の行為によらない新株発行であると指摘されている。仮に，新株予約権者の新株予約権の行使による新株発行は，株式会社の新株予約権の発行を基礎とするから，株式会社の行為によると考えられるとしても，新株発行の無効の訴えが一部の新株発行の無効を対象とするかは，必ずしも明らかではない。新株予約権の行使の条件の成就または不成就が，株式会社に関する事情ではなく，新株予約権を行使する者の事情による場合には，同一の募集において発行された新株予約権の行使による株式発行につき，無効であるものと有効であるものとが生じうる。

本件使用人条件等は，本件新株予約権の内容を構成し，また，Aの本件新株予約権の行使は，本件使用人条件等に反する。本件新株発行は，当然に無効である。

参考文献

久保田安彦「行使条件違反の新株予約権の行使による株式発行の効力(下)」商事法務1976号15頁。

ステップアップ

甲社が，新株予約権の行使期間 (236条1項4号) を定めた場合に，その初日の到来前またはその末日の到来後 (287条参照) の新株予約権の行使による新株発行の無効の主張は，新株発行の無効の訴えによらなければならないか。

次回の設問

債権者の異議。

商法 11

名古屋大学教授
今井克典 IMAI Katsunori

設問

甲株式会社（以下「甲社」という）は，その事業の一つ（以下「本件事業」という）に関して，Aとの間で賃貸借契約（以下「本件契約」という）を締結し，本件契約に基づいて，Aの建物（以下「本件建物」という）を利用して，毎月末日に賃料を支払っている。本件契約には，甲社が本件建物を損傷した場合には，甲社は，損傷によりAに生じた損害を賠償する義務を負う旨の定め（以下「本件賠償条項」という），甲社が会社分割をした場合には，Aは，本件契約を解除することができ，Aが本件契約を解除したときは，甲社は，別に定める金額を違約金として支払う義務を負う旨の定め（以下「本件違約金条項等」という）等がある。

本件事業の業績は，不振が続いている。未払いの賃料債権は，存在しない。また，甲社は，その過失により本件建物を損傷し，Aに損害が生じた。甲社は，本件建物の損傷を認識していない。甲社は，乙株式会社（以下「乙社」という）を新設分割設立株式会社として，新設分割（以下「本件新設分割」という）をすることにした。新設分割計画においては，乙社は，甲社から本件事業に関する契約上の地位の全部および権利義務の全部を承継する旨，甲社は，本件新設分割後には本件事業に関する義務および責任を負わない旨等が定められた。

甲社は，本件新設分割をする旨等の必要な事項を，官報に掲載する方法，および，定款で公告方法として定める日刊新聞紙に掲載する方法により公告した。甲社は，Aに各別にその事項を催告していない。本件新設分割の効力が生じた日の後に，Aは，本件違約金条項等に基づいて，本件契約を解除した。

以下の問1から問3までは，独立した問である。本件賠償条項および本件違約金条項等は，有効であるとする。

問1　本件新設分割前に，Aは，甲社に対し，本件新設分割について異議を述べて，甲社に，弁済，担保の提供または財産の信託をさせることができるか。

問2　本件新設分割後に，Aは，甲社に対して，甲社に対する債権に係る債務の履行を請求することができるか。

問3　本件新設分割後に，Aは，本件新設分割の無効の訴えを提起することができるか。

POINT

❶新設分割について異議を述べることができる債権者。❷新設分割の効果。❸新設分割の無効の訴えを提起することができる債権者。

解説

①異議申述（問1）

⑴　新設分割においては，新設分割後に新設分割株式会社に対して債務の履行を請求することができない新設分割株式会社の債権者は，新設分割株式会社に対し，新設分割について異議を述べることができる（810条1項2号）。異議を述べることができる債権者は，新設分割株式会社が公告する時点の債権者である。その債権は，新設分割株式会社がする弁済，相当の担保の提供，または弁済目的の相当の財産の信託（以下「弁済等」という。同条5項参照）の措置によって，保護が可能な債権に限られる。

有力説によれば，新設分割株式会社が公告する時点において，具体的な債権が発生していなくても，新設分割株式会社との間に債権が発生する原因関係が存在し，その債権の金額が確定される場合には，その債権の債権者も，異議を述べることができる。この場合には，相当の担保の提供，または，弁済目的の相当の財産の信託が可能であるとされる。

Aは，①本件契約に基づく将来の賃料債権，②本件建物の損傷によって生じた本件賠償条項に基づく損害賠償債権，③本件建物の損傷によって生じた不法行為に基づく損害賠償債権，および，④本件違約金条項に基づく違約金債権を有する。②および③は，公告の時点で存在し，弁済等による保護が可能な債権であるから，Aは，②または③の債権者として，異議を述べることができる。実際には，Aは，本件建物の損傷を認識していなければ，異議を述べることはなかろう。

①および④は，甲社が公告する時点では発生していないから，Aは，①または④の債権者として，異議を述べることはできない（④については，最決平成29・12・19民集71巻10号2592頁参照）。有力説によれば，Aは，①または④の債権者として，異議を述べることができると解されよう。

⑵　新設分割株式会社は，期間内に異議を述べた債権者に対し，弁済等をしなければならない（810条5項本文）。

②は，特約がなければ弁済期にあり，また，③は，弁済期にあると考えられるから，甲社は，②および③について，弁済をしなければならない。②と③とにおける損害は，同一であるから，Aが一方の債権の弁済を受ければ，他方の債権は消滅すると解される。有力説に従えば，甲社は，①および④についても，相当の担保の提供，または，相当の財産の信託をしなければならない。甲社は，弁済をしてもかまわない（民136条2項参照）。

⑶　新設分割をしても債権者を害するおそれがない場合には，新設分割株式会社は，弁済等をする必要はない（810条5項ただし書）。新設分割後において，債権者が債権の弁済を受けうることが確実な場合は，債権者を害するおそれがない場合に当たる。

乙社が本件新設分割により承継する資産および負債に基づいて，Aが②または③の弁済を受けることができる場合には，②および③については，甲社は，弁済等をする必要はない。①および④に関するAを害するおそれには，本件新設分割の効力が生じる日から弁済期までの乙社における本件事業の損益の予想も考慮される。

⑷　なお，新設分割株式会社が，異議を述べた債権者を

害するおそれがないとして，弁済等をしない場合には，その債権者は，新設分割の無効の訴えを提起して，害するおそれがないことを争うことができるとされている。

債権者を害するおそれがない場合でなければ，債権者が異議を述べた時点で，新設分割株式会社は，弁済等をする義務を負うと考えられる。したがって，新設分割後であっても，異議を述べた債権者は，債権者を害するおそれがないことを争って，新設分割株式会社に対して弁済等を請求することができると解されるのではなかろうか。しかし，一般には，このようには解されていない。

甲社が異議を述べたAに対して弁済等をしない場合には，Aは，本件新設分割の無効の訴えを提起することができる。

② 新設分割の効力（問 2）

(1) 新設分割株式会社の債権者であって，新設分割計画において，新設分割後に新設分割株式会社に対して債務の履行を請求することができないとされている者（以下「承継債権者」という）のうち，次の債権者は，新設分割株式会社に対して，その債務の履行を請求することができる（764条2項）。その債権者は，各別の催告を受けなかった債権者である。新設分割株式会社が公告を，官報に掲載する方法のほか，公告方法についての定款の定めに従い，官報に掲載する方法以外の方法（939条1項2号・3号）によりした場合には，その債権者は，各別の催告を受けなかった債権者のうち，不法行為によって生じた債務の債権者（以下「不法行為債権者」という）に限られる。

請求は，新設分割株式会社が新設分割設立株式会社の成立の日に有していた財産の価額を限度とする。

(2) 新設分割株式会社が公告を，官報に掲載する方法のほか，公告方法についての定款の定めに従い，官報に掲載する方法以外の方法によりした場合には，新設分割株式会社と取引関係にある債権者は，公告を確認することが期待され，そのうちの承継債権者は，新設分割株式会社からの債権の回収のために，新設分割前に，異議を述べることができる（810条1項2号）。新設分割株式会社の不法行為債権者には，これらの公告を確認することは期待し難いから，そのうちの承継債権者は，新設分割後にも，新設分割株式会社に対し，債務の履行を請求することができる。

取引関係にある債権者であり，かつ，不法行為債権者である承継債権者は，前者として公告を確認することが期待されるから，後者としても異議を述べる機会が確保されているとして，新設分割後に，新設分割株式会社に対し，不法行為によって生じた債務の履行を請求することができないとも考えられる。しかし，文言（764条2項）上は，各別の催告を受けなかった不法行為債権者から，このような承継債権者が除かれるとは，解し難い。

(3) 甲社は，官報に掲載する方法，および，定款で公告方法として定める日刊新聞紙に掲載する方法により公告した。Aは，甲社に対して，②に係る債務の履行を請求することはできない。一方，Aは，③に基づく不法行為債権者であり，各別の催告を受けていない。Aは，甲社に対して，甲社が乙社の成立の日に有していた財産の価額を限度として，③に係る債務の履行を請求することができる。

③ 提訴しうる債権者（問 3）

(1) 新設分割の無効の訴えを提起することができる債権者は，新設分割について承認をしなかった債権者である（828条2項10号）。新設分割について承認をしなかった債権者は，通説によれば，異議を述べることができる債権者（810条1項2号）であると解されている（東京高判平成23・1・26金判1363号30頁）。

異議を述べることができる債権者で，異議を述べなかった債権者は，新設分割について承認をしたものとみなされる（810条4項）。反対解釈により，異議を述べることができる債権者で，異議を述べた債権者は，承認をしなかった債権者であり，訴えを提起することができる。ただし，新設分割株式会社が異議を述べた債権者に弁済等をした場合（同条5項）には，その債権者は，訴えを提起することはできない。

各別の催告を受けるべき債権者で，これを受けなかった債権者は，異議を述べる前提の手続に瑕疵があるので，異議を述べなくても，承認をしたものとはみなされないと解され，訴えを提起することができる。ただし，新設分割株式会社がその債権者に弁済をした場合には，その債権者は，債権者ではなくなるので，訴えを提起することはできない。

(2) 新設分割株式会社が公告を，官報に掲載する方法のほか，公告方法についての定款の定めに従い，官報に掲載する方法以外の方法によりした場合には，各別の催告は，不法行為債権者に対するものを除いて不要である（810条3項）。通説によれば，この場合には，新設分割株式会社に知れている不法行為債権者に対する各別の催告は，必要であるが，知れていない不法行為債権者に対するものは，必要ではない。したがって，知れていない不法行為債権者は，訴えを提起することはできない。

なお，各別の催告を受けなかった不法行為債権者は，新設分割株式会社に知れていると否とにかかわらず，新設分割株式会社に債務の履行を請求することができる（764条2項。**2**参照）が，訴えの提起をすることができるのは，知れている不法行為債権者に限られる。この相違が妥当であるかについては，検討の余地があろう。

(3) 甲社は，官報に掲載する方法，および，定款で公告方法として定める日刊新聞紙に掲載する方法により公告したが，Aに各別の催告をしていない。Aは，③の不法行為債権者であるが，甲社は，本件建物を損傷したことを認識していないので，Aが不法行為債権者であることを知らない。Aは，本件新設分割の無効の訴えを提起することはできない。

参考文献

酒井竜児編著『会社分割ハンドブック〔第2版〕』73頁以下・303頁以下。

ステップアップ

仮に，甲社が本件建物の損傷を認識していれば，Aによる本件新設合併の無効の訴えに係る請求は，認容されるか。

次回の設問

株主名簿の効力。

商法 12

名古屋大学教授
今井克典　IMAI Katsunori

設問

甲株式会社（以下「甲社」という）は，種類株式発行会社ではなく，公開会社ではない。甲社の発行済株式の総数は，約1万株であり，甲社の株主の総数は，約800人である。Aは甲社の株式500株，Bは甲社の株式50株，Cは甲社の株式50株，Dは甲社の株式500株を有している。甲社の株主名簿には，これらの株式に係る株主名簿記載事項が記録されている。甲社は，毎年3月31日において株主名簿に記録されている株主を，定時株主総会の議決権を行使することができる者と定款で定めている。

α年3月16日に，Aは，甲社の承認を受けて，Bに300株を譲渡し，また，Cに200株を譲渡した。α年3月30日に，Bは，甲社に対し，Aから取得した300株に係る株主名簿記載事項を株主名簿に記録することを請求した。同日に，甲社は，誤って，Bが取得した300株のうち100株に係る株主名簿記載事項の記録をせず，Bが取得した300株のうち200株に係る株主名簿記載事項のみを株主名簿に記録した。α年4月13日に，Eは，相続によりDが有する500株を取得した。α年4月20日に，CおよびEは，それぞれ，取得した甲社の株式に係る株主名簿の記載事項を株主名簿に記録することを請求し，同日に，甲社は，それぞれの株式に係る株主名簿記載事項を株主名簿に記録した。

甲社の定時株主総会は，α年6月16日を開催の日として招集された。Aは，α年3月31日における株主名簿上は株主である300株について，Bは，Aから取得した300株のうちα年3月31日における株主名簿上は株主ではない100株について，Cは，Aから取得した200株について，Eは，Dから取得した500株について，それぞれ，α年6月16日の甲社の定時株主総会において議決権を行使することができるか。

POINT

❶株主名簿の効力。❷基準日後に株式を取得した者の議決権の行使。

解説

①設問の前提

⑴　株式会社は，基準日を定めて，基準日株主をその権利を行使することができる者と定めることができる（124条1項）。基準日株主は，基準日において株主名簿に記載され，または記録されている株主である。株主総会の議決権は，基準日を設定することができる権利である（同条4項本文参照）。株式会社は，基準日および基準日株主が行使することができる権利の内容を，定款で定めることができる（29条・124条3項ただし書参照）。

甲社のα年6月16日の定時株主総会の議決権の行使についての基準日は，定款の定めによりα年3月31日である。

⑵　株式取得者は，取得した株式を発行した株式会社に対し，取得した株式に係る株主名簿記載事項（121条）を株主名簿に記載し，または記録すること（以下「名義書換え」という）を請求することができる（133条1項）。株式取得者は，株式をその株式を発行した株式会社以外の者から取得した者のうち，その株式会社を除く者である。株式取得者が取得した株式が譲渡制限株式である場合には，株式取得者が名義書換えの請求をすることができるのは，譲渡制限株式を取得することについてその株式を発行した株式会社の承認を受けているとき，株式取得者が相続により譲渡制限株式を取得した者であるとき等である（134条）。

甲社は，公開会社ではないので，その発行する株式は，譲渡制限株式である。BとCとは，それぞれ，甲社の株式300株と200株とを取得することについて甲社の承認を受けて，Aから各株式を取得した（134条1号）。Eは，相続により甲社の株式を500株取得した（134条4号）。B，CおよびEは，それぞれ，甲社に対し，名義書換えの請求をすることができる。

②株式会社に対する対抗要件

⑴　株式の譲渡は，名義書換えをしなければ，株式会社に対抗することができない（130条1項）。譲渡により株式を取得した株式取得者は，株主名簿上の株主でなければ，株式会社に対し，自己が株主であることを対抗することができないと解される。

会社法の文言によれば，名義書換えは，「譲渡」による株式の移転の対抗要件であるから，相続その他の一般承継による株式の移転の対抗要件ではない。基準日前に相続により株式を取得した者は，基準日までに名義書換えをしていなくても，株式の移転を対抗することができ，自己が株主であることを対抗することができる。そのため，相続により株式を取得した株式取得者は，自己が株主名簿上の株主の株式を相続により取得したことを証明して，株主の権利を行使することができる。したがって，基準日後に相続により株式を取得した株式取得者は，基準日株主の株式を相続により取得したことを証明して，株主の権利を行使することができると解することもできる。

有力説においては，平成17年改正前商法は，株式の「移転」の対抗要件として名義書換えを定めていて（同法206条1項），会社法がこれを変更する理由はないから，会社法の下でも，名義書換えは，一般承継による株式の移転の対抗要件であるとされる。基準日後に相続により株式を取得した株式取得者は，基準日株主ではないから，議決権を行使することはできない。有力説に従えば，基準日後に株主名簿上の株主が死亡した場合には，株主名簿上の株主の株主としての権利を行使することができる者はいないことになると考えられる。

⑵　EがDから取得した500株の基準日株主は，Dである。また，Eがその500株を取得したのは，基準日後

のα年4月13日である。

Eは，基準日株主Dから相続により500株を取得したことを証明して，500株の議決権を行使しうると解される余地がある。しかし，このようには解さない有力説等によれば，Eは，基準日において議決権を取得していないから，500株の議決権を行使することはできない。

③基準日後の株式の取得

⑴ 基準日株主が行使することができる権利が株主総会における議決権である場合には，株式会社は，基準日後に株式を取得した者を議決権を行使することができる者と定めることができる（124条4項本文）。ただし，その株式の基準日株主の権利を害することができない（同項ただし書）。

基準日後に株式会社が新株の発行または自己株式の処分をした場合に，その株式会社がその新株の発行または自己株式の処分により株式を取得した者の議決権の行使を認める決定をすることが想定されている。株式会社が議決権の行使を認める決定をするのは，基準日後である。株式会社は，その株式会社以外の基準日株主から譲渡により株式を取得した者を，その基準日株主の同意がない限り，議決権を行使することができる者と定めることはできない。このように定めることは，基準日株主の議決権の行使を害する。

⑵ Dは，基準日株主である。基準日後のα年4月13日に，Eは，Dから相続により500株を取得した。Eがその500株の議決権の行使を認められても，Dは死亡しており，また，その500株の株主はEであるから，その500株の基準日株主の権利は，害されるとはいえない。甲社は，基準日後に株式を取得したEの議決権の行使を認める決定をすることができると解される。

したがって，Eは，Dから相続により500株を取得したことを証明して，議決権を行使することができる（**2**参照）とは解さない見解においては，甲社がEの議決権の行使を認める決定をすれば，Eは，500株の議決権を行使することができると解されうる。

④株式会社の名義書換えの失念

⑴ 株式会社は，株式取得者からの名義書換えの請求があったにもかかわらず，過失により名義書換えをしなかった場合には，株式取得者を株主として取り扱うことを要し，株主名簿上の株主として記載され，または記録されている譲渡人を株主として取り扱うことはできないと解されている（最判昭和41・7・28民集20巻6号1251頁）。株式会社が名義書換えをする義務を負うにもかかわらず，過失によって名義書換えをしないで，名義書換えがないことを理由にして，株主の権利の行使を認めないのは，信義則（民1条2項）に反すると考えられている。

基準日が設定されている場合には，株式取得者が基準日以前に名義書換えの請求をしたが，株式会社が過失により基準日までに名義書換えをしなかったとき，株式会社は，同様の取扱いをしなければならないと解される。

⑵ Bは，甲社の承認を得て300株を取得して，基準日以前のα年3月30日に，その300株に係る名義書換えを請求した。甲社は，その過失により，100株については名義書換えをしなかった。その100株については，Bは，議決権を行使することができ，Aは，議決権を行使することはできない。

⑤株式取得者の名義書換えの失念

⑴ 名義書換えは，株式会社に対する対抗要件であるから，株式取得者が名義書換えを請求していない場合には，株式会社は，株主名簿上の株主が株式の譲渡をしたことを知っていても，株主名簿上の株主を株主として取り扱えば足りる。一方，株式取得者が名義書換えを請求していない場合であっても，株式会社は，株式取得者を株主として，株式取得者の株主の権利の行使を認めることができると解される（株式取得者が名義書換えを請求していた事案について，最判昭和30・10・20民集9巻11号1657頁参照）。

株式取得者の権利の行使は，株式会社の危険において認められると解されている。また，株式会社は，株主として取り扱う者として，株主名簿上の株主と株式取得者とのいずれかを，選択することができ，かつ，選択しなければならない。

株式会社は，名義書換え前の株式取得者の株主の権利の行使を認めることができるにすぎない。名義書換え前の株式取得者が株主の権利の行使を主張していない場合には，株式会社は，株主名簿上の株主を株主として取り扱わなければならないと解される。

株式会社が株主名簿上の株主と株式取得者とのいずれを株主として取り扱うかという問題は，基準日が設定されている場合には，株式会社が基準日株主と基準日までに名義書換えを請求することができる株式取得者とのいずれを株主として取り扱うかという問題である。この問題では，基準日以前に基準日株主から株式取得者への株式の譲渡が行われていることが前提である。基準日後に株式の譲渡が行われた場合には，株式会社は，株主総会の議決権の行使に限り，かつ，基準日株主の同意があるときに限り，株式取得者を株主として取り扱うことができる（124条4項。**3**参照）。

⑵ 基準日前のα年3月16日に，Cは，Aが有していた200株を譲渡により取得した。その200株の基準日株主は，Aである。Cが議決権の行使を主張している場合には，甲社は，AまたはCをその200株の議決権を行使する株主として取り扱わなければならず，甲社が株主として取り扱うとしたAまたはCは，その200株の議決権を行使することができる。Cが議決権の行使を主張していない場合には，甲社は，その200株の議決権を行使する株主を選択することはできず，Aは，その200株の議決権を行使することができる。

参考文献

島田志帆「株式の譲渡と株主名簿制度」商事法務2207号21頁。

ステップアップ

甲社の定款には，株主は，甲社の議決権を有する他の株主1名を代理人として，その議決権を行使することができる旨の定めがある。基準日株主Fは，Eを代理人として，その議決権を行使することができるか。

商法・論点索引

(数字は登場回を示します)

か

さ

た

は

り

民事訴訟法

千葉大学教授
北村賢哲
KITAMURA Kentetsu

民事訴訟法　1

千葉大学教授
北村賢哲　KITAMURA Kentetsu

設問

あなたは父上から，以下の相談を持ち掛けられた。

「民事訴訟法を大学で勉強したというお前に教えてほしい。実は，俺のところに２週間ほど前，『訴状』とかいうものが届いた。その中で，どうやら貸した金300万円を返せって言われてるみたいなんだが，俺には借りた覚えがない。ていうか，『原告』って奴，ぜんぜん知らないんだ。これ質の悪いいたずらだよ。オレオレ詐欺が流行ってるご時世だから，この『訴状』，放っておいていいかな？　明日10時に来いって呼出しを受けてるんだけど，その日ふつうに仕事だよ。」

父上が訴状を受領したまま放置するとどのような不利益が当該訴訟において生じるかを説明した上で，その不利益が明日直ちに生ずるのを回避する，ないし，生じたとしても消滅させるための方策をそれぞれ複数検討しなさい。回答にあたっては，父上は当該訴訟のための準備を何一つしていないこと，そして，原告は父上に協力的ではなく，あらゆる合意の成立見込みはないことを前提としなさい。

POINT

❶被告が一切の応訴準備行為を行わないまま最初の期日に出頭しなかった場合，民事訴訟法上，どのような不利益が生ずるかを検討する。❷❶の不利益を回避するためにどのような方策があるか，不利益を未然に防ぐ方法と発生した不利益を消滅させる方法とを区別して列挙し，それらのメリット・デメリットを併せ考える。

解説

①問題の位置づけと意義

民事訴訟法を学習する最初期において，民事訴訟の紛争解決制度としての特色を学ぶはずである。そこでは，民事訴訟の強制的性格というものが説明され，被告は裁判所への出頭が強制されると説かれたりもする（高橋宏志『民事訴訟法概論』395頁）。もっとも，民事訴訟法の条文中，当事者への出頭の強制に直接言及するものはない。出頭が強制されるというのは，出頭しないことで生ずる不利益の大きさに鑑みてのことである。が，これとて民事訴訟法に明確に規定されているとは言い難いため，多くの規定をまたぐ解釈問題となる。もっとも，この領域は通説が圧倒的なので，その通説的理解をひとまず押さえておくことが，民事訴訟手続を，そしてその強制的性格なるものの内実を理解するために必要となる。その上で，不出頭による不利益を回避するための方策を検討することは，実利の観点からも，我が国の民事訴訟の構造理解の観点からも有益である。

②被告の不出頭による不利益

まず，訴状に同封された呼出状において「明日10時」に指定された期日は，「最初の期日」（93条3項）であり，おそらく口頭弁論期日であり（規60条1項），このままでは「最初にすべき口頭弁論の期日」（158条）ともなる。この「明日10時」の期日においては，訴状に記された内容を原告が陳述することが予定される。訴状には，請求の特定に必要な情報のみならず（133条2項），請求を理由づける事実が記載されている（規53条1項）。この期日に被告たる父上が出頭しない場合であっても，訴状を受領した父上はその内容を了知していると期待できるから，原告は請求を理由づける事実を「明日10時」の期日において主張することができる（161条3項）。訴状に記載された事実には，返還約束と金銭交付（民587条）が含まれるはずであるから（さもなくば，訴状を受け付けた書記官が記載の不備を指摘するであろう〔137条，規56条参照〕），これらは期日における主張を通じて訴訟資料となる。これらに対する認否は，被告たる父上が期日に出頭しないので，「争うことを明らかにしない」こととなり，自白したものとみなされる（159条1項，3項）。最初の期日より前に被告たる父上が訴状を受領しているので，公示送達によって訴状送達がなされたとは考えにくく，自白擬制を排除する例外（同条3項ただし書）にも当たらない。この結果，300万円の支払いを求める請求を基礎づける事実がすべて自白されたものとみなされる。

このような全面的な擬制自白の成立の見通しを前提に，受訴裁判所は，裁判をなすに熟したと判断するであろう（243条1項）。「明日10時」の口頭弁論期日にて弁論は終結し，次回期日は判決言渡期日となろう（251条）。もっとも，被告に応訴意思が存する蓋然性が高い一定の事案類型では，慎重を期して弁論を終結せず，期日の続行を1回だけするという運用もあり（草野芳郎「期日の規律」新堂幸司監修『実務民事訴訟講座［第3期］(3)』30頁），弁論を終結するか否かは受訴裁判所次第という部分もないではない。

なお，判決言渡期日についても両当事者に対して呼出しは必要であるが（94条），判決言渡期日については，出頭した者に対する告知が出頭しなかった当事者に対しても有効な呼出しであると解されているため（最判昭和23・5・18民集2巻5号115頁），父上に対する改めての呼出状の送達は行われないと見てよい。父上への言渡期日の通知がなされる可能性はあるが（規156条），通知を怠ってもそのことにより判決言渡しの手続が違法になるわけではない（高田裕成ほか編『注釈民事訴訟法(4)』1071頁［久保井恵子］）。判決の言渡しは当事者が在廷しない場合でも行いうるため（251条2項），呼出しや通知がなくても実害はないと解されているのである。そして，被告が争わない場合には，本来言渡しの際に作成する必要がある判決書（252条・253条）の作成の手間を省くことが認められ（254条），最初の期日を終結した直後に請求認容判決を言い渡すこともできる。

要するに，父上が「明日10時」の期日に出頭しないでいると，父上は請求原因事実をすべて自白したものとみなされ，さらなる通知もなしに，父上に対し原告への金300万円の支払いを命ずる判決が言い渡される可能性が高くなる。「明日」中に言い渡される可能性すらある。

③被告の不出頭に起因する不利益の回避策

次いで，このような不利益が生ずるのを回避する方策である。そもそも，父上が「明日10時」の期日に出頭して，原告の主張を争いさえすれば良いのであるが，それが難しいという場合でも，なおなしうる方策を列挙する。自白擬制が生ずることを防ぐ方策を4つ，自白擬制が生じた後，その撤回の方策を2つ検討しよう。

まず，父上自身が出頭しなくても，代理人に出頭させて争う手がある。弁護士を選任するのである。なお，本件は訴額から地裁の手続であると推測され，この場合，弁護士以外を訴訟代理人に選任することはできない（54条1項）。弁護士の選任は父上の権利保護にとっては最上の策だが，弁護士への依頼は無料ではないし，明日朝までに受任してくれる弁護士を探すのも容易ではなかろう。次に，原告の主張を争う答弁書（規80条）を作成提出する方法がある。裁判所に対しても，相手方に対してもファクシミリによる提出ないし直送が可能であり（規3条・83条・47条1項），作成できさえすれば，提出は出頭に比して手間はかからない。最初にすべき口頭弁論期日においては，出頭しない被告によって提出された答弁書について陳述が擬制されるため（158条），擬制自白の成立を阻止できる。民訴規則79条1項は，「記載した事項について相手方が準備するのに必要な期間をおいて」提出せよと規定するが，158条との関係では期日直前の提出で構わないのも魅力である（兼子一原著『条解民事訴訟法〔第2版〕』947頁［新堂幸司＝上原敏夫］）。もっとも，その次の期日の指定は，父上不在の期日においてなされることが見込まれ，その際，父上の都合を考慮してもらえないという事実上の不利益は生じうる。第3に，期日の変更を申し立てることも考えられる。原告側の同意まで調達できれば，確実に変更できるが（93条3項ただし書），そうでなくても，最初の期日の変更については，両当事者の都合を聞くことなく指定されることから，「顕著な事由」の存在が緩やかに認められるともされる（伊藤眞『民事訴訟法〔第6版〕』245頁）。仮に変更要件の存在が認められなくても，変更申請を通じて被告側の出頭ないし応訴の意思が示された以上，裁判所は「明日10時」の期日を延期するとか，原告の主張のみ行わせて続行期日を指定するとか，被告側の自白擬制を直ちには生ぜしめない何がしかの措置を採ってくれるものと期待できないではない（期日の延期，続行は変更とは区別され，法が特別の要件を定めていないことにつき，伊藤・前掲244頁注8参照）。が，原告の同意の調達が期待できない以上，これらの措置を裁判所が採ってくれる保証はない。そして，第3の方策がたとえ期日の変更を伴わなくても，自白擬制の発生を一時的に防ぎうることから，第4に，期日の変更を申請することすらなしに，不出頭の理由と応訴意思のみ電話で伝えて延期や続行期日指定を促すということも考えられる（村田渉「当事者の欠席」新堂監修・前掲121頁）。これらも確実でないことは第3の期日の変更と同様である上に，申立権のない職権発動の促しに対して裁判所の応答義務はないので，裁判所の判断が外形的に示されず，手続が当事者に不明瞭になるという問題がある。第2の方策である答弁書提出が比較的容易になしうることからは，応訴意思の伝達は答弁書で行うことが望ましく，電話による欠席理由・応訴意思の伝達は，当日交通事故で急きょ出頭できなくなったというような，答弁書提出では間に合わない場合に限られるべきであろう。

次いで，自白擬制が生じた後の方策である。1つは，終結した口頭弁論の再開（152条）を申し立てることである。再開後の期日で請求原因事実を争う旨の主張をすれば，自白擬制は生じなかったことになる。ただし，口頭弁論の再開はあくまで裁判所の裁量で認められるものであり，当事者に申立権はなく，裁判所に再開義務が認められる場面も限られている（最判昭和56・9・24民集35巻6号1088頁）。しかも，口頭弁論の再開は口頭弁論の終結から判決言渡しまでの間のみ行いうるのであるから，終結直後に判決が言い渡されてしまったら，もはや再開申立ては無意味となる。もう1つは，擬制自白に基づく請求認容判決に対して控訴することである。控訴審は続審であることから，控訴審で請求原因事実を争う旨が主張されれば，やはり自白擬制は生じなかったものとされる（大判昭和6・11・4民集10巻865頁）。もっとも，いったん請求認容判決が出ることの不利益は小さくない。控訴のための手数料の負担を余儀なくされるし（288条・291条），判決に仮執行宣言（259条）が付された場合，強制執行を受けるおそれが生ずる。そして，第1審で実質的に審査をしてもらう機会を失う。

④解答の要点

結局のところ，**3**で挙げた方策は，自白擬制の前後を問わず，応訴そのものを行うか，あるいは，少なくとも応訴の意思があることを裁判所に知らせるかのいずれかであり，応訴意思なしに自白擬制の不利益を回避できるということはない。もっとも，いったん生ずる自白擬制が決定的な不利益というわけでもない。やはり**3**で述べたとおり，再開後の弁論や控訴審において争えば，自白は擬制されないことになるからである。

ステップアップ

かつて，大連判昭和19・12・22民集23巻621頁は，当時の民訴法140条1項（現在の民訴法159条1項に相当）は答弁書の不提出又は最初の期日の不出頭が被告の責めに帰すべき事由による場合においてのみ適用があるとしていた。現在，この判例は先例的価値が否定されることが一般的である（竹下守夫＝伊藤眞編『注釈民事訴訟法(3)』308頁［坂原正夫］，兼子原著・前掲951頁［新堂＝上原］）。この判例の一般論にはどのような問題があるのだろうか。

次回の設問

父上から，以下のような相談が持ち掛けられる。
「『期日』への呼出しに俺は仕事で応じられないから，民事訴訟法を大学で勉強したお前が行ってきて俺のふりして，原告の言うことは嘘だと言ってきてくれよ。」

民事訴訟法 2

千葉大学教授
北村賢哲 KITAMURA Kentetsu

設問

金 300 万円の貸金返還請求訴訟を提起され，明日午前 10 時の第 1 回口頭弁論期日に呼び出されているという父上から，あなたは以下の相談を持ち掛けられた。

「俺は明日仕事だから，民事訴訟法を大学で勉強したお前が俺に成りすまして『期日』とやらに行ってきて，原告の言うことは全てうそだと言ってきてくれよ。お前にとっても民事訴訟の現場に触れる良い機会じゃないか。」

あなたが父上のふりをして期日に出頭し，原告の請求原因事実を否認した場合，その行為が民事訴訟法上どのように評価されるのか説明しなさい。検討に際して，被告がだれであるかの検討から始めなさい。

POINT

❶当事者確定の基準について比較検討し，その帰結を確認する。❷氏名を冒用した者がなした期日における主張が，民事訴訟法上どのように評価されるか検討する。

解説

①問題の位置づけと意義

民事訴訟法の講義の比較的初期において当事者が扱われる。当事者を扱う冒頭では，おおよそ以下の筋書きでの説明がなされる。

民事訴訟において当事者は，訴えた者，あるいは訴えられた者であると形式的に把握される。当事者には，手続に関与して利益主張をする地位と機会が与えられ，判決の名宛人となって判決の効力が及ぶ。当事者を具体的にどのように確定するかの基準について，表示説，意思説，行動説が唱えられており，表示説が通説である。

以上の筋書きのうち，第 1 文が形式的当事者概念の，そして，第 2 文は当事者権の説明であり，第 3 文が当事者の確定についての議論の概況である。前二者におおよその共通了解が存するのに対し，後者には学説の対立があり，だれが当事者であるのかは，どの説を採るかによって結論が異なり得る。この設問においても，あなたが被告であると評価されるならば，あなたが明日の期日で原告の請求原因事実を否認できる。もちろん，訴えられていないはずのあなたが被告になるという帰結は荒唐無稽であり，表示説はこのような評価を明確に拒む。この表示説を中心に検討し，少数説側の意図も明らかにした上で，問題の構造を押さえることとしよう。なお，あなたが被告でないとしても，明日行う請求原因事実の否認の効力が常に否定されるべきかについては検討の余地がある。このことは当事者の確定という議論の実益のありかを見極める上でも重要である。

②当事者の確定基準の比較検討

当事者の確定の基準については，訴状の記載によるとする表示説，原告の意思によるとする意思説，当事者らしく振る舞った者を当事者とする行動説の 3 説が対立している。近時は，これらを組み合わせる見解も有力に主張されている。手続進行の程度に応じて当事者確定基準を使い分ける規範分類説である。これから手続を進める段階の行為規範と，既に進行した手続を事後的に振り返る段階の評価規範とを区別し，前者は表示説を，後者は行動説（ないし，当事者たるべきものを当事者とすべきと説く，いわゆる適格説）を用いるべきだとする（新堂幸司『新民事訴訟法〔第 6 版〕』134 頁）。ただし，事後的に振り返る段階まで進行することを予定しない本設問では，規範分類説は表示説と同義であるとして，伝統的な 3 説について比較検討する。

まず，3 つの説の本設問における帰結を確認しておこう。父上が訴えられたと認識しているのは，受領した訴状の被告欄に父上の名が記されているからであると推察されるから，表示説によれば被告は父上である。意思説による場合，訴状に表示された意思を手掛かりにすれば表示説同様，被告は父上となる（松本博之＝上野泰男『民事訴訟法〔第 8 版〕』103 頁）。ただし，原告があなたを被告にする意思をもって，誤って父上の名を記すということがありえないではなく，その場合，被告はあなたとなる。これに対し，行動説を採れば，あなたが期日において被告らしく振る舞えば，被告はあなたとなる。

さて，表示説の長所の 1 つとして挙げられるのは，他説に比して判断基準が明瞭で，一義的な判断が可能だということにある。依るべき判断資料は訴状に限られるのだから明瞭であり，本設問でもあなたが被告になる余地はない。これに対し，意思説は原告の意思という，それ自体可視化されていないものを基準とするため，依るべき判断資料は訴訟に表れたあらゆる徴憑となり，その結果も何を重視したかによって異なり得る。行動説も，当事者としての行動が何を指すのか明確でなく（伊藤眞『民事訴訟法〔第 6 版〕』116 頁），被告側が不活発である場合，被告を確定できないという問題を抱える。

また，もう 1 つの表示説の長所として，裁判所にとって早期に判断できることが挙げられる。表示説が依拠する訴状は訴え提起段階で既に提出された資料であり（133 条 1 項），訴訟の最初期から用いることができる（高橋宏志『民事訴訟法概論』3 頁）。意思説が依拠する原告の意思も，それが訴状で示されている限りで，訴訟の最初期から判別可能だが，内心の意思の探求が予定されるとすれば，様々な徴憑を検討により審理が長期化するおそれがある。そして，行動説が依拠する被告としての行動は，期日にならないと判断できない。

そして，以上の長所は，当事者の確定という問題の性質からは重要である。なぜならば，管轄を決するのにも（4 条），送達の宛先を決するのにも（103 条），当事者を決める必要があることから，訴訟手続の初期段階でなされる必要があり，かつ，判決の既判力が当事者間にのみ及ぶ原則から（115 条 1 項 1 号），それが訴訟手続の終了以降も維持されるべき性質のものだからである。

③行動説の意義と表示説の応答

では，被告のように振る舞ったあなたを被告とする，一見奇怪な評価をする行動説はなぜ説かれるのであろうか。それは，次のような本設問とは異なる，被告側氏名冒用の典型的状況を想定すると，分かりやすい。

> あなたは原告と意を通じ，訴状を受領したまま父上には渡さず，むしろ原告に利するべく父上に成りすまし，期日において請求原因事実をすべて自白した。その結果，請求認容判決が言い渡され，その判決もあなたが受領して父上に渡さないままにしたため，父上の控訴期間は過ぎ，同判決が確定した。

以上の状況において，父上は訴訟手続に関与する機会は皆無である。にもかかわらず，表示説によれば父上が被告であるから，父上に判決の効力が及ぶと言わざるを得ない。これに対し，行動説に依拠してあなたが被告であると言えれば，翻って父上が被告ではないこととなり，父上に判決の効力が直ちには及ばない。父上の救済という観点からは，むしろ行動説の長所が目立つ。規範分類説が判決後に着目して評価規範を別途構想するのも，この長所と，**2**で触れた表示説の長所とを両取りしたいと考えたためである。

もっとも，表示説側でもこの問題への一定の対処がなされており，行動説の優位が決定的なわけではない。先に触れた被告側氏名冒用の典型的状況のリーディングケースたる大判昭和10・10・28民集14巻1785頁では，被冒用者が当事者であったと評価して，確定判決を取り消すための手続である再審が許されるとした。表示説を前提にしても，かような被告には上訴や再審による救済が認められる。しかも，同大判は再審事由として旧420条3号（現338条1項3号に相当）のうち代理権の欠缺を認めており，訴訟手続を通じて関与機会が全くなかった被冒用者にのみこの救済を与える趣旨である。これに対し，本設問では父上は自分に対して訴えが提起されたと認識しており，手続関与の機会が皆無とはいえず，同大判の射程外となる。そういう父上に必要な救済は，上訴による再度の主張機会の確保までにとどまる（第1回参照）。この判例との対比で，被冒用者に対する判決効をおよそ否定する行動説の木目は粗い。したがって，表示説に依ることの難点は，本設問の限りでは解消されているということになろう。

④非当事者の訴訟行為の帰趨

表示説を前提とすればあなたは当事者ではない。だとすれば，あなたが明日する予定の否認はおよそ無効となるのだろうか。明日の期日にて，あなたが被告たる父上でないと判明したか否かで場合を分けて考えてみよう。

あなたが父上ではないことが裁判所に判明すれば，あなたには主張権能がなく，他方で，被告たる父上の不出頭は明らかである。そうであれば，裁判所はあなたが期日で何を言おうが無視し，あるいは退廷を命じた上で（裁71条2項），欠席被告の自白を擬制して請求認容判決をなしうることから，判決言渡期日（251条）を指定（93条1項）・告知（94条1項）して弁論を終結するということは考えられる。この場合，あなたは否認をなしえないし，それらしきことをしても無効である。

これに対し，あなたが父上でないことが判明しない場合，裁判所は（そして原告も）あなたを被告と思い込んでいるから，その否認が有効であると見て，請求原因事実に争いがあると判断する。続行期日を指定して明日の期日を終了するということは十分考えられる。

では，そののちにあなたが父上ではないことが判明した場合，直ちに前々段落の欠席処理を行うことができるだろうか。2つの観点から否定的に解される。

1つは，前掲昭和10年大判が再審による取消しを認めたことと関係する。同大判には，原告側冒用事例で冒用者が原告だという行動説的帰結を是認した大判昭和2・2・3民集6巻13頁の先例がある。昭和2年大判は，冒用者が関与した判決の効力は被冒用者に及ばないから再審による取消しを認める必要がないとしていた。両大判からは，再審による救済を認めるためには再審を申し立てた者に対して判決が有効でなければならないという前提が共有されていることがうかがえる。そうであれば，表示説を採っても，冒用者の関与した判決を直ちに無効とはしないということになる。冒用者の訴訟行為が無効だとしても，なされた手続がいきなり覆滅するわけではないのである。比較的近時の裁判例でも，被冒用者が冒用者の訴訟行為を追認したものと評価しており（最判平成2・12・4判時1398号66頁），父上があなたの否認を追認する余地が認められる。

もう1つは，弁論終結決定されなかったことの意味に関わる。口頭弁論終結時は既判力の時的限界を画する基準であり（民執35条2項参照），その重要性から判決書の必要的記載事項である（253条1項4号）。したがって，口頭弁論終結時を明らかにしないまま本案判決することはできない。また，口頭弁論終結時が基準時となるゆえんは，そのときまで当事者に主張立証機会が保障されていたことにあるから，口頭弁論終結決定は口頭弁論期日で行われる必要がある。したがって，続行期日を開いて，なお被告の不出頭を確認した上でなければ，弁論を終結できない。弁論の終結なしに判決言渡期日の告知はありえず，その告知なしに擬制自白に基づく請求認容判決を言い渡すのは違法である（大判昭和13・4・20民集17巻739頁）。となると，続行期日を開く必要はどのみち存し，その続行期日において父上には主張立証機会が与えられる。追認の余地もここで生ずる。

このような追認を常に認めてよいかは，弁護士代理原則との関係を考える必要がある。が，父上があなたを通じて明らかにした応訴意思をおよそ無視してよいとは考えにくい。したがって，明日の期日にてあなたが父上でないと看破されなければ，あなたの否認が有効化する余地があり，少なくとも，明日に弁論が終結する事態を避けられるということになる。

ステップアップ

いわゆる死者名義訴訟についてのリーディングケースたる大判昭和11・3・11民集15巻977頁では，実質上の被告を死者の相続人であると説くが，この判例を表示説から正当化することは可能であろうか。

次回の設問

父上から，以下のような相談が持ち掛けられる。
「俺に似てないからすぐばれるというなら仕方がない。なら，お前が俺の代理人になればいいんじゃないか？」

民事訴訟法　3

千葉大学教授
北村賢哲　KITAMURA Kentetsu

設問

金 300 万円の貸金返還請求訴訟を隣県の地方裁判所に提起され，明日午前 10 時の第 1 回口頭弁論期日に呼び出されているという父上から，あなたは以下の相談を持ち掛けられた。

「俺は明日仕事だから，民事訴訟法を大学で勉強したお前が俺の代理人として『期日』とやらに行って来て，原告の言うことは全てうそだと言ってきてくれよ。お前にとっても民事訴訟の現場に触れる良い機会じゃないか。」

あなたが父上の代理人として期日に出頭し，原告の請求原因事実を否認しようとした場合，民事訴訟法上どのように評価されるのか説明しなさい。なお，検討に際しては，あなたが弁護士でないことを前提としなさい。

POINT

❶訴訟上の代理にどのようなものがあるか確認する。
❷弁護士代理の原則の趣旨を検討する。

解説

①問題の位置づけと意義

民事訴訟法の講義では比較的初期に訴訟上の代理についての説明がなされる。そこでは民法の代理と類似する部分と，異なる部分の説明がなされ，民事訴訟法の特殊性を明らかにすべく，後者の説明に力点を置かれることが通例である。設問も，取引の場面であれば可能なものが，訴訟においては通常はなしえない例となる。が，そのような帰結が何によって正当化されるのかは，さほど明確ではない。もちろん，民訴法 54 条が規定する弁護士代理の原則がこの問題の鍵なのだが，その規定の趣旨理解は論者によって異なっている。そこで，通説的な説明を押さえたうえで，その意図を明らかにしておくことで，問題の難しさを確認することにしよう。

②訴訟上の代理の類型ごとの検討

訴訟上の代理には，法定代理と訴訟代理がある。両者の実質的相違は，前者の選任が本人の意思に基づかないのに対し，後者の選任は本人の意思に基づくという点にある。民訴法上も，前者が第 1 編総則の第 3 章当事者の第 1 節当事者能力及び訴訟能力の中で言及されるのに対し，後者は同編同章第 4 節訴訟代理人及び補佐人において扱われるというかたちで，明確に区別されている。条文の位置からして，弁護士代理の原則は訴訟代理にのみ関係することが明らかである。しかも，54 条 1 項は「法令により裁判上の行為をすることができる代理人のほか」と書き出すことから，この引用部に相当する法令上の訴訟代理人についても，弁護士代理の原則は直接には適用されない。弁護士代理の原則が直ちに妥当するのは，特定の事件ごとに訴訟追行の委任を受ける，訴訟委任に基づく訴訟代理人に限られる。

したがって，あなたが父上の法定代理人であるなら，あなたが弁護士か否かを問うまでもなく，父上に代わって訴訟行為を行うことができるし，行わなければならない。なぜなら，法定代理人が存在する状況では，本人は無能力者であるため，法定代理人によらなければ訴訟行為をすることができないからである（31 条）。あなたが父上の法定代理人となる典型例は，父上が後見開始の審判によって成年被後見人となり，あなたが成年後見人となる場合である（民 7 条・8 条）。そして，あなたがすでに法定代理人となっている場合には，訴状にあなたを被告たる父上の法定代理人として記載することが必要であり（133 条 2 項 1 号），この訴状は父上にではなく，法定代理人たるあなたに送達しなければならない（102 条 1 項）。父上が訴状を受領し，呼出状の名宛人であると目される設問の状況で，これらはいずれもなされていないものと推測されるから，原告は，訴状の記載を補正した上で（137 条 2 項），再度，あなたに対して送達しなおさなければ，訴訟係属の発生すら基礎づけえない。ただし，送達の瑕疵のみであれば法定代理人による追認や，責問権放棄・喪失によって送達が有効となる可能性に留意する必要がある（大決昭和 8・7・4 民集 12 巻 1745 頁，最判昭和 28・12・24 判タ 37 号 48 頁）。

これに対し，あなたが父上の法定代理人ではないなら，訴訟代理をなしうるかは別途検討を要する。

まず，法令上の訴訟代理が成立する可能性もないではない。父上が商人で，支配人にあなたが任じられているという場合がそれにあたる（商 20 条）。このとき，あなたは営業に関する一切の裁判上の行為をすることができる（商 21 条）。今次の貸金がその営業に関するものであれば，あなたは弁護士でなくても，父上に代わり訴訟行為を行いうる。もっとも，もっぱら裁判上の行為を行わせるため支配人に選任されたという場合，弁護士代理の原則の潜脱に当たるとして，その支配人の訴訟行為を遡って無効とし，かつ追認も認められないと説く裁判例があり（仙台高判昭和 59・1・20 下民集 35 巻 1 ～ 4 号 7 頁），その当否は，弁護士代理の原則をどこまで妥当と考えるかという問題に行き着く。

そして，訴訟委任による訴訟代理人は，地方裁判所以上の手続であれば弁護士でなくてはならないから（54 条 1 項），あなたは訴訟代理人になれない。仮にあなたが弁護士になりすまそうとすれば，それは弁護士法 74 条 1 項が禁じる非弁護士の虚偽標示であり，同法 77 条の 2 により 100 万円以下の罰金に処される。そして，弁護士と標示せずに，父上があなたに訴訟委任したとする委任状が代理権の証明のために裁判所に提出されれば（規 23 条 1 項），訴訟代理人たるあなたが弁護士でないことは一目瞭然であるから，直ちに審理から排除されることとなろう（弁護 72 条，裁 71 条）。したがって，第

2回の本演習のように，いったんあなたが行った訴訟行為の効力，ないし，無効であったとしてその追認可能性を論ずる意味は，全くの素人が訴訟委任による訴訟代理人になろうとする本問では，さほど大きくない。なお，原告側で非弁護士への実質的な訴訟委任を意図して，訴求債権を近親間で譲り受けるということが一定程度許容されていた（早川吉尚「身をもって知る民事訴訟法」ジュリ1057号78頁）。ただし，最近，これを信託法10条に反するとして否定する広島高判平成29・3・9判時2338号20頁があるし，給付訴訟の被告側にはおよそ使えない手段であることに注意する必要がある。

③弁護士代理の原則の趣旨

では，本人が代理人への選任を望む者を，弁護士でないという理由で排除すべきとする理由はどこにあるのだろう。①依頼者本人の利益保護（伊藤眞『民事訴訟法〔第6版〕』150頁はこれのみを挙げる），および，②審理の円滑な進行が挙げられることが少なくないが（松本博之＝上野桊男『民事訴訟法〔第8版〕』113頁），さらに，③「三百代言」の跋扈を一般的に防止することが加えられることもある（新堂幸司『新民事訴訟法〔第6版〕』181頁，高橋宏志『民事訴訟法概論』20頁）。大正15年の民訴法の判決手続部分の全面改正とこれに近接する昭和8年の旧弁護士法及び法律事務取扱の取締に関する法律の制定の経緯からは，立法当時は③が主目的であったといってよい。が，「三百代言」がこの間姿を消したのだとすれば，その跋扈をなお防ぐ意味は現代では不分明となる。「三百代言」が何だったのかが語られぬまま③を現行法の趣旨として説くことはかえって趣旨を不明瞭にするという側面がある。

とはいえ，①②が主目的となりにくいことも，わが国が採らない弁護士強制主義との対比から明らかである。すなわち，本人に弁論能力を認めず，訴訟行為を行うためには必ず弁護士を選任しなければならないという弁護士強制主義であれば，①②は徹底されるが，本人訴訟が許容されているとなると，本人訴訟において適切な法的助言を受けないために当該本人が不利益を被る可能性は残り，かつ，訴訟手続に不慣れな本人によって訴訟の遅滞が生ずることは避けがたい。①②の利益が十分確保されるのは代理人に弁護士が選任されたケースに限られるのである。今日でも，原告被告双方が弁護士に委任しているケースはすべての地裁の第1審通常訴訟既済事件の半数にも満たず，原告側ですら2割ほどが本人訴訟であることからは（『平成29年司法統計年報1民事・行政編』38頁），①②の利益が相変わらず制限されているであろうことが推測される。近時，司法研修所編『本人訴訟に関する実証的研究』57頁以下においては，本人が弁護士を選任したとしても訴訟の帰結に影響しなかったと思われるケースが半数以上を占め，裁判所の公権的関与によって弁護士選任訴訟とそん色ない訴訟活動ができた事件が一定割合存すると分析されている。これは①が裁判所の関与である程度は保証される一方で，②に小さくない負の影響が及んでいる可能性を示唆する。

つまり，弁護士代理原則はそれ単独では①②を実現する制度としては十分ではない。③が実現されることを通じて，さらには③の潜脱を封じる他の制度（信託10条，弁護士法第9章法律事務の取扱いに関する取締りの規定群）や弁論能力を欠く者に対し弁護士の付き添いを命ずる措置（155条）とも相まって，弁護士に訴訟委任する割合が高まることで，間接的に①②が実現されるものと捉えられているということである（菱田雄郷「演習」法教298号132頁参照）。

もっとも，③が①②につながるのかは，「三百代言」が弁護士ではないというほかは分からない以上，自明ではない。むしろ弁護士が見捨てた当事者を拾い上げ，不十分であるにせよ①②を果たすかもしれないのである。また，弁護士付添命令制度は機能していないことも知られている。弁護士を選任する当事者の割合が，弁護士総数がここ15年ほどで倍増してもなお，さほど増加していないことからは，弁護士代理の原則が裁判所へのアクセスの阻害要因になっている可能性すらうかがえる。

それでもなお，通説は非弁護士による訴訟代理を無効と解しており，弁護士代理の原則それ自体の妥当性を疑ってはいない。むしろ，弁護士代理の原則だけでは十分には実現されない①②③をあえて理由として挙げることは，同原則と組み合わせるべき別の制度の必要が示唆されている。それが何なのかは，具体的には論者によって異なるものと思われるが，弁護士の報酬を巡る問題が関わっているという認識は共有されている。その検討を次回予定している。

④まとめ

設問への答えは簡単である。あなたは弁護士ではないので，父上の訴訟委任に基づく訴訟代理人にはなることができない。しかしこのことは，あなたが法定代理人となる場合には関わりがない。あなたが弁護士でないという事情は，訴訟上の代理をすべて排除するのではない。むしろ本人が任意で訴訟代理人を選任するという場合にのみかかる制約であり，これは本人の能力不足に起因するさまざまな弊害を防ぐ意図で設けられている。

ステップアップ

設問であなたが認定司法書士（司書3条2項）だとしたら，答えは変わるだろうか。140万円を超える過払金の返還請求権についての裁判外で和解することを認定司法書士に委任する契約は無効だが，委任者と相手方とで締結した和解契約は有効であるとした最判平成29・7・24民集71巻6号969頁参照。

次回の設問

父上から，以下のような相談が持ち掛けられる。

「弁護士に依頼しろっていったって，いくらかかるんだ？　その金はどうするんだ。国が払ってくれるのか？　それとも訴訟して勝ったら，原告から取り返せるのか？」

民事訴訟法　4

千葉大学教授
北村賢哲　KITAMURA Kentetsu

設問

金300万円の貸金返還請求訴訟を隣県の地方裁判所に提起され，明日午前10時の第1回口頭弁論期日に呼び出されているが仕事で出廷できないという父上に対し，弁護士を訴訟代理人として選任し，同期日に出廷させるよう助言したあなたは，以下の質問を受けた。

「弁護士に依頼するって，一体いくらかかるんだよ？　その金は，国かなんかが出してくれるのか？　そうじゃないとして，俺がこの訴訟で勝ったら，原告から取り返せるのか？」

最初に弁護士費用について，民事訴訟法上どのような位置づけが与えられているかを確認した上で，それぞれの質問に対して，民事訴訟法以外の規律にも言及して回答しなさい。

POINT

❶弁護士費用に関する民事訴訟法上の位置づけを確認する。❷弁護士費用の諸規制を確認し，その趣旨を明らかにする。❸弁護士費用の立替えの枠組みを利用できるか否か検討する。❹弁護士費用が各自負担である原則の根拠とその例外が認められる範囲について考察する。

解説

①問題の位置づけ

訴訟の当事者は訴訟の準備・追行のために様々な支出を余儀なくされる。そのような支出のうち，大きな割合を占めるのが弁護士費用である。これがどの程度の額で，そして，どのタイミングで支出されるかは，訴訟の利用そのものや訴訟追行のあり方に影響を及ぼす。

したがって，訴訟追行過程の規律を重要な役割と任ずる民事訴訟法がこれに無関心であるはずはないのであるが，体系書や教科書における訴訟費用の位置づけは多様である。訴え提起前の問題として早い段階で言及するものもあれば（三木浩一ほか『民事訴訟法〔第3版〕』26頁，山本弘ほか『民事訴訟法〔第3版〕』57頁），終局判決に関連させるものもあり（伊藤眞『民事訴訟法〔第6版〕』613頁），最終盤になって言及するものもあり（新堂幸司『新民事訴訟法〔第6版〕』987頁，松本博之＝上野泰男『民事訴訟法〔第8版〕』921頁），言及がないものもある（高橋宏志『民事訴訟法概論』）。最後のものは，民事訴訟法が規定する訴訟費用に弁護士費用が含まれないと解される結果，訴訟費用は訴訟における費用全体のごく一部にとどまり，訴訟追行行動への影響が考えにくい問題と整理されているものと推測される。

以上からは，弁護士費用に関する規律の重要さと，それを民事訴訟法で適切に規律することの困難さとが示されているということができる。

②弁護士費用額の規律

弁護士が依頼に基づいて法律事務を行う場合，依頼者との間に委任契約が成立する。弁護士は受任を拒むこともでき（弁護24条参照），受任する際は業として行うから，特約のない限り有償である（兼子一＝竹下守夫『裁判法〔第4版〕』375頁）。したがって，その額も合意を基礎として定まるのであり，弁護士費用の算定基準を定める法律はない。従来は，各弁護士会が定める報酬規程が存在し，算定基準として一定の役割を果たしていたが，公正な競争を確保するため，平成16年に廃止された。現在では，弁護士は各々報酬基準を定め，依頼者に対して報酬について説明する義務を負う旨の規程があるだけで，一般的な算定基準は存しない（市川正人ほか『現代の裁判〔第7版〕』132頁，264頁）。もっとも，平成23年に制定された債務整理事件処理の規律を定める規程では，過払金報酬金につき上限規制を設けており（同15条），算定基準を規程として設けることがおよそ違法視されているわけではないことに注意する必要がある。

では，訴額300万円の貸金返還請求訴訟における弁護士費用の相場はいくらなのか。日本弁護士連合会が行った2008年度のアンケート調査によれば，「着手金」20万円前後，「報酬金」30万円前後というのが，もっとも多くの弁護士の回答を集めていた（同会「2008年度アンケート結果版　市民のための弁護士報酬の目安」8頁）。これは**3**で触れる，日本司法支援センターが行う代理援助の際の報酬金立替基準にもほぼ合致しており，10年以上経過した現在でも同様の相場観を維持してよいものと思われる。

ところで，「着手金」「報酬金」とは何であろうか。前掲アンケートは冒頭に次の説明を掲記している。

> ・「着手金」は，弁護士が扱う事件には，その性質上，相手方のあることですから，成功・不成功がつきものですが，その結果いかんにかかわらず，弁護士が手続を進めるために事件の着手のときに受けるべき弁護士報酬のことです。
> 　着手金は，報酬金とはまったく別のものです。これは手付金という意味ではありません。
> ・「報酬金」は，弁護士が扱った事件の成功の程度に応じて受ける成功報酬のことです。
> （前掲アンケート2頁）

したがって，仮に父上が勝訴した場合に，単に合計50万円程度を弁護士費用として支払わなければならないというだけではなく，「着手金」20万円程度を先払いしなければ受任してもらえないのである。このような「着手金」「報酬金」の二本立てで報酬を請求する取扱いの実定的根拠は明らかではないが，平成16年に廃止された報酬規程には存していた。旧報酬規程が現在まで一定の影響力を有し続けていることがうかがえる。

③弁護士費用の「援助」可能性

訴訟の準備・追行に必要な費用を支払う資力がない者に対しては，勝訴の見込みがないとはいえない場合に，訴訟上の救助の決定がなされる（82条1項）。もっとも，その主な効力は訴訟費用の一部を構成する裁判費用の支払いの猶予であり（83条1項1号），免除ではない。そして，弁護士付添命令（155条2項）が命じられない限り，弁護士費用の支払いの猶予はなされない（83条1項2号）。弁護士付添命令は当事者の陳述を禁じた場合に発令されるものであり，その禁止の必要は期日における陳述の態様から判断されるのだから（155条1項），第1回口頭弁論期日前に発令されることはおよそ想定できない。したがって，父上の弁護士費用の支払いが訴訟上の救助によって猶予される可能性はない。

これに対し，平成16年に制定された総合法律支援法によって，日本司法支援センターが設立運営され（同法13条以下），その業務の一つに，民事裁判等の手続の準備などのために代理人に支払うべき報酬を支援センターが立替払いする代理援助が存する（同法30条1項2号イ）。これにより，弁護士費用を支払う資力のない者でも，支援センターの立替払いを受けて，弁護士による訴訟追行が可能となるのであり，民事訴訟の利用に大きな影響を与えうる制度である（村山眞維＝濱野亮『法社会学〔第3版〕』102頁）。もっとも，代理援助の対象となる事件の4割近くを自己破産が占め，任意整理などのその他多重債務事件と合わせると過半数となる上に，これと別に3割強を離婚及び家事事件で占められる（『法テラス白書〔平成30年度版〕』67頁）。予算の制約もあることから（村山＝濱野・前掲108頁），申請者についての資力審査は厳しく，通常の民事訴訟において代理援助が果たす役割は現実にはさほど大きくない。

なお，父上にとっては別の問題がある。代理援助の審査に一定の時間がかかるので，明日の期日に間に合いそうにはないのである。しかも，代理援助の申込みにあたっては，弁護士との相談を経た上で，当該弁護士に作成してもらった事件調書の提出が求められる。そうなると法律相談ができなければ代理援助の申込みすらできない。仮に，父上が訴状受領直後から代理援助を目的として迅速に行動したとしても，第1回口頭弁論期日までに間に合うかどうかは分からないのである。もちろん，代理援助の決定前に，すなわち，着手金を依頼者が支払う前に，弁護士が受任してくれるということが考えられないではない。着手金を受領しない限り，事件を受任してはならないというルールはないからである（**2**）。が，それは個々の弁護士の判断によるのであり，そういう弁護士を探す負担は代理援助を求める者が負うことになる。この問題は，提訴のタイミングをはかれる原告側であれば，代理援助決定まで提訴を待つことで回避できるが，第1回口頭弁論期日を独力では動かせない被告側にとっては（93条3項参照），深刻である。

④弁護士費用各自負担の根拠とその例外

1で触れたように，民事訴訟法が規定する訴訟費用に弁護士費用は通常含まれないから，民訴法61条が規定する敗訴者負担原則の適用もなく，弁護士費用は依頼者が各々負担しなければならない。そのような理解が定着している根拠は形式的なものと実質的なものと2つある。形式的根拠は，訴訟費用について規定する民事訴訟費用等に関する法律において弁護士費用一般が規定されていないことである（大判大正4・5・19民録21輯725頁参照）。同法2条10号は「民事訴訟等に関する法令の規定により裁判所が選任を命じた場合」の弁護士費用が訴訟費用に含まれるとするが，この規定から逆に，裁判所が選任を命じない通常時は訴訟費用に含まれないとの解釈が補強される。実質的根拠は，弁護士代理原則が規定されるのみで（54条1項），本人訴訟が禁じられていないことである。弁護士を選任せずとも訴訟追行は可能であり，したがって，弁護士費用が訴訟追行に当たって必要不可欠な費用とは言えないのである。

ところで，この実質的根拠は一定の例外を認める論拠としても働く。

第1の例外は，不法行為による損害賠償請求訴訟を提起するために弁護士に委任した場合である。最判昭和44・2・27民集23巻2号441頁は，「現在の訴訟はますます専門化され技術化された訴訟追行を当事者に対して要求する以上，一般人が単独にて十分な訴訟活動を展開することはほとんど不可能に近い」との認識を示し，不法行為の被害者が自己の権利擁護のために訴えの提起を余儀なくされた場合は，一般人は弁護士に委任しなければ，十分な訴訟活動をなし得ないとして，原告の弁護士費用の一定部分についても不法行為と相当因果関係に立つ損害として被告に賠償義務を認めたのである。このような取扱いは実務において幅広く浸透している。しかし，説例の事件は不法行為訴訟ではないし，父上は原告でもない。第1の例外では，被告勝訴の際の償還可能性は存しないのである。

第2の例外は，訴え提起自体が不法行為に該当し，その応訴のために被告が弁護士に委任した場合である。その際，被告が要した弁護士費用につき，不法行為に起因する損害の一部として償還が認められることは，昭和期の大審院判例が認めてきたものであり（大連判昭和18・11・2民集22巻1179頁），最判昭和63・1・26民集42巻1号1頁も一般論としてはその可能性を認めているものと思われる。これにより，父上が応訴のために要した弁護士費用を相手方に請求する余地が認められる。

ステップアップ

わが国で弁護士費用を敗訴者負担とすることには，どのような弊害があると考えられているだろうか。「〈資料〉民訴費用制度等研究会報告書」ジュリ1112号57頁，とりわけ69頁以降を参照せよ。

次回の設問

父上から，以下のような相談が持ち掛けられる。
「原告の訴訟はでたらめなんだから，不法行為に決まってるじゃないか。じゃあ，俺が弁護士を雇って応訴とやらをするから，その費用をお前が立て替えてくれよ。」

民事訴訟法　5

千葉大学教授
北村賢哲　KITAMURA Kentetsu

設問

金300万円の貸金返還請求訴訟を隣県の地方裁判所に提起された父上に対し，訴え提起自体が不法行為に該当し，その応訴のために弁護士に委任した場合，原告にその弁護士費用を償還請求できるかもしれないことを伝えたあなたは，以下の依頼を受けた。

「原告を俺は知らないくらいだから，訴訟はでたらめで，不法行為に決まってるじゃないか。じゃあ，俺が弁護士を雇って応訴とやらをするから，その費用をお前が立て替えてくれよ。いずれ返ってくるんだから，いいだろう？」

原告の当該訴訟提起が不法行為に該当すると言えるために，どのような事実が必要かを明らかにした上で，父上の立替払いの依頼を受けるべきか否か判断しなさい。必要があれば，裁判を受ける権利，ないし訴えを提起する権利がどのような性質をもつかについても検討しなさい。訴状中に請求原因事実の記載はあるものの，それらの事実はいずれも存しないものと仮定しなさい。

POINT

❶原則として弁護士費用の償還が被告には認められないことを確認する。❷その原則と裁判を受ける権利との関係を明らかにする。❸例外的に弁護士費用の償還が被告に認められるためには，どのような事実が必要であるか検討する。

解説

①前回の復習と問題の位置づけ

訴訟追行のために代理人弁護士を選任した当事者は，弁護士費用の支出を余儀なくされる。前回の本演習にて，弁護士費用が訴訟費用（61条）に含まれず，したがって各自負担が原則であること，および，訴え提起自体が不法行為に該当する場合には相手方に償還請求できる例外が認められることを確認した。その例外がどの程度許容されるのかは，訴えを提起しようとする者の行動に大きな影響をもたらす。

したがって，訴訟追行過程の規律を重要な役割と任ずる民事訴訟法がこれに無関心であるはずはないのであるが，体系書や教科書における位置づけは分かれている。すなわち，一方で，訴えの提起が訴訟行為の典型であることに着目し，訴訟行為に適用がある信義則（2条）の制約に服する旨を説くものもある（伊藤眞『民事訴訟法〔第6版〕』343頁，三木浩一ほか『民事訴訟法〔第3版〕』151頁）。他方で，訴えの提起が原則として自由に行いうることを説明するためにこの問題に触れるものがある（高橋宏志『民事訴訟法概論』45頁，松本博之＝上野桊男『民事訴訟法〔第8版〕』78頁。なお，訴権濫用との対比で言及する新堂幸司『新民事訴訟法〔第6版〕』262頁参照。）。後者においては，裁判を受ける権利（憲32条）との関係が常に言及される。

②裁判を受ける権利と被告の応訴

では，憲法学において裁判を受ける権利はどのように理解され，被告の応訴負担はどう位置づけられるのであろうか。

憲法の代表的体系書は，裁判を受ける権利を国務請求権と位置づける。したがって，国家の存在が前提とされ，その具体的内容も国家の制度形成に依存せざるを得ない。そして，憲法32条は，民事事件においては，裁判所による裁判の拒絶が許されないことを意味し，刑事事件においては，裁判所の裁判によらなければ刑罰を科されないことを保障しているとして，事件の性質により含意が異なるとされる（芦部信喜〔高橋和之補訂〕『憲法〔第7版〕』267頁，辻村みよ子『憲法〔第6版〕』275頁，長谷部恭男『憲法〔第7版〕』307頁，渡辺康行ほか『憲法Ⅰ』435頁）。さらに，民事事件についても一定の手続保障を同条に読み込むことが行われる。判決手続で行うべき審理を非訟手続で行うことは違憲であることは判例の承知するところでもあるが（最大決昭和35・7・6民集14巻9号1657頁），非訟事件についても適切な手続保障が行われるべきことまでを同条が規定していると説かれる（芦部〔高橋補訂〕・前掲268頁，辻村・前掲277頁，長谷部・前掲308頁，渡辺ほか・前掲438頁）。さらに，司法へのアクセス保障までを取り込み，民事法律扶助業務（法律支援30条1項2号）も裁判を受ける権利の保障として位置づけられることがある（佐藤幸治『日本国憲法論』353頁，355頁。なお，兼子一＝竹下守夫『裁判法〔第4版〕』415頁参照）。

以上の憲法学の知見の中で，被告の応訴負担の位置づけはさほど明確であるとはいえない。以下，若干具体的に敷衍しておこう。

裁判を受ける権利を裁判拒絶の禁止と解する限り，原告と裁判所との間の問題であり，被告は当面は無関係である。もちろん，被告の対応次第で原告の訴訟提起が無に帰せしめられることがないよう，裁判制度を構築すべしという要請は国家に課されている。さしあたり，そのような要請に応える制度として，住所不明の被告への送達を裁判所の掲示場への掲示によって可能とする公示送達制度（110条以下）を想起されたい。

さて，そのような制度が構築された結果生ずる被告の応訴負担を制御する契機は，裁判拒絶禁止ルールには存しない。公示送達がなされた被告が適切に応訴するためには，日ごろから裁判所の掲示板を注視しなければならない。この負担は日常生活に支障をきたすほど重いはずだが，まさに原告の裁判を受ける権利を実現するために，被告の受忍が求められる（伊藤・前掲257頁）。

他方で，裁判を受ける権利に一定の手続保障を読み込むならば，被告の保護も考えうるのかもしれない（兼子＝竹下・前掲149頁）。まさに前掲最大決昭和35・7・6は，即時抗告によって調停に代わる決定の確定を封じえたにもかかわらず，判決手続によることを要求するのであり，これによる上訴期間の実質的延伸（1週間〔332条〕から2週間〔285条〕）は，不利な裁判を受けた当事者（含む被告）に有利に機能するからである。

しかし，公示送達を受けた被告が1審で敗訴した場合に，控訴期間が通常の敗訴当事者に比して延伸されるということは通常ほとんどない。たしかに公示送達の効力発生は掲示から2週間経過後なので，その分，控訴期間の開始は遅れるかに見える（112条1項本文）。が，公示送達が実施されるたいていのケースは，訴状がすでに被告に公示送達されている。このときの判決送達は同一当事者に対する2回目以降の公示送達であるから，掲示の翌日には送達の効力が生ずる（同項ただし書）。いずれの猶予期間でも裁判所の裁量で伸長することは可能だが（同条3項，96条1項本文），公示送達において猶予期間を伸長する実務の取扱いが定着しているとは考えにくい。母法たるドイツ法でも公示送達制度は存するが，1回目と2回目の区別なく一月の猶予期間が認められるのに比して（ドイツ民事訴訟法188条），明らかに不利な取扱いである。が，これを違憲とする憲法学説は管見の限り存しない。

もちろん，判決書の公示送達を受けた被告には，控訴の追完（97条）が認められることがあり（最判昭和36・5・26民集15巻5号1425頁，最判昭和42・2・24民集21巻1号209頁等），これが上訴期間の実質的延伸の役割を果たす。しかし，追完は判決書を交付送達された当事者にも認められるのであり，同じ枠組みによる救済のみで判決書の公示送達を受けた者に十分な救済となりうるかという問題がある。だからこそ再審（338条以下）による救済をも認めるべきであると民事訴訟法学説の議論は進むのであるが，これを認める最高裁判例は存しないし（最判昭和57・5・27判時1052号66頁参照），その議論に被告の裁判を受ける権利が援用される例もやはり管見の限り存しない。

要するに，原告の裁判を受ける権利の実現のため，被告に生ずる応訴負担に対して憲法学の関心は薄く，民事訴訟法の枠内で適切な調整が図られることが期待されているということである。それが裁判を受ける権利を国務請求権と位置づけることの帰結でもあろう。

③ 訴え提起を不法行為と評価する余地

訴えの提起が原告の裁判を受ける権利の行使であると位置づけられることから，それは通常正当な行為であり，不法行為と評価されるのはごく限られた場面のみであるとの理解が成り立つ。最高裁のリーディングケースである最判昭和63・1・26民集42巻1号1頁の判旨を見てみよう。

その冒頭の一般論では，法的「紛争の終局的解決を裁判所に求めうることは，法治国家の根幹にかかわる重要な事柄であるから，裁判を受ける権利は最大限尊重されなければならい」ないと前置き，「訴えを提起することは，原則として正当な行為であり，提訴者が敗訴の確定判決を受けたことのみによって，直ちに当該訴えの提起をもって違法ということはできない」と説く。他方で，応訴者に不当な負担を強いる結果を招く訴えの提起は，違法とされる場合があるとして，その負担の例に弁護士費用を挙げることで，問題が弁護士費用負担の調整であることをも示唆する。

その結果，①提訴者の主張した権利または法律関係が事実的，法律的根拠を欠くものであり，②そのことを知って提訴した，あるいは通常人であれば容易に知りえたのに提訴した，③訴えの提起が裁判制度の趣旨目的に照らして著しく相当性を欠く場合に限り，相手方に対する違法な行為となると判示し，具体的事案では②が欠けるとして不法行為に当たるとした原審の判断を退けた。

後続最高裁判例でも，この①～③の定式が引き継がれると共に，②を欠くとの判断が繰り返されており（最判平成11・4・22判時1681号102頁，最判平成21・10・23判時2063号6頁），この主観的要件の立証負担が，応訴被告の弁護士費用償還請求への最大の障害となっていることが伺われる。もっとも，償還請求を否定した原審の判断を②の存否が明らかになっていないとして差し戻した例もあり（最判平成22・7・9判時2091号47頁），また下級審裁判例で償還を実際に肯定したものも，同最判の前後にいくつか存している（その最近の興味深い例として，東京地判平成29・7・19判時2354号60頁）。

本件でも，請求原因事実が存しない以上，①は満たすだろう。他方で，父上は原告を知らないとすら言っており，原告の提訴の事情を知悉しているとは思われず，②がネックとなるものと思われる。他方で，仮に②も満たすとして，③がなお障害となりうるかは，よく分からないところである。②自体のハードルが高いので，そこまでが満たされれば定型的に③も満たすようにも思われるが（規範的要件と解することで実質同旨を説く加藤新太郎『弁護士役割論〔新版〕』187頁参照），もともと，調査官解説はむしろ③が要件であって，①②がその例示であると位置づけていたところであり（瀬戸正義「判解」最判解民事編昭和63年度11頁），また前掲最判平成22・7・9が，償還を否定すべき事情として挙げる，原告の記憶違いや通常人にもあり得る思い違いをしていたことは，③要件の問題と整理されることもある（堀野出「判批」速判解9号131頁）。

いずれにせよ，弁護士費用の償還請求は容易には認められないということはできる。それをふまえて父上のために弁護士費用分を立て替えるか，断るかは，あなたの判断である。

ステップアップ

被告側の弁護士費用の償還は，上述のとおり容易には認められないが，原告側の弁護士費用の償還は，訴求債権を不法行為に基づくものと評価できた上で請求が認容されさえすれば，ほぼ自動的に認められる。ここに原告と被告との間の不均衡は存しないだろうか。

次回の設問

父上から，以下のような相談が持ち掛けられる。
「うちから徒歩5分のところに裁判所はあるのに，なんでわざわざ別の県の裁判所まで行かなきゃならないんだ？　近くの裁判所で済ませるわけにはいかんのか？」

民事訴訟法　6

千葉大学教授
北村賢哲　KITAMURA Kentetsu

設問

金300万円の貸金返還請求訴訟を隣県のA地方裁判所に提起され，明日午前10時の第1回口頭弁論期日に呼び出されている父上から，あなたは次の相談を受けた。「うちから徒歩5分のところにB地裁があるのに，なんで電車で2時間かけてA地裁まで行かなきゃならないんだ？B地裁で済ませるわけにはいかんのか？」

原告の住所地を管轄する裁判所がA地裁であり，父上の住所地を管轄する裁判所がB地裁であることを前提として，⑴B地裁が管轄裁判所であること，⑵A地裁も管轄裁判所と考えられることを説明した上で，⑶明日の口頭弁論期日に出頭するとすればA地裁に行かざるを得ないこと，⑷以後の父上の訴訟追行をB地裁で行うために必要な申立てと認められる見通しの有無をそれぞれ明らかにしなさい。

POINT

❶土地管轄が複数の裁判所に生じ得ることを確認する。❷普通裁判籍に関する規律と特別裁判籍に関する規律をその趣旨と共に明らかにする。❸複数の管轄裁判所のうち訴訟が適法に係属する裁判所を決する権能が原告に存することの意義を検討する。❹被告側の17条移送申立てが認められる可能性を論ずる。

解説

①管轄の訴訟要件としての位置づけ

我が国には，最高裁判所を唯一の頂点として幾種類かの，そして多数の裁判所が存する。きわめて大雑把にいえば，外国も同様である。ある訴訟が我が国の裁判所に提起されたとき，我が国の裁判権が及び，かつ，我が国の裁判所が管轄権を有することがまず必要になる。後者については，平成23年の民訴法改正によって創設された3条の2から3条の12が規定している。この段階で管轄権が否定されると，訴えは却下される（3条の11参照）。国際裁判管轄の存在は訴訟要件である。

我が国の裁判所が管轄権を有するとなると，次いで，国内のいずれの裁判所が管轄権を有するかを判断しなければならない。まず，裁判権の作用が異なるのに従って，どの裁判所の職分にするかに関する職分管轄と，第1審裁判所を地方裁判所と簡易裁判所とのいずれにするかに関する事物管轄により（裁33条1項1号・24条1号），訴額300万円の本件訴訟の第1審は地方裁判所の管轄に属する。しかし，全国には50の地方裁判所（本庁）があり，そのうちどの裁判所に管轄を認めるべきかがなお問題となる。4条から10条まででは，管轄区域と人的又は物的な関係があるか否かを基準として土地管轄が定められており，管轄合意（11条）や応訴（12条）によって別途受訴裁判所に管轄が認められるのでない限り，土地管轄の存在は本案判決要件すなわち訴訟要件である。もっとも，土地管轄の欠缺は訴え却下を基礎づけない。我が国に国際裁判管轄が存する限り，国内のどこかに管轄裁判所が存するはずであり（10条の2，規6条の2参照），当該管轄裁判所への移送が受訴裁判所によってなされるべきことになる（16条）。

②土地管轄の重層性と選択

土地管轄においては，「裁判籍」概念が重要な役割を果たす。前述したように，管轄区域との人的又は物的な関係が土地管轄を基礎づけるのであり，裁判籍はこの関係のことを指称する。裁判籍は，その性質に応じて普通裁判籍と特別裁判籍とに区別される。

普通裁判籍は事件の種類・内容を問わずに一般に認められ，被告の住所地を管轄する裁判所には常に管轄が生じうる（4条1項・2項）。この趣旨は，原告の方から被告と関係ある地点に出向いて訴えることが公平であるとするものである。本件でも被告たる父上の住所地を管轄するB地裁がこれに該当する。これに対し，特別裁判籍は種類や内容が限定された事件について認められる。が，その種類は多く（5条），またいくつかは適用範囲が広いことから（同条1号・12号等），土地管轄は通常，複数の裁判所に生ずる（伊藤眞『民事訴訟法〔第6版〕』73頁，高橋宏志『民事訴訟法概論』53頁）。義務履行地に特別裁判籍が認められ（同条1号），かつ，持参債務が原則のわが国では（民484条），自称債権者たる原告の住所地を管轄するA地裁にも管轄が認められる。

ここで一つ，見過ごされやすい問題がある。原告の主張が全くでたらめであれば，父上は貸金返還債務を負っていないはずである。なのに，なぜ，存しない債務の履行地に管轄が認められるのであろうか。

一方で，管轄の存否は本案の審理を行う前に決しなければならないことから（管轄の標準時に関する15条参照），管轄原因事実が同時に請求を基礎づける事実でもある場合には，原告が主張した事実が存するものと仮定して判断すべきとする有力学説がある（新堂幸司『新民事訴訟法〔第6版〕』124頁，高橋・前掲55頁，松本博之＝上野泰男『民事訴訟法〔第8版〕』306頁）。この有力学説によれば，原告が貸金返還請求権を基礎づける主張をしている限り，原告の住所地が義務履行地となり，A地裁に管轄が認められる。

他方で，原告の主張のみからは判断できず，証拠調べを要するというのが判例であり（大判大正11・4・6民集1巻169頁），管轄原因事実について職権証拠調べが求められる（14条）趣旨，および，管轄違いの裁判所に応訴を強いられる被告の不利益の大きさから，これを支持する学説もある（梅本吉彦『民事訴訟法〔第4版〕』76頁，伊藤・前掲91頁）。この判例の立場によれば，原告が立証に成功しない限り，原告の住所地が義務履行地であるとは認められない。もっとも，この立証は一応のもので足りるとするのが実務の取扱いである（笠井正俊＝越山和広編『新コンメンタール民事訴訟法〔第2版〕』93頁）。したがって，例えば，原告が訴状に消費貸借契約書の写しを添付した場合（規 55 条 2 項参照），最初の段階では，それのみに依拠して原告の住所を義務履行地と判断し，A 地裁に管轄が認められるものとして，本案審理を進めるということは生じうる。

したがって，いずれの立場からでも，A 地裁に管轄が認められる可能性は存するということになる。そうなると，普通裁判籍所在地の B 地裁とともに管轄裁判所は競合する。そして，複数の管轄裁判所が競合するとき，そのいずれを選択するかは原告に委ねられている。そのため，原告は自分にとって都合の良い管轄裁判所への提訴が強く動機づけられる。本件でも，原告は自分の住所地を管轄する A 地裁に訴えを提起した。この結果，原被告間の公平の観点から普通裁判籍が認められても，これにより被告の利益が保護されることは，あまり期待できないということになる。

③口頭弁論期日への出頭の必要

父上は A 地裁における第 1 回口頭弁論期日に呼び出されているのだが，出頭しないで済ますということは考えられないだろうか。まず，答弁書を急ぎ提出することで擬制陳述を成立させ（158 条），不出頭の不利益を回避できることは，第 1 回の演習で確認している。では，答弁書が書けないなら，どうするか。

弁論準備手続期日においては，いわゆる電話会議システムを利用することで，遠隔地に居住する当事者が電話によって手続に参加することが認められており（170 条 3 項），これにより期日に現実に出頭することなしに，出頭したものと扱われる（同条 4 項）。これによれば，父上は B 地裁に行く必要すらなく，電話で参加すれば足りることとなる。ただし，この取扱いは他方当事者が期日に現実に出頭している場合に限られている（同条 3 項ただし書）。弁論準備手続期日であっても，双方当事者の出頭を原則として要するのであり（169 条 1 項），あくまでも「期日」である以上，双方当事者の不出頭では成立しないからである（183 条・263 条参照）。

以上の弁論準備手続期日における電話会議システム利用は，あくまで例外的に許容されていることであり，口頭弁論期日には妥当しない。期日における弁論の前提に期日への出頭があるからである（158 条）。したがって，期日に出頭しない者が別の場所で主張立証を行ったとして，たとえその場所が（他の）裁判所の法廷であったとしても，係属している訴訟にとっては無意味である。

もっとも，2019 年 12 月に公表された，「民事裁判手続等 IT 化研究会報告書」の中には，口頭弁論期日へのテレビ会議やウェブ会議の導入が提言されている（59 頁）。とりわけ第 1 回口頭弁論期日では実質的審理が予定されず，訴状・答弁書等の陳述擬制を利用すれば不出頭の不利益を回避できたことから，IT 化による出頭負担軽減の弊害が考えにくいのである（もっとも，第 2 回で触れたなりすましの弊害はある〔61 頁〕）。父上が A 地裁まで出頭する必要が無くなる日は，そう遠くないのかもしれない。

④17 条移送による利益調整

2 で述べたとおり，原告には複数の管轄裁判所のうち一つを選択して訴えを提起することができるが，その選択された裁判所が，被告にとっては都合が悪いとか，審理にとって便宜ではないということは起こりうる。このような場合に，受訴裁判所が他の管轄裁判所に訴訟を移送することによって利益の調整を図ることが，申立てにより，または職権で認められている（17 条）。前述の 16 条移送とは異なり，受訴裁判所が管轄裁判所であってもなお移送できるのである。

民訴法 17 条の要件を見てみよう。2 種類に区別される。「訴訟の著しい遅滞を避け」「るため必要があると認めるとき」と，「当事者間の衡平を図るため必要があると認めるとき」である。遅滞に着目する前者は，公益的要素を内容とするのに対し，当事者間の衡平に着目する後者は，原告と被告の訴訟追行の負担の均衡を内容とする。本件であれば，後者が問題となる。

ところで，両要件に先立って，17 条の文言には考慮要素を例示列挙している部分がある。「当事者及び尋問を受けるべき証人の住所，使用すべき検証物の所在地その他の事情を考慮して」である。父上の住所から A 地裁は遠く，B 地裁は至近であることは「当事者……の住所……を考慮して」移送を肯定する要因となろう。もっとも，原告にとって逆の利益状況が生じうる。「衡平」は両当事者の利益状況の顧慮を求めるのであるから，それは移送を否定する要因ともなろう。となると，原告の住所が B 地裁からもさほど遠くないという特殊な事情がない限り，当事者の住所の要素だけで 17 条移送が実現することは考えにくい。むしろ，原被告間の資力の差も加味して初めて認めうるということになろう（山本和彦「17 条移送」大江忠ほか編『手続裁量とその規律』75 頁，82 頁）。さらに，電話会議システムによる争点整理の可能性（**3**）が，実務上は，移送を否定する方向の要素として捉えられつつあることにも注意を要する（和久一彦「民事訴訟法 17 条に基づく移送について」判タ 1446 号 5 頁，14 頁）。他に例示列挙されているものとして，証拠との距離があるが，さしあたり原告の請求原因事実を否認するだけの父上にどのような証拠が必要になるかは，見通しが立たないところでもあろう。

受訴裁判所の決定手続における被告の構造的な不利益（**2**）を 17 条移送で解消するという視点は，この問題の検討において強調されてよい。が，移送自体にかかる手間（規 8 条 2 項参照）や移送決定の重み（22 条 1 項 2 項）を考えると，17 条移送を被告の住所の要因からのみ正当化するのは簡単ではないようである。

ステップアップ

父上が第 1 回口頭弁論期日において，管轄違背の主張なしに本案の弁論をすると，仮に義務履行地管轄が成立していなかったとしても応訴管轄が生じるが（12 条），このことは 17 条移送の可否に影響はないだろうか。

次回の設問

父上から，以下のような相談が持ち掛けられる。
「原告から貸した金 300 万円を返せっていう訴状がもう 1 通届いた。今度は家から 4 時間かかる C 地裁に来月呼び出されている。明日の A 地裁の事件と同じみたいだから，C 地裁の事件の方は放っておいていいか？」

民事訴訟法　7

千葉大学教授
北村賢哲　KITAMURA Kentetsu

設問

金300万円の貸金返還請求訴訟（以下，「本件前訴」）を原告が住む隣県のA地方裁判所に提起され，明日午前10時の第1回口頭弁論期日に呼び出されている父上から，あなたは以下の相談を受けた。

「実は，原告から貸した金300万円を返せっていう訴状が，今日になってもう1通届いたんだ。今度は家から4時間はかかるC地裁に来月呼び出されている。明日のA地裁の事件と同じみたいだから，C地裁の事件の方は放っておいていいか？」

C地裁に法定管轄は生じないこと，および，C地裁に提起された訴え（以下，「本件後訴」）の訴状中に記された請求の原因および趣旨は本件前訴と全く同じであることを前提として，本件後訴への応訴および応訴準備行為を一切せずに本件前訴への応訴にのみ父上が注力した場合に生じうる訴訟上の不利益について検討しなさい。何がしかの不利益が生ずるということであれば，その回避策も検討しなさい。

POINT

❶任意管轄違背の際の事件処理について確認する。❷任意管轄違背が看過された場合の異議申立て方法について検討する。❸二重起訴禁止の要件効果について確認する。❹二重起訴状態を看過された場合の異議申立て方法について検討し，最低限どうすべきか考える。

解説

①訴訟要件としての二重起訴と管轄

訴えが提起されると様々な効果が生ずるが，民訴法上重要なものとして二重起訴禁止がある。民訴法142条は「裁判所に係属する事件については，当事者は，更に訴えを提起することができない。」と定めており，同一の内容の訴訟が同時に複数係属する状態は，後訴を不適法却下することで解消する旨を明らかにしている。二重起訴の場合，後訴に訴訟要件の欠缺があるものと評価される。

他方で，裁判所が管轄権を有することも訴訟要件であり，第6回の本演習で触れた。したがって，本問の本件後訴は二重に訴訟要件の欠缺がありそうである。となると，父上が放っておいても，裁判所が適切に却下してくれるような気がするが，そうあることを願いつつ，本当にそうかを検討するのが本問である。

まず，問題の検討順序を，叙述の便宜として決めておこう。二重起訴がないことは一般的な訴訟要件と同じく，判断の基準時が口頭弁論終結時である。したがって，後訴が係属している間に前訴が確定してしまったら，もはや二重起訴ではなく，これに関する訴訟要件の欠缺はないことになる。これに対し，管轄については15条が「訴えの提起の時を標準として定める」とされており，例えば，後訴提起の後に被告が住所を移したとしても，普通裁判籍は引っ越し前の住所によって決せられる（新堂幸司『新民事訴訟法〔第6版〕』124頁）。したがって，管轄の方が安定的な判断ができ，また，基準時も前倒しされているので，先に審理した方が良さそうである。とはいえ，管轄違背の効果が管轄裁判所への移送であることから，どのみち二重起訴と評価されて受移送裁判所で訴えを却下されるのであれば，移送せずに訴え却下した方が事件の簡便な処理につながるとの立場もあり得る（最判昭和55・5・6判時968号52頁参照）。

②管轄がないことの判断手続

管轄違背があれば，訴訟は管轄裁判所に移送される（16条1項）。本問では，C地裁は管轄裁判所でないので，原告の住所地で義務履行地たるA地裁，ないし，第6回の本演習で父上の住所地を管轄するとされたB地裁への移送が行われることになる。

では，16条移送を第1回口頭弁論期日前になしうるか。移送申立て自体は期日外でもなしうる上に（規7条1項），移送の裁判は決定で行われ（21条），口頭弁論は必要的ではないことから（87条1項ただし書），第1回口頭弁論期日前でも可能ではある。しかし，任意管轄違背の場合，被告の本案についての弁論等により応訴管轄がなお生じうるから（12条），口頭弁論を開くべきであると説かれることがある（松本博之＝上野桊男『民事訴訟法〔第8版〕』307頁参照）。通常の貸金返還請求訴訟で専属管轄はあり得ないので，C地裁は口頭弁論を待って判断するのが通常であろう。

ここで父上が一切の訴訟行為を行わないことは，C地裁に応訴管轄を生ぜしめないという点では，父上に有利に働く。そして，管轄に関する事項は職権証拠調べが規定されているから（14条），管轄違背は被告たる父上の指摘無しにも裁判所が認定してくれそうである。もっとも，任意管轄については当事者間に争いがなければ証明を要することなく認定してよいとする説が近時多数を占め（新堂・前掲104頁，伊藤眞『民事訴訟法〔第6版〕』90頁，山本弘ほか『民事訴訟法〔第3版〕』143頁，三木浩一ほか『民事訴訟法〔第3版〕』78頁），この立場からは，父上が何もしないでいることは不利に働く。すなわち，原告が管轄を基礎づける何がしかの主張をし，それを被告たる父上が争わないと，法定管轄が生じないはずのC地裁に当該主張を基礎とする管轄が生ずる。

ではなぜ，14条がおよそ管轄につき職権証拠調べを規定するのに，任意管轄について一種の弁論主義が適用されるとの解釈が説かれるのだろうか。その理由は，任意管轄については当事者の合意等による発生消滅が広範に許容されており（11条・12条），当事者の処分に委ねられた問題と理解されていることによる。また，瑕疵を是正する手段がないことも大きい。仮にかような判決は管轄違背を看過したものと評価しても，控訴審段階で任意管轄違背を主張できないため（299条1項），1審で判決が言い渡されてしまえば，もはや確実に是正する手段はない。通常，被告には控訴しか不服申立て手段がないからである。したがって，多数説を採らないにしても，結果的に多数説と同様の運用になることは阻止できない。

結局のところ，父上が後訴を放置すると，期日への欠席を機縁とする擬制自白に基づく判決が言い渡され，C地裁に管轄が生じたと同様の事態を生ぜしめかねない。

③二重起訴禁止の趣旨・要件・効果

では，二重起訴禁止の方は，本件後訴に対して何もしない父上を救うだろうか。まず，その趣旨，要件，および効果を簡単に押さえておこう。以下の一段落は，八田卓也「二重起訴の禁止」法教465号97頁以下が紹介する伝統的通説に依拠している。学説の対立状況等の詳細は，同論文を参照してほしい。

二重起訴禁止の趣旨は，①裁判所の矛盾抵触の回避，②裁判所にとっての審理重複の無駄の回避，③被告の二重応訴の負担の回避である。このうち①が絶対的な要請である。その結果，要件としては，⑴訴訟物が同一であること，⑵当事者が同一であることが要求され，かつ，既判力制度との機能分担の観点から，⑶前訴の訴訟係属も必要となる。これらを満たすと142条により後訴が却下される。しかし，二重起訴状態を見過ごして後訴の審理が続行され，後訴の判決が先に確定すれば，その判決は有効であり，その既判力は前訴を拘束する。

父上に生じうる手続的な不利益との関係では下線部が重要なのだが，その説明は**4**で改めて行う。これに先立って，本件後訴が二重起訴に該当することを確認しておこう。

本問では⑴訴訟物（300万円の貸金返還請求権）も⑵当事者（原告と父上）も本件前訴と本件後訴とで同一である。⑶前訴の訴訟係属も問題なさそうであるが，どちらが前訴でどちらが後訴かは重大な判断なので，きちんと検討しておこう。まず前訴後訴は，訴訟係属の先後で判断される。二重起訴禁止は訴訟係属の効果だからである。しかし，管轄裁判所への訴訟係属は要求されていないから，仮に本問と逆に，管轄権を有しないC地裁への本件後訴の提起が先行していたなら，本件後訴が前訴と評価され，本件前訴が二重起訴として却下される。正確には，訴訟係属の始期は訴え提起時ではなく，訴状の被告への送達時とするのが現在の通説であるから，訴状送達の先後で判断される。本問だと，本件後訴の訴状は父上の許に「今日になってもう1通届いた」のだから，本件後訴が却下されるべきこととなる。

本問のような，同一給付訴訟が重なる典型的な二重起訴事例で後訴が却下されるべきとの帰結は，通説を批判し，「重複起訴」の範囲を拡張しようとする有力説によってもおおよそ承認されている（三木ほか・前掲529頁）。

④二重起訴禁止と既判力との関係

問題は**3**の下線部である。二重起訴状態を見過ごしたのは，裁判所が職権でもって判断すべき事項の誤りである。なのに，この誤りが放置されて後訴判決が先に確定すると，こんどはその後訴判決に前訴裁判所が拘束されるのである。初学者にとって，この意味を理解することは容易ではない。なぜなら，そのように解する根拠は，民訴の授業では最後の方に扱われる再審制度に存するからである。すなわち，確定判決を取り消すために必要な再審事由として338条1項が列挙する中に，当該確定判決が二重起訴（の後訴）であることは挙げられていない。他方，同項10号では「不服の申立てに係る判決が前に確定した判決と抵触すること」が挙げられている。そこには，終局判決が確定して訴訟手続が終了した以上，そこに多少の手続的瑕疵があったとしても，既判力による解決を尊重することで法的安定を担保しようとする意図が読み取れる（兼子一『新修民事訴訟法体系〔増訂版〕』177頁，481頁）。

この既判力優先の考え方が受容されると，父上に不利益が生じうることにも気づかれよう。父上が後訴に対して一切の訴訟行為を行わないでいると，後訴につき請求認容の判決が言い渡される。この判決が被告たる父上に送達され，控訴期間を徒過すれば，その請求認容判決が確定し，既判力が生ずる。この後訴判決の確定が前訴判決より前であれば，前訴でいくら父上に有利な証拠を積み重ねていても，もはや無意味である。先に確定した後訴の請求認容判決の既判力に，同一訴訟物を審理する前訴裁判所は拘束されて異なる判断はできず，仮に前訴裁判所が既判力を無視して請求棄却の判決を言い渡し，これを確定させたとしても，上述の338条1項10号により再審で取り消されてしまうからである。

このような不利益を生ぜしめないためには，二重起訴につき抗弁として主張しなければ訴訟要件欠缺を判断できないと解されてはいないにもかかわらず，最低限，後訴の係属中に，前訴が係属していることを被告が後訴裁判所に伝えることが必要となろう（伊藤・前掲233頁注120参照）。それでも，請求認容判決がC地裁で言い渡されてしまったなら，控訴して判決確定を先送りする必要もある。**2**で触れた任意管轄違背とは異なり，二重起訴禁止は控訴審でも及び，後訴の1審本案判決は取り消される。

以上からは，父上が後訴につき1審段階で何もしないことは，請求認容判決の言渡しをもたらしうるにとどまり，その後の控訴で取消可能なので致命傷にはならないともいいうる。もっとも，1審の放置により訴訟を遅滞させたとなると，訴訟費用負担のリスクも生ずることになる（63条）。

ステップアップ

翌日，父上が前訴の第1回口頭弁論期日に出頭したところ，同期日において，原告は，「本件請求は，金600万円の貸金返還請求権のうち，半分のみを請求するものである。C地裁で訴えたのは，残りの半分である。」と述べた。この場合，二重起訴の成否はどうなるだろうか。

次回の設問

翌日，第1回口頭弁論期日に出頭した父上から，以下のような相談が持ち掛けられる。
「俺の事件を担当する裁判官が，中学の同級生だった。さんざんいじめた奴だから，俺に判決で復讐するにきまってる。あいつを別の裁判官に代えてもらうことはできないか？」

民事訴訟法　8

千葉大学教授
北村賢哲　KITAMURA Kentetsu

設問

金 300 万円の貸金返還請求訴訟を提起され，昨日の第 1 回口頭弁論期日に出頭し，請求原因事実を否認した父上から，あなたは以下の相談を受けた。

「昨日，法廷で裁判官を見てて，なんか見覚えあるなと思ったんだ。で，昨晩，中学校の卒業アルバムを見て，同級生のＫだったことに気が付いた。さんざんいじめた奴だから，あいつは俺に判決で復讐するにきまってる。K を別の裁判官に代えてもらうことはできないか？」

父上の言い分がすべて事実であるとして，K 裁判官を代えることの可否を検討しなさい。なお，K が裁判官であることも前提としてよい。

POINT

❶具体的事件について裁判官を職務執行から排除する制度について確認する。❷除斥事由・忌避事由の存否について検討する。❸応訴後の忌避申立てがどのような場合に可能であるか確認し，本件で忌避可能か検討する。

解説

①裁判官交代の仕組みと除斥・忌避

官署としての裁判所において訴状が提出されると，訴えが提起されたことになり（133 条 1 項），当該訴えを審判する受訴裁判所が合議体又は単独体で構成される。このうち後段は，民事訴訟法典の中では明記されていない（裁判所法 26 条参照）。裁判の拒否が禁じられることから（憲 32 条参照），訴えが提起された（官署としての）裁判所において（受訴）裁判所は必ず構成されると考えてよく，民事訴訟法典は 2 つを同じ「裁判所」の語で指し示すことがある（例えば 13 条・15 条と 14 条）。

さて，受訴裁判所の構成員は裁判官である。そうでない場合，なされた判決は無効であるか，あるいは，少なくとも 338 条 1 項 1 号の「法律に従って判決裁判所を構成しなかったこと」に該当し，たとえ判決が確定しても再審によって取り消すことができる。裁判官である以上，その独立性は憲法が保障するところであり（憲 76 条 3 項），かつ，その確保のための様々な身分保障もあり（憲 78 条～ 80 条），一般には中立公平が確保されている。しかし，裁判所内のルール（下事規 6 条参照）に従って受訴裁判所を構成したところ，具体的事件との関係では，その裁判官が職務に就くのが妥当でないということが生じうる。そこで，民事訴訟法には，裁判官を当該事件での職務執行から排除する制度として，除斥と忌避の二つが設けられている。裁判官が除斥ないし忌避されると受訴裁判所はどうなるのかと言えば，やはり裁判所内のルールに従って，新たな裁判官が充てられる。単独裁判官の交代を含め，全裁判官が代わる事態となっても，受訴裁判所の同一性は維持される（249 条 3 項参照）。

実は，除斥・忌避以外にも，裁判官は代わることがある。裁判官の死亡や罷免（憲 78 条），退官・転官・転所（裁 50 条・48 条参照）の場合がこれに該当する。また，16 条であれ 17 条であれ移送がなされると，別の裁判所において受訴裁判所が新たに構成される結果，元の裁判所におけるのとは全く異なる裁判官によって審理がなされる（22 条 3 項参照）。しかし，前者は，およそ当事者の意向に左右されるべき事柄でないし，後者は，前々回と前回の本演習で説明したとおり，当事者と裁判地との関係を考慮するものであって，裁判官と事件との関わりに着目する制度ではない。

そこで以下では，除斥と忌避について説明する。

②除斥事由・忌避事由

条文の順序に従い，除斥事由から説明しよう。

23 条 1 項は 1 号から 6 号まで除斥事由を列挙している。同項柱書本文は「除斥される」であり，除斥事由があれば当然に除斥される。このことは，同条 2 項が「職権で」除斥の裁判をすると規定していることに裏打ちされている。

列挙された除斥事由の中で，本設問に関わりがありそうなものは見当たらない。しいて似たような怨恨がありうるとすれば元配偶者（1 号）であろうが，各号の除斥事由の規定の仕方は具体的であり，類推によって広げる解釈は容易ではない。6 号の前審関与について，むしろ除斥事由を狭く捉える解釈が判例法理となっているほどである（最判昭和 28・6・26 民集 7 巻 6 号 783 頁，最判昭和 36・4・7 民集 15 巻 4 号 706 頁，最判昭和 39・10・13 民集 18 巻 8 号 1619 頁等）。

もちろん，除斥が認められなくとも，次条で忌避が認められれば，K 裁判官を職務執行から排除することはできる。同条が規定する要件も「裁判の公正を妨げるべき事情」と抽象的であり，見込みはありそうである。

じっさい，いくつかの体系書では，裁判官が一方当事者と親友または仇敵である場合は忌避事由に当たるとしている（伊藤眞『民事訴訟法〔第 6 版〕』107 頁，新堂幸司『新民事訴訟法〔第 6 版〕』87 頁，河野正憲『民事訴訟法』79 頁）。これに対し，親友のみを忌避事由の例とするものも散見される（松本博之 = 上野泰男『民事訴訟法〔第 8 版〕』90 頁，安西明子ほか『民事訴訟法〔第 2 版〕』70 頁，川嶋四郎『民事訴訟法』126 頁）。そして，親友であることも忌避事由の例に挙げないものもある（三木浩一ほか『民事訴訟法〔第 3 版〕』85 頁，山本弘ほか『民事訴訟法〔第 3 版〕』157 頁，高橋宏志『民事訴訟法概論』56 頁）。

おそらく，仇敵を忌避事由の例から外す文献群の多くに，仇敵は忌避事由ではないとの強い含意が存するわけではない。紙幅の制限が大きいものについて叙述の省略が起きているという側面が存する。ただ，仇敵より親友が典型例となりやすい事情はいくつかうかがえる。

一つは，除斥事由からの類推のしやすさである。除斥事由として挙げられるもののいくつかは，明らかに当事者との親しさが伺える例だが，敵対している例は，せいぜいのところ上で触れた元配偶者くらいであり，これとてむしろ味方の例とも解しうる。

もう一つは，客観的に明らかな場合の想定のしやすさである。親友であることは周囲から見ても分かりやすいが，敵対していることは傍から分かりやすいものばかりではない。本設問のようないじめがあったということは，当時の担任の教師や級友ですら見抜けないことが少なくない。じっさい，除斥・忌避制度の共通の趣旨として，裁判への国民の信頼確保が挙げられることとの平仄から，忌避事由も客観的に把握しうるものであるべきであると説かれるのであり（伊藤・前掲 107 頁，山本ほか・前掲 157 頁，三木ほか・前掲 86 頁等），当事者にしかわからない陰湿ないじめがあった場合は典型例としては想定されていない。

なお，昔のいじめを立証するのは容易ではなかろうが，忌避事由は申立て日から 3 日以内の疎明を要する（規 10 条 3 項）。立証の容易ではない複雑な人間関係によって忌避する可能性は事実上排除されているようにもうかがわれるのである。

そもそも，親友・仇敵についての叙述の省略が生ずる最大の原因は，忌避が認められることの稀有さにある。その一方の理由は，忌避事由があれば予め回避する（じっさいは，本来の割当の順番を変えるとか，裁判官みずから配点された事件を交換することで，回避〔規 12 条〕が必要な事態を生ぜしめない〔瀬木比呂志『民事訴訟法』98 頁，102 頁〕）慣行が存するからである。もう一方の理由は，除斥事由のみならず忌避事由も狭く解されていることであり，親友や仇敵が忌避事由となる可能性に言及した先例も見当たらない。2 つの理由は相補的である。すなわち，回避しないとの当該裁判官の判断が，他の裁判官による忌避の裁判（25 条 3 項）において尊重され，結果として，忌避事由が狭く解されるという構図が妥当している（西野喜一・民事訴訟法判例百選〔第 3 版〕21 頁）。

これと関係して，裁判長が被告訴訟代理人の娘婿であることが忌避事由に当たらないとした最判昭和 30・1・28 民集 9 巻 1 号 83 頁は重要である。学説の多くは同最判の忌避に関する判断を批判しているが，上告を棄却した結論は支持している。たとえ忌避事由に該当したとしても，忌避は除斥と異なり，忌避を認める裁判があってはじめて当該裁判官の職務執行を将来にわたって排除するものであり，判決言渡し後に忌避の余地はないからである。したがって，忌避事由に当たらないとした判旨は，判決主文を導くのに必要ではない部分，すなわち傍論である。それにもかかわらず，あえて忌避事由に当たらないと明言した点に最高裁の強いメッセージを読み取りうるのであり，このような一般論の評価を前提とすれば，単なる親友や仇敵といった程度で忌避は認められないという予測すら成り立ちうる。

結論として，父上と K 裁判官との間の仇敵関係が忌避事由と認められる余地はある。しかし，その仇敵関係が客観的に存在していること自体，そして，その程度の著しさを立証することはそれぞれ容易ではなく，現実に忌避が認められる可能性は大きくない。

③応訴の後の忌避申立ての可否

父上は昨日の第 1 回口頭弁論期日において請求原因事実を否認しているので，24 条 2 項の「裁判官の面前において弁論をし」た場合に当たり，もはや忌避することができないようにも思える。もっとも，同項ただし書では，「忌避の原因があることを知らなかったとき，又は忌避の原因がその後に生じたときは，この限りでない」としており，これに該当する場合，なお忌避申立てが許されることになる。その余地があるか検討しておこう。

父上が K 裁判官をいじめた事実は過去のことであるから，ただし書後段に該当する余地はない。また，昔いじめた K であると認識した上で父上が K 裁判官の面前で弁論すれば，前段にも該当しないことは明らかである。しかし，顔を見てすぐに昔の知己であると認識できないことはありうるのであり，父上は実際そうであった。この場合，忌避の原因があることを知らなかったと評価し得る。応訴管轄を規定する 12 条にはかような例外取扱いが規定されていないこととの対比で，ここでは当事者の主観的認識が重視される。

もっとも，24 条 2 項ただし書の事情の存在も，忌避事由と同様，申立当事者が 3 日以内に疎明すべき事項である（規 10 条 3 項）。そのことに起因して様々な立証の困難が生じる。

そもそも，K 裁判官の顔も声も昨日の期日にて父上は知覚したはずなのに，中学の同級生だったと直ちには分からなかったことを立証するのは容易ではない。K 裁判官が姓を変えていたため気付く手がかりがなかったとか，顔が中学時代からは大きく変わっていたとか，特殊な事情を示す必要がありそうである。また，顔を見て直ちに分からない程度の者を仇敵といえるかも悩ましい問題である。少なくとも，敵対的関係が客観的に存在せず，忌避事由に該当しないとされる可能性がある。

以上より，24 条 2 項ただし書前段により，忌避申立てが認められる余地はある。が，その前段事由の疎明が容易ではなく，また，K 裁判官の顔も声も把握したのに，すぐいじめた同級生と気付かなかったことが，忌避事由自体の認定にも消極的に影響しうる。

ステップアップ

原告が K 裁判官の高校時代からの親友であるとする。その理由で父上が忌避を申し立てた場合，認められるだろうか。また，忌避事由に該当すると仮定しても，彼らが親友であることは，父上には容易には分からないことであり，判決言渡し後に判明するということもありうるが，その場合，救済の必要はないか。

次回の設問

第 1 回口頭弁論期日に出頭した父上から，翌日，以下のような相談が持ち掛けられる。
「昨日裁判所に行って，原告の言ってることみんな嘘です，って言ってやったら，やっぱり俺には見覚えのない原告が，『訴えを取り下げます』って言ってきたんだ。裁判官から『同意しますか？』って訊かれたけど，よく分かんないからそのまま帰ってきた。どうすればいいんだ？　もう放っておいていいか？」

民事訴訟法　9

千葉大学教授
北村賢哲　KITAMURA Kentetsu

設問

金 300 万円の貸金返還請求訴訟を提起され，昨日の第 1 回口頭弁論期日に出頭した父上から，あなたは以下の相談を受けた。

「昨日裁判所に行って，『原告の言ってることみんな嘘です』と言ってやった。そしたら，やっぱり俺には見覚えのない原告が，『訴えを取り下げます』と言ってきたんだ。裁判官から『同意しますか？』って訊かれたけど，よく分かんないからそのまま帰ってきた。どうすればいいんだ？　もう放っておいていいか？」

父上の言い分がすべて事実であるとして，現状がどういう状態か説明し，かつ，父上がどうすべきであるか検討しなさい。なお，裁判官は父上の同意が必要であることを前提にしているようであるが，この妥当性についても併せて検討しなさい。

POINT

❶訴えの取下げの意義について確認する。❷被告の同意が必要となるのがどのような場合かを明らかにする。❸被告の態度が同意とも同意拒絶とも解し得ない場合があることを確認し，それがどのような状況なのかを分析する。❹訴えの取下げの効果を確認し，その被告側の得失を検討する。

解説

①訴えの取下げの意義

訴えの取下げとは，訴えによる審判要求を撤回する旨の裁判所に対する原告の訴訟行為である。訴えの取下げが有効になされると，訴訟係属が遡及的に消滅し（262 条 1 項），訴訟は終了する。判決によらない訴訟の終了をもたらす行為としては，他に裁判上の和解や請求の認諾・放棄があるが，これらと対比して，そして，たいていの教科書では，これらに先行して説明される（後行させる例として山本弘ほか『民事訴訟法〔第 3 版〕』427 頁以下がある）。これらに対する訴えの取下げの最大の特徴は，紛争解決基準が示されることなく訴訟が終了する点にある。原告は，訴えを自由に提起できるのと同様に，いったんは自由に，訴訟物に関する一切の不利益を負うことなく訴えを取り下げることができる。勝訴見込みがないのに訴えた原告にとっては，退却のための黄金の橋となる。

もっとも，被告が本案について準備書面を提出し，弁論準備手続において申述をし，または口頭弁論をした後に訴えを取り下げる際は，被告の同意が必要となる（261 条 2 項）。被告が本案判決を受ける利益を保護する趣旨であるとされたり（伊藤眞『民事訴訟法〔第 6 版〕』473 頁，三木浩一ほか『民事訴訟法〔第 3 版〕』477 頁），請求棄却判決を得る被告の利益が強調されたり（新堂幸司『新民事訴訟法〔第 6 版〕』349 頁，山本ほか・前掲 429 頁，松本博之＝上野桊男『民事訴訟法〔第 8 版〕』546 頁），被告の防御活動が無駄になるおそれに触れたりする（新堂・前掲 347 頁）。最後の趣旨はあくまで副次的なものにとどまる。なぜなら，防御活動の無駄を防ぐためであれば，原告による再訴の際は取下げ前の訴訟状態に復するという制度も考えられるが，そのような構想は採られていないからである。訴えの取下げ後の原告の再訴は新訴として扱われ，それが訴訟係属の遡及的消滅の含意でもある。だからこそ，判決言渡し後の訴えの取下げの場合，すでになされた裁判を徒労に帰せしめる再訴が禁止される（262 条 2 項）。

②被告の同意が必要となる時期

被告の同意が必要となる時期がいつからなのかは，261 条 2 項が具体的に示すけれども，なお解釈問題となる。その 1 つの要因は，被告の準備書面（答弁書〔規 79 条・80 条〕）提出が画期として挙げられていることである。準備書面は，その内容が口頭弁論で陳述されまたは引用されるまで訴訟資料とはならないのに，提出時を画期とすることは早すぎるのではないかとの疑問が生じ（高橋宏志『重点講義民事訴訟法㊦〔第 2 版補訂版〕』292 頁注 61），被告の本案の活動開始を後ろに遅らせる解釈が広く支持される。訴訟要件欠缺による訴え却下を申し立て，予備的にのみ請求棄却の申立てをしているときは，被告の同意を要しないし（山形地鶴岡支判昭和 49・9・27 判時 765 号 98 頁，東京高判平成 8・9・26 判時 1589 号 56 頁，東京地判平成 19・7・11 判時 1992 号 99 頁），管轄違いによる移送の申立てをし，予備的に請求棄却を求める場合も同様である（東京地判昭和 51・12・3 判タ 353 号 253 頁）。予備的にせよ本案申立てした以上，被告の同意なく取下げはできないとする立場は，少数説にとどまる（上田徹一郎『民事訴訟法〔第 7 版〕』437 頁）。そうなると，父上の陳述「原告の言っていることはみんな嘘です」は，原告の訴状や期日における弁論において訴訟要件具備を基礎づける事実の主張が含まれている場合，その否認が含まれることとなり，訴え却下を求めているものと解される余地が生ずる。それは通常，本案の前に判断されるべきであるから，主位的な申立てであると把握される結果，父上の同意なく訴えの取下げができることになりかねない。

また，261 条 2 項の「本案について」にも解釈の余地がある。上記判例は一貫して請求棄却の確定的な申立てがあれば被告の同意を必要とする画期となることを前提としているが，前掲昭和 51 年東京地判については，被告が請求棄却を求めても，それ以上に具体的な本案上の主張をしないときには被告が確定的に本案の活動をしたと言えず，被告の同意を要しないものと判断したとする理解が示唆される（高橋・前掲 279 頁）。この部分は，同判決理由中に述べられてはいないことに留意する必要がある。被告がいかに擬制自白（159 条）の成立を防ぐことができるかの文脈では，請求棄却の申立てのみ記した答弁書の提出では足らず，個々の請求原因事実に対する争う趣旨の記載が必要であるとする解釈が有力であり（兼子一原著『条解民事訴訟法〔第 2 版〕』950 頁），これと同等の防御がなければ本案の活動をしているとはいえないとの考え方が背後に存するものと推測される。この考えに従えば，父上の陳述は具体的主張に対するものではないので本案の活動とは言えず，父上の同意なしに取り下げうることになるのかもしれない。

とはいえ，以上のことは被告が答弁書の提出のみ行った場合については言えても，期日に出頭して争う意思を示した被告には当てはまらないものと思われる。応訴は応訴準備行為とは異なる（12条参照）。わざわざ出頭して請求自体を争う意思を示しているのに，個々の主張への否認意思を汲み取れないはずはないし，在廷している被告に対しては，必要があれば，釈明してその発言の趣旨を具体化できるのである。裁判官が「同意しますか」と尋ねたこと自体，期日における父上の態度が，請求棄却を求め，原告の主張も争うものと判断できたがゆえであるとも考えられる。したがって，本件は応訴があったため訴えの取下げに父上の同意が必要な場合である。

③ 被告の同意と同意拒絶の間

父上が同意するか否か明らかにせずそのまま帰ったことはどのように評価されるのだろう。仮に，これが同意拒絶であると解されると，訴えの取下げは確定的に効力を失い，後日被告が改めて同意しても，もはや訴えの取下げは効力を生じない（最判昭和37・4・6民集16巻4号686頁）。他方で，明示ないし黙示（大決昭和10・9・13民集14巻1608頁）の同意と解されると，それにより訴えの取下げが有効となり，訴訟は終了する。

しかし，261条5項が同意擬制の規程を別途置いており，本件のように，訴えの取下げが口頭でされた場合において相手方が出頭したときについても異議を述べる回答期間2週間とし，起算点を別途訴え取下げ時と規定している。同意も同意拒絶もしない場合がありうるのである。父上は同意を求められる意味が分かっておらず，その状態で何がしかの確定的な意思表示を読み取るべきではなかろう。父上の退廷・帰宅は，同意も同意拒絶も意味しないものと解すべきである。その結果，異議を述べうる回答期間が現在進行中であり，訴訟は依然係属している。これを放置すれば，同期間経過後に同意が擬制され，取下げが有効になされたこととなって訴訟は終了する。なお，この段階でも被告が訴訟手続の素人であれば，回答期間徒過の意義を認識していないということがありうる。あなたの適切な助言を適時に受けえた父上は幸運なのである。そうではない多くの被告本人の適切な意思決定のために，異議を述べない結果どうなるのか裁判所による教示がなされる必要があると説かれている（勅使川原和彦「裁判によらない訴訟の終了」新堂幸司監修『実務民事訴訟講座〔第3期〕(3)』428頁）。

さて，仮に訴えの取下げへの同意を拒絶しようと意図したとして，父上は何をすべきだろうか。同意の方式について特段の規定はない。訴えの取下げが訴え同様裁判所に対する訴訟行為であり，また，書面または口頭でなしうるので（261条3項），同意拒絶もこれと同じであると解される。となると，口頭の同意拒絶も可能ではあるが，何がしかの期日（和解期日でもよく〔同項〕，進行協議期日でもよい〔規95条2項〕）においてなされる必要がある。回答期間内に期日が開かれない場合には同意拒絶を内容とする書面を受訴裁判所に提出するということが必要になる。これは回答期間内でなければならない。この回答期間は不変期間ではないから追完は許されないのである（97条）。

④ 訴え取下げの効力の被告にとっての得失

訴えの取下げがなされると紛争解決基準が示されることなく訴訟が終了する(**1**)。そのことの得失を簡単に分析しておこう。訴訟が直ちに終了することは被告たる父上にとって小さくない利点だろう。出廷する必要はなくなるし，相手の主張にどう反駁するか，弁護士を雇うべきかなど，訴訟追行に付随する様々な判断に煩わされることがなくなる。他方で，再訴可能性があるのは明らかな欠点だろう。裁判外の和解も成立していないときに取下げを認めるときはその危険が高い。見ず知らずの父上に躊躇なく訴え提起した原告であるから，再訴を躊躇する理由も無かろう。

この再訴の危険を低減させるために，同意拒絶して請求棄却の判決を得ようとすることが考えられる。首尾よく請求棄却判決が確定に至れば，原告の持ち出す請求権が存在しないことにつき既判力が生ずるのであり，この判断が後訴裁判所を拘束する。すると原告が再訴しても勝訴の見込みがないことになるから，再訴のおそれはなくなるし，仮に再訴があっても被告がさらに主張立証する必要はなくなる。

しかしながら，いやがらせのための訴訟提起が完全に封じられるわけでもない。訴訟物を変えさえすれば，その後訴に既判力は及ばないからである。貸金返還請求であれば，前訴とは別の契約に基づくものと構成されれば，それでまっさらな新訴となる。全く根拠のない事実をでっちあげる原告であれば，別の事実のでっち上げもたやすいだろう。となると，取下げに同意して得られるつかの間の平和で満足するのが穏当であろう。が，原告をどのような人物と捉えるか，なぜ父上に提訴したのかなど，総合的に考慮して将来を予測する必要があり，結局は父上のご判断ということになる。

ステップアップ

父上が同意拒絶の書面を提出したところ，裁判所から訴えの取下げは有効になされており，訴訟はすでに終了しているとの連絡があった。訴えの取下げが無効であると考える父上が訴訟を続けるためにどのようなことをすべきか検討しなさい。また，その際，なお取下げが有効であると裁判所が判断した場合に，裁判所がなしうる行為を併せて検討しなさい。

次回の設問

父上から，以下のような相談が持ち掛けられる。
「昨日帰り際に，裁判官から取下げに同意しないなら和解を検討してほしいって言われたんだ。①原告と俺との間にいっさいの権利義務関係が存在しないこと，②原告は俺に今後一切訴えを提起しないこと，それぞれを確認するっていうんだ。それができれば御の字だけど，そんなこと原告が同意したとして可能なのか？」

民事訴訟法　10

千葉大学教授
北村賢哲　KITAMURA Kentetsu

設問

金 300 万円の貸金返還請求訴訟を提起され，昨日の第 1 回口頭弁論期日に出頭した父上から，あなたは以下の相談を受けた。
「昨日裁判所に行って，『原告の言ってることみんな嘘です』と言ってやったら，期日が終わった後，裁判官から和解を検討してほしいって言われたんだ。⑴原告と俺との間にいっさいの権利義務関係が存在しないこと，⑵原告は俺に今後一切訴えを提起しないこと，それぞれを確認するっていうんだ。それができれば御の字だけど，そんなこと原告が同意したとして可能なのか？」

訴訟上の和解の意義と性質を確認した上で，⑴⑵を内容とする訴訟上の和解が可能か，それぞれ検討しなさい。

POINT

❶訴訟上の和解の意義と性質について確認する。❷権利義務の確認を内容とする和解条項の有効性を検討する。❸清算条項のみの和解の有効性について確認する。❹訴えによる解決の途を閉ざす内容の和解の可否を考える。

解説

①訴訟上の和解の意義・法的性質

訴訟上の和解とは，訴訟の係属中，当事者双方が受訴裁判所の関与の下で一定の紛争解決に合意することをいう。裁判外の和解については民法 695 条・696 条が規定しており，これと訴訟上の和解とがどのような関係にあるかをめぐって法的性質論が展開され，およそ 4 説が対立していると，多くの民事訴訟法の体系書では説明される。あくまでも別物だとする訴訟行為説によれば，民法の規定は関わりがない。他方，民法の規定が直ちに及ぶとする私法行為説によれば，民法が効力を否定すれば訴訟上の和解も無効となる。訴訟行為と私法上の和解契約が併存しているとする併存説によれば，民法が効力を否定したとしても訴訟終了効には影響を与えない。両方の性質を併せ持つという両性説によれば，私法上の無効が訴訟上の和解の無効をもたらす。

ところで，民法の概説書においてこの議論対立が紹介されることは稀である。訴訟上の和解が民法の規定の影響下にあることは自明のこととして扱われる。じっさい，訴訟行為説は少数説にとどまり，私法上の無効の影響を遮断することを意図したはずの併存説の内部でも，かえって私法上の無効原因によって訴訟上の和解を無効とする扱いを是認する新併存説が説かれるに至っているのであるから（伊藤眞『民事訴訟法〔第 6 版〕』489 頁），民法学側の理解によっても事足りると言ってよい。法的性質論は実益が否定されたり（新堂幸司『新民事訴訟法〔第 6 版〕』374 頁注 1），解釈論に与える影響が間接的であると説かれたりする（高橋宏志『民事訴訟法概論』239 頁）。もっとも，両者は訴訟上の和解の既判力を否定する立場からの評価であり（山本弘ほか『民事訴訟法〔第 3 版〕』419 頁が法的性質論に触れないのが示唆的である），訴訟上の和解の既判力を肯定する立場に立つ限りは，法的性質論をなおざりにはできない。少なくとも，民事訴訟法学者の大半は，既判力の性質を純粋に訴訟法上のものと理解するため，裁判外の和解と別の何かによって既判力を根拠づける必要があるからである。

いずれにせよ，訴訟上の和解の体系的位置づけは，前回の本演習で扱った訴えの取下げと同じく，判決によらない訴訟の終了をもたらす行為の範疇にある。しかも，その範疇の中で，もっともよく用いられることも知られている（『平成 30 年司法統計 民事・行政編』によれば地裁における第 1 審通常訴訟既済事件の 37%が和解で終了している）。裁判所に当事者への促しを「訴訟がいかなる程度にあるかを問わず」許す規定をわざわざ置くのも（89 条），他の終了方法にはない特質である。

②確認的和解の有効性

具体的検討に入る前に，ある状態を確認する和解が可能であるかを確かめておきたい。民法 696 条は，和解内容と和解前の権利義務関係が相違する場合に，和解によって権利義務の創設が生ずる旨を規定しているが，和解の効力には，創設的効力のみならず，本来存していた権利義務を認定する効力も併存するものと伝統的には解されていた。二つの効力の区別には疑義が生じて久しいが（我妻栄『債権各論中巻二』877 頁），確認的な和解が可能であること自体は了解されている（我妻・前掲 876 頁）。

他方で，確認的な内容について訴訟上の和解として既判力を生ぜしめるとなると，本来であれば判決によってのみなしうることだから，それと同等の要件が課されるべきではないかとの問いが成り立つ。これが肯定されると訴訟要件の一つである確認の利益も必要となる。実は，民法 695 条も「その間に存する争い」を要件としており，両当事者がおよそ争っていない事項について和解することが有効なのかは，民法の観点からも問題となる。

さしあたり民法学では，伝統的には「争い」の存在は和解の成立要件であり，古い判例は当事者間に権利義務の存否態様について争いがない場合には和解契約が成立しないと説いていた（大判大正 5・7・5 民録 22 輯 1325 頁）。しかし学説では，「争い」が緩く解され，権利関係について不確実性を有する場合をも含み（我妻・前掲 870 頁）。これと実質的に同旨で，権利変動効を認めるべきものであれば肯定してよいとも説かれる（中田裕康『契約法』596 頁）。

これに対し，民訴法学側では訴訟上の和解に既判力を認める立場からも，確認の利益を要求する見解はほぼ主張されていないことに注意を要する。訴え提起前の和解（275 条）が許容されており，和解調書の効力を規定する 267 条はこれも「和解」に含めて規定しているからである（兼子一『新修民事訴訟法体系〔増訂版〕』307 頁。なお三木浩一ほか『民事訴訟法〔第 3 版〕』486 頁，497 頁参照）。むしろ，確認条項に既判力が生じなければ紛争解決機能が著しく損なわれるとして，訴訟上の和解に既判力を認めない立場に対する反駁がなされるのであり（伊藤・前掲500頁），確認的な内容の訴訟上の和解が可能であることは前提視されている。

以上より，確認的な和解の有効性は，民法の立場からも民訴法の立場からも是認されていると言える。

③清算条項の有効性

具体的な権利義務関係を確認する和解条項に加えて，債権者にその余の権利を放棄し，両当事者の間に何らの権利義務がないことを確認する条項が入れられることは，裁判所における和解実務においてしばしば見られる（山本ほか・前掲410頁の挙げる和解条項の例もそうである）。このような清算条項は民法695条が要求する互譲の一部をなす。また，両当事者間の紛争を終局的に終結させる機能を有するとも言われる。じっさい，父上は原告が理由なく提訴していると思っているのであり，そういう当事者であれば，請求棄却判決を勝ち得たとしても，別の貸金債権をでっちあげて訴えが提起されるおそれがある。これを防ぐためには訴訟物を超えて包括的に権利義務の不存在を確認できる和解は望ましい。その範囲が両当事者の処分可能性によって画される必要はあるにせよ，処分可能である限りは和解できるし，だからこそ清算条項は多用される。

さて，民法の観点からは，(1)の清算条項のみの和解に民法695条が要求する互譲が存すると言えるのか問題となる。本件の訴訟物たる貸金返還請求については，全部棄却と同等の内容を含むのであり，さらに原告の父上に対するあらゆる請求権の存在を否定することは，父上の譲歩がないようにも見える。しかし，判例には，訴訟上の和解に実体上の請求権についての互譲は不要であるとしたものもあり（大判昭和15・6・8民集19巻975頁），互譲を要求するにしても，訴訟費用を請求しない旨でも構わないとされ（大判昭和8・2・13新聞3520号9頁），そこまで広く解するなら互譲は要件ではないとも評され（高橋・前掲240頁），債権法改正後の民法学説では，要件としてではなく，確定効を導く要素として柔軟に捉える見解が有力化している（中田・前掲597頁，山本豊編『新注釈民法⒁債権⑺』649頁［竹中悟人］）。少なくとも，訴訟物以外の法律関係を新たに形成することも互譲の内容となるし，それこそが訴訟上の和解の成立を促す機縁ともなる（新堂・前掲368頁）。本件でも，原告の訴え提起自体を不法行為であるとして，父上が原告に対して損害賠償請求権を有する可能性もないではなく（第5回参照），これを放棄する内容が清算条項には含まれているとも解しうるので，互譲は存すると言って良かろう。

これに対し，既判力が及ぶ範囲を画するという民事訴訟法の観点からは，(1)の清算条項は処分範囲の明確性を欠くという点で別に問題となりうる。訴訟物の範囲外に既判力が生ずることを肯定するにしても，権利義務が具体的に調書に記載されていなければ，既判力の及ぼしようはない（伊藤・前掲500頁参照）。最判平成12・3・24民集54巻3号1126頁は，前訴の訴訟物ではなかった請求権について，前訴における訴訟上の和解の清算条項に基づいて後訴請求を棄却している。その判旨中に「同一当事者間に生じた一連の紛争に起因する」と説かれるのは，訴訟代理権の範囲を画するための言及と一般に解されているが，同時に前訴における訴訟上の和解の範囲そのものを画するためであったとも解しうる。交通事故の示談の後に後遺障害が発生した事案で最判昭和43・3・15民集22巻3号587頁は，当該示談中に放棄条項があっても，示談当時に予想していた損害に限られ，示談当時予期し得ない後遺障害にかかる損害賠償を請求しうるとしている。両判例を併せ読めば，清算条項の有効性そのものは否定されないにせよ，その範囲は後の解釈に委ねられ，請求の関連性や当事者の予見可能性による限定が予定されていると見るべきこととなる。

④訴権放棄条項の解釈可能性

本件で(1)の清算条項の範囲に不明瞭な部分が残るとなると，(1)の範囲外の請求権が存すると主張して原告が父上に対してさらに訴訟を提起することは封じられない。となると，原告の父上に対する訴権行使全般を封じることが，原告からの提訴による応訴負担を嫌う父上にとってはいっそう望ましいということになる。(2)はそういう趣旨の条項と読むことができる。

しかし，憲法上にも根拠を持つ訴権そのものを一般的に放棄させることは，弊害も大きい。不起訴の合意は，現在有効性が認められているが，実定法上の根拠がある管轄合意や不控訴の合意にならい（11条2項・281条2項），対象となる権利関係を限定して行う必要がある。特定がなければ無効である（伊藤・前掲179頁）。しかも，(2)では原告の訴権のみが一方的に放棄させられる内容とも取りうるから，そうであれば公序良俗違反であり，訴訟上の和解の一般的要件を欠くことになる。

ところで，訴訟物たる権利関係にまったく触れることなく，たんに訴訟を終わらせる旨の合意は訴えの取下げとこれに必要な同意と見るべきと説かれることがあり（兼子・前掲305頁，新堂・前掲368頁），これを参考に(2)を限定的に解釈する余地はあろう。むろん，訴えの取下げ自体にはいやがらせのための再訴提起を封ずる効果はなく，訴訟終了効だけなら何がしかの訴訟上の和解を成立させればそれで足りる。けれども，(2)を訴え取下げ合意と解すれば，当該合意の範疇で権利保護の利益が否定されるのであり（最判昭和44・10・17民集23巻10号1825頁），将来係属する訴訟をもその範疇内の私法契約と解しうる。当該取下げ合意がどの範囲に及んでいるかがのちの解釈に委ねられる点では，**3**で検討した清算条項と同様ということである。

ステップアップ

設問と反対に，貸金返還請求権300万円の存在を前提とした訴訟上の和解を裁判官が父上に執拗に迫ったとする。父上側でこれに対処する方策はないか，検討しなさい。

次回の設問

父上から，以下のような相談が持ち掛けられる。
「昨日の期日で，『原告が俺に金を貸し付けたっていう日，俺は墓参りで田舎に帰省していて，会えるはずがなかった。そのことは日記をつけているから確かだ。』って言ったら，原告に日記について文書提出命令とかいうのを申し立てられた。日記なんて誰にも見せたくないんだけど，日記を見せる必要なんてあるのか？」

民事訴訟法　11

千葉大学教授
北村賢哲　KITAMURA Kentetsu

設問

金300万円の貸金返還請求訴訟を提起され，昨日の第1回口頭弁論期日に出頭した父上から，あなたは以下の相談を受けた。

「昨日の期日で，『原告が俺に金を貸し付けたっていう日，俺は墓参りで田舎に帰省していて，会えるはずがなかった。そのことは日記をつけているから確かだ。』って言ったら，原告にその日記について文書提出命令とかいうのを申し立てられた。日記なんて誰にも見せたくないんだけど，日記を見せる必要なんてあるのか？」

当該日記が冊子体のものとして実際に存在し，かつ，特定可能であることを前提として，その文書提出義務の存否，および，存在する場合にはその範囲を明らかにし，かつ発言の撤回によって提出義務を免れうるか検討しなさい。

POINT

❶文書提出命令の趣旨と引用文書性との関係について確認する。❷当該日記が引用文書に当たるか考える。❸日記が自己利用文書であることによって提出を拒みうるか論ずる。❹一部提出の可能性について検討する。❺引用の撤回の効果を確認する。

解説

①文書提出命令の趣旨と引用文書

訴訟において自己が所持していない文書を証拠として用いる方法として，文書提出命令（219条以下）と文書送付嘱託（226条）とがある。後者は文書の所持者に任意の提出を求めるものであるのに対し，前者は命令に従わないときに一定の制裁が予定されている。とりわけ，文書の所持者が相手方当事者である場合には，当該文書の記載に関する「相手方」（ここでは文書提出命令の申立人を指す）の主張を真実と認めることができるにとどまらず（224条1項），一定の場合に，文書によって証明すべき事実に関する「相手方」の主張自体を真実と認めることも可能となっており（同条3項），所持者が提出を欲しない重要文書について文書提出命令が認められるか否かは，ときに事件の勝敗に直結する。

平成8年民訴法全面改正前の旧312条は，1号の引用文書，2号の権利文書，3号前段の利益文書，同号後段の法律関係文書（現在の220条1号から3号と同趣旨）のいずれかに該当するかぎりで文書提出義務を認めていた。提出義務を限定していたのは，文書の記載内容について所持者が有する処分の自由を尊重したこと，および記載内容が本来不可分であるため，裁判に関係のない部分まで公開させられる所持者の不利益に考慮したためである（新堂幸司『新民事訴訟法〔第6版〕』395頁）。しかし，証拠の偏在による実質的不平等の是正や真実発見，審理の充実を図る必要などから文書提出義務の範囲を広げるべきであるとの認識がやがて広まり，結果，現民訴220条に4号が加えられることになった。4号は，「前三号に掲げる場合のほか，」イからホまでのいずれかに該当しない限りで，文書の提出が義務づけられる。条文の体裁からは4号の範囲の分だけ提出義務が広げられたかっこうとなる。

翻って，1号の引用文書については実質的な改正がなされなかった。そこで，引用文書性については旧法下からの議論が妥当し，引き続き**2**で検討する。

②引用文書性の判断基準

引用文書に提出が命じられる趣旨は，引用により秘匿の利益を放棄したと解しうる点にあり，付随的に，相手方との公平が説かれる（伊藤眞『民事訴訟法〔第6版〕』435頁，高田裕成ほか編『注釈民事訴訟法(4)』499頁〔三木浩一〕）。

引用文書と言えるためには，証拠として引用したものでなければならないと伝統的には解されていた（兼子一『新修民事訴訟法体系〔増訂版〕』279頁）。大正15年改正前の旧旧民訴法337条が「挙証ノ爲メ引用シタルモノ」と明記し，大正15年改正もこれに実質的な変更を加えていないと解されていたからである。しかし，旧民訴法312条1号および現民訴法220条1号には「挙証ノ爲メ」に相当する文言がないことから，口頭弁論における文書への言及で足りると広く捉える見解が唱えられ（その嚆矢として細野長良『民事訴訟法要義第3巻』459頁），通説化した（高橋宏志『重点講義民事訴訟法（下）〔第2版補訂版〕』153頁，松本博之＝上野桊男『民事訴訟法〔第8版〕』510頁，伊藤・前掲435頁等）。文書提出命令の範囲を広げるべきとの一般的認識が引用文書性の解釈にも影響したものと考えられる。

したがって，父上が期日において日記に言及したことは，引用行為に該当する。自分の主張を基礎づけようとしている意図が読み取れるから，旧説によっても引用文書性が肯定される可能性がある。

③日記の自己利用文書性と引用

さてしかし，日記は自己利用文書（220条4号ニ）の典型例である。所持者以外が閲覧することが予定されておらず，開示されれば個人のプライバシーが侵害されることは明らかだからである。もちろん，父上が自ら日記を証拠として提出することは自由である。が，弁論の中で引用したからというだけで，開示をあくまで拒む父上に提出を強制してよいものだろうか。

引用文書が4号イ〜ホの除外事由も存する場合，提出義務が認められるべきかについては学説の対立がある。提出義務を肯定する多数説は，引用行為によって秘匿の利益が放棄されたと捉えたり（兼子一原著『条解民事訴訟法〔第2版〕』1199頁），1号が独自に提出義務を基礎づけている点を重視したりする（伊藤・前掲442頁）。後段の根拠は，そのように解しないと，すべて4号で事足りてしまい，1号が独自に提出義務を基礎づける意味が失われるとの危惧が背景にある。他方で，提出義務を否定する見解は，守秘義務ないしプライバシーの保護を重視すべきであると説く（高田ほか編・前掲 503 頁［三木］)。4 号が制定された以上，前 3 号をあえて拡張解釈する必要はなくなったということである。とりわけ日記については，所持者の意に反して提出された場合であっても，証拠能力を肯定するのが大審院の判例であるが（大判昭和 18・7・2 民集 22 巻 574 頁），自己利用文書が提出義務を除外する事由として法定されたことから，これを疑問視する見解も現れている（高橋・前掲 47 頁）。

この問題に対する判例の態度は，よく分からない。旧法下では，日記を一部提出したところ，提出されていない部分も含めて日記全体が引用文書に当たるとして提出義務を肯定した大阪高決昭和 58・4・8 判タ 500 号 167 頁は存するが，他方で，証言拒絶事由があれば引用文書であっても提出義務は否定されると説く裁判例もいくつか存在し，青色申告決算書の写しを一部秘匿して提出を命じる旧法下の判例群がそれに当たる（例えば，大阪地決昭和 61・5・28 判時 1209 号 16 頁②事件)。現行法下でも，結論として昭和 58 年大阪高決にならうさいたま地決平成 27・9・29（判例集未登載。事案・決定要旨は北村賢哲「判批」千葉大学法学論集 33 巻 3＝4 号 1 頁参照）がある一方で，最決平成 31・1・22 民集 73 巻 1 号 39 頁では，刑訴法 47 条所定の「訴訟に関する書類」に該当する文書（民訴 220 条 4 号ホにも該当）につき，引用文書該当性を認めながら，3 号法律関係文書と同様に所持者が提出を拒む余地が認められている。

以上より否定説が優勢であるとは言い難い。たしかに平成 31 年最決は 3 号と 1 号とを刑事関係書類との関係で等しく扱ったため，1 号の特別扱いを否定しているようにも見えるが，刑事関係書類の扱いが焦点なのであり，1 号～3 号と 4 号イ～ホの除外事由との関係に正面から取り組むものではない。また，証言拒絶事由があるものについては引用行為があっても提出義務を免れるとするにしても，証言拒絶が認められていない自己利用文書については提出義務を肯定するという折衷も考えられる（伊藤・前掲 440 頁参照）。そして，いわゆるイン・カメラ手続（223 条 6 項）によって当該日記の記載内容を予め精査した受訴裁判所が，開示しても深刻なプライバシー侵害をもたらさないと実質的に判断してしまうという事態も起こり得よう。

弁論の中でわざわざ日記に言及した父上が当該日記の提出を義務づけられる可能性は否定できない。

④一部提出および撤回の可能性

父上が日記に言及したのは，原告が父上に貸し付けたとする日のアリバイの存在を主張するものである。父上が冊子体の日記をつけているとすれば，通常，当該日記の大半は，貸付日とされた日以外についての記載である。であるなら，貸付日に関する記述以外は開示しないというかたちで，父上のプライバシー保護にも配慮するということが考えられてしかるべきであろう。じっさい，青色申告決算書の写しを一部秘匿して提出を命じる旧法下判例(**3**)は，守秘義務を守る目的で案出された実務の工夫であり，これがきっかけとなって現行法下では一部提出を明文で認めるに至った（223 条 1 項第 2 文)。

とはいえ，条文上，一部提出は裁判所に裁量を認めるかたちで規定されているにすぎない。会計監査に関する監査調書について貸付先の一部の氏名，会社名等を除いて提出を命じた原審を是認した最決平成 13・2・22 判時 1742 号 89 頁も，「一通の文書の記載中に提出の義務があると認めることができない部分があるときは，特段の事情のない限り，当該部分を除いて提出を命ずることができる」としており，提出義務が否定されるべき部分であっても，提出義務が認められる部分と一体として提出される余地があることを認めている。

この平成 13 年最決は，文書は一体として提出されるのが本則であって一部提出に安易に走るべきでないという実務家の発想に距離を置くものとも説かれる（高橋・前掲 203 頁注 206)。他方で，日記全体について提出義務を肯定した昭和 58 年大阪高決も平成 27 年さいたま地決も，ともに日記の不可分一体性を強調するかたちで，この発想の根強さをうかがわせる。それだけでなく，不可分一体性の強調は，結局，一部のみでは意味が変わりうるという，通常の文書においても指摘しうる事情と結びつき，平成 13 年最決の特段の事情を肯定することに行きつく（伊藤・前掲 447 頁注 399 参照)。一部提出を裁量で認める規定は，容易に空文化するということであろう。じっさい，一部提出を明文化するきっかけとなった青色申告決算書についても，現在，課税庁の守秘義務遵守の観点から，一部提出すら命じられなくなっている（山本和彦ほか編『文書提出命令の理論と実務』423 頁以下)。

日記については別の事情もある。他者に読まれることを本来予定していない日記の記載の信ぴょう性は，記載そのものからではなく，日記全体の記載の整合性からしか判断できない。なぜなら，開示予定箇所だけ，あとから所持者が自分に有利に記す可能性が排除できないからである。

したがって，貸付日とされた日の記載のみの開示で済むかどうかは，223 条 1 項 2 文にもかかわらず，不分明というほかない。むしろ，裁判例は日記の引用が全体の提出義務の肯定に結びつきやすいことを示唆している。

なお，父上の発言は，請求原因事実（返還約束・金銭交付）の理由付否認であり，自白の成立がない以上，撤回は自由にできる。しかし，通説・判例（福岡高決昭和 52・7・12 下民集 28 巻 5＝8 号 796 頁）は一度引用があれば，撤回しても提出義務を免れないとする。引用が裁判官の心証に与える影響を不当に顧慮するものとして，通説に反対する見解も存するが，少数にとどまる（高田ほか編・前掲 503 頁［三木］)。

結局，父上は日記全部の開示が命じられる可能性は小さくなく，その場合，開示によって勝訴はできても，広範にプライバシーが侵害されることを甘受しなければならない。むろん，父上はなお開示を拒めるが，その場合，敗訴リスクを負うことになる(**1**)。

ステップアップ

設問は父上の日記が特定可能であることを前提としたが，はたして日記は一般に特定可能であろうか。

次回の設問

父上が死んだ。あなたはこの訴訟をどうする。

民事訴訟法 12

千葉大学教授
北村賢哲　KITAMURA Kentetsu

設問

金 300 万円の貸金返還請求訴訟を提起され，昨日の第 1 回口頭弁論期日に出頭した父上が急死した。ついさっきまで父上から様々な相談を受けていたあなたは，この訴訟をどうすべきか。あなたが父上の相続人であるとして，検討しなさい。

POINT

❶当事者が死亡した場合の手続的処理の根拠について確認する。❷当然承継という制度が訴訟法上認められることの意味を明らかにする。❸死亡当事者の相続人にどのような選択肢があるか確認する。

解説

①自然人当事者死亡時の手続の根拠

訴訟手続は開始から終結まで一定の時間がかかることは不可避であるから，その間に自然人たる訴訟当事者が死亡するということも生じうる。そのような場合について民訴法 124 条 1 項 1 号は，訴訟手続が中断することと，その訴訟手続を受け継ぐべき者が「相続人，相続財産管理人その他法令により訴訟を続行すべき者」であることを規定している。にもかかわらず，この条文は，死亡した訴訟当事者の地位が前記引用部の者に引き継がれること自体を規定してはいないと説かれるのが通常である。

では，どこに規定があるのか？　相続の一般的効力を規定した民法 896 条に言及されるわけではない。むしろ，民訴法 124 条 1 項を手掛かりに，「当然承継の原因」を探るのだと言われる（伊藤眞『民事訴訟法〔第 6 版〕』704 頁，新堂幸司『新民事訴訟法〔第 6 版〕』859 頁，松本博之＝上野泰男『民事訴訟法〔第 8 版〕』816 頁，三木浩一ほか『民事訴訟法〔第 3 版〕』593 頁)。このことは，これら概説書がおおよそ直後に引用する，最大判昭和 42・5・24 民集 21 巻 5 号 1043 頁からも伺える。その法廷意見は，生活保護法が規定する保護受給権が一身専属の権利である以上，相続の対象となりえないから，当事者の死亡と同時に訴訟は終了し，相続人は訴訟を承継しえないと説いていた。この問題で，民法 896 条本文と被相続人の一身に専属したものについて本文の適用を除外する但書の区別が意識されていないはずはないのだが，法廷意見も，そして反対意見も同条に触れるところがない。訴訟承継の原因は当事者適格の移転であり，訴訟承継のうち，法律上当然に当事者の交代が生ずるものは当然承継と呼ばれ，自然人当事者の死亡は当然承継の原因の典型例と説くことで，この問題が訴訟法の領域にあることが伝統的に強調され続けている（兼子一『新修民事訴訟法体系〔増訂版〕』422 頁)。

②民事訴訟の構造から見える当然承継の意味

ところで，当然に当事者の交代が生ずると言っても，だれが訴訟を続行すべき者であるかは必ずしも明らかでない。しかも，これをどのように決するかにつき，民事訴訟法は特段の手続を用意していない。受継についての裁判（128 条）は，受継の申立て（126 条）があった場合の裁判を規定するのみであり，それ以前に，誰が当事者であるかを判定する機縁はない。それでも，受け継ぐべき者が特定の生者であることを前提に，その者が現れるまで，訴訟手続を中断する。このことから明らかなのは，死亡した当事者がそのまま訴訟追行していると理解する余地も，任意の第三者がとりあえず当事者になる可能性も，いずれも否定されているということである。

なぜ，これらのことが否定されるべきなのか，それぞれ敷衍しておこう。

前者は，民事訴訟法で当事者を学ぶ際に，まっさきに言及される二当事者対立構造に関わる。相対立する二当事者が存在することが訴訟の成立の大前提であり，これが失われると訴訟係属が消滅するのである。当事者の確定を論じるにあたり，死者名義訴訟においては，本来は二当事者対立構造が失われているから訴訟係属の余地がないというのが，この問題の出発点であったことも併せて想起されたい。したがって，このまま放っておけば訴訟係属が失われるが，それで良いかという問いが出発点となる。すると，生存しているもう一方の当事者の訴訟追行が無に帰されるのは困るという問題意識が浮上しやすい。この問題を解決するためには，当事者の死亡から一切の間隙を差し挟む余地なく，別の者が代わりに当事者になっているものと理解できなければならない。

これに対し後者も，やはり民事訴訟法で当事者を学ぶ際に，まず取り組むべき解釈問題と位置づけられる当事者の確定に関わる。ある特定の者が当事者であることを確定できなければならないというのが訴訟の成否を論ずる第一歩なのである。さもなければ，当事者が誰かによって，管轄やら当事者能力やら，様々な訴訟要件の成否が異なりうるため，本案の審理にうかつに立ち入れない。そのような意味合いを持つ当事者がころころ変わるのも，そして，死者と無関係の者が新たに当事者となるのも，ともに避ける必要がある。生存しているもう一方の当事者の訴訟追行の意味が変転したり，失われたりしかねないからである。

ところで，現在の民事訴訟法を学んだ者であればだれでも，後者には時間稼ぎの余地があることに気づくだろう。なぜなら，訴訟要件は本案判決要件であるけれども，本案審理要件ではないと教えられてきたからである。当事者が誰かが分からず，そのために審理できない訴訟要件が数多存在するとしても，そのことを棚上げして本案の審理をすることは当面許される。

要するに，死亡当事者に代わる者が誰かいさえすればよく，それが誰かは後で決めればよい。ひょっとすると，その誰かは，ほんとうはどこにもいないのかもしれない。けれども，とりあえず誰かがいることにして死亡直前の訴訟状態を保全しようという態度決定がなされている。当然承継の原因を訴訟法が規定していると性質決定せざるを得ないのも道理である（と，断言することは，本当はできないとも承知している。この留保，および本文が現状の認識としては妥当であることにつき，金子敬明「相続による権利・義務の継承と第三者」民商155巻2号262頁以下参照）。

③「相続人」による受継と放置

しかし，このような訴訟状態の保全は，いつまでもできるわけではない。仮にそれが無制限に許容されるならば，当事者の死亡を機縁として，本案判決を永遠に先延ばしする方途ともなりかねない。民訴法124条1項1号にて受継すべき者の第1候補に「相続人」と名指しされているのも，また，同条3項で相続放棄可能な期間の猶予が規定されていることも，ともに，相続人が死亡当事者たる被相続人のあらゆる権利義務を承継したとして，訴訟手続の受継が一定期間経過後になされることで，爾後も円滑に訴訟が進展することへの期待がにじみ出ている。じっさい，あなたから受継申立てができることは，相手方当事者からの受継申立てを規定する民訴法126条の当然の前提である。通説は，およそ前主の行った訴訟追行の結果に承継人は拘束されるとするのに対し，近時これを否定する見解も説かれるが（新堂・前掲862頁），否定説に立っても，承継人が自ら前主の訴訟追行の結果を引き受けることは可能である。

そうであるとして，父上の相続人たるあなたが自ら進んでこの訴訟を受継する必要があるだろうか。父上によれば，原告は理由なく父上に訴えを提起していたのである。請求棄却の判決を得れば平穏を取り戻せるかと言えば，それは保証の限りではない。別の貸金をでっちあげて訴える可能性は排除できないからである。他方で，父上への嫌がらせが主目的であるなら，父上の死亡によって原告の訴訟追行意欲自体も失われるかもしれない。であるなら，放っておくという選択肢が魅力的に見えてこないだろうか。

ところで，放っておく選択肢の前提として，相続人たるあなたは何をすれば受継したことになるのだろうか。答えは，当然承継の語からもすでに明らかである。何もしなくても受継したことになっている（**2**参照）。相続放棄すれば，相続開始時に遡って（民939条），別の者が相続人となる限り（民940条1項参照），やはり「相続人が受継した」といいうることになる。限定承認した場合には，民訴法124条1項1号が第2候補に名指しする相続財産管理人の出番ともなりうるが（民936条），彼は相続人のために，これに代わって相続財産を管理するのであって，やはり当事者適格を有するのは相続人たるあなたを含めた承継時に判然としているとは限らない「相続人」であり，やはり，「相続人が受継した」のである（最判昭和47・11・9民集26巻9号1566頁）。

とはいえ，一方当事者の死亡を裁判所も他方当事者も察知しえないということは起こりうる。期日において一方当事者が欠席したとしても，その原因を調べる機縁は存しないし（第1回「ステップアップ」への解答〔http://www.yuhikaku.co.jp/static_files/hougaku/pdf/stepupanswer_miso.pdf・下掲QRコード〕参照），出席当事者は事前の準備書面提出さえあれば，あらゆる訴訟行為を行いうる（158条・161条3項参照）。そのため，相手方からの受継申立ても職権による続行命令（129条）もなされずに訴訟が事実上進展するということが生ずる。死亡当事者の「相続人」が気づかないまま，死亡当事者を当事者と記した判決書に基づいて終局判決が言い渡され，当該判決が死亡当事者の住所に送達されても，「相続人」がなお気づかず，控訴しないまま控訴期間を過ぎるという事態も起こりうる。

この場合でも，「相続人」が死亡当事者に代わる当事者である。が，当事者の死亡に伴い中断状態が生ずることが，相続人を救済する機能を果たす。民訴法132条1項は判決の言渡しのみ，中断中であってもすることができるとの例外を規定することで，それ以外の事件について訴訟行為は有効になしえない原則が含意されている。そして，同条2項は訴訟手続の中断があると期間が進行を停止し，訴訟手続の受継の通知（127条）又はその続行（129条）の時から，新たに全期間の進行を始める旨を規定している。これにより，たとえ第1審判決が有効に言い渡されたとしても，これに対する控訴期間は進行せず，いつまでも確定しない。受継の申立ては期間の新たな進行を開始させるための手続として意味を持つ。

したがって，あなたが何もしなくても，原告が受継の申立てをするか裁判所が続行を命ずるまで，決定的な不利益は被らないということができる。もっとも，第1審判決の言渡しがなされてしまえば1審級を失うことは覚悟しなければならない。このことは，口頭弁論期日について一方当事者が責めに帰すべからざる事由による欠席によってもなお生じうる不利益——擬制自白に基づくいわゆる欠席判決やら，弁論が終結されて再開されることのないままで終局判決やらが言い渡される——と同等だと評価しうる。それは仕方がない，と思うか否かは差し当たりあなた次第である。が，執筆者は妥当ではないと考えている（北村賢哲「欠席判決論覚書」民訴54号168頁参照）。

ステップアップ

あなたが父上の相続人ではない場合に，受継申立てをするとどうなるか検討しなさい。

【ウェブサポート】

本演習のステップアップ欄の解答が，ウェブサポートページにアップされています。右QRコードから是非ご活用ください。

民事訴訟法・論点索引

(数字は登場回を示します)

▶ あ

▶ か

▶ さ

▶ た

▶ な

▶ は

刑法

慶應義塾大学教授
亀井源太郎
KAMEI Gentaro

刑法　1

慶應義塾大学教授
亀井源太郎　KAMEI Gentaro

設問

以下の事例を読み，X・Yについて詐欺罪が成立するか論じなさい。

1　甲県内の乙ゴルフクラブ（以下，「乙クラブ」）では，一般客とのトラブルを防止しゴルフクラブとしての信用・格付けを低下させないため暴力団関係者の入会を認めておらず，入会の際に暴力団関係者との交友関係の有無を尋ねるアンケートへの回答を求めるとともに，暴力団関係者を同伴・紹介することはない旨の誓約書を提出させていた。ゴルフ場利用約款でも，暴力団関係者の入場及び施設利用を禁止していた。Xは，乙クラブの入会審査を申請した際，上記アンケートに対し「ない」と回答した上，上記誓約書を提出し，同クラブの会員となった。

2　暴力団関係者Yは，施設利用を拒絶される可能性があると認識していたが，Xから誘われ，その同伴者として，乙クラブを訪れた。

乙クラブでは，利用客は，フロントにおいて，「ご署名簿」に自署して施設利用を申し込むこととされていた。しかし，X・Yは，相談の上，Yが暴力団関係者であると発覚しないよう，施設利用の申込みに際しXのみがフロントに赴くこととした。フロントにおいてXは「ご署名簿」に自分の氏名を記入した上で，Yの氏名（本来は氏名とも漢字である）を全てひらがなで記入した書面を同クラブ従業員Aに渡し「ご署名簿」への代署を依頼するという方法で施設利用を申し込み，会員の同伴者である以上暴力団関係者ではないと信じたAをして施設利用を許諾させた。

Xは，申込みの際，Aから同伴者に暴力団関係者がいないか改めて確認されたことはなく，自ら同伴者に暴力団関係者はいない旨虚偽の申出をしたこともなかった。

Xが施設利用申込みをする間，Yはフロントに赴かず，その後，フロントに立ち寄ることなくプレーを開始した。Yの施設利用料金等は，Xが精算した。

3　乙クラブにおいては，ゴルフ場利用約款で暴力団関係者の入場及び施設利用を禁止する旨規定し，入会審査に当たり暴力団関係者を同伴，紹介しない旨誓約させるなどの方策を講じていたほか，甲県防犯協議会事務局から提供される他の加盟ゴルフ場による暴力団排除情報をデータベース化した上，予約時または受付時に利用客の氏名がそのデータベースに登録されていないか確認するなどして暴力団関係者の利用を未然に防いでいたところ，本件においても，Yが暴力団関係者であることが分かれば，その施設利用に応じることはなかった。

POINT

本問では，X・Yに2項詐欺罪（刑246条2項）が成立するか否かが問われる。

後述のように，類似の事案につき，同罪の成立を否定した判例も存する。このため，本問では，詐欺罪の各成立要件（とりわけ欺く行為の要件）を充たすか否か，事実関係を踏まえて丁寧に論ずることが求められる。

解説

①出題のねらい

本問は，類似の事案について2項詐欺罪の成立を認めた最決平成26・3・28刑集68巻3号646頁（以下，「①判例」）をベースとしている。

同様に暴力団関係者であることを申告せずにゴルフ場施設利用を申し込む行為については，詐欺罪にいう欺く行為に当たらないとした判例も存する（最判平成26・3・28刑集68巻3号582頁〔以下，「②判例」〕，最判平成26・3・28集刑313号329頁〔以下，「③判例」〕。両事件の被告人は共犯関係にある）。

このため，判例の理解としては，①判例と②・③判例における事案の違いやその解釈論上の意味を整理しておく必要がある。また，事例問題を解くという観点からいえば，この「違いと意味」を整理しておくことは，解答に至る過程で考慮すべき重要なポイントを押さえるということである。

②検討の大枠

(1)　2項詐欺罪の客観的要件は，①人を欺いて，②錯誤に陥れ，③財産上の利益を処分させ，④財産上の損害を生じさせることである。また，主観的要件は，これらの客観的要件の認識（故意）及び不法領得の意思である。このうち，本問でもっとも重要なのは，Xらの行為が欺く行為に当たるか否かである。

また，この要件につき論ずる前提として，本問でXが行った申込み行為のうちいかなる部分をいかなる性質の行為（作為による欺く行為か，不作為によるそれか。作為によるとしても，言語によって積極的に虚偽を申告した場合なのか，挙動による場合なのか）と見るのかについても自覚的でなければならない。

(2)　本問では，X・Yの共犯関係も論ずる必要がある。申込み行為はXが行っているため，Xの罪責を検討した上で，両名の共犯関係を論ずるのが便宜であろう。

(3)　以下では，欺く行為について重点的に述べる。紙幅の限界から，詐欺罪のその余の要件や共犯関係についてはあてはめにおいて簡単に触れるに止める。

③欺く行為

(1)　詐欺罪にいう欺く行為とは，財産的処分行為の判断の基礎となるような重要な事項を偽ることである（たとえば，最決平成22・7・29刑集64巻5号829頁は，「搭乗券の交付を請求する者自身が航空機に搭乗するかどうかは，本件係員らにおいてその交付の判断の基礎となる重要な事項である」とする）。

(2)　Xは，申込みの際，Aから同伴者に暴力団関係者がいないか改めて確認されたことはなく，自ら同伴者に暴力団関係者はいない旨虚偽の申出をしたこともなかった。このため，Xが言語による欺く行為をしたとまでは評価できない。

⑶　では，挙動による欺く行為に該当するであろうか。

挙動による欺く行為は，行為者の行為や態度から黙示的ではあるが事実を偽ったといえる場合に，その存在が認められる。そして，ある行為・態度がそのような意味を持つかは，その行為が為された「文脈」に依存する。

本問がベースとした前掲・①判例は，以下のように判示し，挙動による欺く行為の存在を認めている。

「入会の際に暴力団関係者の同伴，紹介をしない旨誓約していた本件ゴルフ倶楽部の会員……が同伴者の施設利用を申し込むこと自体，その同伴者が暴力団関係者でないことを保証する旨の意思を表している上，……同伴者が暴力団関係者であるのにこれを申告せずに施設利用を申し込む行為は，その同伴者が暴力団関係者でないことを従業員に誤信させようとするものであり，詐欺罪にいう人を欺く行為にほかなら〔ない〕」。

これに倣えば，本問でも，Xの挙動はYが暴力団関係者でないと誤信させる性質を有することとなる（後述「ステップアップ」も参考にされたい）。

⑷　また，前述のように，（挙動による場合に限らず）詐欺罪にいう欺く行為といえるためには，重要な事項について偽ったことが必要である。

①判例は，ゴルフ場が暴力団関係者の施設利用を拒絶するのは経営上の観点からとられている措置であること，約款や入会審査に当たっての誓約，暴力団排除情報に基づいた確認などにより暴力団関係者の利用を未然に防いでいたこと，被告人が暴力団関係者であると分かれば，その施設利用に応じることはなかったことを指摘し，「以上のような事実関係からすれば，……利用客が暴力団関係者かどうかは，本件ゴルフ倶楽部の従業員において施設利用の許否の判断の基礎となる重要な事項である」とする。

本問でも，同様に，一般客とのトラブルを防止しゴルフクラブとしての信用・格付けを低下させないため暴力団関係者の入会を認めていないことに加え，事例中3記載の事実関係を前提とすれば，利用客が暴力団関係者かどうかは，Aにおいて施設利用の許否の判断の基礎となる重要な事項であることとなろう。

このため，同伴者Yが暴力団関係者であるのにこれを申告せずに施設利用を申し込むというXの行為は，（挙動による）欺く行為に当たる。

④結論

⑴ Xの罪責

Xの行った申込み行為は，欺く行為に該当する（前述）。これによってAは「会員の同伴者である以上暴力団関係者ではないと信じた」ため，錯誤の要件も充たす。Aは錯誤に陥った結果，施設利用を許諾し利用させたため，処分行為，財産上の損害の各要件も充足する。

また，Xは，入会の際のアンケートや誓約によって乙クラブでは暴力団関係者の入場等が禁止されていることを認識していた上，施設利用申込み時もYが暴力団関係者であると発覚しないよう「ご署名簿」への代署を依頼しており，2項詐欺罪の故意が認められる。

さらに，施設利用申込みの際の欺く行為はゴルフ場の施設利用という財産上の利益を得るために行われていることから，不法領得の意思も存する。

このため，Xには2項詐欺罪が成立する。後述のように，この罪とYに成立する2項詐欺罪とは，共同正犯の関係に立つ。

⑵ Yの罪責

Yは，施設利用を拒絶される可能性があると認識しつつ，Xの同伴者として乙クラブを訪れ，Xと相談して同人に施設利用申込みを行わせた。このような申込みは，Yが暴力団関係者であることが発覚しないようXにおいてなんらかの欺く行為を行う必要があることを認識しつつ行われたと考えられるから，X・Y間の相談は2項詐欺罪についての意思連絡と認められる。

さらに，Yは，自ら，ゴルフ場を利用するという利益を得ている。

このため，Yには2項詐欺罪の共同正犯が成立する。

ステップアップ

前掲②・③判例は，暴力団関係者の利用を拒絶しているゴルフ場において暴力団関係者であることを申告せずに施設利用を申し込む行為が詐欺罪にいう欺く行為に当たらないとした。これらの判例は，本問（及びそのベースである①判例）の理解を深める上で，参考になる。

このうち②判例は，「上記の事実関係の下において，暴力団関係者であるビジター利用客が，暴力団関係者であることを申告せずに，一般の利用客と同様に，氏名を含む所定事項を偽りなく記入した『ビジター受付表』等をフロント係の従業員に提出して施設利用を申し込む行為自体は，申込者が当該ゴルフ場の施設を通常の方法で利用し，利用後に所定の料金を支払う旨の意思を表すものではあるが，それ以上に申込者が当然に暴力団関係者でないことまで表しているとは認められない。そうすると，本件における被告人及び〔共犯者〕による本件各ゴルフ場の各施設利用申込み行為は，詐欺罪にいう人を欺く行為には当たらない」とした。

最高裁が「上記の事実関係」として縷々述べることのうち，重要なのは，当該ゴルフクラブでは，「暴力団関係者の立入りプレーはお断りします」などと記載された立看板を設置するなどして暴力団関係者による施設利用を拒絶する意向を示していたが，「しかし，それ以上に利用客に対して暴力団関係者でないことを確認する措置は講じていなかった。また，……暴力団関係者の施設利用を許可，黙認する例が多数あり，被告人らも同様の経験をしていたというのであって，本件当時，警察等の指導を受けて行われていた暴力団排除活動が徹底されていたわけではない」という点である。

暴力団関係者であると告げないことも，暴力団排除活動が徹底されていないという，この事案における「文脈」では，暴力団関係者でないことの（挙動による）虚偽の誓約とはいえず，挙動による欺く行為の存在が否定されるのである（なお，暴力団排除活動が徹底されていない以上，行為者らに暴力団関係者であると告げる義務を肯定することもできず，不作為による欺罔の存在も当然に否定される。また，このように暴力団排除活動が徹底されていなかったことからすると，当該ゴルフクラブにとっては，暴力団にプレーさせないこと等は重要事項でなかったと述べることも可能であろう）。

次回の設問

事後強盗罪について出題する。

刑法　2

慶應義塾大学教授
亀井源太郎　KAMEI Gentaro

設問

以下の設問を読み，X・Yの罪責を論じなさい（特別法違反の点は除く）。

1　X・Y両名は，ワイン・コレクターであるAの住居に侵入してワインを窃取しようと共謀の上，某日午後3時ころ，A方にYが運転する自動車で乗り付け，A方に誰もいないことを確認した上で，施錠されていない玄関扉を開け侵入し，同人所有のワイン10本を，前記自動車に積み込んだ。

なお，同人らは，上記共謀に際し，A方に誰かがいた場合にはA方への侵入を中止すること，誰かに見つかった場合には脅したり暴力を振るったりせず逃げることを申し合わせていた。

2　無類の酒好きであるXは，Yに対し，自分はさらにワインを物色するので，前記自動車に積み込んだワインをY宅へ運んでおいて欲しい旨を告げた。そこで，Yは前記自動車を運転して同日午後3時10分ころA方を離れ，約1km離れた場所にある自宅へ持ち帰った。

3　Xは，A方でさらにワインを物色していたが，同日午後3時20分ころ，Aが帰ってきた気配がしたため，A方内に隠れてAが再び出かけるのを待とうと考え，ワインを片手にA方の屋根裏部屋に忍び込んだ。

Aは，屋根裏部屋を物置として使っており，この部屋に頻繁に上がることはなかった。

4　自宅にワインを運び込んだYは，Xのみがおいしい思いをすると考えるといてもたってもいられなくなり，自らもA方に戻ってさらにワインを盗むこととした。

Yは，A方で誰かに見つかったら脅して逃げようと決意し，登山ナイフ（刃体約14.5cm）を用意してこれを携え，前記自動車でA方へ引き返した。

Yは，同日午後3時30分ころ，A方に侵入しようとして同人方の玄関扉を開けたが，Aが帰宅していることに気付き，扉を閉めて門扉外に出た。この様子をAが発見し，Yを捕まえようとした。Yは，逮捕を免れようとして前記ナイフを取り出し，Aに刃先を示し，左右に振って近付き，Aがひるんで後退したすきに逃走した。

5　Aが警察に通報したため，同日午後6時ころ，警察官P・QがA方に到着した。

午後6時10分ころ，P・QがA方の被害状況を確認していると屋根裏部屋から物音がしたため，Pが屋根裏部屋に上がったところ，Xは，Pに対し，逮捕を免れようとして，その顔面等をワインボトルで殴打し，Pに加療約3週間を要する傷害を負わせた。

POINT

本問で主として問われているのは，事後強盗罪の解釈である。事後強盗罪は，窃盗犯人が窃盗の機会継続中に暴行・脅迫を行うことにより成立する。では，窃盗の機会が継続しているか否かはどのように判断されるのであろうか。

また，本問では，（Yにつき）強盗予備罪の成否も問題となる。

解説

①出題のねらい

本問は，事後強盗罪における窃盗の機会の継続性を肯定した最決平成14・2・14刑集56巻2号86頁（以下，「①判例」）および継続性を否定した最判平成16・12・10刑集58巻9号1047頁（以下，「②判例」）をベースとする。

このうち，①判例は，窃盗の犯行から約3時間後に行われた暴行につき，窃盗の機会継続中に行われたものとした。これに対し，②判例は，窃盗の犯行から約30分後に行われた脅迫について，窃盗の機会継続中に行われたものとはいえないとした。

このように，時間的接着性のみで，窃盗の機会継続性の有無を判断できないことは明白である。では，この継続性はどのように判断されるのであろうか。本問では，この点を丁寧に論ずることが求められる。

②検討の大枠

(1)　本問では，X・Yの行為が事後強盗罪に当たるか否かが問題となる。

Xの行為が事後強盗罪の要件を充足すると考えた場合，さらに，Pに傷害を負わせたことの擬律も問題となる。

また，Yについて事後強盗罪の成立を否定した場合，さらに，登山ナイフを用意した行為が強盗予備罪に該当するかも問題となる。

(2)　事後強盗罪は，①「窃盗」が，②財物を得てこれを取り返されることを防ぎ，逮捕を免れ，または罪責を隠滅するために，③暴行・脅迫をしたことを要件とする。また，④暴行・脅迫が窃盗の機会継続中になされたことも一般に要求される。主観的要件は，⑤故意である。

本問では，①につき特に論ずる必要はない。また，X・Yはいずれも逮捕を免れようとして暴行・脅迫を行っており，②，③の要件についても特に論ずべきことはない。①〜③の要件については，淡々とあてはめをすれば足りるであろう（⑤も同様）。

(3)　④の要件については，なぜ，この要件が書かれざる構成要件要素とされるのか，どのような場合にこの要件が充足されるのかにつき，丁寧な説明が求められる。

(4)　Yについては強盗予備罪の成否も問題となる。この点については，そもそも事後強盗の予備が（本問を離れて一般的に）可罰的か否かも論ずべきこととなる。

(5)　X・Yの共犯関係をどう考えるべきかも問題である。

③事後強盗罪における窃盗の機会

(1)　事後強盗罪の要件として窃盗の機会が継続中であることが要求されるのは，このような機会に暴行・脅迫が行われてこそ，本来の強盗罪と同視できるからである。では，具体的にはどのような場合に，この継続性が認められるのであろうか。

(2) ①判例は，本問Xによるものと類似の行為につき，「窃盗の犯行後も，犯行現場の直近の場所にとどまり，被害者等から容易に発見されて，財物を取り返され，あるいは逮捕され得る状況が継続していたのであるから，上記暴行は，窃盗の機会の継続中に行われた」とした。

これに対し，②判例は，本問Yによるものと類似の行為について，「被告人は，〔財物〕を窃取した後，だれからも発見，追跡されることなく，いったん犯行現場を離れ，ある程度の時間を過ごしており，この間に，被告人が被害者等から容易に発見されて，財物を取り返され，あるいは逮捕され得る状況はなくなった」とし，継続性を否定した。

(3) このように，窃盗の機会が継続していたか否かは，窃盗の犯行から暴行・脅迫までの時間的な接着性や，場所的な接着性のみで単純に決されるわけではない。「被害者等から容易に発見されて，財物を取り返され，あるいは逮捕され得る状況が継続していたか否か」を考慮して，その限界が画されているのである。

④強盗予備罪

(1) 最決昭和54・11・19刑集33巻7号710頁は，窃盗を実行するにあたり人に見つかったら脅す目的で凶器を携帯していた事案につき，強盗予備罪が成立するとした。

(2) 学説上は理解が分かれる。刑法典における条文の位置や，事後強盗の予備を処罰することは現行法上不可罰な窃盗罪の予備を処罰することと実質的には同じであるとの理解から，事後強盗については強盗予備罪が成立し得ないとする見解もある。

もっとも，昏酔強盗について予備処罰が肯定されるように，条文の位置は決定的な意味を持たない。また，見つかれば暴行・脅迫を加えるという確定的な目的で凶器を準備し携行する場合等，単なる窃盗予備とは類型的に区別し得る場合は存在する。事後強盗目的の強盗予備罪も，このような限定を付した上であれば，認められるべきである。

⑤結論

(1) Yの罪責

YがA方に侵入した各行為は住居侵入罪に該当する。

A所有のワインを自動車に積み込んだ行為は窃盗罪に該当する。

Yはいったん自宅まで戻っており，これによって「被害者等から容易に発見されて，財物を取り返され，あるいは逮捕され得る状況」は解消されたと評価できる。このため，YがAに対し登山ナイフの刃先を示す等した時点では窃盗の機会は継続しておらず，同人に事後強盗罪は成立しない（その余の要件を検討するまでもない）。ナイフを示す等の行為は暴行罪に該当するに止まる（なお，②判例はナイフを示す行為を脅迫とする。いずれの評価も可能であろう）。

他方，当該ナイフは，誰かに見つかったら脅して逃げる目的で用意されたものであって，窃盗のための道具を準備するような単なる窃盗予備とは異なる。このため，当該ナイフを用意した行為は，強盗予備罪に該当する。

Yには，2個の住居侵入罪，窃盗罪，暴行罪，強盗予備罪が成立する。このうち，各住居侵入罪と窃盗罪・暴行罪はそれぞれ牽連犯の関係に立つ。これらと強盗予備罪とは，併合罪の関係に立つ。

X・Yは脅したり暴力を振るったりせずにともかく逃げることを申し合わせており，暴行・脅迫についてまで共謀しているとは評価できない。このため，両者は，窃盗罪の限度で共同正犯となる。

(2) Xの罪責

XがA方に侵入した行為は住居侵入罪に該当する。

A所有のワインを自動車に積み込んだ行為は窃盗罪に該当する。

Xは窃取後も犯行現場であるA方に滞留しており，「被害者等から容易に発見されて，財物を取り返され，あるいは逮捕され得る状況」は継続している。このため，XがPの顔面等を故意に殴打した行為は事後強盗罪の要件を充足するところ（事後強盗罪における暴行・脅迫は，強盗罪における暴行・脅迫と同様，相手の犯行を抑圧するに足る程度のものでなければならないが，ワインボトルで殴打する行為はこれに該当するであろう），PはXによる殴打行為によって加療約3週間を要する傷害を負っているから，Xには強盗致傷罪（前記・窃盗罪は同罪に吸収される）が成立する。

Xには，住居侵入罪，強盗致傷罪が成立し，両者は牽連犯の関係に立つ（共犯関係につき，前述参照）。

ステップアップ

(1) 事後強盗罪の成否が問題となる場面としては，現場滞留型（本問X）及び現場回帰型（本問Y）のほか，逃走追跡型（窃盗犯人が，追跡されたため追跡者等に暴行・脅迫を加えるケース）もある。

逃走追跡型においては，窃取行為と暴行・脅迫が，時間的・場所的に離隔しやすい（窃取現場から数km離れたところまで，1時間以上追跡された場合等）。この場合も，形式的な時間的・場所的離隔が窃盗の機会の継続性を失わせないことは当然である（財物取還や逮捕のおそれが継続しているため）。

(2) 本問に論点を加えるならば，たとえば，Yが逃走中に，無関係な第三者（たまたま通りかかった人等）に傷害を負わせる（強盗致死傷罪にいう強盗の機会について論点を追加する）といったものが考えられる。

(3) なお，①判例の第一審（仙台地判平成11・8・23刑集56巻2号89頁参照）は，行為者が隠れていた天井裏（本問では屋根裏部屋）と居室内は「距離的には近接しているものの隔絶した空間である」とし，場所的接着性を否定して窃盗の機会の継続性を否定した。行為者が物音がしたこと等から発見されたという経緯を考慮すれば屋根裏部屋は「隔絶した空間」とは評価できないと思われるが，この発想を参考に，「距離的には近接しているものの隔絶した空間」に窃盗犯人が数時間潜んでいたところ発見され，暴行・脅迫に及ぶ事案なども，工夫次第で作成できよう（たとえば，行為者が自ら掘った，被害者方へ侵入するための秘密の地下トンネルが該当しようか）。

次回の設問

建造物侵入罪について出題する。

刑法　3

慶應義塾大学教授
亀井源太郎　KAMEI Gentaro

設問

以下の事例を読み，Xの罪責を論じなさい（特別法違反の点は除く）。

1　Xは，交通違反等の取締りに当たる捜査車両の車種やナンバーを把握するため，某警察署東側塀（以下「本件塀」という）の上によじ上り，塀の上部に立って，同警察署の中庭を見た。

この際，Xは，塀によじ上って中庭を覗き込み捜査車両の車種等を把握するつもりであったに過ぎず，塀を乗り越えて警察署の敷地内に入る意図は有していなかった。

2　同警察署は，敷地の南西側にL字型の庁舎建物（以下「本件庁舎建物」という）が，敷地の東側と北側に塀が設置され，それらの塀と本件庁舎建物により囲まれた中庭は，関係車両の出入りなどに利用され，車庫等が設置されている。同警察署への出入口は複数あるが，南側の庁舎正面出入口以外は施錠などにより外部からの立入りが制限されており，正面出入口からの入庁者についても，執務時間中職員が受付業務に従事しているほか，入庁者の動静を注視する態勢が執られ，本件庁舎建物から中庭への出入りを制限する掲示がある。

3　本件塀は，高さ約2.4m，幅約22cmのコンクリート製で，本件庁舎建物及び中庭への外部からの交通を制限し，みだりに立入りすることを禁止するために設置されており，塀の外側から内部をのぞき見ることもできない構造となっている。

POINT

本問では，Xに建造物侵入罪（刑130条前段）が成立するか否かが問われる。もっとも，一言で建造物侵入といっても，本問における警察署の建物や敷地のうち，どの部分を本罪の客体と見るべきであるのか，また，Xが「塀を乗り越えて警察署の敷地内に入る意図は有していなかった」ことがいかなる意味を有しているのか，精確に理解し丁寧に論ずることが求められる。

解説

①出題のねらい

本問は，類似の事案につき建造物侵入罪の成立を認めた最決平成21・7・13刑集63巻6号590頁をベースとしている。

本件塀そのものが建造物でないことは多言を要しない。建造物とは，一般に，屋蓋を有し，壁や柱で支えられて土地に定着し，人の起居出入りに適した構造をもった工作物であるとされるところ，「高さ約2.4m，幅約22cm」の塀はこれに該当しないからである（「ステップアップ」も参照）。このため，本問では「建造物そのものである塀に侵入した」と構成することはできない。

また，本問では，（囲繞地として建造物の一部である）敷地に侵入しようとしたと構成すること（すなわち建造物侵入未遂罪が成立すると構成すること）も難しい。行為者が「塀を乗り越えて警察署の敷地内に入る意図は有していなかった」ため，「敷地に侵入しようとしたが，この目的を遂げなかった」と構成できないからである（なお，上岡哲生・平成21年度最判解刑事篇206頁以下によれば，ベースとなった事案では，検察官は被告人を「警察署敷地内に侵入しようとしたが，その目的を遂げなかった」旨の公訴事実で起訴したが，後に，「塀の上によじ上り……人の看守する建造物に侵入した」旨の事実に訴因を変更している）。

このため，本問では，Xがよじ上った塀が，（警察署の敷地と同様に）建造物の一部を構成するものと評価されるのか否かが問われることとなる。

②検討の大枠

(1)　建造物侵入罪の成立要件は，①客体が人の看守する建造物に該当すること，②行為者の行為が侵入に該当すること，③故意，④当該侵入の違法性を阻却すべき正当な理由がないことである。

本問では，特に，①の要件が充足されるかが問題となる。

(2)　なお，刑法130条の保護法益については争いがあるが，本問で大々的に論ずる必要はないであろう。この点に関する理解の違いは，結論に影響しないからである（**3**(2)参照）。

③本件塀と建造物

(1)　前述のように，本件塀そのものを建造物とみることはできない（本問がベースとした事案にかかる第一審・大阪地判平成19・10・15判タ1274号345頁も，「塀に相当程度の幅があり，あるいは造作が施されるなどしてある程度の空間的な広がりが与えられている場合には，その塀自体を建造物と評価する余地があるので，別論である〔が〕……本件塀がそれ自体建造物と評価されるような塀でないことは明らかである」としている）。

このため，本件塀に上った行為が建造物侵入罪に該当するか否かは，本件塀が建造物等の一部と評価し得るか否かにかかることとなる。この問題を考える上では，囲繞地に関する議論が参考になる。

(2)　囲繞地とは，塀で囲まれた場所（たとえば庭）をいう。

判例上は，住居の囲繞地は住居に含まれるとされ（福岡高判昭和57・12・16判タ494号140頁），建造物の囲繞地は建造物に含まれるとされている（最大判昭和25・9・27刑集4巻9号1783頁〔「刑法130条に所謂建造物とは，単に家屋を指すばかりでなく，その囲繞地を包含する」〕）。

また，しばしば引用される東大地震研事件（最判昭和51・3・4刑集30巻2号79頁）は，「建物の囲繞地を刑法130条の客体とするゆえんは，まさに右部分への侵入によって建造物自体への侵入若しくはこれに準ずる程度に建造物利用の平穏が害され又は脅かされることからこれを保護しようとする趣旨にほかならない」とする（同判決は平穏説に拠る。ただし，新住居権説からも囲繞地を刑法130条の客体とすることは可能であるし，現にそのような考え方は有力である。囲繞地に立ち入れば，新住居権＝許諾権に対する侵害があると解し得るからである）。

(3) それでは，本件塀は刑法130条の客体であろうか。

本問がベースとした事件では，第一審と控訴審・上告審の判断が分かれた。

第一審は，（建造物侵入罪の保護法益を管理権と解した上で）「囲繞地が建造物に含まれるのも，囲繞地が建物に付属してその利用に供されるものであり，建物自体に準じてその管理権を保護する必要があるからである」ところ，「建造物の管理権を保護する理由をさらに遡れば，建造物内の空間におけるプライバシー権や業務遂行権等の保護に帰するものとも考えられ，そうすると，刑法130条前段の『建造物』の概念については当然空間的な広がりが含意されているものとも解される。したがって，建造物の管理者が塀を管理しているからといって，その管理権を建造物侵入罪により当然保護すべきであるとも解しがたい」とした。

これに対し，控訴審（大阪高判平成20・4・11刑集63巻6号606頁参照）は一審判決を破棄し，最高裁も控訴審の判断を正当とした。

最高裁は，「本件塀は，本件庁舎建物とその敷地を他から明確に画するとともに，外部からの干渉を排除する作用を果たしており，正に本件庁舎建物の利用のために供されている工作物であって，刑法130条にいう『建造物』の一部を構成するものとして，建造物侵入罪の客体に当たると解するのが相当であり，外部から見ることのできない敷地に駐車された捜査車両を確認する目的で本件塀の上部へ上がった行為について，建造物侵入罪の成立を認めた原判断は正当である」としたのである。

④結論

(1) 最高裁の考え方に倣えば，本件塀も，人の看守する建造物たる警察署庁舎の一部を構成するものとして，建造物侵入罪の客体に該当する。

本件塀が「本件庁舎建物及び中庭への外部からの交通を制限し，みだりに立入りすることを禁止するために設置されており，塀の外側から内部をのぞき見ることもできない構造」であることは，この塀が建造物及びその敷地を他から明確に区別して外部からの干渉を排除する作用を果たしていることを意味するためである。

(2) 本件塀によじ上る行為は，平穏を害する，あるいは，管理権者の意思に反するものであるから，本罪にいう「侵入」に該当する。

(3) 本件塀へのよじ上り行為は捜査車両の車種等を把握するために行われており，Xが建造物の一部たる塀に故意によじ上っていると評価できる。なお，本件塀が刑法130条の客体となる以上，Xが「塀を乗り越えて警察署の敷地内に入る意図は有していなかった」としても故意は否定されない（本件塀へよじ上ることにつき認識があれば，故意を認めるに十分であるため）。

(4) このため，Xの行為は，建造物侵入罪に該当する。

なお，Xは，「交通違反等の取締りに当たる捜査車両の車種やナンバーを把握するため」に本件塀によじ上っており，「正当な理由」があるとは評価できない。

ステップアップ

(1) 芥川龍之介の作品でも知られる羅城門（芥川は「羅生門」と表記）は，平安京の正門である。京都市観光協会のウェブサイトによれば，「門は正面33メートル，奥行8メートル。二重閣瓦屋根造で棟両端に金色の鴟尾を置く」ものであったという。

芥川が描く主人公は，「雨風の患のない，人目にかかる惧のない，一晩楽にねられそうな所」を求めて羅生門の楼に立ち入ったところ，その内部で「短い鬚の中に，赤く膿を持った面皰のある頬」の男や「檜皮色の着物を着た，背の低い，痩せた，白髪頭の，猿のような老婆」と遭遇する。

このような構造の門が，それ自体，建造物であることには疑いがない。

(2) 建造物か否かが争われ否定された例としては，国鉄八代駅のホームや原爆ドームがある。前者については「〔当該〕ホーム自体が障壁を設けた独立の建造物に該当しない」とされ（福岡高判昭和41・4・9高刑集19巻3号270頁。ただし，当該駅構内が建造物であるとされ，当該ホームも「建造物の一部」とされた），後者については「『原爆ドーム』の全般的構造は，一言にして廃墟の感を免れず，到底人の起居出入りに適するものとは言い難く，また，その存在意義や管理方法などの点も併せて考察すれば，それが人の起居出入りを本来的に予定していないことも明らかであり，結局，本件『原爆ドーム』は刑法130条にいう『建造物』には該当しない」とされたのである（広島地判昭和51・12・1刑月8巻11＝12号517頁）。

これに対し，大阪万博会場の「太陽の塔」の「黄金の顔」部分に立ち入った事案では，「『太陽の塔』はその構造上全体として一個の建造物であり，頂部『黄金の顔』の部分もその一部である」として，建造物性が肯定された（大阪高判昭和49・9・10刑月6巻9号945頁）。

(3) 「駅のホームは一般的に建造物ではない」，「万博の塔は一般的に建造物である」等と理解されるべきでないことは，言うまでもない。

本問でそうであったように，問題となった客体の構造をじっくりと吟味し，それ自体が建造物と評価できるのか，そう評価できないとすれば（建造物性を肯定できる）他の建物等の一部と評価できるのかが問題となることに留意したい。

次回の設問

暴行・脅迫後に領得意思を生じた場合と強盗罪の成否について出題する。

刑法　4

慶應義塾大学教授
亀井源太郎　KAMEI Gentaro

設問

以下の事例を読み，Xの罪責を論じなさい（特別法違反の点は除く）。

1　Xは，Aが勤務する会社から絵画を購入した際，その従業員であったAの接客態度に疑問と怒りを抱くようになった。そこで，Xは，Aに対して暴行を加えて同人に仕返しをしようと考え，某日午前0時頃，A宅前で同人を待ち伏せしていた。

A宅は，リビング・ルームと寝室の2部屋で構成されていた。

2　Xは，同日午前0時10分頃，自宅に帰宅したAを同人宅の寝室に押し込み，さらに這って逃げようとするAを捕まえ，顔面を数回殴打した。その後，Xは，Aの両手首を紐で後ろ手に縛って，身動きが困難な状態にした。

3　Xは未だ気が済まず，A所有のパーソナル・コンピュータ（以下，「PC」）を持ち帰り，そこに保存されたデータからさらなる嫌がらせの材料を探そうと考えた。

そこで，Xは，同日午前0時30分頃，リビング・ルームに置いてあったA所有のPCを所携のバッグの中に入れた。

4　同日午前0時40分頃，Xは，A宅から逃走することとした。Xは，後ろ手に縛った紐を緩めるなどしたが，逃走の時間を確保するために，Aの両足をさらに縛った。逃走する際に，Xは，Aが高価な腕時計をはめていることに気付き，これを同人の腕から外して所携のバッグの中に入れた。

Aは，Xが逃走した後，自ら両手首の紐を外すなどし，自由になった。

5　Aは，Xから殴打された際，意識を失うことはなかった。また，Aは，PCを奪われたことは気付いていなかったが，腕時計を奪われたことは気付いていた。

Xは，暴行の最中も，逃走する際も，Aの意識があることを確認していた。

6　Xは，A宅から持ち去ったPCを自宅で使用した。また，同人宅から持ち去った腕時計は，友人に売却した。

POINT

本問では，強盗罪の成否が問われる。Xが加えた事例中2記載の暴行は，Aに仕返しをする目的で行われている。Xはその後Aの財物（PC，腕時計）を領得しているが，領得意思を生じたのは暴行を加えた後である（事例中3記載）。このように，暴行（あるいは脅迫）の時点では領得意思を有していなかった行為者に強盗罪が成立し得るか（さらには，成立する場合があるとしても，それはいかなる場合か）がここでの問題である。

解説

①出題のねらい

本問は，東京高判平成20・3・19判タ1274号342頁をベースとする。

同判決は，暴行・脅迫後に領得意思を生じた場合に強盗罪の成立を認めるには「新たな暴行・脅迫と評価できる行為が必要である」としつつ本問類似の事案に強盗罪の成立を認めており，そのロジックと射程につき議論がある。そこで，本問では，同判決の事案を一部変形し，理解の精確さを確認しようとするものである。

②検討の大枠

(1)　本問で主として問題となるのは，強盗罪の成否である（その余の罪については**5**参照）。

強盗罪の成立要件は，①「暴行又は脅迫を用いて」，②「他人の財物を」，③「強取した」ことである（刑236条1項）。また，主観的要件として，④故意と⑤不法領得の意思が要求される。

(2)　本問では，前述のように，領得意思を生じたのが暴行後であるため，①暴行を用いて③強取したといえるか，検討を要する。

具体的には，まず，領得意思を生じた後に新たな暴行・脅迫があることが要求されるか否かが問題となり，次に，（新たな暴行・脅迫が必要と考えた場合）どのような行為があれば新たな暴行・脅迫があったと評価できるのかが問題となる。

③新たな暴行・脅迫の要否

(1)　かつては，暴行・脅迫後に領得意思を生じた場合につき，強盗罪が成立するとする判例もあった。

大判昭和19・11・24刑集23巻252頁は，強姦（当時）後に，被害者が畏怖に基づき提供した金品を取得した行為について，強姦犯人がその現場から去らない限り被害者の畏怖状態は継続することが通例であるから，「自己の作為したる相手方の畏怖状態を利用して他人の物に付，其の所持を取得するものなれば，畢竟暴行は脅迫を用いて財物を強取するに均しく其の所為は正に強盗罪に該当」するとした（句読点を補い，現代仮名遣いに改めた）。

また，最判昭和24・12・24刑集3巻12号2114頁も，強姦後に領得意思を生じ所持金を奪った事案につき，強盗罪成立を前提とする判示をした。

(2)　学説上，強盗罪説を採る見解も，犯人が前の暴行によって生じた抵抗不能の状態を利用し，いわば余勢をかって財物を奪ったものと認められる場合は同罪の成立を認めるべきであるとしていた。

(3)　もっとも，現在の通説は，新たな暴行・脅迫がない限り強盗罪は成立しないとする。強盗罪が成立するためには財物奪取に向けられた暴行・脅迫が必要であることや，（刑178条のような）抗拒不能に乗じて奪取する規定が存しないことが，その根拠である。

(4)　下級審も，近年では，新たな暴行・脅迫を必要とする旨の判示をしばしば行っている。

たとえば，大阪高判平成元・3・3判タ712号248頁は，「強盗罪は相手方の反抗を抑圧するに足りる暴行，脅迫を手段として財物を奪取することによって成立する犯罪であるから，その暴行，脅迫は財物奪取の目的をもってなされることが必要である」とし，「財物奪取以外の目的で暴行，脅迫を加え相手方の反抗を抑圧した後に財物奪取の意思を生じ，これを実行に移した場合，強盗罪が成立するというためには，単に相手方の反抗抑圧状態に乗じて財物を奪取するだけでは足りず，強盗の手段としての暴行，脅迫がなされることが必要である」とする（新たな暴行・脅迫必要説）。

(5) 本問がベースとした東京高裁平成20年判決も，新たな暴行・脅迫必要説に立つことを明示した点では，大阪高裁平成元年判決の延長線上にある（東京高裁平成20年判決につきさらに**4**参照）。

④要求される新たな暴行・脅迫の程度

(1) 要求される新たな暴行・脅迫の程度につき，前掲・大阪高裁平成元年判決は，「強盗が反抗抑圧状態を招来し，これを利用して財物を奪取する犯罪であることに着目すれば，自己の先行行為によって作出した反抗抑圧状態を継続させるに足りる暴行，脅迫があれば十分であり，それ自体反抗抑圧状態を招来するに足りると客観的に認められる程度のものである必要はない」とする。

(2) 本問やそのベースたる東京高裁平成20年判決の事案で問題なのは，大阪高裁が要求する程度の新たな暴行・脅迫すらなかったのではないかということである。

東京高裁は，強制わいせつ目的で被害者を緊縛しわいせつな行為に及んだ被告人が，わいせつ行為終了後に領得意思を生じて被害者の携帯電話と下着を領得したという事案について，新たな暴行・脅迫必要説に依りつつ，「被害者が緊縛された状態にあり，実質的には暴行・脅迫が継続していると認められる場合には，新たな暴行・脅迫がなくとも，これに乗じて財物を取得すれば，強盗罪が成立する」とした。

東京高裁は，このような判断の理由として，「緊縛状態の継続は，それ自体は，厳密には暴行・脅迫には当たらないとしても，逮捕監禁行為には当たりうるものであって，被告人において，この緊縛状態を解消しない限り，違法な自由侵害状態に乗じた財物の取得は，強盗罪に当たる」とし，あわせて，「緊縛され問答無用の状態にある被害者から財物を取った場合が強盗罪でないというのは，到底納得できるところではない」とする。

(3) しかし，新たな暴行・脅迫を要求しつつ「違法な自由侵害状態に乗じた財物の取得」に強盗罪の成立を認める東京高裁のロジックには，従来共有されてきた理解との関係で疑問がある（なお，同判決の結論への賛否につき，「ステップアップ」参照）。

殺害後に領得意思を生じた場合に東京高裁のロジックを用いれば，殺害され問答無用の状態にある被害者から財物を取った場合が強盗罪でないというのは，到底納得できるところではないこととなろう。

しかし，一般に，被害者を殺害した後に領得意思を生じた場合には，強盗罪は成立せず，窃盗罪が成立するに止まるとされる（最判昭和41・4・8刑集20巻4号207頁参照）。

このように，東京高裁のロジックには疑問がある。新たな暴行・脅迫必要説に依拠する以上は，領得意思を生じた後に反抗を抑圧する行為が存しなければならない。

⑤結論

(1) 本問の場合，領得意思を生じた後に反抗を抑圧する行為が存するであろうか。本問ではXがA所有のPCと腕時計を領得しており，それぞれの客体ごとに丁寧に論ずべきである。

(2) このうち，PCの領得については，強盗罪の成立を認め難い。

Aは，PCを奪われたことに気付いておらず，また，当該PCはAが縛られていた寝室とは別の場所であるリビング・ルームに置かれていた。

このため，AがPCを奪われないよう抵抗する可能性は（Xによる事例中2記載の行為と無関係に，もともと）なく，PCの領得についてAの反抗は抑圧されていないのである。

(3) これに対し，腕時計の領得については，強盗罪の成立が認められる。

Aの両足をさらに縛った行為や，Aの腕から腕時計を外す行為は，先行する暴行（事例中2記載）を受け抵抗が困難になっているAの抵抗可能性をさらに低下させる行為と評価できるからである。このため，両足を縛る行為および腕時計を外す行為は，新たな暴行・脅迫必要説にいう「新たな暴行・脅迫」に該当する。

(4) 以上のように，Xには腕時計に対する強盗罪が成立する。PCについて強盗罪は成立せず，また，PCについて窃盗罪が独立に成立することもない（腕時計に対する強盗罪に吸収される）。領得意思を生ずる以前の暴行についても同様である（独立に暴行罪が成立することはない）。

さらに，A宅に侵入した行為には住居侵入罪が成立する。同罪と強盗罪とは牽連犯の関係に立つ。

ステップアップ

(1) 新たな暴行・脅迫必要説に依拠すれば，領得意思を生ずる前の時点での暴行・脅迫によって被害者が気絶した場合にも，強盗罪の成立は否定される。

本問（およびそのベースである東京高裁平成20年判決）を，被害者が当初の暴行・脅迫によって気絶したという事案に変形した場合，その後の領得行為について強盗罪の成立を認めることはできない。

(2) 前掲・東京高裁平成20年判決のロジックに疑問があることは前述の通りだが，強盗罪の成立を認めた結論には賛成する余地がある。

同事案では，携帯電話を領得した後にも，わいせつ行為という有形力の行使が継続していた。このため，少なくとも，携帯電話の領得については新たな暴行の存在が認められ，強盗罪の成立が肯定できるのである（なお，下着は領得意思を生ずる前に強制的に脱がせたものを，領得意思を生じた後に奪取している。このため，新たな暴行があったといえるかについて評価が分かれる。さしあたり，嶋矢貴之・刑法判例百選Ⅱ〔第7版〕85頁参照）。

次回の設問

不作為犯について出題する。

刑法　5

慶應義塾大学教授
亀井源太郎　KAMEI Gentaro

設問

以下の事例を読み，Xの罪責を論じなさい（特別法違反の点は除く）。

1　Xは，新興宗教団体の教祖であり，手の平で患者の患部をたたいてエネルギーを患者に通すことにより自己治癒力を高めるという独自の治療を施す特別の能力を持つなどとして信奉者を集めていた。

2　Xの信奉者であるAは，脳内出血で倒れて兵庫県内の病院に入院し，意識障害のため痰の除去や水分の点滴等を要する状態にあり，生命に危険はないものの，数週間の治療を要し，回復後も後遺症が見込まれた。Aの息子Bは，やはりXの信奉者であったが，後遺症を残さずに回復できることを期待して，Aに対する治療をXに依頼した。

Xは，脳内出血の患者に治療を施したことがなかったため，Bによる依頼に対しあいまいな対応をし，明確な返事をすることを避けた。

3　Bは，Xからの明確な返事はなかったものの，このままではAに重篤な後遺症が残ってしまうことを恐れた。

そこでBは，Aを退院させることはしばらく無理であるとする主治医の警告を知りながら，なお点滴等の医療措置が必要な状態にあるAを入院中の病院から運び出し，その生命に具体的な危険を生じさせた。

Bは，Aを，Xが宿泊しているホテルの客室まで運び込んだ。

4　Xは，運び込まれたAの容態を見て，そのままでは死亡する危険があることを認識したが，事ここに及んでBの依頼を断れば教祖としての自らの沽券にかかわると考え，Aの治療を引き受けた。

5　Xは，Aの治療を引き受けたものの，実際には同人に治療を行うことはなかった。Xは，その様子をBや同宿していた側近らに見られないよう，Bや側近らに命じて同人らを退室させた。さらに，ドアノブに「Do Not Disturb Please」と書かれた札を吊り下げ，同室にホテル従業員らが立ち入らないようにした。

6　Xは，Aが死亡するかも知れないがやむを得ないと考え，痰の除去や水分の点滴等Aの生命維持のために必要な医療措置を受けさせないままAを約1日の間放置し，痰による気道閉塞に基づく窒息によりAを死亡させた。

POINT

本問は，最決平成17・7・4刑集59巻6号403頁（いわゆるシャクティパット事件）をベースとし，不作為による殺人の成否を論ずるよう求めるものである。

ここで問われるのは，いかなる事実関係をいかに評価して，作為義務の存在を肯定するか（あるいは，しないか）である。

解説

①出題のねらい

(1)　本問では，不作為による殺人の成否が問題となる。シャクティパット事件決定はあまりにも著名なものであるが，その射程は必ずしも明らかではない。

そこで，本問では同決定を変形し，その射程を検討しようとするものである。

(2)　なお，同決定は，一般に，共同正犯の成立範囲についても重要な判示をしたとされる。しかし，このような理解には疑問もある（→ステップアップ）。

②検討の大枠

(1)　殺人罪（刑199条）は「人を殺した」場合に成立する。殺人罪の実行行為（殺す行為）には，作為によるもののほか，不作為によるものも含まれる。

(2)　ある行為が不作為による殺人の実行行為に該当するには，行為者に作為義務が存在し，当該行為者が当該作為義務に違反したことが要求される。本問では，作為義務（およびその違反）の存否を事実に即して丁寧に論ずることが求められる。

(3)　殺人罪が故意犯であることから死の結果について故意が要求されること，客体が刑法199条に言う「人」に該当する必要があることも，言うまでもない（もっとも，Aが「人」に該当するのはあまりに当然であって後者については論ずるまでもない）。

③作為義務の発生根拠

(1)　判例上，①行為者と被害者との間に救助することが強く期待される特別な関係（保護関係。親族関係や契約関係等）があるため作為義務が認められる場合と，②そのような保護関係は存しないが他の事情があるため作為義務が認められる場合があるとされ，①においては比較的容易に作為義務が認められる傾向があると指摘される（鎮目征樹「不作為による殺人」刑法判例百選Ⅰ〔第7版〕14頁）。

(2)　裁判例によれば，②の類型では，先行行為（被害者の生命に対する危険を創出したこと）のみでは作為義務を基礎付けるに不十分であり，被害者を救助のために一旦引き受けたという事情（保護の引受け）や，他者による救助が期待しがたい場所に被害者を放置したという事情（依存関係）等を積み重ねることによって，作為義務が肯定されている。

たとえば，交通事故による重傷者を，遺棄する意図で，救護措置を講じないまま搬送して死亡させた事案につき殺人罪の成立を認めた事例（東京地判昭和40・9・30下刑集7巻9号1828頁）では，自らの過失によって交通事故を生ぜしめ被害者に傷害を負わせたこと，および，いったんは被害者を救護するため病院へ搬送すべく被害者を自車助手席に同乗させたことが指摘され，作為義務が認められている。

また，東京地八王子支判昭和 57・12・22 判タ 494 号 142 頁も，被告人が被害者に多数回にわたる暴行を加えて傷害を負わせたという先行行為に加え，重篤な症状を呈するに至った被害者に適切な医療措置を受けさせず，自宅内に放置したという事実を指摘して，作為義務を肯定している。

このように，②の類型では，「先行行為・依存関係・保護の引受け等の諸事情が義務づけの根拠として必ずしも十分ではないとの認識の下，これらを積み重ねることで作為による結果惹起との同視性を担保しうるという理解がなされてきた」（鎮目・前掲 15 頁）のである。

(3) シャクティパット事件決定は，被告人が被害者の親族に指示し被害者を病院から運び出させたこと，被告人が滞在するホテルまで運び込まれた被害者に対するシャクティ治療をその親族らからゆだねられたことを摘示し，「以上の事実関係によれば，被告人は，自己の責めに帰すべき事由により患者の生命に具体的な危険を生じさせた上，患者が運び込まれたホテルにおいて，被告人を信奉する患者の親族から，重篤な患者に対する手当てを全面的にゆだねられた立場にあったものと認められる。その際，被告人は，患者の重篤な状態を認識し，これを自らが救命できるとする根拠はなかったのであるから，直ちに患者の生命を維持するために必要な医療措置を受けさせる義務を負っていた」として，作為義務の存在を認めた。

同事件は前記②類型に該当するが，同決定は，危険を創出する先行行為（自己の責めに帰すべき事由により患者の生命に具体的な危険を生じさせたこと）および依存関係（重篤な患者に対する手当てを全面的にゆだねられた立場にあったこと）を根拠に作為義務を肯定したのである。

(4) シャクティパット事件決定は当該事案において作為義務が認められると述べたに過ぎず，一般論は述べていない。

このため，最高裁が，「自己の責めに帰すべき事由」による危険創出と「全面的にゆだねられた立場」を，作為義務を認める不可欠の要素と考えたとまでは言えない（藤井敏明・最判解刑事篇平成 17 年度 203 頁参照）。

このようにシャクティパット事件が限界事例でないとすると，自己の責めに帰すべき事由によって危険創出したとまでは言えない場合や行為者による被害者の生命に対する支配の程度が低い場合にも，なお，作為義務が認められる可能性がある。

本問の事案は，このうち前者に該当する。

④ 結論

(1) 本問では，A を病院から連れ出したのは，X の指示ではなく，B の判断による。このため，X が，「自己の責めに帰すべき事由により患者の生命に具体的な危険を生じさせた」とは評価できない。

この点は，作為義務を否定する方向に働く事情である。

(2) もっとも，本問では，（関係者や家族の出入りがあった事案である〔藤井・前掲 201 頁注 2 参照〕シャクティパット事件とは異なり）X が宿泊していた部屋から B や側近らが退室させられた上，ホテル従業員の立入りも拒絶する旨の意思を表示しており，X 以外の者が A を救命する可能性はほぼない。

この点は，作為義務を肯定する方向に働く事情である。

(3) シャクティパット事件決定は一般論を述べていないから（**3**(4)参照），本問につき，判例に倣う形で作為義務の有無を判断することは難しい。ただ，上述のような要素を丁寧に指摘すれば，結論はいずれもあり得るだろう。

筆者としては，X が新興宗教団体の教祖であって B がその信奉者であること，X が自己治癒力を高めるという独自の治療を施すと喧伝していたこと，そのよう状況下で X が B の依頼に対しあいまいな対応をしたことといった事情を積み重ねることによって，B が A を病院から連れ出したことに X が一定程度寄与していると評価してよいと考えている。もし，こう考えてよいとすれば，本問でも，X の作為義務が認められるであろう。

シャクティパット事件と異なり本事案では先行行為が作為義務を基礎付ける力は弱いものの，X と B との関係や治療を引き受けた後の状況から，作為義務を肯定できると考えるのである。

(4) 作為義務の存在が認められるとすれば，あとは，淡々と，当該作為義務に対する違反があること，当該義務違反が故意に行われていることを確認すればよい。

ステップアップ

(1) 学説上，排他的支配説（作為義務の前提として，行為者による法益あるいは因果経過への排他的支配を要求する見解）が有力とされる。

もっとも，シャクティパット事件では，厳密な意味での排他的支配までは認められない。同決定は，被告人以外に救命することが可能な者がいないという関係までは認められない事案につき，作為義務を肯定したのである。

(2) シャクティパット事件決定は共同正犯の成立範囲についても，重要な判示を行ったとされる。

しかし，筆者は，かねてから，このような理解に疑問を持っている（亀井源太郎「いわゆるシャクティ事件最高裁決定と共同正犯の成立範囲」『日高義博先生古稀祝賀論文集(上)』451 頁以下）。

はたしてシャクティパット事件決定は，共同正犯の成立範囲についてなんらかの判示を行ったのだろうか。シャクティパット事件においては殺人罪の成否のみが争われ，共同正犯の成立範囲について当事者も争っておらず裁判所も特に論じていない（藤井・前掲 206 頁参照）。

このため，同決定がその結論部分において「〔被告人と殺意のなかった親族とは〕保護責任者遺棄致死罪の限度で共同正犯となる」と判示したことをもって，最高裁が共同正犯の成立範囲について一定の立場を採ったとするのは言いすぎである。

次回の設問

文書偽造の罪について出題する。

刑法　6

慶應義塾大学教授
亀井源太郎　KAMEI Gentaro

設問

以下の事例を読み，Xの罪責を論じなさい（特別法違反の点は除く）。

1　1949年9月19日にジュネーブで採択された道路交通に関する条約（以下「ジュネーブ条約」という）は，締約国もしくはその下部機構の権限ある当局またはその当局が正当に権限を与えた団体でなければ，同条約に基づいて国際運転免許証を発給することができない旨規定した上，国際運転免許証の形状，記載内容等の様式を詳細に規定している。日本国はジュネーブ条約の締約国であり，同条約に基づいて発給された国際運転免許証は，日本国において効力を有する。

2　Xは，某国に存在する国際旅行連盟という民間団体から委託を受けて，国際運転免許証に類似した文書1通（以下「本件文書」という）を作成した。Xは，本件文書と同様の国際運転免許証様の文書を顧客に販売することを業としており，本件文書も，顧客であるAの依頼に基づき，Aへ交付する目的で作成されたものであった。

3　本件文書は，その表紙に英語と仏語で「国際自動車交通」，「国際運転免許証」，「1949年9月19日国際道路交通に関する条約（国際連合）」等と印字されているなど，ジュネーブ条約に基づく正規の国際運転免許証にその形状，記載内容等が酷似している。また，本件文書の表紙に英語で「国際旅行連盟」と刻された印章様のものが印字されている。

4　国際旅行連盟なる団体がジュネーブ条約に基づきその締約国等から国際運転免許証の発給権限を与えられた事実はなく，Xもこのことを認識していた。

POINT

本問では私文書偽造罪の成否が問題となっているところ，同罪の本質は，文書の名義人と作成者との間の人格の同一性を偽ることにあるとされる。

このため，同罪の成否を判断する際には，当該文書の名義人と作成者について，それぞれ誰と見るべきか――本問においてはとりわけ名義人を誰と見るべきか――が問題となる。

解説

①出題のねらい

⑴　本問は，資格の冒用と私文書偽造罪に関する最決平成15・10・6刑集57巻9号987頁をベースとする。

⑵　私文書偽造罪をめぐっては，判例上，様々な形で，その成否が争われてきた。

たとえば，代理・代表名義の冒用事案（最決昭和45・9・4刑集24巻10号1319頁），名義人の承諾事案（最決昭和56・4・8刑集35巻3号57頁），通称名の使用事案（最判昭和59・2・17刑集38巻3号336頁），同姓同名の弁護士が存在した事案（最決平成5・10・5刑集47巻8号7頁），明大替え玉受験事案（最決平成6・11・29刑集48巻7号453頁），架空人名義の履歴書作成事案（最決平成11・12・20刑集53巻9号1495頁）がそれである。

⑶　前掲・最高裁平成15年決定は当該事例についての判断を示したにすぎないものではあるものの，上記の諸判例と並んで重要な判示を行ったと評される。

そこで，本問は，同決定を素材とし，とりわけ名義人の特定方法について確認しようとするものである。

②検討の大枠

⑴　私文書偽造罪（刑159条1項）の成立要件は，①行使の目的で，②他人の印章・署名を使用して（あるいは，偽造した他人の印章もしくは署名を使用して），③権利・義務・事実証明に関する文書・図画を偽造したこと，④当該偽造が故意に行われたことである。

本問では①，②，④の要件が充たされることは明らかであるから，以下，③の要件について重点的に解説を加える。

⑵　私文書偽造罪における偽造は，有形偽造である。

一般に，有形偽造とは文書の名義人と作成者との間の人格の同一性を偽るものであるとされる（なお，ステップアップ⑵参照）。

このため，私文書偽造罪の成否を検討するに際しては，当該文書の作成者および名義人が誰であるかをそれぞれ特定した上で，両者に齟齬があるか否かを判断すべきこととなる。

⑶　このうち，本件文書の作成者は，多数説である意思説によれば，Xに作成を委託した国際旅行連盟である（国際旅行連盟が意思・観念の表示主体であるため）。

では，名義人は誰であろうか。

本件文書の名義人を国際旅行連盟と捉えれば，本件文書については作成者も名義人も国際旅行連盟であって人格の同一性の偽りは存せず，私文書偽造罪の成立は否定されることとなる。

もっとも，ジュネーブ条約は，締約国もしくはその下部機構の権限ある当局またはその当局が正当に権限を与えた団体でなければ，同条約に基づいて国際運転免許証を発給することができない旨規定した上，国際運転免許証の形状，記載内容等の様式を詳細に規定している。また，当該文書は，「ジュネーブ条約に基づく正規の国際運転免許証にその形状，記載内容等が酷似している」ものである。

ここから，本件文書の名義人は，「ジュネーブ条約に基づく発行権限を有する団体である国際旅行連盟」であって「某国に存在する国際旅行連盟という民間団体」ではないと考える余地も生ずる。

では，名義人は，どのような方法で特定されるべきであろうか。

③名義人の特定

(1) 名義人は，通説によれば，「文書から認識される意思・観念の主体」である。

この「文書から認識される意思・観念の主体」は，その文書を構成する様々な要素から認識される。

文書に記載された氏名，生年月日等，その文書に意思・観念を表示した主体を示す文言が，その判断要素となることは，ことがらの性質上，当然である。

(2) 一定の資格等（「弁護士X」，「代表取締役X」，「A代理人X」等）の記載を，この判断に用いてよいかには争いがあるが（ステップアップ(3)参照），判例・通説はこれを認める（前掲・最高裁昭和45年決定は，「A代理人X」と記された文書をXが権限なく作成した事案について，Aを名義人と解し，作成者Xと一致しないとした。なお，近時の判例の立場を前提とすれば，同文書につき「A代理人X」という実在しない人格を名義人と解する理解も可能であろう）。

資格や権限がなければ作成できない性質の文書においては，資格・権限がある者により作成されているということが，その文書の社会的信用性を基礎付けるからである。

(3) 本問がベースとした前掲・最高裁平成15年決定は，「本件文書の記載内容，性質などに照らすと，ジュネーブ条約に基づく国際運転免許証の発給権限を有する団体により作成されているということが，正に本件文書の社会的信用性を基礎付けるものといえるから，本件文書の名義人は，『ジュネーブ条約に基づく国際運転免許証の発給権限を有する団体である国際旅行連盟』である」とした。

ここから同決定は，私文書偽造罪の成立を認めたのである。

④結論

Xは，本件文書を行使の目的で作成した（前掲**2**(1)における①要件充足。他人〔本問ではA〕をして偽造文書を行使させる目的も，私文書偽造罪にいう行使の目的に含まれる）。

本件文書の名義人は，「ジュネーブ条約に基づく国際運転免許証の発給権限を有する団体である国際旅行連盟」である（②要件充足）。

本件文書は，名義人と作成者の人格が一致しない文書である（③要件充足）。

Xはこれらの行為を故意に行っている（④要件充足）。

このため，Xには私文書偽造罪が成立する。

ステップアップ

(1) 本問は，Xが，某国に実在する国際旅行連盟という民間団体から委託を受けて，国際運転免許証に類似した文書1通を作成した事案である。

これに対し，本問がベースとした前掲・最高裁平成15年決定は，被告人が「メキシコ合衆国に実在する民間団体である国際旅行連盟から本件文書の作成を委託されていた旨」弁解しており，この弁解が証拠上排斥できないという事案であった（平木正洋・最判解刑事篇平成15年度434頁，447頁注5参照）。

このため，同決定は，「被告人に本件文書の作成を委託していたとの前提に立ったとしても」と留保した上で，前掲のように判示した。

本問とそのベースたる同決定は，この点で事案を異にするが，この違いは結論に影響しない。同決定も，実際に委託されていた場合を念頭に置いて判断しているからである。

これに対し，同決定の事案を，「国際旅行連盟なる団体がジュネーブ条約に基づきその締約国等から国際運転免許証の発給権限を与えられた事実はないものの，Xはこのことを認識していなかった」と変形した場合，Xには人格の同一性の偽りを生ぜしめる意思が欠け私文書偽造罪の故意が否定されることになろう（あまり面白い変形でもないため，問題としては採用しなかったが）。

(2) 判例は，かつて有形偽造とは名義人でない者が権限がないのに他人の名義を冒用して文書を作成することであるとしていたが（たとえば，最判昭和51・5・6刑集30巻4号591頁），現在では，有形偽造とは文書の名義人と作成者との人格の同一性を偽ることであるとする（前掲・最高裁昭和59年判決〔「本件文書の名義人と作成者との人格の同一性に齟齬を生じている」〕，前掲・最高裁平成5年決定〔「本件各文書の名義人と作成者との人格の同一性にそごを生じさせた」〕，前掲・最高裁平成11年決定〔「これらの文書に表示された名義人は，被告人とは別人格の者であることが明らかであるから，名義人と作成者との人格の同一性にそごを生じさせた」〕）。

有形偽造の意義に関する2つの定義は，同一の内容を異なった言葉で表現しているにすぎないとされる場合が多い（たとえば，前掲・最高裁昭和59年判決）。文書の名義人と作成者との人格の同一性を偽ることとする表現の方が，近年問題となっている事例の解決に有用であるとして広く用いられていると説明されるのである。

(3) 資格等を常に名義人特定の材料としてよいかには議論がある。

仮に，これを広く判断材料とするならば，従来，不可罰と解されてきた事例が幅広く処罰されることになり，不当であるとされる（たとえば，博士号を有しない法学部教員が「法学博士」と偽る場合等）。

そこで，学説には，作成名義人の限定に援用できる資格等は，「権限」として明確に把握できるものに限られるべきであるとするものもある。

もっとも，（先の博士号事例と同様に）しばしば処罰すべきでない例として挙げられてきた医師でない者が医師名義で診断書を作成する場合については，診断書の性質に照らして，資格の冒用により有形偽造を認めることも可能であろう。

また，博士号が学界・社会において有する意味が変化してきたことに鑑みれば，博士号事例についても同様の理解をする余地はあろう（採用人事に関する書類に博士号を冒用する場合等）。

名義人特定の材料として用いられるべき資格等の範囲は，当該資格等が有する社会的意味の変化に伴って変動するのである。

次回の設問

間接正犯について出題する。

刑法　7

慶應義塾大学教授
亀井源太郎　KAMEI Gentaro

設問

以下の事例を読み，Xの罪責を論じなさい（特別法違反の点は除く）。

1　Xは，ホストクラブにおいてホストをしていたが，客であったAが遊興費を支払うことができなかったことから，Aに対し，激しい暴行，脅迫を加えて強い恐怖心を抱かせ，平成29年1月ころから，風俗店で働くことを強いて，これを分割で支払わせるようになった。

2　Xは，Aに生命保険を掛けた上で自殺させ，Aの死亡が事故に起因するものと見せかけて保険金を取得しようと企て，自己を受取人とする生命保険にAを加入させた。

Xは，自己の言いなりになっていたAに対し，平成31年1月9日午前0時すぎころ，まとまった金が必要なので死んで保険金をよこせと迫り，Aに車を運転させ，同日午前3時ころ，本件犯行現場の漁港まで行かせたが，付近に人気があったため，当日はAを海に飛び込ませることを断念した。

3　Xは，翌10日午前1時すぎころ，Aに対し，事故を装って車ごと海に飛び込むという自殺の方法を具体的に指示し，同日午前1時30分ころ，本件漁港において，Aに，車ごと海に飛び込むように命じた。Aが飛び込むことを渋ったため，Xは，Aの顔面を平手で殴り，その腕を手拳で殴打するなどの暴行を加え，海に飛び込むように迫った。Aが「明日やるから」などと言って哀願したため，Xは，「絶対やれよ。やらなかったらおれがやってやる」などと申し向けた上，翌日に実行を持ち越した。

Aは，Xの命令に応じて自殺する気持ちはなく，車ごと海に飛び込んだ上で死亡を装ってXから身を隠そうと考えた。

4　翌11日午前2時すぎころ，Xは，Aを車に乗せて本件漁港に至り，運転席に乗車させたAに対し，車ごと海に飛び込むよう命じた。Xは，その場にいると，前日のようにAから哀願される可能性があると考え，現場を離れた。

Aは，普通乗用自動車を運転して，本件漁港の岸壁上から海中に同車もろとも転落したが，車が水没する前に運転席ドアの窓から脱出し，港内に停泊中の漁船にはい上がるなどして死亡を免れた。

5　本件現場の海は，当時，岸壁の上端から海面まで約1.9m，水深約3.7m，水温約11度という状況にあり，車ごと飛び込めば飛び込んだ際の衝撃で負傷するなどして車からの脱出に失敗する危険性は高く，また脱出に成功したとしても，冷水に触れて心臓まひを起こし，あるいは心臓や脳の機能障害，運動機能の低下を来して死亡する危険性は極めて高かった。

POINT

本問のような事例では，一般に，被害者の意思を抑圧し被害者自身を利用する形態での間接正犯の成否が問題となる。そして，この構成による場合，被害者の意思がどの程度抑圧されれば背後者が間接正犯となるのかが問われる。

本問では，XがAの意思を抑圧していた程度がどのようなものであるのか，犯行当日のみならず，それ以前の経緯も勘案しつつ，丁寧に論ずる必要がある。

解説

①出題のねらい

⑴　本問は，類似事案に殺人未遂罪の成立を認めた最決平成16・1・20刑集58巻1号1頁をベースとする。

⑵　同決定は，「〔被告人の命令に応じて車ごと海中に飛び込む以外の行為を選択することができない〕精神状態に陥っていた被害者に対して，本件当日，漁港の岸壁上から車ごと海中に転落するように命じ，被害者をして，自らを死亡させる現実的危険性の高い行為に及ばせたものであるから，被害者に命令して車ごと海に転落させた被告人の行為は，殺人罪の実行行為に当たる」とした。

⑶　同決定自体が明言するわけではないが，一般に，被害者を利用する形態での意思抑圧型間接正犯を認めたものと解されている。

本問は，同決定が殺人未遂罪の成立を認めたロジックについての理解の精確さを確認しようとするものである。

②検討の大枠

⑴　本問では殺人未遂罪の間接正犯が成立するか否かが問題となるから，殺人罪における殺す行為が，（被害者の行為を通じて）被告人のしわざとして為されたと評価できるか否かが問題となる。

⑵　殺人未遂罪におけるその余の成立要件が充たされなければならないことも当然である（**5**参照）。

③海中転落の危険性

本件現場の海は，車ごと飛び込めば飛び込んだ際の衝撃で負傷するなどして車からの脱出に失敗する危険性は高く，また脱出に成功したとしても死亡する危険性は極めて高い状況であった（事例中5記載）。

このような事実関係を前提とすれば，Aが車ごと海中に飛び込んだことは，死に至る高度な危険性を有していたものであった（Aには自殺をする気持ちはなかったが，海中転落の有する客観的な危険性は，Aの意図によって変化するものではない）。

④誰の「しわざ」か

(1) では，この危険性は，誰の「しわざ」によるものか。

前述のように，最高裁平成16年決定は，本問類似の事案につき，被告人が自己の命令に応じて車ごと海中に飛び込む以外の行為を選択することができない精神状態に陥っていた被害者に命令して車ごと海に転落させたとし，被告人の行為が「殺人罪の実行行為に当たる」とした。前述のような危険性を被告人が生じさせたと考えたのである。

以下，同決定のロジックを概観・検討しよう。

(2) 少なからぬ学説は，同決定を，背後者を間接正犯とするためには被害者の意思が絶対的に抑圧されたことまでは必要ないとしたものと理解した。

自由な意思決定を完全に喪失させたと評価できる場合は稀であるから，絶対的な意思抑圧までは不要とすることにも理由はある。

もっとも，絶対的意思抑圧までは不要であるとしても，それではどの程度の意思抑圧が要求されるべきであるかは，なお検討を要する。

(3) 従来，裁判所は，相当高度の意思抑圧を要求していた。

たとえば，広島高判昭和29・6・30高刑集7巻6号944頁は（殺人罪の間接正犯の成立を否定し）自殺教唆罪が成立するに止まるとしたが，そこでの意思抑圧の程度はかなり高度であったと思われる（妻の不倫関係を邪推した被告人が連日の如く詰問し，ときには失神するほどに首を絞め，足蹴にし，錐，槍の穂先等で腕，腿等を突く等常軌を逸した虐待，暴行を加え，強要して妻に不倫関係を承認する書類あるいは自殺する旨を記載した書面を書かせる等，妻の自殺を予見しながら執拗に肉体的精神的圧迫を繰り返すというかなり強度の抑圧を加え，妻がついに自殺を決意し自殺するに至った事案)。

さらに，被害者利用のケースではないが，東京地判平成8・6・26判時1578号39頁（オウム真理教集団リンチ殺人事件）も参考になろう。同判決は，自らが殺害される危険があっても，その危険性が「間近に切迫」していなければ，被利用者たる被告人の正犯性は排除されず，したがって，背後者は間接正犯とはされないとの理解を前提としている。

このように，前掲・最高裁平成16年決定以前は，背後者を間接正犯とするためには，被害者の意思が相当高度に抑圧されていることが要求されていたと考えられる。

(4) これに対し，前掲・最高裁平成16年決定は，従来よりも一歩踏み出し，(絶対的抑圧まで要しないことはもちろん，それに止まらず）意思抑圧の程度が従来要求されてきたそれより低くてもなお背後者を間接正犯とできるとしたものと評されている（ただし，このような評価には疑問もある。ステップアップ(3)参照)。

⑤結論

(1) 海中転落を命じ転落させる行為は死の危険を有する行為である（**3**参照)。

(2) XがAに対し激しい暴行，脅迫を加えて強い恐怖心を抱かせていた（事例中1記載），AがXの言いなりになっていた（事例中2記載），XがAに顔面を平手で殴るなどの暴行を加えた（事例中3記載）という各事実に照らせば，犯行当日には海に飛び込むよう命じたのみであったとしても，Aの意思は相当程度に抑圧されていたと評価できる。

このため，最高裁平成16年決定に倣えば，本問でも，Aに命令して車ごと海に転落させたXの行為は，殺人罪の実行行為に該当する。

(3) Xは自殺させる目的で海中に車ごと転落するよう命令しており，死の結果の発生を認識・認容していた。このため，殺人罪の故意（殺意）に欠けるところはない。

(4) Aは車が水没する前に車から脱出し死亡を免れた。このため，死の結果は生じておらず，Xの行為には殺人未遂罪が成立する。

ステップアップ

(1) Xが命じたのは，(単なる海中転落ではなく）事例中5記載のような危険性を有する海中転落であった。

事案を変形し命令内容をそのような危険性を有しないものに変更した場合，たとえXがAの意思を抑圧して海中に転落させたとしても，当該行為が殺人罪の実行行為に該当しないことは言うまでもない。

(2) 被害者に働きかけて死の危険性がある行為を自ら行わせた場合，一般的には，殺人罪の間接正犯と自殺関与罪との区別が問題となる（換言すれば，殺人罪の間接正犯が成立しない場合，自殺関与罪に問擬し得る)。

しかし，本問（およびベースとなった判例の事案）では，被害者に自殺の意図はなく，自殺を決意していない。このため，これらの事案では，自殺関与罪が成立する余地は――殺人罪の間接正犯の成否にかかわらず，そもそも――存在しない（自殺関与罪は，自殺が被害者の自由な意思に基づくことを前提とする)。

(3) 前述のように，最高裁平成16年決定は，一般に，従来よりも一歩踏み出し，(絶対的抑圧まで要しないことはもちろん，それに止まらず）意思抑圧の程度が従来要求されてきたそれより低くてもなお，背後者を間接正犯としたものと評される。

しかし，このような整理には疑問もある。

同事件では，犯行当日にこそ直接的な有形力は行使されていなかったものの，「被害者に対し，激しい暴行，脅迫を加えて強い恐怖心を抱かせ」ていたこと，犯行前日に暴行を加えながら海に飛び込むように迫ったこと等，犯行に至るまでに直接的な有形力の行使を含む，執拗かつ強度の働きかけがあった点が重要である。このような経緯に照らして初めて，「飛び込む以外の行為を選択することができない精神状態に陥らせていた」と評価できるものと思われる（亀井源太郎「被害者の行為を利用した殺人未遂罪の成立を認めた事例」判評570号〔判時1931号〕35頁以下参照)。

次回の設問

業務妨害罪と公務執行妨害罪について出題する。

刑法 8

慶應義塾大学教授
亀井源太郎 KAMEI Gentaro

設問

以下の事例を読み，X・Yの罪責を論じなさい（特別法違反の点は除く）。

1 甲県職員Xは，同県地方公務員労働組合に所属していたが，同県「職員の退職手当に関する条例」の改正に反対し，同県との交渉に当たっていた。

交渉は難航し，某年6月28日，県は交渉が妥結しないまま改正案を県議会に提案した。改正案は，同県議会総務文教委員会（以下，「総文委」）に付託された。総文委では改正案につき審議が進められ，同年7月4日には，翌5日の採決を待つばかりの状態となった。

2 Xは，同月5日午前中，県議会議長に対し，知事との交渉を仲介するよう依頼した。同議長も知事に対しXと面会するよう斡旋したが，知事がこれを拒否したため，議長はXに対しその旨を伝えた。

Xは，乙党所属議員Aが知事との面会を妨害したと考え，Aに抗議をするとともに総文委の開催を妨げようとし，同日午後4時20分ころ，共謀の上，総文委の開催が予定されていた委員会室に警備員の制止を無視して約200名の組合員とともに侵入し，同室所在のAに対し「知事交渉が拒絶されたのはお前のせいだ」と大声で罵声を浴びせ，委員席に置いてあったプラスチック製の名札で机を叩き同日午後5時15分ころまで同室を占拠し，総文委における採決等を一時不能にした。

3 Yは，Xと無関係の者であるが，SNSを通じ，Xらが事例中2記載の事実について捜査の対象とされていることを知り，これを不当な捜査だと考え妨げようとして，同年7月26日深夜，インターネット掲示板に，同日から1週間以内に甲県所在の丙駅において無差別殺人を実行する旨の虚構の殺人事件の実行を予告した。

この結果，同掲示板を閲覧した者からの通報を介して，同県警察本部の担当者らをして，同県丙警察署職員Pらに対し，その旨伝達させ，同月27日午前7時ころから同月28日午後7時ころまでの間，同伝達を受理した同署職員Pら8名をして，丙駅構内およびその周辺等への出動，警戒等の業務に従事させ，その間，同人らをして，Yの予告さえ存在しなければ遂行されたはずの警ら，立番業務その他の業務の遂行を困難ならしめた。

POINT

本問で主として論ずべきは，Xには威力業務妨害罪が，Yには偽計業務妨害罪が成立するか否かである（以下，両罪を一括して「業務妨害罪」と呼ぶ場合がある）。

本問では，Xとの関係では県議会委員会の条例案審議と採決の事務が，Yとの関係では犯罪予告の虚偽通報がなければ遂行されたはずの警察の公務が，それぞれ，業務妨害罪の「業務」として保護されるかが問われる。

解説

①出題のねらい

本問は，県議会委員会の条例案採決等の事務が威力業務妨害罪にいう「業務」に該当するとした最決昭和62・3・12刑集41巻2号140頁，および，犯罪予告の虚偽通報がなければ遂行されたはずの警察の公務が偽計業務妨害罪にいう「業務」に該当するとした東京高判平成21・3・12高刑集62巻1号21頁をベースとする。

いずれも当該公務が業務に該当するとしたが，そのロジックには（少なくとも表面的には）違いがある。本問は，この違いの意味を確認しようとするものである。

②検討の大枠

(1) 偽計業務妨害罪（刑233条）は，「虚偽の風説を流布し，又は偽計を用いて」，威力業務妨害罪（刑234条）は，「威力を用いて」，人の業務を妨害した場合に成立する。

このため，①X・Yによる妨害の客体となった各公務が業務妨害罪で保護されるのかが問題となるほか（**3**参照），②両名の行為の「威力」・「偽計」該当性（**4**参照），③「妨害」と評価できる結果が生じたかが問題となる（「ステップアップ」(2)参照）。

(2) 公務が業務妨害罪で保護されるか否かが問題となる前提として公務執行妨害罪（刑95条1項）の成立が否定されること（本問ではX・Yの行為が「暴行・脅迫」に該当しない。また，公務執行妨害の成立には公務が執行されていることが要求されるところ，Yの行為との関係ではこの観点からも同罪の成立が否定されよう），偽計業務妨害罪も威力業務妨害罪も故意犯であるからX・Yにこれらの故意が要求されることは当然である。

(3) Xが警備員の制止を無視して委員会室に侵入した行為には建造物侵入罪も成立しうる（**4**参照）。

③公務は業務妨害罪で保護されるか

(1) 公務（公務員が執行する職務）とは，公務員が取り扱う事務一般をいう。このため，公務は業務妨害罪にいう業務にも該当するように見える。

しかし，公務を偽計・威力により妨害する行為がすべて業務妨害罪に該当するというのであれば，刑法が公務執行妨害罪について手段を暴行・脅迫に限定した意味が失われる。

このため，あらゆる公務が業務に含まれるとする理解（積極説）は不当である。

(2) 他方，あらゆる公務が業務に含まれないとする理解（消極説）も妥当ではない。たとえば（旧）国鉄による列車運行が，私鉄会社による列車運行と異なり業務としての保護に値しないとすべき理由がないからである。

このため，公務の一部は業務として保護されるという中間的な解決が支持される。

(3) 問題は，その中間的な線引きをいかなる基準で行うかにある。判例は現在，「強制力を行使する権力的公務」か否かを基準とし，「強制力を行使する権力的公務」でないものは業務に該当すると考えているとされる（最決平成12・2・17刑集54巻2号38頁〔公職選挙法上の選挙長の立候補届出受理事務は「強制力を行使する権力的公務ではないから……『業務』に当たる」〕，最決平成

14・9・30 刑集 56 巻 7 号 395 頁〔東京都が行う環境整備工事につき同様〕)。

⑷ 本問前半がベースとする最高裁昭和 62 年決定も，県議会委員会の条例案審議・採決について「なんら被告人らに対して強制力を行使する権力的公務ではない」から業務に当たるとする。

同決定はこう解すべき理由につき詳論しないが（これに続く前掲 2 判例も同様），同決定にかかる調査官解説は，「『強制力を行使する権力的公務』は，通常それにふさわしい『打たれ強さ』を備えており，威力ないし偽計で抵抗されたとしても格別の痛痒を感じないから，あえて威力業務妨害罪によって保護するまでのこともない」とする（最判解刑事篇昭和 62 年度 75 頁［永井敏雄］)。

⑸ 本問後半がベースとした東京高裁平成 21 年判決も，永井・前掲と同様の発想による。同判決は，「最近の最高裁判例において，『強制力を行使する権力的公務』が〔業務妨害〕罪にいう業務に当たらないとされているのは，暴行・脅迫に至らない程度の威力や偽計による妨害行為は強制力によって排除し得るから」であるとする。

同判決は，このような理解を前提に，本問後半類似の事案につき，「警察に対して犯罪予告の虚偽通報がなされた場合……，警察においては，直ちにその虚偽であることを看破できない限りは，これに対応する徒労の出動・警戒を余儀なくさせられるのであり，その結果として，虚偽通報さえなければ遂行されたはずの本来の警察の公務（業務）が妨害される（遂行が困難ならしめられる)」，「妨害された本来の警察の公務の中に，仮に逮捕状による逮捕等の強制力を付与された権力的公務が含まれていたとしても，その強制力は，本件のような虚偽通報による妨害行為に対して行使し得る段階にはなく，このような妨害行為を排除する働きを有しない……。したがって，本件において，妨害された警察の公務（業務）は，強制力を付与された権力的なものを含めて，その全体が，本罪による保護の対象になる」とする。

虚偽通報に対しては強制力を行使する権力的公務といえども（永井・前掲の表現を借りれば）「打たれ強くない」ため，このような手段による侵害からは，公務も業務として保護されると考えているのである。

④ 結論

⑴ 前掲の考え方によれば，事例中 2 記載の総文委における採決等および事例中 3 記載の警察の警ら，立番業務その他の業務は，業務妨害罪による保護の対象となる。

⑵ X・Y の各行為はそれぞれ「威力」「偽計」に該当する（「威力」とは人の意思を制圧するような勢力をいうところ，大声で罵声を浴びせる，プラスチック製の名札で机を叩くという行為はこれに該当する。また，「偽計」とは，威力以外の不正な手段を用いることをいうが，虚偽通報はこれに該当する)。

⑶ 業務妨害罪の成立には現実に業務が妨害されたことまでは不要で妨害結果発生のおそれが生ずれば足りるとされるところ（抽象的危険犯），X の行為については総文委における採決等が一時不能になっており，Y の行為については虚偽通報がなければ遂行されたはずの業務の遂行が困難になっており，業務を「妨害」したといえる（なお，「ステップアップ」⑵参照)。

⑷ X も Y も威力あるいは偽計に該当する手段を用いる認識を有していると考えられること，業務を妨害する意思を有していたことから，故意があると評価できる。

このため，X には威力業務妨害罪が，Y には偽計業務妨害罪が成立する。

⑸ X は正当な理由がないのに委員会室に侵入しており，この行為には建造物侵入罪が成立する。

X は，他の組合員らと共謀し侵入して業務を妨害しているから，X は，建造物侵入罪および威力業務妨害罪につき当該組合員らと共同正犯の関係に立つ（Y とこれらの者は共犯関係にない)。ベースとなった最高裁昭和 62 年決定の原々審（新潟地判昭和 57・10・8 刑集 41 巻 2 号 148 頁参照）は建造物侵入罪と威力業務妨害罪の関係を観念的競合とするが，牽連犯とするのが素直であろう。

ステップアップ

⑴ 解説 **3** ⑸に掲げた東京高裁平成 21 年判決のロジックには批判もある。公務の一部が業務に該当するかという客体に関する議論に（虚偽通報という）侵害の態様を持ち込むべきではないとし，また，前掲各最高裁判例に反するというのである。

もっとも，強制力を行使する権力的公務が通常は業務妨害罪によって保護されないのは，そのような公務が業務でないからではなく，業務ではあるが通常は「打たれ強い」ため威力・偽計から保護する必要がないからであるとすれば，「打たれ強くない」場合には（もともと業務に該当している当該公務を）業務妨害罪で保護するという整理も可能であろう。

また，各最高裁判例が事例判断を示すのみで特定の理論的立場を明示していないこと，最高裁昭和 62 年決定にかかる調査官解説が，同決定につき「強制力を行使しない権力的公務」は「非権力的公務」と並んで業務妨害罪により保護されるとしたものであり，かつ，「強制力を行使する権力的公務」が業務妨害罪により保護されない理由が「打たれ強さ」にあるとしていることからすれば，東京高裁のロジックは判例違反とはいえない。

⑵ 前述のように業務妨害罪が抽象的危険犯であるとしても，妨害されるおそれが生じた業務がどのようなものであったのかは明らかにせねばならない。

東京高裁平成 21 年判決は，虚偽通報がなければ遂行されたはずの警ら，立番業務その他の業務を妨害対象として措定した。これに対する批判説には，妨害されたのは警察組織における人員配置の管理のようなシステムと見て当該システムに対する侵害がある限りで偽計業務妨害罪の成立を認めるべきであるとの見解や，そのようなシステムが保護に値するとしてもその保護は偽計業務妨害罪によるべきではないとの見解がある。

⑶ なお，警察職員らに徒労の業務を行わせ業務遂行を困難にさせたとして偽計業務妨害罪の成立を認めた近時の最高裁判例として最決平成 31・2・26LEX/DB25563043 がある（ただし，同決定は理論的説明は行っていない。なお，原審・名古屋高金沢支判平成 30・10・30LEX/DB25561935 につき，安田拓人「判批」法教 467 号 131 頁参照)。

次回の設問

窃盗の罪について出題する。

刑法 9

慶應義塾大学教授
亀井源太郎 KAMEI Gentaro

設問

以下の事例を読み，Xの罪責を論じなさい（特別法違反の点は除く）。

1　大型スーパーマーケット甲に買い物に来たAは，6階エスカレーター脇の通路に置かれたベンチでアイスクリームを食べたが，同日午後3時50分ころ，その場を立ち去る際に財布を上記ベンチの上に置き忘れて立ち去った。

2　Aは，6階からエスカレーターで地下1階の食料品売場に行き（6階から地下1階までのエスカレーターによる所要時間は約2分20秒である），買物をするため，財布を取り出そうとして，これがないことに気付き，すぐに上記ベンチに置き忘れてきたことを思い出し，直ちに上記ベンチまで引き返したが，財布は見当たらなかった。

3　Xは暇つぶしのために甲に立ち入ったが，生活に困っていたため，置き引きをして生活費を捻出しようと考えた。Xは，同日午後4時前ころ，上記ベンチの上に，Aが置き忘れた財布があるのを目にとめ，付近に人が居なかったことから，これを持ち去ろうと考え上記ベンチに近づいたところ，斜め前方に数m離れた先の別のベンチに居たBが財布を注視しているのに気付いた。そこで，Xは，同日午後4時ころ，Bに「警備員室に届けてやる」と偽りを述べ，財布を持ってその場を離れた。

4　その後，Xは，3階のトイレで財布の中身を確認して財布はその場に捨て，中にあった現金3万円あまりを抜き取って，その足でパチンコ店に行ったものの，この3万円あまりをあっという間に費消してしまった。

そこでXは，同店内で万引きをしたうえで自首して刑務所に入ろうと考え，隣席のCが足もとに置いたバッグを同人がパチンコに夢中になっている隙に持ち出し，その足で交番に直行した。

POINT

本問では，Xが財布およびバッグを持ち去った各行為にそれぞれ窃盗罪が成立するか否かが問われる。本問前段ではXが領得した時点で当該財布にAの占有がなお及んでいるのか，本問後段ではXに不法領得の意思があったのかが，問題となる。

解説

①出題のねらい

本問は，置き忘れた物について被害者の占有を否定した東京高判平成3・4・1判時1400号128頁，および，直後に出頭するつもりであっても不法領得の意思があるとした広島高松江支判平成21・4・17高検速報平成21年205頁をベースとする。

いずれも基本的な論点に関するものではあるが，具体的な事例との関係で理解の精確さを確認しておこう。

②検討の大枠

窃盗罪が成立するためには，客観的には，行為者が①他人が占有（ここでは事実的支配→ステップアップ(2)参照）する財物を②窃取したことが要求され，主観的には，③当該行為が故意に行われたこと，および，④不法領得の意思が要求される。

本問では，主として①および④について論じなければならない。

③置き忘れられた物に対する被害者の占有

(1)　置き忘れられた物について被害者による占有の有無を問題とする場合，領得行為時点の占有の有無を検討せねばならない（最決平成16・8・25刑集58巻6号515頁は，「被告人が本件ポシェットを領得したのは，被害者がこれを置き忘れてベンチから約27mしか離れていない場所まで歩いて行った時点であった」とする）。

当然のことを言っているようであるが，かつては，被害者が離れてから引き返すまでの時間や，置き忘れた場所と引き返した地点との距離に言及するものもあったため（たとえば，最判昭和32・11・8刑集11巻12号3061頁参照），念のために確認しておく（なお，現実の事件では領得した瞬間の事実関係が不明瞭であることも少なくない。引き返すまでの時間等は，領得時点での事実関係を推測するための材料と考えられる）。

(2)　前掲・東京高裁平成3年判決は，本問前段類似事案につき，「本件における具体的な状況，とくに，被害者が公衆の自由に出入りできる開店中のスーパーマーケットの6階のベンチの上に本件札入れを置き忘れたままその場を立ち去って地下1階に移動してしまい，付近には手荷物らしき物もなく，本件札入れだけが約10分間も右ベンチ上に放置された状態にあったこと」を指摘し，「社会通念上，被告人が本件札入れを不法に領得した時点において，客観的にみて，被害者の本件札入れに対する支配力が及んでいたとはたやすく断じ得ない」とする。

ここから，同判決は，「本件札入れは被害者の占有下にあったものとは認め難〔い〕」としたのである。

(3)　同判決においては，まず，被害者と置き忘れられた財物との時間的・場所的離隔の程度が考慮されている（同判決では，最大，同じ建物の6階と地下1階，約10分間という時間的・場所的離隔があった。これに対し，被害者の占有があるとした前掲・最高裁平成16年決定においては，領得行為時に27m離れていた）。

もっとも，時間的・場所的離隔だけが判断要素であるわけではない。置き忘れた場所の状況も勘案される。東京高裁は，「公衆の自由に出入りできる開店中のスーパーマーケットの6階のベンチの上に本件札入れを置き忘れた」ことを指摘している。このような場所に置き忘れたのであれば，「通常人ならば何人も首肯するであろうところの社会通念」（前掲・最高裁昭和32年判決）に照らして，その物になお占有が及んでいるとは認められないのである。

(4) 東京高裁は，「被害者が本件札入れを置き忘れた場所を明確に記憶していたことや，右ベンチの近くに居あわせた〔者――本問ではB〕が本件札入れの存在に気付いており，持ち主が取りに戻るのを予期してこれを注視していたことなどを考慮しても」被害者の占有は認められないとする。置き忘れた場所を明確に記憶していたことと，現場に居合わせて札入れを注視していた者が存在したことを，事実的支配の程度を強める要素（＝被害者の占有があったという方向に判断を傾ける要素）と位置付けつつ，それでもなお，被害者の占有は認められないとしたのである。

このうち居合わせた者の存在は，当該場所で財物を不法に領得することがどの程度容易かに関するものであるから，置き忘れた場所の状況にかかる事情ということができよう（置き忘れた場所を明確に記憶していたことについては，ステップアップ(1)参照）。

④不法領得の意思 ――利用処分意思

(1) 大判大正4・5・21刑録21輯663頁は，窃盗罪は「不法ニ領得スル意思ヲ以テ他人ノ事實上ノ支配ヲ侵シ他人ノ所有物ヲ自己ノ支配内ニ移ス行爲」であるとし，同罪の成立に「權利者ヲ排除シテ他人ノ物ヲ自己ノ所有物トシテ其經濟的用方ニ從ヒ之ヲ利用若クハ處分スルノ意思」が必要であるとした。

判例や多くの見解は，同判決を出発点として，領得罪の主観的成立要件として①権利者排除意思，②利用処分意思を要求する。

(2) では，自首するためにバッグを持ち出すのが，当該バッグの経済的・本来的な用法といえるのであろうか。

バッグの厳格な意味での経済的あるいは本来的な用法はおそらく，中に荷物を入れて運んだり，ファッションとして携行したり，プレゼントとして贈って歓心を買ったり，転売して換金したりすることであろう。

もっとも，一般に利用処分意思は，そこまで厳格なものとして要求されているわけではない。「廃棄するだけで外に何らかの用途に利用，処分する意思がなかった場合」には利用処分意思の存在が否定されるものの（最決平成16・11・30刑集58巻8号1005頁），犯跡隠蔽目的で財物を持ち出す場合（大阪高判昭和61・7・17判時1208号138頁，東京高判平成12・5・15判時1741号157頁）にも，その存在が肯定されているのである。

(3) 本問後段がベースとする広島高裁松江支部平成21年判決は次のように述べる（なお，同判決は強盗にかかる事案である）。

「『経済的用法に従いこれを利用し又は処分する意思』とは，単純な毀棄又は隠匿の意思をもってする場合を排除するという消極的な意義を有するに過ぎないと解されるのであり，奪った現金を自首の際にそのまま提出するつもりであったというのは，要するに他人の財物を奪って所有者として振る舞う意思であったことに何ら変わりはなく，単純な毀棄又は隠匿の意思をもってする場合には当たらないから，不法領得の意思を否定することにはならない」。

同判決は，利用処分意思を要求する趣旨が毀棄・隠匿との区別にあることから，単純な毀棄・隠匿の意思をもってする場合のみが不法領得の意思を欠くと考えたのである。

これに倣えば，本問の場合も，不法領得の意思が欠けることはない。

⑤結論

(1) Aが置き忘れた財布に対しては，同人の占有が及んでいないため，その余の要件を検討するまでもなく窃盗罪は成立せず，占有離脱物横領罪が成立するに止まる。

(2) XはCが足もとに置いたバッグを，同人の占有下から自らの占有下に故意に移している。また，前述の通り，この行為は不法領得の意思をもって行われている。このため，Xの行為には窃盗罪が成立する。

(3) 出題者としては，Xが甲やパチンコ店に立ち入った行為について建造物侵入罪は成立しないと考えている（立ち入った時点では暇つぶし目的や娯楽目的であったため）。これに対し，はじめから窃盗等の目的で同店に立ち入った場合には同罪が成立しうる（同罪の成立要件に関する解釈――とくに保護法益と侵入概念に関する解釈――次第だが）。

ステップアップ

(1) 前述のように，判例は，占有の有無を考慮する際に，占有意思の強弱といった主観的事情も考慮する。

前掲のように，東京高裁平成3年判決は「置き忘れた場所を明確に記憶していたこと」に言及した。また，最高裁平成16・8・25決定は，「〔領得行為の〕時点において，被害者が本件ポシェットのことを一時的に失念したまま現場から立ち去りつつあったことを考慮しても」被害者の占有は失われていないとしたのである。

もっとも，主観的な占有の意思の強弱が，事実的支配の強さを直接的に左右することにはやや疑問がある。占有意思はそれ自体が事実的支配の強さを基礎付けるのではなく，どこに置いたのか分かっていればすぐにその場に戻れるため当該財物に対し客観的な支配を及ぼす可能性があると考える一事情にすぎないというべきではなかろうか（人通りの多い道端に1万円札を剝き出しで置いて，「誰にも取られませんように」と強く念じつつ，その場から100mほど離れてみれば分かる。占有の意思がいかに強くとも，1万円札はあっという間に持ち去られてしまうであろう。念じても事実的支配は及ぼし得ないのである）。

(2) なお，本問で問題とした占有は窃盗罪や詐欺罪等におけるそれであって，横領罪における占有とは異なる。横領罪における占有は法律的支配とされ，事実的支配とは異なる観点からその有無が判断される。

次回の設問

賄賂の罪について出題する。

刑法　10

慶應義塾大学教授
亀井源太郎　KAMEI Gentaro

設問

以下の事例を読み，Xの罪責を論じなさい（特別法違反の点は除く）。

1　Xは，甲県警察乙警察署地域課に勤務して，警部補として犯罪の捜査等に関わり，告発を受理し，告発人に助言，指導を与えるなどの職務に従事していた。

2　Yは，丙社の代表取締役をしていたが，同社が競落手続を進めていた土地をめぐり，Zらがその競売を妨害したとしてZらを公正証書原本不実記載・同行使罪で，甲県警察丁警察署長に告発状を提出していた。

Yは，その後，同署に上記告発事件の捜査を早く進めるよう何度も催促していたが，進展せず，焦燥感を募らせていたところ，かねてよりの知人であるXに依頼して捜査の進展状況を聞き出す等しようと考えた。

3　Yは，Xとの会食の席を設け，その席上，Xに対し，「丁署の事件が，なかなか進まないんで困っています。なんとか早くならないですか」と述べた。Xはこれに対し，「丁署の事件にとやかく言える立場ではない。そんな権限もないですよ」などと答えたが，「丁署に知り合いもいますので，捜査の進捗具合を聞くことぐらいできると思いますので聞いてあげますよ」と言い，Yから，「よろしくお願いします」と言われるとともに，後日Yの事務所で上記告発事件の書類を見てほしいと頼まれ，これを了承して別れた。

4　Xは，後日，丙社の事務所に赴き，社長室でYと会い，上記告発事件の関係書類に目を通し，「これは分かりにくい。丁署じゃあ時間がかかるよ。ヤクザがからんでいるのだろう。こういうのは4課に持って行った方が早かった。後でよく読んでおきますよ」などと言い，同書類を受け取るとともに，Yが，捜査が進まない原因を知りたがっていたのは分かっていたため，「丁署には知り合いがいるので，どうなっているのか聞いてみますよ。少し動いてみますよ」と答えたところ，Yから，「動くのには金もいるんでしょう」と言われて，封筒入りの現金100万円を渡された。Xは，上記告発事件について，告発状の検討，助言，捜査情報の提供，捜査関係者への働き掛けなどの有利かつ便宜な取り計らいを受けたいとの趣旨のもとに供与されるものであることを知りながら，これを受領して同所を出た。

〔参照条文〕

警察法64条　都道府県警察の警察官は，この法律に特別の定がある場合を除く外，当該都道府県警察の管轄区域内において職権を行うものとする。

POINT

収賄の罪は，公務員が「その職務に関し」賄賂を収受等した場合に成立する（あっせん収賄罪を除く）。

本問では，XがYから現金100万円を受領しているところ，「職務に関し」受領した場合に該当するかが問われる。Xは乙署に勤務しており，丁署に告発された事件については職務権限がないのではないかとも思われる。職務権限の範囲をどのように決するのかが問題となるのである。

解説

①出題のねらい

前述のように，収賄の罪は，公務員が「その職務に関し」，すなわち，当該公務員自身の職務に関し賄賂を収受等した場合に成立する（あっせん収賄罪を除く）。

「職務」とは，公務員がその地位に伴い公務として取り扱うべき一切の執務をいう（最判昭和28・10・27刑集7巻10号1971頁）。もっとも，このように述べるだけでは，職務の範囲は明らかにならない。「公務として取り扱うべき」範囲こそが問題である。

本問はこの点を，最決平成17・3・11刑集59巻2号1頁をベースとして確認しようとするものである。

②検討の大枠

単純収賄罪の成立要件は，①公務員（その意義につき刑7条1項参照）が，②その職務に関し，③賄賂を④収受等したこと，および，当該行為が⑤故意に行われたことである（刑197条1項前段）。

以下では，特に，②の要件について解説する。

③具体的職務権限，一般的職務権限，職務密接関連行為

(1)　一般に，職務権限の有無は，具体的職務権限，一般的職務権限，職務密接関連行為の各概念を用いて画定される。

具体的職務権限を有しているとは，その公務員が当該事務について具体的な事務分配を受け，その事務を現に担当していることを意味する。

これに対し，一般的職務権限を有していると述べる場合，それは，当該公務員はその事務を現に担当はしていないが，その公務員が属する部署がその事務を所掌していることを意味する（なお，一般的職務権限という用語は，事務分配の有無との関係ではなく，当該具体的な場面ではその職務を行うことが違法であったとしても，一般的には適法に行う権限があるのであれば「職務に関し」と言えるとの意味で用いられる場合もある）。

また，ある事務がある公務員の職務に密接に関連する行為であるという場合，当該公務員は形式的には当該事務につき職務権限を有しないが，当該事務が実質的には当該公務員の職務と同視できることを指す。

(2)　判例・通説は，この「職務に関し」という要件を充足するためには，公務員がその事項につき具体的な事務分配を受けている必要はなく，一般的職務権限を有している場合や，当該事務が職務密接関連行為に属するに過ぎない場合でも足りると解してきた。

一般的職務権限があれば具体的な事務分配を受けていなくとも，その事務を取り扱う可能性がある。また，ある行為が職務に密接に関連していれば，形式的にはその行為につき職務権限が存しなくとも，当該行為を職務行

為と同視することができる。

このため，ある事務についてある公務員が具体的職務権限を有する場合のみならず，一般的職務権限や職務密接関連性を有する場合も，「職務に関し」の要件を充足すると考えられるのである（ここから，「一般的職務権限」・「職務密接関連性」の両概念を厳密に切り分けることに意味はなく，これらを包括した概念――たとえば「職務関連性」――に解消すべきとする見解もある）。

④一般的職務権限の範囲

(1) 一般に官公庁はその所管事務を部局ごとに分掌しているため，公務員は部局を単位として一般的職務権限を有している。

このため，通常，一般的職務権限の有無は，当該公務員が属する部署が，当該事務を所掌しているか否かにより決される（「係」の単位で一般的職務権限を認めたものとして最判昭和27・4・17刑集6巻4号665頁，「課」の単位で認めたものとして最判昭和37・5・29刑集16巻5号528頁）。

(2) もっとも，公務員の事務分配のありかたは職務の性質によって異なるから，「課」「係」といった部署の単位による限定は必ずしも絶対的ではない。

法令や職務の性質その他の根拠から，部局を超えて一般的職務権限を有していたと評価できる場合もある。

⑤警察官の職務権限

(1) 最高裁平成17年決定は，本問類似の事案につき，「警察法64条等の関係法令によれば，同庁警察官の犯罪捜査に関する職務権限は，同庁の管轄区域である東京都の全域に及ぶと解されることなどに照らすと，被告人が，A警察署管内の交番に勤務しており，B警察署刑事課の担当する上記事件の捜査に関与していなかったとしても，被告人の上記行為は，その職務に関し賄賂を収受したものである」とした。

警察法64条等の関係法令を根拠に「〔警視〕庁警察官の犯罪捜査に関する職務権限は，同庁の管轄区域である東京都の全域に及ぶ」とし，このことを主たる理由とし，「職務に関し」賄賂を収受したと判断したのである。

(2) 前述したところからすれば，公務員一般について，部局の単位を超えて一般的職務権限があるとすることはできない。

しかし，警察官の場合，警察法64条等の関係法令によって，職務権限が「課」という形式的な範囲を越えて各都道府県内の全域（たとえば警視庁であれば東京都全域，神奈川県警であれば神奈川県全域）について，一般的職務権限の存在を肯定することができるのである。

⑥結論

(1) 前述のような考え方からは，甲県警察警部補であるXの職務権限は甲県全域に及ぶ。このため，②要件は充足される。

(2) 警察官であるXが公務員であることは言うまでもない（①要件充足）。

現金が賄賂に該当することも当然である（③要件充足。「賄賂」とは，公務員の職務に対する不法な報酬としての利益である）。

現金を受け取っているため，④要件も充足される（「収受」とは，賄賂を受け取ること，すなわち，占有取得し，あるいは利益を享受することである）。

これらの行為は故意に行われており（⑤要件充足），Xには収賄罪が成立する。

ステップアップ

(1) 前掲・最高裁平成17年決定は，捜査情報の提供と捜査関係者への働き掛けが実際上実行しがたいものであることを前提としたようである（平木正洋「判解」最判解刑事篇平成17年度2頁参照）。このような前提に立てば，同決定は，これらの行為の実行可能性を問題とせずに，職務関連性を肯定しているものと理解される。

(2) 一般に，職務密接関連性が認められれば「職務に関し」の要件は充足されると考えられている（前述**3**(2)）。

たとえば，最決平成18・1・23刑集60巻1号67頁は，自己が長を務める医局に属する医師を派遣する行為について，公立大学医学部教授の職務に密接に関連する行為であるとし，また，最決平成22・9・7刑集64巻6号865頁は，北海道開発庁（当時）長官が，下部組織である北海道開発局の港湾部長に対し，競争入札が予定される港湾工事の受注に関し特定業者の便宜を図るように働き掛ける行為について，賄賂罪における職務関連性を認めた。

前者においては，被告人は（いずれも地方公務員としての身分である）公立大学医学部教授・同大学附属病院部長であったとともに（医師の集団である）医局の長であった。同人は，医局の長として，関連病院（医局に属する医師の派遣を継続的に受けるなどして医局と一定の関係を有する外部の病院）への医師派遣等について，最終的な決定権を有しており，被告人にとって，自己が教育指導する医師を関連病院に派遣することは，その教育指導の上でも，また，将来の教員等を養成する上でも，重要な意義を有していた。

最高裁は，このような事実関係を前提に，被告人がその教育指導する医師を関連病院に派遣することは，地方公務員たる同大学教授・附属病院部長として「これらの医師を教育指導するというその職務に密接な関係のある行為」であるとした。

また，後者においては，北海道開発庁長官である被告人が，A建設株式会社の代表取締役らから，北海道開発局開発建設部が発注する予定の港湾工事について，A建設が受注できるように北海道開発局港湾部長に指示するなど便宜な取り計らいをされたい旨の請託を受け，北海道開発庁長官室に港湾部長を呼び出してA建設が特定の工事を落札できるように便宜を図ることを求める等した事案（4回にわたり，その報酬として合計600万円の現金の供与を受けた）につき，最高裁は，依頼された「働き掛け」が「北海道開発庁長官の職務に密接な関係のある行為」であるとした（関係法令に照らして問題となった工事は国の直轄事業であって北海道開発庁長官にはこれに関する指揮監督権限がなかったため，一般的職務権限までは存しないとされた）。

次回の設問

正当防衛について出題する。

刑法　11

慶應義塾大学教授
亀井源太郎　KAMEI Gentaro

設問

以下の事例を読み，Xの罪責を論じなさい（特別法違反の点は除く）。

1　XとAは旧来より知人であったが，某年5月中旬頃から，Aは，XがAの悪口を言いふらしていると誤解して，Xに対して一方的に恨みを抱くようになった。

2　Xは，Aから，同年6月2日午後4時30分頃，不在中の自宅の玄関扉を消火器で何度もたたかれ，その頃から同月3日午前3時頃までの間，十数回にわたり電話で，「今から行ったるから待っとけ。けじめとったるから」と怒鳴られたり，仲間とともに総出で攻撃を加えると言われたりするなど，身に覚えのない因縁を付けられ，立腹していた。

3　午前2時15分頃の通話の時点では，AがXに対し「今から行ったるから待っとけ」と怒鳴るなどし，それに対しXが立腹した様子で言い返すなどしており，仲裁的な役割を果たしたBがAに落ち着くようよう言って別れた際にも，Aは納得していない様子であった。

4　Xは，自宅にいたところ，同日午前4時2分頃，Aから，マンションの前に来ているから降りて来るようにと電話で呼び出されて，自宅にあった包丁（刃体の長さ約13.8cm）にタオルを巻き，それをズボンの腰部右後ろに差し挟んで，自宅マンション前の路上に赴いた。

5　Xを見つけたAがハンマーを持ってXの方に勢いよく駆け寄っていくと，Xは，それに驚いて立ち止まったり，たじろいだり，Aから遠くに離れようとする様子は全くなく，そのまま平然と歩いてAに近づいた。

Aは，ハンマーでXの腰部めがけて殴りかかった。Xは，Aからの1回目の攻撃に左腕を出して対応すると，その時点で右手を包丁を差していた右腰付近に回し，2回目の攻撃に腰を引いて対応すると，右腰付近から包丁を取り出し，Aが3回目の攻撃態勢に入った時点では，包丁を持った右手を引いてAを攻撃できる態勢を取り，瞬時にAの懐に踏み込んで，殺意をもってAの左側胸部を包丁で1回強く突き刺した。

Aは，同日午前4時30分頃，左胸部・左肺刺創に基づく血液吸引による窒息により死亡した。

POINT

侵害を予期した上で対抗行為に及んだ場合に，正当防衛が成立しうるか。また，この問題を，正当防衛の各要件のうちどの要件でどのように論ずるべきか。

解説

①出題のねらい

本問は，侵害を予期した上で対抗行為に及んだ場合について，「被告人の本件行為は，刑法36条の趣旨に照らし許容されるものとは認められず，侵害の急迫性の要件を充たさない」とし正当防衛の成立を否定した最決平成29・4・26刑集71巻4号275頁をベースとし，侵害の予期が正当防衛の成否に影響を与えるか，与えるとして正当防衛のどの要件との関係で論ずるか，どのような場合に正当防衛の成立が否定されるのかを問おうとするものである。

②検討の大枠

(1)　Xは殺意をもってAの胸部を包丁で強く突き刺しており，その結果，Aは死亡した。このような行為が殺人罪の構成要件に該当することは，多言を要しない。

では，この殺人罪は正当化されるであろうか。

(2)　刑法36条1項は，「①急迫不正の侵害に対して，②自己又は他人の権利を防衛するため，③やむを得ずにした行為は，罰しない。」と規定する（丸数字は筆者が挿入）。

侵害の予期あるいは積極的加害意思がある場合については，従来，①あるいは②との関係で論ずるのが一般的であった。

以下では，従来の判例を概観した上で，ベースとなった最高裁平成29年決定がどのような論じ方をしたのか確認する。

③侵害の予期・積極的加害意思と正当防衛

(1)　防衛行為者が侵害を予期していた場合や，予期された侵害を利用して積極的に相手に加害行為をしようとする意思（積極的加害意思）を有していた場合に正当防衛が成立するか否かについては，大別して，この問題を(a)急迫性の要件で論ずるもの，(b)防衛の意思の要件で論ずるもの，個別の要件ではなく(c)正当防衛の本質等から論ずるものがある（なお，下級審裁判例の状況につき，中尾佳久・曹時71巻2号472頁以下参照）。

(2)　(a)に属するものとしては，「刑法36条にいう『急迫』とは，法益の侵害が現に存在しているか，または間近に押し迫っていることを意味し，その侵害があらかじめ予期されていたものであるとしても，そのことからただちに急迫性を失うものと解すべきではない」とした最判昭和46・11・16刑集25巻8号996頁や，予期していたとしてもただちに侵害の急迫性は失われないが「単に予期された侵害を避けなかったというにとどまらず，その機会を利用し積極的に相手に対して加害行為をする意思で侵害に臨んだときは，もはや侵害の急迫性の要件を充たさない」とした最決昭和52・7・21刑集31巻4号

747 頁がある。
(3) (b)に属するものとしては,「急迫不正の侵害に対し自己又は他人の権利を防衛するためにした行為と認められる限り,その行為は,同時に侵害者に対する攻撃的な意思に出たものであっても,正当防衛のためにした行為にあたる」とした最判昭和 50・11・28 刑集 29 巻 10 号 983 頁や,「防衛の意思と併存しうる程度の攻撃の意思を推認せしめるにとどまり,……専ら攻撃の意思に出た」場合でなければ防衛の意思があったといえるとした最判昭和 60・9・12 刑集 39 巻 6 号 275 頁がある。
(4) (c)に属するものとしては,防衛行為者の行為が「〔同人〕において何らかの反撃行為に出ることが正当とされる状況における行為」であるか否かを問題とした最決平成 20・5・20 刑集 62 巻 6 号 1786 頁(いわゆるラリアット事件)がある。

同決定は,刑法 36 条 1 項の規定のどの文言(あるいは当該規定から導かれるどの要件)との関係で論ずるか明示せず,上述のように述べたのである。

④最高裁平成 29 年決定

(1) このような判例状況の下,前掲・最高裁平成 29 年決定は,「刑法 36 条は,急迫不正の侵害という緊急状況の下で公的機関による法的保護を求めることが期待できないときに,侵害を排除するための私人による対抗行為を例外的に許容したものである」とし,「行為者が侵害を予期した上で対抗行為に及んだ場合,侵害の急迫性の要件については,侵害を予期していたことから,直ちにこれが失われると解すべきではなく(〔前掲・最高裁昭和 46 年判決を引用〕),対抗行為に先行する事情を含めた行為全般の状況に照らして検討すべきである。……行為者がその機会を利用し積極的に相手方に対して加害行為をする意思で侵害に臨んだとき(〔前掲・最高裁昭和 52 年決定を引用〕)など,……刑法 36 条の趣旨に照らし許容されるものとはいえない場合には,侵害の急迫性の要件を充たさない」とした。

侵害を予期しつつ行った対抗行為が,刑法 36 条の趣旨に照らして許容されない場合には,急迫性が否定されるという考え方を明示したのである。
(2) 最高裁は,このような枠組を提示し,本問類似の事案につき,「被告人は,〔被害者〕の呼出しに応じて現場に赴けば,〔被害者〕から凶器を用いるなどした暴行を加えられることを十分予期していながら,〔被害者〕の呼出しに応じる必要がなく,自宅にとどまって警察の援助を受けることが容易であったにもかかわらず,包丁を準備した上,〔被害者〕の待つ場所に出向き,〔被害者〕がハンマーで攻撃してくるや,包丁を示すなどの威嚇的行動を取ることもしないまま〔被害者〕に近づき,〔被害者〕の左側胸部を強く刺突した……。このような先行事情を含めた本件行為全般の状況に照らすと,被告人の本件行為は,刑法 36 条の趣旨に照らし許容されるものとは認められ〔ない〕」とし,急迫性が欠けるとした。
(3) 急迫性を「法益の侵害が現に存在しているか,または間近に押し迫っていること」(前掲・最高裁昭和 46 年判決)と形式的に理解する立場からは,「正当防衛の趣旨」といった規範的な判断を急迫性要件に位置付けることには,疑問がないではない。

とはいえ,急迫性要件に関門的な役割,すなわちそもそも防衛行為として検討するに相応しいか判断する役割を与えてきた判例の立場からすれば,判例内在的にはあり得る方法である。

⑤結論

(1) X の行為は殺人罪の構成要件に該当する(前述 **2** (1)参照)。
(2) 最高裁平成 29 年決定に倣えば,本問でも急迫性が欠ける。このため,その余の要件を検討するまでもなく,正当防衛・過剰防衛はいずれも成立しない。
(3) X には殺人罪が成立する。

ステップアップ

(1) 最高裁平成 29 年決定は,刑法 36 条の趣旨に照らして許容されるか否かを論ずる際に,「事案に応じ,行為者と相手方との従前の関係,予期された侵害の内容,侵害の予期の程度,侵害回避の容易性,侵害場所に出向く必要性,侵害場所にとどまる相当性,対抗行為の準備の状況(特に,凶器の準備の有無や準備した凶器の性状等),実際の侵害行為の内容と予期された侵害との異同,行為者が侵害に臨んだ状況及びその際の意思内容等を考慮」するとした。

ここで多くの項目が掲げられているが,これらはいわば判断のための要素であって,要件ではない(だからこそ,同決定も「事案に応じ」という前置きをしている)。侵害の予期がある場合に,常にこれらの項目を検討しなければならないわけではないのである(中尾・前掲 482 頁参照)。
(2) 同決定は,「行為者がその機会を利用し積極的に相手方に対して加害行為をする意思で侵害に臨んだとき……など」(傍点筆者)とする。このため,同決定の考え方からは,侵害の予期があるに過ぎない事案でも,急迫性が欠ける場合があり得ることとなる。
(3) また,同決定が積極的加害意思の有無を急迫性の有無に影響する一要素に過ぎないと位置付けたことからすれば,積極的加害意思がある場合であっても,その余の諸要素を考慮して急迫性ありと判断することがあり得よう(中尾・前掲 485 頁は,もう少し控えめに「本件においても,包丁を持って侵害場所に出向いたという事情があるとしても,被告人の行為が防御的態様に留まったような場合には,正当防衛の成立を認める余地が全くないとはいえない」とする)。

次回の設問

外国国章損壊等罪について出題する(最終回なので,少し自由に……)。

刑法　12

慶應義塾大学教授
亀井源太郎　KAMEI Gentaro

設問

以下の事例を読み，Xの罪責を論じなさい（特別法違反の点は除く）。

1　Xは，甲国の現政権に対し批判的な組織の構成員である。

甲国と日本との間には民間の交流はあるものの，国交は断絶されている。このため，日本には同国の大使館や領事館は置かれていないが，貿易，経済，技術，文化などの交流のための実務機関として，同国の駐日代表機関が日本国内に置かれている。

2　Xは，某年9月30日午前2時過ぎ頃から同3時頃までの間に，甲国駐日代表機関の入った建物（鉄筋コンクリート造り，6階建。以下，「駐日代表機関」あるいは「同機関」）前において，同機関1階正面出入口鉄製扉（建物の一部を構成し，取り外せないもの）の中央に，白色ペンキを使用して「甲国政府打倒」「甲国大統領は退陣せよ」と大書し，同機関の威容と美観とを著しく損なわせ，容易に原状に復し得ない程度にこれを汚損した。

3　Xは，さらに，これに引き続き，同機関代表であるAが看守する同機関1階正面出入口上部のポーチに立ち入り，甲国に対し侮辱を加える目的で，同国駐日代表機関1階正面出入口上部の壁面に掲げられていた甲国の国旗の上に，「甲国政府打倒」「甲国人民を解放しよう」と書かれたベニヤ板を貼り付け，甲国の国旗を外部から全く見えないように遮蔽した。

4　Xは，同年10月24日，甲国出身のAが自宅前に設置したポールに私的に掲揚していた甲国および乙国（同国は日本と国交がある）の国旗を見つけるや，「乙国は甲国の後ろ盾であったか」と思いこみ，両国に侮辱を加える目的で，これらの旗をポールから引き下ろし引き裂いた。

5　甲国および乙国は，それぞれ，同年12月10日，Xを訴追するよう請求した。

POINT

本問は，最決昭和40・4・16刑集19巻3号143頁をベースとし，外国国章損壊等罪（刑92条1項）における「外国」には日本と国交のない国も含まれるか，同罪の「損壊，除去，又は汚損」には遮蔽も含まれるか，私人が掲揚する外国国章も同罪の客体に含まれるかを問うものである……が，後述するように，本問が真に問うているのは，馴染みのない犯罪類型について，どのように解釈をすべきか，その手法についてである。

解説

①出題のねらい

本問の表面的なねらいは，事例中3・4記載の各行為につき，外国国章損壊等罪が成立するか否かを問うことにある。

もっとも，多くの学習者は同罪について馴染みがないであろうし，多くの大学の講義でも同罪が取り上げられることはないであろう（出題者も同罪について講じた経験はない）。

本問が真に問い，確認しようとしているのは，馴染みのない犯罪類型について手持ちの手法を動員して解釈を施せるかということである。

以下では，事例問題に対する解説ということがらの性質上，知識に属することもあれこれ書くこととなる。しかし，学習者に注目し身につけていただきたいのは，同罪に関する細かい知識そのものではなく，馴染みのない犯罪類型について解釈を試みるための手法である。

②検討の大枠

(1)　外国国章損壊等罪は，①外国に対して，②侮辱を加える目的で，③その国の国旗その他の国章を，④損壊し，除去し，又は汚損したことにより成立する。

本問では，前述のように（POINT参照），①「外国」の意義，③「国章」の意義，④「損壊，除去，又は汚損」の意義がそれぞれ問題となる（②要件は充足される）。

これら各要件につき解釈を施すには，まず，本罪の保護法益・罪質を明らかにすることが有用であろう。保護法益や罪質は，各要件を解釈する際の指針になるからである。

(2)　他に成立しうる犯罪や，それらの罪と本罪との関係については**7**参照。

③保護法益

国交に関する罪の保護法益・罪質については争いがあるが，国家の存立が保護法益であると考えることは行きすぎであり（外交関係が損なわれても直ちに日本国の国家としての存立が危うくなるわけではない），また，外国の利益が本罪の保護法益であると考えることも困難である（外国の利益を，当該外国で同種行為が処罰されているかを考慮しないまま，日本国が刑罰をもって保護していると考えるのは不自然）。

かくして，本罪の保護法益は，日本国の外交作用と捉えられる（もっとも，本罪の行為による外交作用への侵害はかなり抽象的なものであるため，同罪の法定刑は軽い）。

④「外国」

(1)　「外国」とは，国際法上承認されている，日本以外の独立国をいう。

(2)　日本が未承認の国（未承認国）や国交を回復していない国（国交未回復国）を含むかには争いがある。

本条2項が外国政府の請求を訴訟条件とすることから，未承認国や国交未回復国は含まないとする見解もあるが，犯罪の成否が訴訟条件と無関係に論じられるべきことや，未承認国等であってもその国家的名誉を尊重・保護すべきこと，将来国交を結ぶ可能性もあることからすれば，これらの国家も本条にいう「外国」に含まれると解するべきであろう。

⑶　このように考えれば，日本と国交のある乙国はもちろん，国交のない甲国も，同罪にいう「外国」に該当する。

⑤「国旗その他の国章」

⑴「国旗」とは，一国を表象するものとして一定の形式が定められた旗である（国旗は国章の典型）。

⑵　事例中 3 記載の国旗は公的に掲揚・使用されているものであるが，事例中 4 記載の国旗は私人が私的に掲揚・使用しているものである。

⑶「国旗その他の国章」が公的に掲揚・使用されたものでなければならないか（限定説），あるいは私人が掲揚・使用したものでも足りるか（非限定説）については，議論が分かれるが，本罪が国家の外交作用を保護法益とすることからすれば，無限定に私人による掲揚・使用の場合も本罪が成立すると解することには無理がある。このため，限定説に拠るべきであろう（長崎簡命昭和 33・12・3 判時 172 号 15 頁参照）。

限定説に拠れば，事例中 3 記載の甲国旗は外国国章損壊等罪にいう「国章」に該当するが，事例中 4 記載の各国旗は「国章」に該当しないこととなる。

⑷　学説には，上述のような限定説と異なり，公的掲揚・使用を要求しない見解もある（非限定説）。

本罪の保護法益を外交上の利益と理解しつつ，このことが公的掲揚を要求すべき必然性はないとし，「例えば……自己所有の外国国旗であっても，これを他国の大使館の前で焼き捨てるというパフォーマンスを行えば，外交上の利益は危険にさらされる」から，掲揚されていない国章や自己所有物たる国章であっても，公共の場所で公然とこれを侮辱すれば本罪は成立しうるとするのである（伊藤渉ほか『アクチュアル刑法各論』444 頁［鎮目征樹］）。

この見解からは，事例中 3 記載の国旗はもちろん，事例中 4 記載の各国旗も，同罪にいう「国章」に含まれる。

⑥「損壊，除去，又は汚損」

⑴　事例中 4 記載の行為が外国国章を物理的に「損壊」するものであることは多言を要しない（損壊の意義につき後述）。

これに対し，事例中 3 記載の遮蔽は，直ちに「損壊」「除去」「汚損」のいずれかに該当するとまでは言い切れないため，問題となる。

⑵　大阪高判昭和 38・11・27 高刑集 16 巻 8 号 708 頁は，本条の「損壊」を，「国章自体を破壊又は毀損する方法によって，外国の威信尊厳表徴の効用を滅失または減少せしめること」と解する（最狭義の損壊概念。同事件上告審〔前掲・最高裁昭和 40 年決定〕はこの判断を維持）。

大阪高裁は，「第 261 条が，所有権を保護するため，物の経済的効用を滅失又は減少せしめる行為を禁止しようとするにあるに反し，第 92 条は，わが国と外国との間における円滑な国交に資するため，国章が表徴している当該外国の威信尊厳を傷つける行為を禁止しようとするにあることをうかがうことができ，同条にいわゆる損壊とは，国章自体を破壊又は毀損する方法によって，外国の威信尊厳表徴の効用を滅失または減少せしめること」としたのである。

261 条（器物損壊罪）が「損壊，傷害」を行為態様として規定するのに対し，92 条が「損壊，除去，汚損」と定めていることからすれば，本条の「損壊」は物理的損壊（国旗を引き裂く，切りきざむ，焼燬する等）のみを指し，物理的破壊を伴わない効用侵害を含まないと解することもできよう。

⑶　では，遮蔽は「除去」に該当するか（「汚損」に該当しないことは明らか）。

学説においては，「除去」とは場所的移転を伴う行為と解するのが素直だとし，遮蔽は「除去」に該当しないとする見解も有力である。

もっとも，92 条 1 項は，「損壊，除去，又は汚損」を，外国国章が外国の威信を示す機能を害する（ひいては日本国の外交作用を害する）行為として列挙している。遮蔽もこのような機能を害するものであるため，遮蔽行為は「除去」に含まれると解することも許されよう（このような解釈は行き過ぎた実質解釈ではない。261 条の「損壊」について一般に効用が害されれば足りるとされることと対比すれば，本罪の「除去」に遮蔽が含まれるとすることだけが特に許されないとは思われない）。

⑷　このように考えると，事例中 3 記載の行為は，外国国章損壊等罪にいう「除去」に該当する。

⑦結論

⑴　事例中 3 記載の行為は，外国国章除去罪に該当する。事例中 4 記載の行為は，同損壊罪には該当しない。

⑵　このほか，事例中 2 記載の行為には建造物損壊罪が（最決平成 18・1・17 刑集 60 巻 1 号 29 頁〔公園のトイレの建物に「スペクタクル社会」等と大書した事案〕参照），事例中 3 記載の立入り行為には建造物侵入罪が成立する。

⑶　事例中 4 記載の引き裂き行為については器物損壊罪が成立する（これに対し，出題者としては，事例中 3 記載の遮蔽行為は，財物としての国旗の効用を害していないと考えている。遮蔽を取り除けば当該国旗は元通り使用できるためである。このため，遮蔽行為は器物損壊罪を構成しない）。

⑷　建造物侵入罪は事例中 3 記載の外国国章除去罪と牽連犯の関係に立ち，これらと建造物損壊罪および器物損壊罪は併合罪の関係に立つ。

ステップアップ

⑴　上述の結論と異なり，事例中 4 記載の行為について外国国章損壊罪が成立すると考えた場合には（**5**⑷参照），同罪と器物損壊罪との関係が問題となるが，両者の罪質や法益が異なることから観念的競合と捉えるべきであろう（ただし，法条競合説も有力である）。

⑵　本罪は，外国政府による請求を訴訟条件とする（刑 92 条 2 項）。

文化の異なる外国の名誉侵害の問題を検察官の裁量に委ねるのは適当でないため，このような仕組みが採用されたのである（告訴ではなく請求とされたのは，外国政府に手続上の負担を感じさせない等の，国際礼譲上の理由によるとされる）。

刑法・論点索引

(数字は登場回を示します)

▶ あ

▶ か

▶ さ

▶ な

▶ は

刑事訴訟法

大阪大学教授
松田岳士
MATSUDA Takeshi

刑事訴訟法　1

大阪大学教授
松田岳士　MATSUDA Takeshi

設問

α警察銃器対策課に配属された警察官Kは，外国人船員相手に中古車販売業を営み，捜査協力者として用いていたAに，「誰でも何でもいいからけん銃を持ってこさせろ。」と指示していた。これを受けて，Aは，初めて中古車販売店を訪れたXに対し，外国人船員であることを確認した上で，「けん銃があれば，中古車と交換しますよ。」などと持ちかけた。後日，Xは，同店を訪れ，Aにけん銃の写真を見せ，「現物は港に停泊中の船の中にあるので，中古車と交換してほしい。」と告げた。Aは，「これなら，1万ドル相当の中古車と交換できる。」と答え，Xに交換希望の中古車を選ばせた。Aは，Xが店を去った後，電話で，Xが日本にけん銃を持ち込んでいるとの情報をKに伝えた。これを受けて，銃器対策課では，Aを使ってXが船外へけん銃等を持ち出すように仕向け，現行犯逮捕するという方針が決定され，Kを通じ，Aに対し，翌朝，Xに港の指定の場所までけん銃を持ってこさせるよう指示すると同時に，Xを現行犯逮捕する手はずを整えた。翌朝，Aは，中古車販売店を訪れたXに対し，「港まで車で送るので，けん銃を持ち出してほしい。」と申し出ると，Xはこれを了承した。港に到着後，Xは，船からけん銃を持ち出し，車の中で待機していたAに手渡そうと着衣から取り出したところを，待機していた警察官らに取り囲まれ，現行犯逮捕された。

その後，検察官は，本件けん銃を所持したとしてXをけん銃所持罪（銃刀所持31条の3）により起訴したが，その際には，Kには銃器犯罪摘発ノルマ達成の圧力がかかっていたこと，そして，Xは，最初に日本を訪れる前から，港の近くの中古車販売店ではけん銃と中古車を交換してくれるところがあるとの情報を得て，本件けん銃をマフィア関係者から入手していたことが新たに判明していた（なお，これらの事実は公判においても証明されるものとする）。

本件捜査および公訴の適法性について論じなさい。

POINT

おとり捜査の刑事手続上の取扱いを問う問題である。事後的にはXは「犯意」を有していたことが判明したとしても，そのことを知らずになされた本件おとり捜査，あるいは，それにより惹起された犯罪を理由とする起訴に問題はないか，あるとすれば，どの規範になぜ抵触するかを的確に特定できるかが問われる。

解説

①おとり捜査をめぐる手続的問題

設問の捜査手法は，「捜査機関又はその依頼を受けた捜査協力者が，その身分や意図を相手方に秘して犯罪を実行するように働き掛け，相手方がこれに応じて犯罪の実行に出たところで現行犯逮捕等により検挙する」もので，「おとり捜査」と呼ばれる（最決平成16・7・12刑集58巻5号333頁〔以下，平成16年決定と呼ぶ〕参照）。おとり捜査については，その名称にかかわらず，捜査法上の許容性だけでなく，それによって惹起された犯罪を理由とする公訴ないし処罰の許容性も問題となる点で難問であるが，手続法的思考の特性を把握するには格好の素材である。

②捜査の適法性

（相手方がこれに応じて犯罪の実行に出たところで現行犯逮捕等により検挙することを目論んで）「捜査機関又はその依頼を受けた捜査協力者が，その身分や意図を相手方に秘して犯罪を実行するように働き掛け」る行為を，「おとり行為」と呼ぶことにする。おとり行為の許容性は，「相手方がこれに応じて犯罪の実行に出た」か否かを問わず問題となる（もっとも，相手方が応じなければ，通常，問題は刑事手続上表面化しない）。平成16年決定が，「おとり捜査は，……任意捜査として許容される」というのも，（「強制の処分」に該当することが明らかな）現行犯逮捕等を除いた「おとり行為」の許容性を問題とするからであろう。「おとり行為」は，捜査機関によって行われる以上，捜査法の適用があるが，現行刑訴法上，この種の行為について特別の定めはないため，その適法性は，捜査に関する一般規範——捜査の理由（189条2項参照），比例原則（197条1項本文），強制処分法定主義（197条1項但書）等——に照らして判断されることになる（参考文献① 33-40頁，180-184頁）。

まず，捜査を行うには，その「（正当な）理由」，すなわち，具体的な犯罪の発生——過去の発生が中心となるが，（近い）将来の発生でもよく，おとり行為の場合には後者が問題となる——およびその犯罪と捜査対象（人，物，場所等）の関連性を認めるに足りる合理的事情（一般に「嫌疑」と呼ばれるもの）が求められる。捜査権限は，捜査目的達成のために特定の機関等に付与されるが，「理由（嫌疑）」があるということは，捜査機関は，少なくとも（不当な目的もある可能性は排除できないとしても）それが当該犯罪の捜査目的達成のために行われるものであることを合理的に説明できることを意味しよう。反対に，犯罪発生の嫌疑がない場合には，捜査権限が，（たとえば，いやがらせ等の）不当な目的達成のために，あるいは，対象を恣意的に（誰でも何でもよいから）選び出して行使された疑いが生じることになる。

このことは，おとり捜査にも妥当する。平成16年決定は，「機会があれば犯罪を行う意思があると疑われる者を対象におとり捜査を行うこと」が許容されるとするが，これは，「少なくとも」（したがって，それ以外の場合が排除されるわけではない）当時の事情から合理的にそのように疑われる場合には当該おとり行為を行う「正当な理由」があるといえ，たとえば，対象者の遵法精神を試す，捜査ノルマを達成する，あるいは，対象者を逮捕したいが，その理由がないので創出するといったもっぱら不当な目的達成のために「犯罪を実行するよう働き掛け」たことにはならないということであろう。

本設例においては，K も A も，おとり行為開始時においては X が銃器犯罪に手を染めることを合理的に疑うに足りる事情を知らず，反対に，K は A に「誰でも何でもいいからけん銃を持ってこさせろ」と指示しており，もっぱら銃器犯罪摘発ノルマ達成のために犯罪を「創出」しようとした意図がうかがわれる。このことからすれば，本件おとり行為は正当な理由なく行われたものとの評価が可能であろう。

さらに，捜査活動は，捜査比例の原則に従い，捜査目的を達成するため必要かつ相当な範囲で行われなければならないが，本設例のように，理由なく行われた捜査行為への比例原則の適用のあり方については，2つの考え方がありえよう。すなわち，(a)「捜査目的」とは，その理由となる具体的犯罪の捜査目的のことであるから，そもそも理由が存在しない場合には「必要性」も当然に否定されるという考え方と，(b)比例原則との適合性は，捜査官が知っていた事情とは無関係に（事後的に判明した事実も考慮に入れて），「客観的」に捜査目的達成のために必要かつ相当であったかという観点から判断されるという考え方である。比例原則を捜査機関の行為規範として理解するならば，適法性の判断基準時を当該捜査行為時に求める(a)が妥当であり，これによれば，本件おとり行為についても，それを行う理由がなかった以上，必要性自体が否定されることになろう。

他方，強制処分法定主義との関係では，おとり捜査が「強制の処分」に該当する場合がありうるかについて学説上議論があるが（平成 16 年決定も，その可能性をおよそ否定するものとまではいえないであろう），少なくとも，本件おとり行為には「強制」的要素はとくに見当たらないため，本設例との関係ではこの点について詳細に論じる必要はないであろう。

なお，本件おとり行為が「理由」を欠くために違法とされるとしても，その「違法」性は，（実はその対象とされる理由のあった）X の不利益というよりも，捜査機関の規範違反あるいは捜査権限の濫用を問題とするものであるから，その帰結としては，違法捜査抑止の観点からの違法収集証拠排除や「違法捜査に基づく起訴」としての手続打切など，（当該事件の解決の「適正」性というよりも）刑事手続一般の適法性ないし「適正」性保証のための政策的措置による対応が考えられることになろう（X にたまたま「機会があれば犯罪を行う意思」があったとしても，捜査機関が「誰でも何でもいいから」おとり行為を行わせたことが違法であることに変わりなく，この種の行為は将来にわたって抑止されるべきであろう）。また，本件現行犯逮捕についても，「正当な理由」によらない逮捕を禁ずる令状主義（憲 33 条）の精神に反し，違法であるとの評価も可能であろう。

③ 公訴の適法性

おとり捜査に関しては，**2** の問題とは別個に，それによって惹起された犯罪を理由とする公訴（ないし処罰）の適法性も問われうるが，この点を検討するにあたっては，公訴の適法・違法は，捜査の適法・違法とは別個の問題であるということ――実際，一般に公訴の違法事由として理解される法定の公訴棄却・免訴事由も，「嫌疑なき起訴」や「不起訴相当の起訴」などの解釈論上の公訴の違法事由も，「違法捜査に基づく起訴」を除き，捜査の違法を前提としない――に留意する必要がある（参考文献① 262-278 頁）。

おとり捜査をおとり行為時の対象者の犯意の有無によって「犯意誘発型」と「機会提供型」に分類する二分説は，元来，このことを問題としてきた。すなわち，二分説は，おとり捜査によって惹起された犯罪に公訴（ないし処罰）の「理由」としての適格が認められるか否かを問題とし，「犯意誘発型」のおとり捜査によって「創出」された犯罪を理由とする公訴（ないし処罰）は，国家側のいわば*やらせ*によるものとして公訴法上違法としてきたのである（その場合の法的帰結について，公訴棄却説や免訴説〔ないし無罪説〕が有力であるのもそのためである）。

判例は，この考え方を排斥しているように思われるが（最決昭和 28・3・5 刑集 7 巻 3 号 482 頁），いずれにしても，二分説が，当該犯罪の訴追（ないし処罰）理由としての適格を問題とするものだとすれば，どちらの型に該当するかは「客観的」に判断されることになり，本件おとり捜査も，X には事後的にせよ「犯意」があったことが判明した以上，結果的には「機会提供型」であったと評価されることになるから，本件公訴は，この観点からは，捜査の違法にかかわらず，適法とされることになろう。

では，本設例において，検察官が，X に犯意があったことを知るに至らず，むしろ，当該犯罪が「誰でも何でもいいから」行われたおとり行為によって惹起されたものとの認識の下で X を起訴していたとしたら，この点を公訴法上問題とする余地はないか。二分説のうち，公訴棄却説によれば，この場合には，本件公訴の提起には，「理由（嫌疑）がないため創出された犯罪を理由とする起訴」，あるいは，「（銃器犯罪摘発ノルマ達成の一環としての）不当な目的達成のための起訴」として，「嫌疑なき起訴」ないし「悪意の起訴」と共通する問題を見出すこともでき，（これらの起訴を違法・無効と解するならば）本件公訴も（338 条 4 号により）棄却されることになるとの結論を導くことも可能であろう。

参考文献

①宇藤崇ほか『刑事訴訟法〔第 2 版〕』（有斐閣）180-184 頁，②酒巻匡『刑事訴訟法〔第 2 版〕』（有斐閣）175-178 頁。

ステップアップ

本設問において，後に，X が，銃器取引とは無縁な人物であり，A の申出を受けて，たまたま父親の遺品として所持していたけん銃を中古車と交換するために日本に持ち込んだとの事実が判明していたとすれば，結論に差異が生ずるか。札幌地決平成 28・3・3 判時 2319 号 136 頁の説示を批判的に参照しつつ検討しなさい。

次回の設問

捜査法分野の主題（テーマ）は，「捜査の理由」である。次回では，捜査とも関連の深い職務質問の「理由」について，自動車検問に関する設例を素材に検討する。

刑事訴訟法　2

大阪大学教授
松田岳士　MATSUDA Takeshi

設問

(1)　β警察警ら課においては，管轄区域内の路上で，男性の２人組が夜間に自動車で歩行者の背後から接近し，運転席または助手席の窓から腕を出してバッグ等の所持品を奪うというひったくり事件が２週間で11件と多発していたことから，その予防のため，そのうちの過半数の事件の発生が集中していた地区内にある幹線道路上において，10日間にわたり，午後９時から午前３時まで，赤色灯をまわし，警笛を吹鳴するという方法により自動車検問を実施した（その際，走行車線上に障碍物を置く等の方法は用いられなかった）。

(2)　検問実施期間中の某日午前１時ころ，Ｘが運転し，助手席にＹが同乗する自動車が検問所を通りかかった。同検問に従事していた巡査Ｋは，夜間であったこともあり，運転席と助手席に男性が座っていたことはわかったものの，ＸやＹの様子をはっきりと確認することはできず，また，Ｘが運転する自動車の外観や走行の態様について特段変わったところは認められなかったが，道路端から同車に対して赤色灯をまわして停車の合図をした。Ｘが合図に応じて自動車を道路左端に停車させたため，Ｋは，運転席の横に行き，窓越しに免許証の提示を求めるとともに，「どこから来られましたか。」と尋ねたところ，Ｘは，運転席の窓を開け，免許証を提示し，「○○の方から。」と答えた。

(3)　その際，Ｋは，車内から酒臭を感じたため，うつむき加減で目を閉じて助手席に座っていたＹに対し，「酔っておられるのですか。」と聞いたところ，「いいえ。」との返答があった。そこで，Ｋは，Ｘに対し，「お酒を飲んではおられませんよね。」と尋ねたが，しばらく返事がなかったため，「念のため飲酒の検査をさせてもらえませんか。」といったところ，Ｘがセレクトレバーに手を置き，自動車を発進させるそぶりを見せたため，運転席の窓から腕を差し入れ，エンジンキーを回してスイッチを切った。

(2)におけるＫの行為の適法性について論じなさい。

POINT

自動車検問，とりわけ犯罪予防を目的とする警戒検問の一環として行われた人（が乗る自動車）の停止・質問の適法性を問う問題である。警職法２条１項は警察官に職務質問の権限を認めるが，本設問では，その要件である不審事由等が個別には認められない自動車を「停止させて」，運転者・同乗者等に「質問する」ことが（いかなる条件のもとで）許されるかを，同規定の解釈や行政警察活動に関する一般規範との関係を考慮に入れて論じた上で，適切にあてはめができるかが問われる。

解説

①自動車検問に適用される規範の特定

ＫによるＸ・Ｙの停止・質問は，自動車検問の一環として行われている。自動車検問は様々な目的で行われるが，本設問のように（交通違反以外の）一般犯罪の予防を目的とする自動車検問は「警戒検問」と呼ばれる。警察の活動は，大きく行政警察活動と司法警察活動（警察による捜査活動）に分けられるところ，犯罪予防を目的とする警戒検問は前者に属するものといえる。

したがって，Ｋの行為は，行政警察活動の一つとして，法律留保の原則や比例原則といった行政法上あるいは警察法上の一般規範の適用を受ける。他方，同行為は，警察官が，行政警察目的で（自動車に乗った）人を「停止させて質問する」ことを内容とするものであるから，警職法２条の「職務質問」に該当するものとして，同規定が定める諸規範の適用を受けると（も）考えられる。そこで，これらの諸規定間の関係が問題となる。

②職務質問の「理由」としての不審事由

警職法２条１項は，職務質問の要件として，その対象者に，異常な挙動その他周囲の事情から合理的に判断して，「何らかの犯罪を犯し，若しくは犯そうとしていると疑うに足りる相当な理由〔が〕ある」か，または，「既に行われた犯罪について，若しくは犯罪が行われようとしていることについて知っていると認められる」こと（以下，「不審事由等」と呼ぶ）を要求するが，その趣旨は，職務質問が「正当な理由」に基づいて行われることの保証に求められるものと考えられる。すなわち，職務質問が，たとえば，犯罪との関係が何ら認められない者を対象として行われる場合には，なぜその者に質問したのかを合理的に説明することができず，いやがらせ，あるいは，何か不審な点がないかあら探しする等の不当な目的で恣意的に対象者を選び出して行われたという権限「濫用（警職１条２項）」の疑いが生じるが，「何らかの犯罪」に関係し，あるいは知っていると合理的に認められる者を対象として行われる場合には，少なくともその犯罪の予防・鎮圧という正当な行政警察目的達成のために行われたということができるのである。

(2)の停止・質問は，夜間に自動車の運転席または助手席の窓から腕を出して行われるひったくり事件が短期間のうちに多発しているという状況を受け，多数の事件の発生が集中する地区内において運転席と助手席に男性が座っている自動車を対象として夜間に実施されていることからすると，当時多発していた自動車を用いたひったくりの予防という目的達成のために行う理由がなかったとはいえないようにも思われ，「警察官側のもっている事前の知識や情報等を総合的に考慮」すれば（大阪地判昭和63・3・9判タ671号260頁），不審事由等の存在をかろうじて肯定することも可能だとの見方もあろう。しかし，これに対しては，Ｘ・Ｙ自体については，Ｋからはその様子を確認することはできず，また，自動車の外観や走行にも不審な点は認められなかったのであり，その程度の一般的な不審事由等では，警職法2条1項が定める要件の充足は認められず，本件停止・質問は違法であるとの見方もまたありうるところである。

もっとも，学説においては，このような自動車検問であっても，「相手方の自由な意思に基づく任意の承諾・協力を求めて停車してもらい，その承諾・協力の範囲内で質問を行う」のであれば，法益侵害がないため，（法律留保の原則のもとで）根拠規定がなくても許されるとする見解も有力である（参考文献② 48頁参照）。これによれば，「承諾・協力の範囲内で」の停止・質問は，警職法2条1項に基づいて行われるものではないから，同規定の要件充足がなくても許されるということになろう。

しかし，その場合でも，警察権限は「正当な理由」に基づいて行使されなければならず，その濫用が――相手方の協力・承諾があっても――許されないことに変わりはないものと考えられ（上記有力説も，警察の責務の範囲内の合理的な目的達成のために行われることを相手方の承諾・協力の範囲内で行う自動車検問の適法要件として挙げる），警戒検問が適法とされるには，少なくとも，周囲の事情から合理的に判断して，「犯罪を犯し，若しくは犯そうとしている者が自動車を利用しているという蓋然性」が認められる必要があろう（大阪高判昭和38・9・6高刑集16巻7号526頁参照）。本件停止・質問がこの意味での「理由」に基づいて行われたことは上述のところから肯定できるであろう。

③任意（手段）性と比例原則

警察官による行政警察目的の人（が乗る自動車）の停止・質問は，「正当な理由」に基づいて行われたというだけで当然に適法とされるわけではない。なぜなら，同行為に適用される規範は複数あり，「適法」とは，そのすべてに適合した状態のことをいう――反対に，一つにでも違反があれば「違法」である――からである（なお，あてはめの際には，同一の事実が複数の規範との関係で繰り返し摘示されることがあるが，規範毎に着目点が異なることに注意する必要がある）。

具体的には，まず，設問の停止・質問が，警職法2条1項に基づいて行われたものと解するのであれば，(a)その対象者は「身柄を拘束され，……答弁を強要されることはない」旨定める同条3項と，(b)同法に規定する手段は，行政警察目的達成のため「必要な最小の限度において」行われなければならない旨定める同法1条2項が適用されることになろう。他方，上記有力説に従い，行政法ないし警察法上の一般規範に照らして適法性を判断する場合には，停止・質問は，(c)対象者の「任意の承諾・協力」の範囲内で行われなければならず，また，(d)行政法一般に妥当する比例原則，あるいは，（司法警察活動を含む）警察活動一般に妥当する警察比例の原則の適用を受けることになろう。

このうち，(a)は，処分の任意性を問題とするという意味で(c)に対応するものであるが，上記有力説は，警職法2条の適用場面として，対象者の承諾・協力はないが「強要」には至らない場合を想定するものと解されるから，(c)の範囲外であっても必ずしも(a)に違反することになるとは限らないということになろう。

いずれにしても，設問における自動車の「停止」は，（走行車線上に障碍物を置く等の方法ではなく）道路端から赤色灯をまわして停車の合図をするという方法により行われ，X（・Y）に対する「質問」も，「どこから来られましたか。」というにとどまり，威圧的ないし脅迫的な内容あるいは言葉遣いや態度等で行われているわけでもないことからすれば，「身柄拘束」に至っていないのはもちろん，停止（の継続）や答弁を余儀なくしたといった事情も認められず，また，Xもとくに抵抗することなくこれに応じていることからすれば，(a)だけでなく，(c)に対する違反もなかったといってよいであろう。

他方，(b)は(d)を明文化したものと解されるが，一般に，比例原則へのあてはめの際には，当該行為を行う「必要」性が，特定の目的達成のための「必要」性を意味し，その内容は目的を何に求めるかによって異なってくることに留意しなければならない（たとえば，(1)の犯罪についても，訴追・処罰といった司法警察目的達成のために必要な行為と予防・鎮圧といった行政警察目的達成のために必要な行為は，一定の範囲で重なり合う可能性はあっても，常に一致するわけではない）。

設問の停止・質問については，**2**で確認したところからも明らかであるように，それが，当該地区で頻発していたひったくりの予防という行政警察目的達成のために「必要な最小の限度において」行われたかどうかという観点から検討されることになる。この点については，Kの質問は，運転免許証の提示を求め，「どこから来られましたか。」というにとどまり，ひったくり事件とおよそ関係のない内容に及んだとか，不審事由等の解消後も執拗に停止・質問を継続したといった事情は認められず（むしろ，飲酒運転の疑いが生じたという偶然の事情によるにせよ，事件との関係が判明する前に中断されており），また，停車の方法も道路端から赤色灯をまわして合図をしたという程度にとどまっているため（その前提として，自動車を用いたひったくりは場合によっては被害者の身体・生命を危険にさらすおそれもあるなど予防の必要性が高く，そのために本件検問には相当の効果が期待できるといった事情を指摘することもできよう），(b)または(d)に対する違反も認められないということができよう。

参考文献

①宇藤崇ほか『刑事訴訟法〔第2版〕』（有斐閣）54-66頁，
②酒巻匡『刑事訴訟法〔第2版〕』（有斐閣）50-51頁。

ステップアップ

(3)におけるKの行為の適法性について論じなさい（最決昭和53・9・22刑集32巻6号1774頁，最決平成6・9・16刑集48巻6号420頁参照）。また，仮に本設問の自動車検問が，具体的なひったくり事件の発生を受けてその犯人検挙のための「緊急配備検問」として行われていたとすれば，(2)におけるKの行為の適法性判断のあり方は本設問の場合とどのように異なることになるかについて検討しなさい（最決昭和59・2・13刑集38巻3号295頁参照）。

次回の設問

引き続き捜査法の分野から，人の追跡およびビデオ撮影に関する設問を素材として捜査に「理由」が求められる趣旨を検討し，その他の規範との関係について考察する。

刑事訴訟法　3

大阪大学教授
松田岳士　MATSUDA Takeshi

設問

(1)　γ市議会議員選挙告示日前日の午前9時半頃，巡査Kら2名は，選挙違反取締のため車両に乗って○○団地B棟前の道路を通りかかった際，Xが同棟の集合郵便受にビラ様のものを投函しているのを現認した。Kらは，Xの投函行為が事前運動や法定外文書の配布等の何らかの公職選挙法違反に当たるのではないかとの不審を抱き，Xがその場を離れるのを見届けた後，郵便受に入れられたビラを外部から見て，「A」，野党の「△△党」の文字が記載され，市議選に△△党から立候補を予定していたAと思われる写真が掲載されていることを確認した。3日後の朝，Kらは，Xを自宅から尾行し，職場と思われる建物から同人が国家公務員ではないかとの疑いを抱き，そのことが職員名簿から確認されたため，選挙違反取締本部に問い合わせたところ，ビラは違法文書には該当しないが，Xが国家公務員であれば，国家公務員法102条1項が定める政治的行為の制限に抵触する可能性があるとの回答を得た（なお，同法110条1項19号は，同制限に違反した者は，3年以下の懲役又は百万円以下の罰金に処する旨定める）。その後，同事件について捜査が開始されたが，現認状況，ビラの回収を含めた採証状況等を勘案して立件は見送られた。

(2)　それから約半年後，衆議院議員総選挙が公示・施行される状況となり，Xが再び同様のビラを配布することが予想されたことから，Kらは，徒歩と車両による追跡に分かれ，衆議院解散翌日から30日間にわたり，Xの尾行・張り込みを行った。より具体的には，Kらは，平日は2名でXの出勤状況と退庁後の立寄り先等を確認し，土日祝日は6名でXが朝自宅を出るところから尾行等を開始し，帰宅するまで立寄り先や接触した人物等を確認した。また，Kらは，最初の1週間で，Xがビラを△△党事務所で受け取り，配布後，残部を返還していることを確認したため，ビデオカメラにより，Xがビラを配布している状況および△△党事務所に出入りする状況を撮影した。

(2)におけるKらによるXの尾行・張り込みおよびビデオ撮影の捜査法上の適法性について論じなさい（なお，国家公務員法違反の罪の成立に関する憲法または刑法上の問題に触れる必要はない）。

POINT

捜査機関による人の追跡（尾行等）およびビデオ撮影の捜査法に照らしての適法性を問う問題である。本設問でも，当該行為に適用される規範を的確に特定し，その内容・趣旨を検討した上で，それとの関係で有意な事実（の側面）を摘示しながらあてはめを行う必要がある。

解説

①適用される規範の特定

本設問において（捜査法上の）適法性が問われるのは，捜査機関による人の尾行・張り込みと，その間における一定の状況のビデオ撮影である。刑訴法は，尾行等の人の追跡行為について「特別の定」を置いていない。他方，人の「撮影」については，218条3項の規定があるほか，218条以下の規定が定める「検証」に該当しうるとも考えられるが，Kらによるビデオ撮影は，その対象者が「身体の拘束を受けて」おらず，また，令状主義を中心とする「検証」の適法要件も充たしていない。したがって，Kらの尾行等および撮影は，「強制の処分」に該当するのであれば，それぞれ197条1項但書および218条以下の規定に違反することになるが，該当しないのであれば，捜査「目的を達するため必要」とされる限りにおいては「特別の定」がなくても許容されるため，適法とされる余地がある。そこで，Kらの行為の適法性を判断するには，まず，それが「強制の処分」に該当するか否かを検討し，該当しない場合でも，捜査の一般規範である比例原則に適合するか否か，その前提として当該行為を行う「理由」があったか否かを検討するのが合理的であろう。

②強制処分該当性

強制処分については，学説上，「個人の意思を制圧し，身体，住居，財産等に制約を加えて強制的に捜査目的を実現する行為など，特別の根拠規定がなければ許容することが相当でない手段」という最決昭和51・3・16刑集30巻2号187頁による「強制手段」の定義を援用・一般化し，「相手方の意思に反して，その重要な権利・利益を実質的に制約する処分」と定義する見解が有力とされる（参考文献① 38-42頁）。この見解のもとでは，「街頭で公然と行動している人」の写真撮影は「強制処分とまではいえない」とされることからすれば，Kらによる尾行等もビデオ撮影も，公道上から確認できる範囲内で行われている以上，「重要な権利・利益」を制約することにはならず，強制処分には該当しないことになるものと考えられる（参考文献② 54-59頁参照）。

もっとも，判例は，最近，「個人の行動を……把握する」ことを内容とする点において尾行・張り込みと共通する，いわゆる「GPS捜査」（車両に秘かにGPS端末を取り付けてその位置情報を検索し把握する捜査手法）について，「個人のプライバシーの侵害を可能とする機器をその所持品に秘かに装着することによって，合理的に推認される個人の意思に反してその私的領域に侵入する捜査手法」であり，「個人の意思を制圧して憲法の保障する重要な法的利益を侵害するもの」として，「強制の処分に当たる」との判断を示している（最大判平成29・3・15刑集71巻3号13頁）。しかし，同判例は，他方で，GPS捜査は，個人のプライバシーの「侵害を可能とする機器を個人の所持品に秘かに装着することによって行う」点において，「公道上の所在を肉眼で把握したりカメラで撮影したりするような手法とは異なり，公権力による私的領域への侵入を伴うもの」であるとしている。これによれば，本件尾行等やビデオ撮影のように，「公道上の所在を肉眼で把握したりカメラで撮影したりするような手法」は，「公権力による私的領域への侵入」――ここに「私的領域」とは，前掲最高裁昭和51年決定のいう「身体，住居，財産等」の「個人の固有領域」を言い換えたものとも解されよう――を伴わないものとして，「強制の処分」には該当しないという理解も可能であろう。そうであるとすれば，Kらの尾行・張り込み・撮影行為は，197条1項但書や218条以下の規定の適用を免れることになる。

③捜査の理由と必要性・相当性

もっとも，このことは，KらによるXの尾行等やビデオ撮影が，捜査に関するその他の一般規範の適用までをも免れることを意味しない。すなわち，捜査は，まず，具体的な犯罪の発生を疑うに足り，かつ，当該処分の対象とその犯罪の間に関連性があると認めるに足りる合理的な「理由」に基づいて行われなければならない（189条2項参照）。

実際，判例は，捜査機関による「個人の容ぼう等の撮影」について，これを許容する理由（の一つ）として，「現に犯罪が行われもしくは行われたのち間がないと認められる」ことのほか，捜査機関において対象者が「犯人である疑いを持つ合理的な理由が存在していたものと認められ」ることを挙げてきたが（最大判昭和44・12・24刑集23巻12号1625頁，最判昭和61・2・14刑集40巻1号48頁，最決平成20・4・15刑集62巻5号1398頁），これは，特定の犯罪の発生と，その犯罪と撮影対象者の関連性――上記3判例においては，とくに「犯人性」――を認めるに足りる「合理的な理由（客観的事情ないし資料）」の存在を人の（写真・ビデオ）撮影の許容要件とする趣旨に理解できよう（参考文献①173-176頁）。また，この捜査の「理由」の要請は，尾行等の継続的な人の追跡ないし行動確認にはとりわけ強く妥当するものといえよう。なぜなら，捜査機関が，正当な「理由」なく人の追跡をすることが許されるとすれば，何らかの不当な目的で対象者を捜査・訴追・処罰するために，その理由となりうる事実を――何か犯罪に関係しそうなことはないか――一般的に探索するための行動確認が行われることになりかねないからである。

本件ビデオ撮影についてこの点をみてみると，撮影内容が，Xによるビラの配布状況および△△党事務所への出入状況というXによる国家公務員法違反の現行犯的状況ないしそれに密接に関連する状況に限られていたことからすれば，(1)の状況も含めて，KらにおいてXが「犯人である疑いを持つ合理的な理由が存在していた」ということができよう。

これに対して，本件尾行等に関しては，少なくともそれが開始された当初は，当該犯罪の発生が過去のものではなく，将来見込まれるものであったという点が問題となる。一般的には，「将来犯罪」についても，その発生の蓋然性が合理的に認められるならば，過去の犯罪と同様に捜査の「理由」となりうるものとされるが，その対象者との関係では，犯罪を実行するまで敢えて放置して検挙するいわゆる「泳がせ捜査」を行うことが，――手続的正義の観点からおよそ許されないとまではいえないとしても――無条件に許容されるかについては議論がありうる。また，その犯罪の潜在的被害者や社会一般との関係では，それを防止すべきか，それともその実行を待って検挙すべきかについての判断の合理性の問題――たとえば，被害の回避ないし回復が困難な犯罪について，その実行を待って検挙することは，通常は妥当とはいえないであろう――も残されることにも留意すべきであろう（参考文献①34-35頁，184-185頁参照）。

本設例においては，(1)の事情および衆議院議員総選挙が公示・施行される状況となったことから，Xには新たな国家公務員法違反行為を行うと疑うに足りる合理的な理由はあったといえ，また，それにより惹起されうる被害の性質との関係でも，警察官Kらに「捜査機関としての裁量を逸脱した著しく不合理な判断があった」とまではいえないであろう（大阪地決平成27・6・5判時2288号138頁参照）。もっとも，本件のような政治的性格を帯びた軽微な犯罪について，職務質問等によりこれを予防するのではなく，実行を待って検挙することが妥当かについては，議論の余地がないわけではなかろう。

本件尾行等やビデオ撮影が，「理由」に基づいて行われたと認められるとしても，それは，さらに，「必要性，緊急性なども考慮したうえ，具体的状況のもとで相当と認められる限度において」，あるいは，その「理由」とされる具体的犯罪に関する「捜査目的を達成するため，必要な範囲において，かつ，相当な方法によって」行われなければならない（前掲最高裁昭和51年決定，平成20年決定）。この比例原則の趣旨が，捜査活動が，理由となる特定の犯罪の捜査目的から逸脱するのを防止するところに求められるのか，それとも，それに伴う対象者等の権利・利益の侵害ないし制約を最小限にとどめるところに求められるのかは議論がありうるところであるが，いずれにしても，本件ビデオ撮影については，その対象が公道上から確認される現行犯的状況に限定されていることからすれば，本事件の捜査目的を達成するため，「必要な範囲において，かつ，相当な方法によって行われ」たものということができよう。他方，本件尾行等については，たとえば，Xがビラの受取・返還を△△党事務所で行っていることが明らかとなった後は，（自宅からではなく）事務所とビラ配布場所の間の行動のみを把握すれば本件に関する捜査目的を達成するためには十分であるとの評価も可能であり，その場合には，それ以外の場所における行動確認が必要性ないし相当性を欠き，違法と評価されることになろう。

参考文献

①宇藤崇ほか『刑事訴訟法〔第2版〕』（有斐閣）38-46頁，178-180頁，②井上正仁「強制捜査と任意捜査の区別」井上正仁＝酒井匡編『刑事訴訟法の争点』（有斐閣）54-59頁。

ステップアップ

「将来犯罪の捜査」，「泳がせ捜査」，「おとり捜査」の共通点と相違点について，適用される規範の内容・趣旨と関連づけて検討しなさい（東京地判平成18・6・29刑集66巻12号1627頁参照）。

次回の設問

捜索・差押えに関する問題を素材に，捜査の「理由」といわゆる令状主義の関係について考察する。

刑事訴訟法　4

大阪大学教授
松田岳士　MATSUDA Takeshi

設問

⑴　δ警察署の警察官Kらは，δ簡易裁判所裁判官から，Xを被疑者とする，特定の競馬の競争に関し，いわゆる「のみ行為（勝馬投票類似行為）」に馬券代相当金額1万円分を提供し，相手方として参加した旨の競馬法違反（同法33条2号は，「のみ行為」参加者は100万円以下の罰金に処する旨定める）被疑事件について，捜索すべき場所を「δ市○○町△△マンションX方居室」，差し押さえるべき物を「本件に関連するメモ，ノート類，通信文，預金通帳，印鑑，新聞等」とする令状を得，これに基づきX方居室の捜索を行った。

捜索に際し，Kは，居室内の居間に置かれたソファに座っている男性に氏名を確認したところ，Xであることを認めた。Kは，ソファの中を確認するためXを立ちあがらせたところ，ズボンの後ろポケットが不自然に膨らんでいることに気がついたため，内容物を取り出して見せるよう要求したが，Xがこれに応じる気配がなかったため，「それなら仕方がない，取り出すぞ。」と告げたうえで同ポケットから普通預金通帳2冊と印鑑1本を取り出した。預金通帳2冊の内容を確認したところ，「取引内容」の欄に「A」および「B」の記載があったことから，Kはこれらを差し押さえた。

⑵　後日，Xは，取引先会社の担当者Aと共謀し，自社に架空の仕入代金を請求させ，その一部を自己の個人口座に振り込ませることにより，自らが経理担当者として勤務する建設会社から合計800万円あまりを着服したという業務上横領により逮捕され，起訴された。同被告事件の公判手続において，検察官が，⑴の預金通帳2冊と印鑑1本の取調べを請求したのに対し，Xの弁護人は，次の(a)および(b)の事実を挙げて，本件捜索および差押えの手続には重大な違法があり，これらの証拠物の証拠能力は否定されるべきであると主張した。

(a)　⑴の捜索が行われた日の約1月半前に，Bが，約30名を相手方として競馬の「のみ行為」を行っていたとして逮捕され，Xも同行為に相手方として参加していたことが遅くとも捜索の1月前頃までに警察当局に判明していたが，捜索が行われるまでXの取調べはなされておらず，その後，同事件については起訴もされていない。また，X以外の上記「のみ行為」の参加者については，家宅捜索も取調べも行われていない。

(b)　⑴の捜索が行われた日の約1月前に，δ警察署に対し，Xが勤務する会社において仕入れ代金の一部を着服している旨の匿名の通報があり，Kらは，Xの生活状況，借金，預金等について捜査を進めていた。

⑴の捜索・差押えの適法性について，Xの弁護人の主張も考慮に入れて論じなさい。

POINT

令状による捜索・差押えの範囲ないし別件捜索・差押えの適法性を問う問題である。両論点とも，いわゆる令状主義の趣旨に遡って検討する必要がある。

解説

①捜索・差押えと令状主義

本設問でもその適法性が問われている（捜査機関による）捜索・差押えには，刑訴法218条～222条の諸規定が適用されるが，本事案との関係で特に問題となるのは，このうち，刑訴法218条・219条が憲法35条を受けて定めるいわゆる令状主義である。

これまでの設問でもみてきた通り，捜査活動は（行政警察活動も），「（正当な）理由」に基づいて行われなければならない。すなわち，捜査は，①犯罪事実（刑事事件）の発生，そして，②その事実（事件）と当該処分の対象（場所・物・人）の間の関連性――いかなる意味において関連性が認められなければならないかは，具体的な処分の制度目的による――を合理的に認めるに足りる事情があることを前提として，その事実に関する捜査目的達成のために必要な範囲で行われなければならない。この意味での「理由」は，その目的の正当性を裏付けるものとして捜査活動全般に要求されるが，とりわけ身体，住居，財産等の個人に固有の（私的）領域に踏み込んで行われる処分については，憲法上，（一定の場合を除いて）司法官憲たる裁判官が事前に「理由（＝上記①②の事情）」があると認め，令状を発付する場合にしか，これを行うことができないものとされている（憲33条・35条）。これを令状主義という。

令状主義の趣旨は，その適用対象となる処分が「（正当な）理由」に基づいて行われることを手続的に保障することにある。とりわけ捜索・差押えについては，それが「（正当な）理由」に基づいて行われるか否かには，単にその処分を行うことができるか否かだけでなく，どの範囲でその処分を行うことができるかという問題も含まれる。なぜなら，同一の個人の住居ないし物であっても，当然にそのすべてに捜索ないし差押えの対象とする「理由（特に上記②の事情）」が認められるわけではないからである。捜索・差押えについて，令状に，「捜索する場所（捜索すべき場所，身体若しくは物）」および「押収する物（差し押さえるべき物）」の明示（記載）が要求される趣旨も（憲35条，刑訴219条1項），その対象を，上記②の意味での「理由」が認められる範囲に限定することに求められる。

②捜索・差押えの範囲（対象）

⑴の捜索・差押えの手続の適法性について問題となるのは，まず，それが令状により許容される範囲内で行われたか否かであろう。なぜなら，上述の令状主義の趣旨からすれば，令状に基づく捜索・差押えの対象は，令状記載の「捜索すべき場所」および「差し押さえるべき物」に限定されるが，本件捜索は，Xの「居室」だけでなく（Xの居室が，令状記載の捜索場所に該当することは特に問題なく認められよう），同人がはいていたズボンの後ろポケット内にも及んでおり，また，差し押

さえられた預金通帳と印鑑は，後に業務上横領事件の証拠として取調べ請求されたことから，令状発付の理由となった競馬法違反事件とは別の事件に関連するものである可能性もあるからである。

すなわち，まず，Kらが差し押さえた預金通帳と印鑑は，一見，令状に「差し押さえるべき物」として明示された物（品目）と合致するようにも見える。しかし，令状主義の趣旨からすれば，重要なのは，むしろ，「本件に関連する」か否かという点である。なぜなら，令状に「差し押さえるべき物」として記載されるのは，まさしく，令状発付の理由となった事件と，その証拠物または没収物と思料される（刑訴99条）という意味において関連性を認めるに足りる合理的事情がある，すなわち，差し押さえる「正当な理由」のある物だからである。この点について，本件では，預金通帳2冊には，令状発付の理由となった競馬法違反事件の首謀者である「B」の記載があることから，また，印鑑は，その通帳に関係するものと考えられることから，これを肯定することができ，この観点から差押えを違法ということはできないであろう（なお，令状主義の趣旨からして，これらが結果的に業務上横領事件の証拠として利用されたとしてもその結論に変わりはない）。

次に，Xがはいていたズボンの後ろポケット内の捜索についてはどうか。同捜索は，人が身につけた物を対象とするもので，「身体」の捜索に当たるところ（なお，人の身体それ自体を対象とする検査は「身体検査」に当たり，別途令状を要する），一般に，「場所」の捜索令状によって，その「場所」に居る人の「身体」を捜索することは，たとえその人がその場所に居住する者である場合でも，別個の権利利益の侵害・制約を伴うため原則として許されず，別途，「身体」を捜索対象とする令状を要するとされる（参考文献① 132頁）。この考え方によれば，令状記載の「場所」にいる人の「身体」捜索は，同人が差押え対象物を隠匿したと疑われるため，差押えに「必要な処分」として許されるような場合でない限り，違法ということになる。しかし，これに対しては，令状主義の趣旨が，当該処分の範囲を「（正当な）理由」が認められる範囲に限定することに求められるとすると，同じ個人の固有領域内で行われる限り，「身体」であっても，そこに存在する「物」と同様，差押え対象物が存在する蓋然性が合理的に認められるのであれば，当該令状による捜索が及ぶとの理解も可能であろう。

Xのズボンの後ろポケット内には，その捜索に至る経緯からしても，差押え対象物が存在する，あるいは，隠匿されている疑いが合理的に認められ，そうであるとすれば，いずれの見解によっても，当該捜索は適法と評価されることになろう。

③ 別件捜索・差押え

⑴の捜索・差押えは，②の観点からは違法とはいえないとしても，令状発付の理由とされた競馬法違反事件の軽微性に加え，Xの弁護人が指摘するⓐおよびⓑの事情からすれば，Kらには，業務上横領事件の証拠を（も）発見・利用するために，競馬法違反に名を借りてXの居宅および身体を捜索し，預金通帳等を差し押さえたことが疑われよう。このような捜索・差押えは，いわゆる別件捜索・差押えとして違法となるのではないか。

この問題について，別件逮捕・勾留に関する議論を「準用」することが許されるとすれば，次のようになろう。すなわち，別件基準説によれば，別件捜索・差押えは，本件に関する証拠の発見・利用を目的としていたとしても，別件での捜索・差押えの要件が具備されている以上，違法とはされないのに対し，本件基準説によれば，本件に関する証拠の発見・利用を目的として行われたのであるから，本件についての捜索・差押えの要件が具備されていない以上，（とくに令状主義潜脱の）違法があることになる，と（参考文献① 134頁参照）。もっとも，取調べとの関係性が問題となる（別件）逮捕・勾留の場合と異なり，捜索・差押えは，それ自体，証拠の発見・利用を目的とする行為であることから，より本件基準説になじみやすいといえるかもしれない。また，捜索は，一般に，差押えよりも対象を客観的に限定することが困難であり，渉猟的探索につながりやすいため，より厳格な適法性判断が要請されるとも考えられよう。

判例も，「差押許可状に明示された物」であっても，「捜査機関が専ら別罪の証拠に利用する目的で」差し押さえることは禁止されるとしており（最判昭和51・11・18判時837号104頁），この規範は，令状主義の趣旨から導かれていることからすれば，渉猟的探索につながりやすい捜索にはより強く妥当し，捜索許可状に明示された場所等であっても，捜査機関が別罪の証拠をも発見する目的で捜索することは禁止されることになるとの理解も可能であろう（広島高判昭和56・11・26判時1047号162頁参照）。

設問の預金通帳等は，競馬法違反と業務上横領のいずれの事件の証拠ともなりうるため，「差押え」については，専ら別罪（＝業務上横領事件）の証拠に利用する目的で行われたとは評価しにくく，本件基準説のもとでも違法というのは難しいかもしれない。これに対し，「捜索」については，ⓐおよびⓑの事情からすれば，少なくとも業務上横領事件の証拠の探索を兼ねて行われたことがうかがわれる以上，同一の個人の固有領域内であっても捜索対象を「（正当な）理由」が認められる範囲に限定するという令状主義の趣旨に実質的に反し，違法と評価する余地もあろう（その場合の捜索の違法は，差押え自体の適否にかかわらず，その結果発見された証拠物の証拠能力を否定する根拠ともなりえよう）。

参考文献

①宇藤崇ほか『刑事訴訟法〔第2版〕』（有斐閣）46-48頁，120-139頁，②原田和往「令状による捜索の範囲⑴」刑事訴訟法判例百選〔第10版〕42-43頁。

ステップアップ

⑴において，仮にXがソファに座ったまま胸に抱えた鞄の中を捜索していたとすると，その適法性判断のあり方は，本設問の場合とどのように異なることになるか，検討しなさい。

次回の設問

次回からは，公訴・裁判法の分野から出題する。目標は，公訴と審判の対象事実に関する諸問題の体系的理解である。まずは，訴因の特定・明示について出題する。

刑事訴訟法　5

大阪大学教授
松田岳士　MATSUDA Takeshi

設問

平成30年6月7日，α警察署においてXが任意に提出した尿中から覚せい剤成分が検出された。しかし，警察および検察における取調べにおいて，Xは，「覚せい剤など使ったことはない。何かの間違いではないか。」などといって覚せい剤使用の事実を否認した。また，その後の捜査によっても，同事実に関して，他に物証や目撃供述等の証拠は得られなかった。

そこで，検察官は，「被告人は，法定の除外事由がないのに，平成30年5月30日ころから同年6月7日までの間に，大阪府内及びその周辺において，覚せい剤であるフェニルメチルアミノプロパン又はその塩類若干量を，自己の身体に摂取し，もって覚せい剤を使用したものである。」との公訴事実，および「覚せい剤取締法違反　同法第41条の3第1項第1号，第19条」との罪名・罰条により，Xを起訴した。

これに対し，Xの弁護人から，本件公訴事実の記載は，犯行日時・場所に相当の幅があり，また，使用量は若干量，使用方法も自己の身体に摂取するという抽象的なものであるため，特定性に欠けるものといわざるを得ず，公訴は違法・無効であり，棄却されるべきであるとの申立があったため，裁判長は，この点につき検察官に釈明を求めた。これに対し，検察官が次のように釈明した場合における本件公訴事実＝訴因の特定性について論じなさい。

(1)　公訴事実記載の期間・場所における数回にわたる使用行為を起訴した趣旨である。

(2)　公訴事実記載の期間・場所における最終の使用行為を起訴した趣旨である。

POINT

「訴因の特定・明示」に関する問題である。訴因の特定・明示は，Ⓐ他の犯罪事実との区別が可能となるように，かつ，Ⓑ特定の構成要件に該当するかどうかを判定するに足りる程度に具体的に明らかにして行われなければならないが，本設問では，主としてⒶの要請が充足されているか否かが問題となる。

解説

①公訴事実の記載方法
——訴因の特定・明示

起訴状には，被告人の氏名，公訴事実，罪名が記載され（256条2項），これにより公訴の対象「事件」が特定される。公訴の対象事件は，被告人ごと，かつ，追及する刑事責任ごとに成立し（249条・312条参照），一つの公訴で複数の被告人ないし刑事責任を追及することはできない（ただし，複数の事件を「併合起訴」することはできる）。

本設問でその記載方法が問題とされる「公訴事実」とは，「公訴の対象事実」，すなわち，検察官が，被告人の刑事責任の追及理由として裁判所に審判を請求する犯罪事実をいうから，追及する刑事責任ごとに特定される必要がある。刑訴法は，この「公訴事実」について，「訴因を明示して」，すなわち，「できる限り日時，場所及び方法を以て罪となるべき事実を特定して」記載することを求める（256条3項）。「訴因」とは，公訴の対象事実が「罪となるべき」理由，すなわち，刑事責任の追及原因となる法律的・事実的理由をいうものと解され（もっとも，法律的理由は「罪名」により示されるため，その重点は事実的理由の方に置かれる），刑事責任は刑法が定める構成要件該当事実を実現したことを理由に追及されるから，その「明示」は，当該事実に適用されるべき構成要件に当てはめる形で行われることになる。

訴因における「罪となるべき事実」の記載が，Ⓐ他の犯罪事実との区別（他事件との識別）が可能となるように，かつ，Ⓑ特定の構成要件に該当するかどうかを判定するに足りる程度に具体的に明らかにして行われなければならないとされるのも（最決平成26・3・17刑集68巻3号368頁参照），この意味において理解される。すなわち，公訴の対象事実は，Ⓐ同一被告人による他の犯罪事実が判明したときに，その事実との異同が判別できるように特定し，かつ，Ⓑそれが，刑法上「罪となるべき」理由——刑事責任追及の原因となる（法律的・）事実的理由——の内訳を明示して記載することが求められるのである。本設問においては，このうち，とくにⒶの要請の充足の有無が問題となる（Ⓑの要請は，覚せい剤使用罪の構成要件に照らして，基本的に充たされているといってよいであろう）。

なお，判例は，「訴因の記載が明確でない場合には，検察官の釈明を求め，もしこれを明確にしないときにこそ，訴因が特定しないものとして公訴を棄却すべきものである」とするから（最判昭和33・1・23刑集12巻1号34頁），これによれば，公訴事実＝訴因の特定性は，起訴状における記載だけでなく，検察官の釈明内容も考慮に入れて判断されることになろう。

②「他の犯罪事実との区別」可能性

「他の犯罪事実との区別」とは，（同一被告人について）当該公訴の対象とされた犯罪事実と他の犯罪事実の異同の判別を意味するものと解される（複数の犯罪事実のうちのどれかを積極的に判別できるようにするまでの必要は必ずしもないものと解される）。判例によれば，訴因の特定が求められる趣旨は，「裁判所に対し審判の対象を限定するとともに，被告人に対し防禦の範囲を示すこと」にある（最大判昭和37・11・28刑集16巻11号1633頁）。これは，不告不理の原則のもとで，裁判所の審判は，検察官が公訴の対象とした事実以外の（＝他の）犯罪事実には及ばず（審判対象限定機能），したがって，被告人としても，当該訴訟においては，その事実の存否についてのみ争えば足りる（防御対象指定機能）ということを意味するものと解されるが，このような機能は，公訴の対象事実と「他の犯罪事実」の異同の判別ができなければ実現不可能であろう。

そして，公訴の対象事実と「他の犯罪事実」の異同とは，それにより追及される刑事責任の異同を意味するものと解され，公訴事実＝訴因が，このような意味での「他の犯罪事実との区別」の指標となるためには，「罪となるべき事実」が，同一被告人に対して，ⓐ（複数，あるいは，一つか複数かわからないようなかたちではなく）一つの刑事責任を追及するものとして，かつ，ⓑ刑事責任追及の基本的理由となる法益侵害結果または行為の「自他」が判別できるように特定される必要があるものと考えられる。

このうち，ⓐの意味での特定は，刑事責任が犯罪の成立に基づいて追及される以上，刑法上の罪数評価に依存することになろう。すなわち，一つの公訴事実＝訴因は，「一罪」（包括一罪，科刑上一罪を含む）を構成するものとして特定されなければならないのである（前掲最高裁平成 26 年決定参照）。他方，ⓑの意味での特定の方法は，犯罪や事案の性質によって変わってこよう。たとえば，殺人など人を死亡させる罪においては，この要請は，基本的に――人の死はその定義上，一回しかありえない以上――法益侵害結果たる死亡被害者の特定によって充足されることになろう。では，本設問のような覚せい剤使用罪の事案ではどうであろうか。

③本設問の公訴事実＝訴因の特定性

まず，釈明⑴のもとで，ⓐの観点から，本件公訴事実＝訴因を一つの刑事責任の追及原因であるというには，「数回にわたる使用行為」を，実体法上（「数罪」ではなく）「一罪」を成立させるものと評価する必要がある。この点について，学説上，覚せい剤使用罪については，短期間における数回の使用行為を包括一罪として評価できるとする見解があり，これによれば，ⓐの観点からの特定性を肯定することも可能となろう。また，この場合には，ⓑの観点からは，その「一罪」評価に含まれる行為の範囲が判別できるように特定される必要があるものと考えられるが（前掲最高裁平成 26 年決定参照），本設問では，期間の記載により，採取された尿から検出された成分に対応しうる範囲の使用行為という意味で特定されているということができよう。しかしながら，実体法上，覚せい剤使用罪については，一回の使用毎に一罪が成立するとの理解が一般的であり，これによるならば，釈明⑴のもとでは，本件公訴事実＝訴因は複数の刑事責任を追及するものとなり，特定性に欠けることになろう。

これに対して，釈明⑵のもとでは，「最終の」使用行為は，その定義上，一回の行為でしかありえないため，ⓐの観点からは問題はないことになろう。また，仮に当該期間内に複数の使用があったとしても，そのうちの「最終の」行為を起訴した趣旨であるというのであるから，ⓑの意味でも，一見，刑事責任追及の基本的理由となる「行為」が特定されているようにもみえる。もっとも，このような（「最終の」と呼ぶだけの）観念的な特定の仕方で十分といえるかには疑問もある。本設問でも，たとえば，X による平成 30 年 6 月 1 日の（公訴事実記載の場所・方法に当てはまる）覚せい剤使用の事実が，検察官が入手していたのとは別の証拠から偶然明らかになったとすると，この事実と，公訴の対象とされた使用行為との異同の判別――そもそも使用が一回だったのか複数だったのか，複数だったとして 6 月 1 日の使用が「最終」だったのか否かの判断――は困難である。つまり，釈明⑵は，単に公訴の対象行為を「最終の」ものと呼んでいるにすぎず，それにより実質的に「他の犯罪事実との区別」が可能となるわけではないのである。

しかしながら，そもそもこのような意味での「他の犯罪事実との区別」の不可能性は，かならずしも期間・場所・方法の記載に幅があることそれ自体に起因するわけではないことに注意すべきであろう。なぜなら，仮に本設問の訴因が，日時・場所・方法を具体的に特定するものであったとしても，それに近い日時・場所・方法による覚せい剤の使用の事実が別途明らかになったときに，両者の刑事責任追及理由としての異同――同じ使用行為についての異なる日時等の評価に関するものなのか，それとも，異なる使用行為についてのものなのか――をその記載内容から判別するのは困難だからである（最決昭和 63・10・25 刑集 42 巻 8 号 1100 頁参照）。そうだとすると，このような場合には，起訴状記載の期間内における使用は一回であり，複数回であったかもしれないという疑いのない限り訴因の特定があるとしたうえで，そのような疑いが生じたときには，新たに判明した事実が公訴の対象とされた使用とは異なる使用に関するものであることについて，合理的疑いを超える証明がない限りは同一の使用に関するものとして扱うというのも，ありうる解決方法の一つといえよう（最決昭和 56・4・25 刑集 35 巻 3 号 116 頁にみられる判例の立場も，あるいはこのようなものとして理解することも可能であろうか）。

④「できる限り」特定したか

刑訴法 256 条 3 項は，訴因について，「罪となるべき事実」を「できる限り日時，場所及び方法を以て」特定して明示することを要求しており，判例にも，検察官が，「起訴当時の証拠に基づきできる限り特定したものである」ことを，具体的事案における公訴事実＝訴因の特定性を肯定する理由として挙げるものがある（前掲最高裁昭和 56 年決定，最決平成 14・7・18 刑集 56 巻 6 号 307 頁も参照）。これが，公訴事実＝訴因が，Ⓐおよび Ⓑの要請を充たす場合でも，検察官が，「起訴当時の証拠に基づき」可能であったにもかかわらず，日時・場所・方法等を敢えて不当に（たとえば，防御側に不利になるように）特定しなかったといった事情が認められる場合には，訴因の特定性が否定される余地があるとする趣旨であるとすれば，本設問でもこの点が問題となるが，本件ではこのような事情は特に認められないというべきであろう。

参考文献

宇藤崇ほか『刑事訴訟法〔第 2 版〕』（有斐閣）220-230 頁。

ステップアップ

検察官が，「公訴事実記載の期間・場所における少なくとも一回の使用行為を起訴した趣旨である」旨釈明した場合の本件公訴の適法性について論じなさい。

次回の設問

訴因変更の限界に関する問題を素材に，公訴事実＝訴因の特定との関係も念頭におきながら，「公訴事実の同一性」の判断基準・方法について考察する。

刑事訴訟法　6

大阪大学教授
松田岳士　MATSUDA Takeshi

設問

7歳の女児Vに折檻を加えて傷害を負わせたとして，その母親Xがβ警察署に出頭して自首した事件について，捜査の結果，検察官Pは，「平成30年2月15日午後5時20分頃，β市○○町××荘201号室のX方において，実子であるVに対し，その頭部を手拳で数回殴打して床の上に転倒させる暴行を加え，よって，同児に入院加療30日間を要する頭蓋内出血，クモ膜下出血の傷害を負わせた」旨の傷害の訴因（訴因①）により，Xを起訴した。ところが，その後の審理の過程において，Vに暴行を加えたのは実は当時Xとつきあいのあった男性Yであり，Xは同人をかばうため，自らVに暴行を加えた旨の虚偽の事実を申告していたことが判明した。そのため，Pは，Xに対する訴因①について，「Yが罰金以上の刑にあたる傷害の罪を犯した者であることの情を知りながら，平成30年2月15日午後8時頃，担当警察官に対して，自らVに対して暴行を加えた旨の虚偽の事実を申し立てて真犯人たるYを隠避せしめた」旨の犯人隠避の訴因（訴因②）への変更を請求した。

同時に，Pは，（訴因①と同内容の）Vに対する傷害の訴因（訴因③）によりYを起訴したが，その審理の過程において，Yは，当時，Xから「家には来ないでほしい。間違っても私の留守中に勝手に入ったりしないでほしい。」と告げられていたにもかかわらず，Vが以前口ごたえをしたことに対して仕置きをしようと，Xの留守を見はからって，X宅の呼び鈴を執拗に押し続け，Vが開きかけたドアの取っ手を無理やり引っ張って室内に押し入ったうえで，Vに対し訴因③の暴行・傷害を加えていたことが判明した。そのため，Pは，「平成30年2月15日午後5時頃，Vに暴行を加える目的で，Vおよびその母親であるXの居宅に玄関から押し入り，もって正当な理由なく他人の住居に侵入した」旨の住居侵入の訴因（訴因④）の追加を請求した。

裁判所は，訴因①から訴因②への変更および訴因③への訴因④の追加を許すべきか否かについて論じなさい。

POINT

訴因変更・追加（以下，単に「変更」という）の限界（可否）に関する設問である。その基準となる「公訴事実の同一性」概念の性質・内容については議論が錯綜しているが，重要なのは，刑訴法312条1項の内容・趣旨とそこから導き出される判断基準である。

解説

①刑訴法312条1項の内容・趣旨

刑訴法312条1項は，公訴の対象事実である訴因の変更の可能性を認める一方で，その範囲を「公訴事実の同一性を害しない限度」にとどめている。その趣旨は，一つの公訴（内での訴因変更）により複数の刑事責任を追及することの禁止，すなわち，同一公訴による刑事責任の渉猟的追及禁止あるいは訴追関心の拡張禁止に求められるものと考えられる（参考文献①239頁）。前号でも確認したように，公訴の対象事件は，それにより追及される刑事責任を単位として成立するが，訴因変更を認めたとしてもこのことに変わりはなく，一つの公訴により複数の刑事責任を追及することは許されないのである。

こうして，刑訴法312条1項は，訴因変更の範囲を，当初の訴因によって追及されるのと同一の刑事責任の追及理由となる訴因との間のそれに限定し，異なるあるいは新たな刑事責任の追及理由となるような訴因との間の変更を禁じたものといえるが，このことは，公訴事実＝訴因の特定――とりわけ，「他の犯罪事実との区別」可能性確保――の要請とも関連する。すなわち，公訴事実＝訴因が，「他の犯罪事実」との間で追及される刑事責任の異同の判別ができるように記載されなければならないのは，――裁判所が審判の対象とする事実と公訴の対象事実である訴因との間で追及される刑事責任の異同の判別を可能とするためだけでなく――訴因変更の請求があったときに，新旧訴因間で追及される刑事責任の異同の判別を可能とするためでもある。その結果，訴因は，公訴の対象事実として，不告不理の原則の下で，裁判所の審判の対象事実を限定すると同時に，被告人の防御の対象事実を指定する機能をもつ（訴因の審判対象限定・防御対象指定機能）以前に，検察官による公訴の対象事実それ自体の範囲をも限定する機能をもつことになる（その意味において，「公訴事実の同一性」は，直接には「公訴の対象事実」の範囲を画する概念であり，不告不理の原則を通じて間接的に「審判の対象事実」および「防御の対象事実」の範囲を画することになる）。

なお，最近では，刑訴法312条1項の趣旨を，「二重処罰を回避するための訴訟手続上の方策・要請」に求める見解が有力となっている（参考文献②297頁，③227頁等）。しかし，仮に異なる刑事責任の追及理由となる訴因間で変更が行われても，「二重処罰の実質が生じる」おそれはとくにないから，「法が訴因変更に限界を設定している」趣旨・目的を二重処罰回避に求めるのは筋違いというべきであろう（参考文献①240頁Column2-6）。

②「公訴事実の同一性」の判断基準

刑訴法312条1項の趣旨が上述のところに求められることからすれば，新旧訴因間に「公訴事実の同一性」が認められるかどうかの判断は，まず，両訴因間に刑事責任の追及理由（の内訳）として事実的・法律的に，Ⓐ「一方が成り立つならば，他方が成り立たない」という相互に排他的な関係（非両立・択一関係）が認められる場合と，Ⓑ「ともに成り立つ」という関係（両立関係）が認められる場合に分けて行うのが便宜であろう。なぜなら，以下で述べるように，Ⓐの場合とⒷの場合では，問題となる「公訴事実の同一性」の内容が――公訴事実の「狭義の同一性」が問題となるか，それとも「単一性」が問題となるかという意味において――異なるからである。

すなわち，Ⓐの場合には，そのような非両立・択一関係が認められる訴因間で変更を認めても，追及される刑事責任の数は一つであり，少なくとも量的には拡張されないため，訴追関心の拡張に当たらないことが多いであろう。しかし，この場合でも，追及される刑事責任が質的に同一かという問題は残され，これは，両訴因による刑事責任追及の理由となる基本的事実――すなわち，法益侵害結果ないし行為――が同一かどうかによって判別されることになる（この点については，公訴事実＝訴因の特定における前号**2**ⓑの要請との関連性にも注意すべきである）。たとえば，同一日時において異なる場所で行われたとされるがゆえに相互にアリバイとなる関係に立つようなＡの殺人とＢの殺人の訴因では，どちらか一方の罪を犯したとすれば，他方の罪についてはアリバイが成立することになるという意味で，非両立・択一関係が認められる。しかし，両訴因の間では，その結果にも行為にも共通性が認められないため，刑事責任の追及理由としての基本的事実を異にするものとして，公訴事実の「狭義の同一性」が否定されるのである。

これに対して，Ⓑ両訴因間に刑事責任の追及理由（の内訳）として「ともに成り立つ」という関係（両立関係）が認められる場合には，両訴因は，それぞれ刑事責任の追及理由となりうるのであるから，原則として「公訴事実の同一性」は否定される。もっとも，この場合でも，両訴因間に（手段・結果あるいは常習性の発露といった）一定の関係性が認められるために，実体法が（科刑上一罪や常習一罪といった）「一罪」としてまとめて一つの刑事責任の発生理由として扱うことを予定している場合には，その限りにおいて，追及される刑事責任は「一つ」となるため，両訴因間には公訴事実の「単一性」が認められることになるのである。

判例も，（確定判決の一事不再理効が及ぶ事実的範囲に関してであるが）公訴事実の「単一性」という用語を用いており，その判断基準を罪数論に求めることから（最判平成15・10・7刑集57巻9号1002頁，最決平成22・2・17集刑300号71頁），ⒶとⒷの場面の区別を前提とするものと解される。また，判例は，Ⓐの場面で問題となる「公訴事実の同一性」を「基本的事実関係の同一性」を意味するものとし，その有無の判断基準については，これを，結果ないし行為の「共通性」に求めるもの（最判昭和25・6・30刑集4巻6号1146頁等）と，「非両立（択一）性」に求めるものがあるとされるが（最判昭和29・5・14刑集8巻5号676頁，最決昭和63・10・25刑集42巻8号1100頁等），結局，いずれの基準のもとでも，結果ないし行為が「共通」するがゆえに，両訴因間に被告人に対する刑事責任の追及理由としての「非両立（択一）」関係が認められる場合に，「基本的事実関係」の同一性が肯定されているものと解される。その意味において，両基準は相互補完的なものであり（参考文献① 241頁，243-247頁），判例が具体的事案に即して示してきた判断内容は，上記のような判断基準と親和性をもつものといえよう。

③本設問における「公訴事実の同一性」判断

では，本設問についてはどうか。

まず，傷害の訴因①と犯人隠避の訴因②については，その内容からしてＸが両事実の犯人であるということは論理的にありえず，両訴因によって追及される刑事責任は，相互に排他的な関係，あるいは，「一方が成り立つならば，他方が成り立たない」という非両立・択一関係に立つもの（として主張されている）と解されるため，Ⓐの場合に当たる。したがって，公訴事実の「狭義の同一性」の有無が問題となるが，両訴因の間では，法益侵害結果にも行為にも共通性が認められず，刑事責任追及の根拠となる「基本的事実関係」の同一性が否定されるため，公訴の対象事実としての「狭義の同一性」は認められず，訴因変更は許されないということになろう。なお，同様の結論を「二重処罰回避」の要請によって根拠づけること（参考文献② 306頁，③ 230頁）はできないというべきであろう。なぜなら，このような場合に訴因変更を許しても「二重処罰の実質が生じる」おそれはない以上，「二重処罰回避」の要請はこれを禁ずる理由となりえないからである。

次に，傷害の訴因③と住居侵入の訴因④は，ともにＹが行ったものとして主張され，それぞれ犯罪を構成しうるから，Ｙに対する刑事責任の追及理由（の内訳）として両立関係が認められる。すなわち，これは，Ⓑの場合に当たり，したがって，両訴因の間では公訴事実の「単一性」の有無が問題となるが，その内容からは，訴因④の住居侵入は訴因③の傷害の「手段」として行われたものと解されるため，両訴因の間には科刑上一罪（牽連）関係が認められる（刑54条1項）。したがって，公訴事実の「単一性」が認められ，訴因の追加は許されなければならないことになろう。

参考文献

①宇藤崇ほか『刑事訴訟法〔第2版〕』（有斐閣）238-248頁，②酒巻匡『刑事訴訟法〔第2版〕』（有斐閣）302-311頁，③古江賴隆『事例演習刑事訴訟法〔第2版〕』（有斐閣）221-232頁。

ステップアップ

刑訴法312条1項の趣旨に関するいわゆる「手続的利益衡量論」の立場（参考文献① 239頁）からは，本設問についてどのような帰結が導かれることになるか検討しなさい。

次回の設問

再び訴因の特定・明示に関する設例を素材に，「罪となるべき事実」を「特定の構成要件に該当するかどうかを判定するに足りる程度に具体的に明らかにする」要請の意義について検討する。

刑事訴訟法　7

大阪大学教授
松田岳士　MATSUDA Takeshi

設問

Xは，γ市内のある交差点を大型貨物自動車で左折する際，自転車に乗って自転車横断帯上を通行中のVを巻き込んで死亡させる事故を起こした。同自動車には，左折時に運転者から左側方部に広範囲の死角が生じることが判明したことから，捜査は，当初，事故当時，Vがこの死角内にいたとの見立てで進められたが，その後，Vが死角外にいた可能性もあったことが判明した。検察官Pは，当時Vがこの死角の内外のいずれにいたかによって，Xには，①「自車は左側方部に死角を有していたのであるから，微発進と一時停止を繰り返すなどして死角内の自転車横断帯上を横断する自転車等の有無及びその安全を確認しつつ左折進行すべき自動車運転上の注意義務」違反があったのか，それとも，②「交差点左折方向出口には自転車横断帯が設けられていたのであるから，目視及びサイドミラー等を注視するなどして，自転車横断帯上を横断する自転車等の有無及びその安全を確認しつつ左折進行すべき自動車運転上の注意義務」違反があったのかという意味において異なる内容の過失が認められると考えたが，捜査の結果からはそのいずれかを確定することができなかった。

この場合に，Pが，Xを，「平成30年8月20日午後5時45分頃，大型貨物自動車を運転し，γ市○町△丁目×番先の交差点を左折進行するに当たり，【　　】があるのにこれを怠り，漫然時速約8kmで左折進行した過失により，折から自転車横断帯上を左方から右方に自転車を運転して進行してきたVに気づかないまま，自車の左側部を同人運転の自転車に衝突させて同人を路上に転倒させて背部重圧を加え，よって，同人にこれによる内臓破裂等の傷害を負わせ，同日午後7時頃，γ市立病院において，前記傷害により同人を死亡させた」旨の過失運転致死罪（自動車運転致死傷5条）の公訴事実により起訴したとする。【　　】内に次の⑴～⑶の記載がなされた場合に，訴因の特定・明示があるといえるかについて論じなさい。

⑴　自動車運転上必要な注意義務

⑵　自車は左側方部に死角を有しており，自転車横断帯上を横断する自転車等が死角内に存在している可能性もあったのであるから，微発進と一時停止を繰り返しながら目視およびサイドミラー等を注視するなどして，死角の内外における自転車等の有無及びその安全を確認しつつ左折進行すべき自動車運転上の注意義務

⑶　①または②

POINT

再び「訴因の特定・明示」に関する設問であるが，前々回とは基本的な問題点が異なることに注意する必要がある。

解説

①訴因明示の要請の趣旨と内容

「公訴事実」は，「訴因を明示して」，すなわち，「できる限り日時，場所及び方法を以て罪となるべき事実を特定して」記載することが求められる（256条3項）。これは，公訴の対象事実たる訴因は，Ⓐ他の犯罪事実との区別ができるように，かつ，Ⓑそれが「罪となるべき」理由，すなわち，刑事責任の追及原因となる法律的・事実的理由の内訳を明示して記載されなければならないということを意味するものと解されるが，本設問では，Ⓐの要請は，日時・場所や被害者の特定によって充たされており，このことは⑴～⑶の記載に共通の前提ともなっているため，問題とならない（そのため，主としてⒶの要請を中心に訴因の特定・明示のあり方を論じる「識別説」では，本設問への対応は困難となろう）。問われているのは，Ⓑの要請の意義および充足である。

訴因は，基本的に，公訴の対象事実を，それに適用される罰条が定める構成要件に当てはめる形で示される。なぜなら，訴因とは，公訴の対象事実が，被告人に対する刑事責任追及原因となる理由の内訳を示すものであるところ，刑事責任は，まさしく犯罪構成要件に該当する事実を実現ないし具体化したことを理由として追及されるからである。ところで，刑事責任追及の理由には法律的側面と事実的側面があるが，訴因明示の要請の重点は後者にあるというべきであろう。法律的理由自体は「罪名（罰条）」として別途起訴状に記載されるし（256条2項3号・4項），そもそも刑事責任は，犯罪を構成する事実を実現ないし具体化したことを理由として追及されるものだからである（訴因の本質について「事実記載説」が通説とされるのも，そのためであろう）。その意味で，訴因は，被告人により実現された（と検察官が主張する）事実の内容を，「構成要件に該当するかどうかを判定するに足りる程度に具体的に」記載し（最決平成26・3・17刑集68巻3号368頁），当該罰条のもとで被告人に刑事責任を追及する事実的根拠を明示するものでなければならないのである。

以上は，訴因明示のあり方を，公訴の対象事実として備えるべき条件という観点から説明したものであるが，従来，この問題については，主として防御ないし審判の対象事実として備えるべき条件という観点から論じられてきた。すなわち，訴因制度のもとでは，裁判所の審判の目的は，――公訴の対象事実に関する「真実の発見」ではなく――訴因として示された検察官の（被告人に刑事責任が生じた旨の）主張に理由があるか否かをめぐる当事者の攻防のいわば「勝敗」判定に求められるが，その意味において，訴因は，公訴の対象事実であるがゆえに，被告人の防御および裁判所の審判の対象事実ともなる。そのため，その明示のあり方についても，防御あるいは審判の対象事実として備えるべき条件という観点から導かれるというのである。

その結果，たとえば，前者の観点からは，一般に，被告人の防御にとって（公訴事実の存否・成否やその犯人性を争う上で）重要な事項については，構成要件該当事

実であると否とにかかわらず，防御の利益・便宜に資する程度に具体的に記載されるべきであるとされる。また，後者の観点から，訴因には，「裁判所に有罪の確信を抱かせうるに足る具体性」あるいは「裁判所が合理的疑いを超える心証を得ることができる程度の具体性」が要求されるとする見解がある。裁判所の審判は，訴因が合理的疑いを超えて証明されるか否かについて行われる以上，そのような証明に相応する具体性――合理的疑いを超える証明がなされたならば備わるはずの具体性――を最初から欠いているような抽象的訴因は，審判の対象事実として不適格であるというのであろう。

しかしながら，訴因は，第一義的には公訴の対象事実を記載したものであるから，その明示のあり方についても，まずは，公訴の対象事実として備えるべき条件という観点から導くべきであろう。もっとも，この観点から求められるのは，公訴の対象事実を構成する諸要素のうち，構成要件に該当する事実について，その該当性が判定できる程度に具体的に示すことであるが，このように，被告人に刑事責任を追及する実体的根拠となる事実の明示は，訴因が防御ないし審判の対象事実として備えるべき条件という観点からもやはり要請されるものである。すなわち，適用される罰条が定める構成要件に該当する具体的事実の明示は，いずれの観点からも要請される基本的条件なのであり，その意味において，訴因の記載として不可欠なものというべきであろう。

他方，防御ないし審判の対象事実として備えるべき条件という観点からは，一般に，防御の利益・便宜や証明の程度といったより手続的な考慮に基づいて，公訴の対象事実として備えるべき条件という観点から求められる明示と比べて，より広い範囲の事項について，より具体的な事実の明示が求められている。このように，もっぱら手続的な観点から――実体的な観点から求められる範囲・程度を超えて――要求される事実の明示については，訴因の記載として不可欠であるとまではいえなくても，「できる限り（256条3項）」明示するのが「望ましい」ものとして位置づけることができよう（最決平成13・4・11刑集55巻3号127頁参照）。

❷ 本設問における訴因の明示

本設問で問われているのは，過失犯の訴因の明示方法である。過失犯の構成要件は，法文上，「過失により～し（させ）た」，あるいは，「注意を怠り，よって～し（させ）た」という形で定められることが多いが，その訴因においては，(a)注意義務を課す根拠となる事実，(b)注意義務の内容，(c)注意義務違反行為，(d)注意義務違反行為と因果関係のある経過の発展，(e)具体的な結果の発生の記載がなされるのが一般的であるとされる（なお，(c)～(e)の事実は，通常，他の犯罪事実との区別可能性を確保するためにも特定が不可欠となろう）。

この扱いが，過失犯はいわゆる「開かれた（補充を要する）構成要件」であって，(a)(b)（の双方または片方）を，（法の文言から導かれる(c)～(e)を補充する）「構成要件」要素であると位置づける趣旨であるとすれば，これに該当する事実も，過失犯の訴因の記載として不可欠なものとして明示されなければならないことになる。これに対して，(a)(b)（の双方または片方）は「構成要件」ではなく，(c)～(e)に該当する事実が被告人に対する刑事責任の追及根拠となる理由をより明確に示すために記載されているにとどまるとすれば，これに該当する事実の明示は，訴因における「罪となるべき事実」の特定のために必ずしも不可欠ではないが，たとえば，防御の利益・便宜といった手続的考慮から，「できる限り」記載することが望ましい事項として位置づけられることになろう。

本設問でも，(a)および(b)に該当する事実の記載のあり方が問題とされている（(c)～(e)に該当する事実は，(1)～(3)の共通の前提として具体的に記載されている）。すなわち，(1)は，(a)および(b)の内容ないしこれに該当する事実を特定せずに，「自動車の運転上必要な注意を怠」ったという過失運転致死罪の法文上の犯罪成立要件をそのまま記載するものであるのに対して，(3)は，(a)および(b)の事項に該当する事実の内容として考えられる①と②を具体的に特定したうえで，これを択一的に記載するものである（256条5項参照）。(2)は，捜査の結果，事故当時，VがXからの死角の内外のいずれにいたかという注意義務を課す前提となる事実（(a)に該当する事実）が一義的には確定できなかったため，(a)および(b)の事項について，いずれの場合にも妥当するように，①と②を融合した内容の事実を記載するものである。

仮に(a)および(b)の要素が過失犯の「構成要件」であるとすれば，これに該当する事実は，訴因の記載として不可欠なものとして明示されなければならないため，(1)の記載では不十分であり，少なくとも(2)ないし(3)の記載が必要であるということになろう（(2)の記載で足りるか否かは，それが，実体刑法上，犯人に被害者の死亡に対する帰責を根拠づける「構成要件」として十分な具体性を備えているかという観点から論じられることになろう）。他方，(a)(b)（の双方または片方）が「構成要件」ではない（が，防御にとって重要な事項である）とすれば，(2)ないし(3)のような記載は必ずしも訴因の明示のために不可欠なものではないものの，防御の利益・便宜といった手続的考慮から「できる限り」記載することが望ましいとされることになろう。このような理解によるならば，設問の事例では，少なくとも(2)ないし(3)のような記載が可能であった以上，(1)のような記載では不十分であるということになろう。

参考文献

宇藤崇ほか『刑事訴訟法〔第2版〕』（有斐閣）220-230頁。

ステップアップ

本設問と同様の事案について，裁判所が有罪判決を言い渡すとすれば，その際に示すべき「罪となるべき事実」（335条1項）における注意義務の判示方法としては(1)～(3)のいずれが妥当か，検討しなさい（東京高判平成28・8・25判タ1440号174頁参照）。

次回の設問

いわゆる「訴因変更の要否」に関する設例を素材に，訴因の特定・明示との関係も念頭におきながら，いかなる場合に裁判所が訴因変更を経ることなく訴因と異なる事実を認定することが許されるかの判断基準・方法について考察する。

刑事訴訟法　8

大阪大学教授
松田岳士　MATSUDA Takeshi

設問

前回の設問の事例において，検察官Ｐが，Ｘを，「①の注意義務があるのにこれを怠り，漫然時速約 8km で左折進行した過失」により，自転車に乗っていたＶを自車に巻き込んで死亡させた旨の過失運転致死罪（自動車運転致死傷５条）の公訴事実により起訴したとする。同被告事件の公判審理において，Ｘ側は，事故当時，ＶがＸの死角外にいた可能性がある旨主張したが，裁判長は，Ｖが死角の内外のいずれにいたかが確定できなくても，自転車横断帯上で事故が起こったのであれば，Ｘが本件過失運転致死による刑事責任を免れることはないと考え，証拠調べにおいてＶがＸの死角外にいた場合に認められる（②の）注意義務の具体的内容を示して証人や被告人に対して尋問・質問を行い，被告人側もこれに対応した。もっとも，Ｐは，Ｖが死角外にいた場合に認められうる過失の具体的内容やＸの刑事責任の有無・内容に関して予備的な主張も，また，尋問・質問等もしなかった。

この場合に，裁判所が，同被告事件について，訴因変更の手続を経ることなく，「前回の設問の⑵と同内容の注意義務があるのにこれを怠り，漫然時速約 8km で左折進行した過失」を認定して，Ｘに有罪を言い渡すことができるかについて論じなさい。

POINT

いわゆる「訴因変更の要否」に関する設問である。前回検討した「訴因の明示」のあり方との関連に注意しつつ解答することが求められている。

解説

①訴因変更の要否の判断枠組・基準

本設問において問われるのは「訴因変更の要否」と呼ばれる問題であるが，これは，実質的には，「裁判所が，訴因と異なる認定をするには，訴因変更手続を経る必要があるか否か」，あるいは，「裁判所が，訴因変更手続を経ることなく訴因と異なる認定をすることができる場合があるか否か」を意味する。

訴因制度のもとでは，裁判所の審判の目的は，公訴の対象事実に関する真実の発見ではなく，訴因として示された検察官の（被告人に刑事責任が生じた旨の）主張に理由があるか否かをめぐる当事者の攻防の「勝敗」判定に求められるとされる。そこでは，不告不理が徹底され，裁判所は，検察官が当該公訴により追及するのとは異なる刑事責任の発生原因となるような「他の犯罪事実」を認定することができないだけでなく（審判対象事実の限定），同一の刑事責任についても，訴因として明示された刑事責任追及の（法律的・）事実的根拠に理由があるか否かの判断をするのであって，それとは異なる（法律的・）事実的根拠により有罪を言い渡すことはできないものとされる（審判対象事実の画定）。

とはいえ，裁判所は，つねに訴因と一言一句違わない形でしか事実を認定できないというわけではなく，訴因との間に差異はあっても，それが些細なものである——訴因制度の趣旨との関係で有意性が認められない——場合には，その事実を認定しても差し支えはなかろう。また，訴因においては，刑事責任追及の実体的根拠としての構成要件該当事実だけでなく，それ以外の事実が争点顕在化等の手続的考慮に基づいて記載されることがあり，後者については，裁判所が実質的に異なる内容の事実を認定したとしても刑事責任の追及と認定の根拠に齟齬は生じず，不告不理に反するわけではないものと考えられる。もっとも，このような事実も，訴因（の一部）として明示された以上，被告人は，防御の対象事実としてその存否を争いうるため，とくにそれが公訴事実の存否・成否ないし被告人の犯人性の判断に影響する可能性がある場合に裁判所がこれを認定するには，被告人に対する不意打ちとならないように，（訴因変更の手続によると否とを問わず）その事実を争点として顕在化させて防御の機会を与える必要があろう。

この「訴因変更の要否」についての判例の現在の判断枠組・基準は，最決平成 13・4・11 刑集 55 巻 3 号 127 頁（以下，平成 13 年決定と呼ぶ）から導かれる次のようなものと考えられる。すなわち，まず，訴因として記載され（う）る事柄は，㋐その明示がなければ「直ちに訴因の記載として罪となるべき事実の特定に欠ける」ことになるような事項と，㋑それ以外でも，「一般的に，被告人の防御にとって重要な事項」，そして，㋒そのいずれにも該当しない事項に分けられる。そして，裁判所が訴因と実質的に異なる認定をするには，㋐の事項については，「審判対象の画定という見地から」例外なく訴因変更が必要となるのに対して，㋑の事項については，原則として訴因変更が必要とされるものの，ⓐ「被告人の防御の具体的な状況等の審理の経過に照らし，被告人に不意打ちを与えるものではないと認められ」，かつ，ⓑ「判決で認定される事実が訴因に記載された事実と比べて被告人にとってより不利益であるとはいえない」場合には，例外的に不要となる。他方，㋒の事項については，裁判所は，訴因変更の手続を経なくてもこれと異なる認定をすることができる（ただし，被告人に対する不意打ちとならないよう争点として顕在化する等の配慮が求められる場合もある）。

この枠組に従って「訴因変更の要否」を検討するには，まず，訴因において明示された事実と異なる裁判所の認定事実の要素が，㋐～㋒のいずれの事項に該当するか（㋒の事項に該当する場合は，訴因変更は不要となる），そして，（㋐または㋑に該当する場合には）その差異が実質的なものであるか否か（形式的なものにとどまるのであれば，訴因変更は不要となる）を判断した上で，上記各基準をあてはめることになる。

❷本設問における訴因変更の要否

前回と同じく，本設問でも，被告人は，過失犯（過失運転致死）の公訴事実により起訴されており，訴因と裁判所の認定（しようとする）事実との間で差異が認められるのは，(a)注意義務を課す根拠となる事実と(b)注意義務の内容である。そこで，まずは，(a)および(b)の事項が㋐～㋒のいずれに該当するのかが問題となる。

最高裁は，前掲の平成13年決定以前にではあるが，(a)の事項に該当する事実は，「たとえそれが公訴事実中に記載されたとしても，訴因としての拘束力が認められるものではないから，右事実が公訴事実中に一旦は記載されながらその後訴因変更の手続を経て撤回されたとしても，被告人の防禦権を不当に侵害するものでない限り，右事実を認定することに違法はない」とする一方で，(b)の事項に該当する事実について，「起訴状に訴因として明示された態様の過失を認めず，それとは別の態様の過失を認定するには，被告人に防禦の機会を与えるため訴因の変更手続を要する」との判断を示していた（最決昭和63・10・24刑集42巻8号1079頁，最判昭和46・6・22刑集25巻4号588頁）。これらの判例を，上記判断枠組・基準と整合的に理解するとすれば，過失犯における(a)(b)はともに㋑の事項に該当し，したがって，裁判所が訴因と実質的に異なる認定をするには原則として訴因変更が必要であるが，前者の事案では例外要件が充たされた（裁判所の認定事実は，「公訴事実中に一旦は記載され」ており，「被告人に不意打ちを与えるものではない」とされた）ため不要とされ，後者の事案ではこれが充たされなかったため原則通り訴因変更が必要とされたと説明することも可能であり，これによれば，本設問についても，㋑の基準により「訴因変更の要否」が判断されることになろう。

では，訴因と裁判所の認定事実の差異は「実質的」なものであるといえるか否か。この問題も，やはり「被告人の防御にとって重要な」差異かという観点から判断することになろう。

この点にも関連して，最高裁の判例には，現住建造物等放火の訴因における「ガスコンロの点火スイッチを作動させて」台所に充満したガスに点火し，引火，爆発させたとの記載に対し，裁判所が「何らかの方法により」ガスに引火，爆発させたと認定したことについて，同事実は実行行為の内容をなすものとして㋑の事項に該当するとしたうえで，「本件審理における攻防の範囲を越えて無限定な認定をした点において被告人に不意打ちを与えるものといわざるを得」ず，違法としたものがある（最決平成24・2・29刑集66巻4号589頁〔以下，平成24年決定と呼ぶ〕）。裁判所が認定した放火行為の態様は，訴因において明示されたそれを含むより一般的な事実であったが，両者の間には実質的な差異があると判断されたのである。

本設問においても，上記㋑に該当すると考えられる(a)(b)の事項について，裁判所が認定しようとする過失は，訴因に明示された過失を含むより一般的な内容となっているが，VがXの死角内にいた場合に認められる過失の内容も特定されている点において「無限定」であるわけではない。しかしながら，裁判所が認定しようとする事実は，「被告人の防御にとって重要な事項」である過失の内容それ自体を異にする事実（を択一的に追加するもの）であるから，訴因とは実質的に異なるものということができよう。

以上のように，本設問の事例では上記㋑の事項に該当する事実に実質的差異が認められるとすれば，裁判所が当該事実を認定することができるか否かは，ⓐそれが，「被告人の防御の具体的な状況等の審理の経過に照らし，被告人に不意打ちを与えるものではないと認められ」，かつ，ⓑ「判決で認定される事実が訴因に記載された事実と比べて被告人にとってより不利益であるとはいえない」，という2つの（例外）要件を充たすか否かにより判断されることになる。

ⓐの要件についてみてみると，本設問の事例では，裁判長から，事件当時，VがXの死角外にいた場合に認められる注意義務の具体的内容を示して尋問・質問がなされ，被告人側もこれに対応したというのであるから，裁判所の事実認定は被告人に不意打ちを与えることにはならないものと考えられる。問題は，むしろ，それが，検察官による「攻撃」の内容とされていないという意味において「攻防の範囲を越え」（平成24年決定）た認定とならないかという点であろうが，㋑が，不告不理ないし訴因による審判対象画定ではなく，もっぱら被告人の防御の利益に関わる事項であるとすれば，ここでは，公訴と審判の関係というよりは，防御と審判の関係を考慮すれば足りるものと考えられ，ⓐの要件との関係でこの点を問題視するには及ばないということになろうか。

ⓑの要件については，平成13年決定がこれを例外要件として挙げたこと自体の妥当性についても疑念が提示されているが（参考文献② 217-218頁），いずれにしても，本設問では，事件当時，VがXの死角の内外のいずれにいたかは過失の重大性にはとくに影響を与えないものと考えられ，そうであるとすれば，裁判所の認定する過失は被告人にとってより不利益なものとはいえず，同要件の充足を肯定することができよう。

参考文献

①宇藤崇ほか『刑事訴訟法〔第2版〕』（有斐閣）250-258頁，②古江賴隆『事例演習刑事訴訟法〔第2版〕』（有斐閣）204-220頁。

ステップアップ

今回の設問と前回のステップアップの論点の相違および関係について検討しなさい。

次回の設問

次回からは，証拠法の分野から出題する。まずは，刑訴法320条1項が定める伝聞証拠排除の原則の適用範囲に関する設問を予定している。

刑事訴訟法　9

大阪大学教授
松田岳士　MATSUDA Takeshi

設問

Xは，Yと共謀の上，令和元年9月20日，（Yが）殺意をもってVの顔面，頭部等を金槌で数回殴り，頭蓋骨骨折，脳挫傷等による頭蓋内損傷により死亡させて殺害した旨の殺人の公訴事実により起訴された。

同殺人被告事件の第3回公判期日において，事件前日の午後10時半頃，YがX宅を訪れた際に両人の間で交わされた会話をたまたま耳にしたというXの妻Aが証人として公判廷に召喚され，この点について尋問を受けた。尋問において，Aは，事件前夜，XがYに対し，「いよいよ明日，V殺害を決行する。俺がVの気を引きつけておくから後ろから金槌で頭をやってくれ。ぬかりなく頼むぞ。」と告げたのに対し，YはXに「準備は万端だ。確実にやるから任せてくれ。報酬の方もよろしく。」と答えたのが聞こえた旨証言した。

Xの弁護人は，弁論において，Aの上記証言は，要証事実によっては，刑訴法320条1項にいう「公判期日外における他の者の供述を内容とする供述」として証拠能力が認められない場合がある旨主張した。この場合に，裁判所は，同規定に照らして，Aの上記証言を次の(1)および(2)の事実を認定するために用いることができるかについて論じなさい。

(1)　事件前夜にXとYの間でAの証言通りの内容の謀議が行われたこと

(2)　事件前夜においてXがAの証言通りの内容のV殺害の意図ないし計画を有していたこと

POINT

刑訴法320条1項が定める「伝聞証拠排除の原則」の適用範囲（伝聞・非伝聞の区別）に関する問題である。なお，本設問では，「要証事実」は設定済みであり，その把握の問題（参考文献②参照）については，とくに触れる必要はない。

解説

①伝聞法則の内容・趣旨と適用範囲

裁判所が，「書面」または「公判期日外における他の者の供述を内容とする供述」を，「公判期日における供述」に代えて「事実の認定」に供するための「証拠とする」ことは原則として許されない（317条・320条1項）。これを，伝聞法則――厳密には，そのうちの（伝聞例外を除く）伝聞証拠排除の原則――という。伝聞法則は，「供述証拠」を適用対象とする証拠法則とされるが（「書面」も，文字等による「供述」として理解される），これは，必ずしも人の「言葉」と同義ではなく，「供述証拠」に該当するか否かの判断基準は，同法則の趣旨から導かれるものとされる。

この伝聞法則の趣旨について，通説は次のように説明する。すなわち，「供述」証拠は，知覚・記憶・表現・叙述という心理過程（「供述過程」と呼ばれる）を経て生み出されるが，この各過程には誤謬が入り込む危険が高い。そのため，裁判所の「事実の認定」の証拠に供される「供述」は，事実認定の「正確性」担保の観点から，原則として，公判期日における――宣誓と偽証罪による威嚇，供述者に対する反対尋問，裁判所による供述者の態度・表情等の観察による――信用性の吟味（テスト）を経たものでなければならない（参考文献① 370-372頁）。

この理解の下では，伝聞法則の適用対象となる「供述証拠」とは「供述過程（の正確性）が問題となる」証拠ということになる。すなわち，「供述過程」を経て生み出される以上は「言葉」である必要は必ずしもない一方（身振り手振りや実演，絵，図，記号等でも「供述」となりうる），「言葉」であっても上記の心理過程が問題とならないものは「供述証拠」には該当しないことになる。

もっとも，伝聞法則の趣旨については，これとは異なる説明も可能である。すなわち，人の「供述」には，一般に，その範囲・内容が採取方法により左右されやすい一方で，改めて採取し直すことが可能であるという性質が認められる。そのため，裁判所は，事実認定の「適正性」担保（一方的に採取された証拠の使用回避）の観点から，公判外供述が他の者の記憶上あるいは書面上に残されている場合でも，原則としてこれを証拠として用いてはならず，公判期日において，公開の法廷における公平な裁判所の前での当事者の対等かつ同時の参加の保障の下で改めて公明正大に原供述者から直接採取し直した「供述」に基づいて「事実の認定」を行わなければならない（参考文献① 12-14頁，③ 1-38頁）。

この理解の下では，伝聞法則の適用対象となる「供述証拠」とは，その一般的性質上，（法廷で）採取し直すことが可能な性質（再現可能性）をもつ証拠ということになり，「言葉」でない証拠でも再現可能な性質をもつならば同法則の適用を受ける一方で，「言葉」であってもその性質上再現不能であれば「供述証拠」には該当しないということになる。

いずれの理解においても，この「供述証拠」の定義とも関連して，一定の「言葉」等を内容とする同一の「供述」や「書面」であっても，何を証明しようとするのかによって伝聞証拠排除の原則の適用がある場合（「伝聞」）とない場合（「非伝聞」）がありうるとされることに変わりはない。もっとも，後者の私見は一般に受け入れられているとは言い難いので，通説のもとで導かれた「伝聞・非伝聞」判断の妥当性を確認するために（「確かめ算」的に）用いるとよいであろう。

②言葉の非供述的用法

通説によれば，一定の人の「言葉」が，伝聞法則が適用される「供述」に該当するか否かは，それが，その「内容たる事実の真実性」を証明するために用いられるか否かによって判断される。なぜなら，「供述証拠」の問題性は，知覚・記憶・表現・叙述の対象とされた（＝「内容たる」）事実の推認を（その各過程に入り込む誤謬のために）誤らせる点に求められるところ，人の「言葉」であっても，その「内容たる事実の真実性」を証明するために用いられるのでなければ，「供述過程（の正確性）」は問題とならないからである。

設問⑴の場合には，Ａの証言は，公判外でＸとＹの間で交わされた「供述」（＝原供述）の存在それ自体を証明するために用いられることになる。この場合には，ＸとＹの「（原）供述」は，その「内容たる事実の真実性」を証明するために用いられるわけではないから，その用法は，「供述過程（の正確性）」が問題とならない「言葉の非供述的用法」であって，「供述証拠」ではない。他方，Ａの証言は「供述証拠」であるが，「他の者の供述を内容とする供述」ではなく，「信用性の吟味（テスト）」を経た「公判期日における供述」であるから，「（純粋な）非伝聞」として扱われることになる（参考文献① 379 頁参照）。したがって，裁判所は刑訴法 320 条 1 項の下でも当然にこれを当該事実を認定するために用いることができる。

このような結論自体は私見からも正当化されるが，その理由は，通説とは異なり，次のように説明される。すなわち，設問⑴において，Ａの証言は，「事件前夜にＸとＹの間でＡの証言通りの内容の謀議（＝原供述）が行われた」という事実の証明のために用いられるが，ここでは，「原供述」は，そもそも「証拠」としてではなく，（それが行われたことが証明されるべき，あるいは，Ａがその存在および内容について証言すべき）過去の「（発言）行為」ないし「事実」として扱われている（その意味で，「原供述」の用法は「言葉の非供述的用法」というより，むしろ「発言の非証拠的用法」である）。このような過去のある時点における一定内容の「発言」は，当該時点でなされた点にこそ意義が認められるという意味において一回性の「出来事」であり，本質的に再現不能なものであるから，「供述証拠」ではない（「供述」でない以前に「証拠」ですらなく，「（要証）事実」である）。もちろん，Ａの証言それ自体は「供述証拠」であるが，証明されるべき事実（出来事）についての直接の「目撃」証言であるから，「公判期日外における他の者の供述を内容とする供述」ではなく，「公判期日の供述」であり，「非伝聞」である。したがって，同証言は伝聞証拠排除の原則の適用外におかれることになる。

③ 供述当時（現在）の精神状態の供述

他方，設問⑵の場合には，Ａの証言中のＸの発言（＝原供述）に関する部分が，事件前夜の時点における同人の意図ないし計画（の内容）を証明するために用いられることになるが，このような人の内心の状態に関する「供述」は，「供述当時（現在）の精神状態の供述」と呼ばれ（ここにいう「精神状態」には，感情のほか，意図，認識，計画等も含まれる），伝聞法則に関する通説的な趣旨説明の下でも，そのような「（原）供述」を内容とする書面や他の者の証言を「非伝聞」とする見解（非伝聞説）が有力である（なお，その場合でも，「原供述」が「供述証拠」であるか「非供述証拠」であるかについては議論がありうる）。すなわち，同見解によれば，「精神状態の供述」は，表現・叙述の過程を経るとしても知覚・記憶の過程を経ずに生み出され，誤謬の危険も相対的に小さいこと，表現・叙述の誤謬は証拠の改変・変容を意味するから，非供述証拠と同じく，原供述者の尋問によらなくても吟味可能であることなどを理由に，それを内容とする書面や他の者の証言が「非伝聞」とされるのである（詳しくは，参考文献① 381-384 頁参照）。

私見からも，「非伝聞説」と同じ結論が導かれることになるが，その理由は，通説とは異なり，「供述当時の精神状態の供述」の再現不能性に求められる（したがって，それは「供述証拠」ではないということになる）。すなわち，過去のある時点における人の精神状態を証明するために，その人が当時の精神状態について同時点において述べた供述を用いる場合には，その供述は再現不能な性質をもつ。仮にその人が，公判期日において，当時の精神状態について回顧的に供述したとしても，それは，もはや同人が当時行った「精神状態の供述」の「再現」ではない。なぜなら，その人の公判期日における供述は，「過去の精神状態の供述」なのであって（なお，「過去の精神状態の供述」自体は一般的に再現可能な性質をもつ），少なくとも，過去の自分の精神状態を対象化し，表現・叙述に加えて記憶の過程をも経て生み出される点において，当時の精神状態の下での供述とは異なるからである。すなわち，「供述当時の精神状態の供述」も，（証明されるべき）当時の精神状態の下で行われた点にこそ意義が認められるのである（なお，通説的な趣旨説明の下での「非伝聞説」からは，人の精神状態については，その人の当時の発言を聞いた者の供述が「最良（ベスト）証拠（エビデンス）」であるとされるが，その実質的理由もおそらくこの点に求められるものと考えられる）。

いずれの見解においても（伝聞法則の通説的な趣旨説明の下での「伝聞説」をとらない限り），設問⑵については，Ｘの「原供述」は，当時の自分の精神状態についての供述であり，かつ，当時の同人の精神状態を証明するために用いられるものであるから，「供述当時の精神状態の供述」に該当し，それを内容とするＡの証言は「非伝聞」として，伝聞証拠排除の原則の適用外におかれることになろう（なお，この場合に，Ｘが公判期日において回顧的に当時の精神状態について供述することや，供述した場合にそれを裁判所が「事実の認定」に供することが妨げられるわけではない）。

参考文献

①宇藤崇ほか『刑事訴訟法〔第 2 版〕』（有斐閣）12-14 頁，370-386 頁，②笹倉宏紀「第 1 講 伝聞証拠の意義㊤㊥㊦」法教 469 号 72-80 頁，同 470 号 108-116 頁，同 471 号 99-107 頁，③松田岳士『刑事手続の基本問題』（成文堂）1-38 頁。

ステップアップ

本設問において，ＸとＹのやり取りが（Ａの記憶上にではなく）電子メール上に残されていたとして，それを印刷した書面に伝聞法則が適用されるか否かについて論じなさい。

次回の設問

次回は，刑訴法 326 条 1 項の「同意」に関する事例を素材として，証人審問権と伝聞法則の関係について考察する。

刑事訴訟法　10

大阪大学教授
松田岳士　MATSUDA Takeshi

設問

Xは，法定の除外事由がないのに，令和元年10月20日午後11時ころ，大阪府α市β町○番地の自宅において，フエニルメチルアミノプロパンを含有する覚せい剤粉末約0.06グラム（耳かき約2杯分）を水に溶かし，自己の右腕部に注射して使用した旨の覚せい剤取締法違反（覚せい剤使用）の公訴事実により起訴された。

同被告事件について，検察官Pは，Xの内縁の妻Aが，検察官による取調べにおいて，Xの上記覚せい剤使用の状況について行った供述を録取した書面およびXがα警察署において任意に提出した尿の鑑定書の取調べを請求した。これに対し，Xの弁護人は，

⑴　Aの供述調書の内容には重大な矛盾があることに気がついたが，Aの供述の信用性を争うには，証人尋問においてAから直接供述を引き出すよりも，むしろ，調書の内容を前提にAに尋問してその矛盾点を糺したほうが効果的ではないかと考え，同調書を証拠とすることに同意した上で，Aの証人尋問を請求し，

⑵　尿の鑑定書についても証拠とすることに同意したが，その後，採尿が行われた日に，Xが警察官らによりα警察署までその意に反して同行されていたとの事実が判明したことから，違法収集証拠としてその証拠能力を争う旨申し立てた。

裁判所は，⑴の証人尋問の請求および⑵の違法収集証拠排除の申立について，どのように対処すべきかについて論じなさい。

POINT

刑訴法326条1項の「同意」の意義（内容）に関する設問であるが，この問題をめぐる学説上の議論の意味を理解し，適切な解決を導くには，証人尋問権保障と伝聞法則の関係，伝聞法則と違法収集証拠排除法則の関係についての考察が不可欠となる。

解説

①刑訴法326条の「同意」の意義

刑訴法326条の「同意」をめぐっては，従来，その「性質」論の名の下に，それが具体的にいかなる内容の意思を意味するのかが論じられ，これを原供述者に対する（反対）尋問権放棄の意思として捉える反対尋問権放棄説と，当該証拠に証拠能力を積極的に付与する意思として捉える証拠能力付与行為説が対立するものとされてきた。そして，この見解の対立は，刑訴法326条の「同意」の効果，具体的には，設問のように，被告人側が，検察官が取調べを請求した伝聞証拠を証拠とすることに「同意」しつつ，原供述者の証人尋問を請求することができるか否か，あるいは，違法収集証拠として排除されるべきであるとの申立を行うことができるか否か等の問題の解決に差異をもたらすものとされる（参考文献①406-407頁）。もっとも，「同意の性質」をめぐるこれらの学説上の議論の意義を理解し，上記の問題について適切な解決を導くには，その前提として，証人尋問権の保障と伝聞法則の関係および伝聞法則と違法収集証拠排除法則の関係について検討しておく必要がある。

②証人尋問権保障と伝聞法則の関係

公判手続において検察官が取調べを請求する供述調書について，被告人側が，刑訴法326条に基づきこれを証拠とすることに「同意」する場合には，検察官としては，その供述者がもつ情報については供述調書というかたちで証拠として提出できることになる以上，改めて同人の証人尋問を請求する必要はなくなる。したがって，このような場合，証人尋問は行われず，供述調書の取調べのみで済まされるのが通例である。しかしながら，設問⑴では，被告人側は，供述調書を証拠とすることに同意しながらなお供述者の証人尋問を請求している。

反対尋問権放棄説は，刑訴法326条の「同意」を，供述者に対する尋問権を放棄する意思として理解することから，このような証人尋問の請求は認められないとする。その背後には，「調書裁判」化の回避という政策的考慮にくわえて，伝聞証拠を「反対尋問を経ない供述証拠」と定義したり，伝聞法則の趣旨（の1つ）を反対尋問権の保障に求めるなどして，伝聞法則と証人尋問権の保障を実質的に同一視する考え方があるように思われる（このような傾向は，「憲法と伝聞法則」の関係をめぐる議論にも看取される）が，その妥当性には疑問がある。なぜなら，証人尋問権の保障と伝聞法則の間には密接な関係が認められるとしても，両者はあくまで異なる規範なのであるから，その関係性についても，その差異の内容を踏まえて論ずべきであるように思われるからである。

では，両規範の差異はどの点に求められるか。まず，証人尋問権の保障は「証拠調べ」に関する規範であるのに対して，伝聞法則は（少なくとも第一次的には）「事実認定」に関する規範であるという意味において，両者は，異なる手続に関する異なる規範であることを確認する必要がある。実際，刑訴法においても，当事者に対する証人尋問権の保障は157条により，伝聞法則は320条以下の規定によりそれぞれ定められているのであって，その趣旨も，前者は，「証拠調べ」の適正性という観点から当事者に保障されるのに対して，後者は，裁判所の「事実認定」の正確性ないし適正性の担保という観点から採用されているという意味で異なるものと考えられる。

もちろん，このことは，両者が無関係であることを意味しない。なぜなら，刑訴法320条1項が，「供述」に

証拠能力を認める条件を，それが「公判期日における」ものであることとする理由（の1つ）は，その「公判期日」（における証人尋問）において，同法157条により当事者に証人尋問権が保障されることに求められるからである。しかし，だからといって，両規範は同一であるわけではない。実際，証人尋問権は，伝聞法則の適用の有無にかかわらず（たとえば，最初から証人尋問のみが行われ，終始書証が提出されない場合であっても），公判期日において，当事者に――とくに被告人には憲法37条2項前段を受けて――刑訴法157条により保障されるべきものであり，同法320条は，そのことを前提として（いわば，その後に），裁判所の事実認定が，原則として「公判期日」において直接採取される供述によって行われることを要請するものだからである（その意味で，伝聞法則は，証人尋問権それ自体を保障するものではなく，公判外供述の使用によるその潜脱を防止するにすぎない）。

証人尋問権保障と伝聞法則の関係性を考えるにあたっては，さらに，証人尋問権が，憲法37条1項・3項が要求し，裁判所法や刑訴法が具体化する「公平な裁判所」，「公開裁判」，「弁護権（弁護人の援助を受ける権利）」等の手続的保障の下で保障されてはじめて十全な意味をもつ――たとえば，刑訴法157条も，被告人本人だけでなく，弁護人にも尋問権を認めており，実際上も弁護人が尋問を行うのが通例である――ということも看過すべきではない。なぜなら，このことは，証人尋問権の保障が証人の公判廷への召喚を前提とすること，そして，刑訴法320条1項が「公判期日」を裁判所の事実認定に供される供述採取の特権的な場とするにあたっては，証人尋問権保障だけではなく，このような手続的保障全体が考慮に入れられているということを示唆するからである。

両規範の以上のような関係性を，当事者の権利・利益という観点から見直してみると，「証拠調べ」において証人に尋問する権利と，裁判所に伝聞法則に則って――すなわち，原則として，証人尋問権保障等の手続的保障の下で採取された供述によってのみ――「事実認定」をしてもらう利益は区別され，証人尋問権は，伝聞法則の適用の有無にかかわらず保障されるということになろう。そうであるとすれば，当事者が，伝聞法則適用の利益を放棄したとしても，当然に証人尋問権までもが放棄されたことにはならないというべきである。そして，刑訴法326条1項の「同意」は，「書面又は供述」を「証拠とすること」に対するそれとして定められている以上，裁判所の事実認定における伝聞法則適用の利益を放棄する意思にとどまり，証人尋問権の放棄の意思までをも当然に含むことにはならないのであって，設問(1)のような証人尋問の請求は，（同意を撤回するまでもなく）許され，裁判所はその必要性が認められる限りこれを認めるべきであろう（298条参照）。

③ 伝聞法則と違法収集証拠排除法則の関係

このように，反対尋問権放棄説には，その前提となる証人尋問権保障と伝聞法則の関係性の理解に問題があるものと考えられるが，このことは，証拠能力付与行為説が妥当であるということを必ずしも意味しない。なぜなら，同見解は，刑訴法326条の「同意」を，対象となる証拠に証拠能力を積極的に付与する意思と解するが，**2**でもみたように，この「同意」は，伝聞法則適用の利益を放棄するという消極的な意思にすぎないとみるべきであり，そうであるとすれば，そこには，証拠能力付与の意思までもが当然に含まれるわけではなく，他の証拠法則により同証拠の証拠能力が否定される可能性は留保されているものといわなければならないからである。

ところで，証拠能力に関する法則としては，法令上ないし判例上，伝聞法則以外にも，関連性，自白排除法則，違法収集証拠排除法則等の諸法則が妥当するものとされているが，これらは，一定の条件の下で一定類型の証拠に裁判所の事実認定に供するための資格を否定するものであるという点では共通するものの，各法則ごとにその趣旨や性質を異にする。とりわけ，設問(2)との関係で問題となる伝聞法則と違法収集証拠排除法則は，前者が，当該事案に関する裁判所による事実認定の正確性ないし適正性の担保のために，適法に収集された証拠であっても排除するものであるのに対して，後者は，むしろ，将来の違法捜査抑制や司法の廉潔性保持といった政策的な目的達成のために，違法に――とりわけ，捜査法に違反して――収集された証拠を排除するものである（後者について申立適格が議論されるのも，その適用の利益が訴訟当事者に還元されるわけではないからである）という点において，証拠法則としての基本的性格を異にする。

以上の考察からすれば，設問(2)における尿の鑑定書を証拠とすることについての「同意」も，伝聞法則適用の利益を放棄する意思にとどまり，違法収集証拠排除の申立までをも予め放棄する意思を当然には含まないのであって，同申立の妨げとはならないというべきであろう（もちろん，その結果，当該証拠が違法収集証拠として排除されるか否かは別問題である）。

参考文献

①宇藤崇ほか『刑事訴訟法〔第2版〕』（有斐閣）376-377頁，406-407頁，②松田岳士『刑事手続の基本問題』（成文堂）39-77頁，88-112頁。

ステップアップ

本設問において，Pが，Xがα警察署における取調べにおいて行った自白を録取した調書の取調べを請求したとする。この場合に，同自白調書は，刑訴法326条による同意の対象となりうるか否かについて論じなさい。

次回の設問

次回は，検察官面前調書の証拠能力を問う設問を素材に，刑訴法321条1項2号が定める伝聞例外の要件の意義について検討する。

刑事訴訟法 11

大阪大学教授
松田岳士 MATSUDA Takeshi

設問

Xは，Aと共謀の上，Vを殺害してその死体を遺棄した旨の殺人及び死体遺棄の公訴事実によりY地方裁判所に起訴された。同裁判所は，（裁判員裁判対象事件である）本件を公判前整理手続に付し，争点および証拠を整理した上で審理計画を立て，10日間にわたる合計8回の公判期日を指定した。

同殺人・死体遺棄被告事件にかかる第3回公判期日において，Aは，立証趣旨を「殺人及び死体遺棄の共謀の状況，犯行状況等」とする検察官請求の証人として出廷したが，すべての尋問に対して証言を拒否した。その理由は，自分も本件の共犯者として別に起訴されており，係属中の刑事裁判において証言を不利益に使われたくないというものであったが，他方で，Aは，（Aの）弁護人の方針に従って証言を拒否することにしたものの，自分としては証言してもよいと思っており，弁護人が許せば証言する用意があるとも述べた。そのため，Xの弁護人は，第3回公判期日終了後，Aの弁護人に連絡し，Xの公判において，Aに不利益にならない範囲で構わないので尋問に応じさせてほしいと依頼したところ，Aの弁護人からは前向きに対応するとの返答があったため，その旨裁判所に連絡した。しかし，その後，検察官Pから，Aが捜査の過程で検察官の面前で行った供述を録取した（検面）調書（Aの署名・押印があるもの）の取調べ請求があったのを受けて，裁判所は，審理計画を見直すことなく，これを刑訴法321条1項2号前段により証拠として採用した。同証拠の採用決定の適法性について論じなさい。

POINT

本設問では，刑訴法321条1項2号前段の「供述不能」の意義について，判例の動向も踏まえながら検討することが求められる。なお，同規定の合憲性については議論があるが（参考文献① 393頁参照），以下では合憲説を前提として解説する。

解説

①検面調書の証拠能力

刑訴法320条1項は，伝聞証拠排除の原則を定めると同時に，同法321条ないし328条に規定する場合には，伝聞証拠であっても例外的に証拠とすることができる旨規定する（伝聞例外）。「検面調書」にはこのうち321条1項2号が適用されるが，本設問では，――Aの署名・押印はあるため――Aの「証言拒否」が，同号が定める要件のうち，とくに「公判準備若しくは公判期日において供述することができない」，いわゆる「供述不能」の場合に当たるか否かが問題となる（なお，この「供述不能」要件は同項各号に共通するため，以下の議論は基本的に同項1号・3号にも妥当する）。

ところで，刑訴法321条1項2号前段が「供述不能」事由として挙げる供述者の死亡，精神・身体の故障，所在不明，国外にいることは，一般に，（限定列挙ではなく）例示列挙であるとされ，判例も，証人の「証言拒絶」や「記憶喪失」の場合もこれに含まれうるとする（最大判昭和27・4・9刑集6巻4号584頁，最決昭和29・7・29刑集8巻7号1217頁参照）。他方，これらの事由が形式的に認められれば当然に「供述不能」要件が充たされるわけでもなく，その状態は一時的なものでは足りず，また，供述できない状態に至った経緯等も考慮してその該当性を判断すべきであるとされており（「供述不能」要件に「規範的意義」が認められるとされるゆえんである），判例も，同規定が挙げる「国外にいる」との「供述不能」事由に該当する場合でも，検面調書が「作成され証拠請求されるに至った事情や，供述者が国外にいることになった事由のいかんによっては」，その証拠能力が否定されうることを認めている（最判平成7・6・20刑集49巻6号741頁）。そうであるとすれば，いかなる場合がこの「供述不能」に該当するのかは，同規定の趣旨に照らして実質的に判断されることになろう。

②「供述不能」要件の意義

刑訴法321条1項2号前段が「供述不能」の場合に検面調書の証拠能力を認める趣旨については，一般に，この場合には，その供述者が公判外で行った供述を（書面や伝聞供述を介して）証拠として用いることを認めるべき強い「必要性」が認められるからであると説明される（参考文献① 386頁）。ここでは，「供述不能」要件の意義が，（公判において）供述者から供述情報を得ることの不可能性に求められているものということができる。

しかしながら，判例は，刑訴法321条1項2号前段の合憲性を認めるにあたり，被告人に反対尋問の機会を与えていない者の供述を録取した書類であっても，「現にやむことを得ない事由があって，その供述者を裁判所において尋問することが妨げられ，これがために被告人に反対尋問の機会を与え得ないような場合」においては，証拠能力を認めても必ずしも憲法37条2項に背反するものではないとすることからすれば（前掲最高裁昭和27年大法廷判決），「供述不能」の意義を，むしろ，被告人に裁判所において供述者に対する尋問の機会を与えることの不可能性に求めるものと解される。すなわち，ここでは，「供述不能」について，裁判所において当事者に証人審問の機会を与えることを妨げる「やむことを得ない事由」として，検面調書を証拠とする――「必要性」を根拠づける事情というよりも，むしろ――「（正当な）理由」としての側面が重視されているものと考えられるのである。このような見方は，さらに，刑訴法321条1項2号前段が，「同法320条の伝聞証拠禁止の例外を定めたものであり，憲法37条2項が被告人に証人審問権を保障している趣旨にもかんがみる」と，「検察官面前調書が作成され証拠請求されるに至った事情や，供述者が国外にいることになった事由のいかんによっては，その検察官面前調書を常に〔同〕規定により証拠能力があるものとして事実認定の証拠とすることができるとすることには疑問の余地がある」とする前掲最高裁平成7年判決にも看取することができるように思われる。

③ 証人審問権保障と伝聞例外の関係

では，そもそも証人審問権の保障と伝聞法則（伝聞証拠排除の原則とその例外）の間には，具体的にいかなる関係が認められるのであろうか（なお，刑訴法157条は検察官にも証人審問権を保障しており，伝聞法則はこのことをも念頭に置いた証拠法則であるといえるが，以下では，憲法37条による「刑事被告人」の証人審問権保障との関係を中心に検討する）。この点について，判例は，憲法37条2項前段は，「裁判所の職権により，又は訴訟当事者の請求により喚問した証人につき，反対訊問の機会を充分に与えなければならない」旨を規定したものであるとしており（最大判昭和24・5・18刑集3巻6号789頁等），この理解によれば，同規定の射程は公判における証拠調べにしか及ばず，公判外の供述証拠の証拠能力に関する規範である伝聞法則とは無関係であるようにもみえる。

しかしながら，伝聞証拠排除の原則が，公判での証拠調べにおいては，被告人に（公平な裁判所，公開裁判，弁護人の援助を受ける権利等の手続的保障の下で）証人審問権が保障されることを前提として，裁判所の事実認定が，公判においてそのような手続的保障の下で供述者から採取し（直し）た供述によって行われることを要請するものであるとすれば，同原則と証人審問権の保障の間には，むしろ，密接な関係が認められるというべきであろう。ただし，同原則の趣旨はあくまで事実認定の適正性の担保に求められるため，その憲法上の根拠は，直接には，証拠調べの適正性を保障する憲法37条それ自体ではなく，「適正手続」を要請するものとされる同法31条に求められることになるものと考えられる。

ところで，伝聞証拠の排除は，同一人の公判外供述と公判供述の関係を問題とするものであるから，公判外供述が書面上または他の者の記憶上に残されている場合を念頭において，その供述者から，公判廷において証人審問権をはじめとする手続的保障の下で供述を採取し直す——ことが可能である——ことを前提とした要請であるということができる。しかしながら，供述者の死亡，身体・精神の故障，所在不明等の事情によっては，同人の召喚や証言が妨げられ，証人審問権の保障・行使の場である公判廷での供述採取それ自体が実現できなくなることもある。この場合にも，事実認定の適正性を担保するために，当該供述者のもつ情報を証拠とすることは断念されなければならず，公判外供述の使用が一切禁止されることになるかといえば，そうではない。なぜなら，「適正手続」が，個人の権利の尊重と「公共の福祉」（憲13条）との間の衡量を具体化する手続であるとするならば（参考文献① 4-5頁），伝聞証拠の排除も絶対的な要請ではなく，「真実発見」や「訴訟経済」等の「公共の福祉」の観点からの要請との調整という観点から例外を認める余地があるものと考えられるからである。もっとも，このような例外が許されるためには，その前提として，ここでの「個人の権利」の保障，すなわち，公判廷における諸手続的保障の下での証人尋問の実現が，「やむことを得ない事由」によって「妨げられ」たため，証人審問権保障の下で採取された供述を事実認定に供することができなくても「やむことを得ない」ということができなければならず，刑訴法321条1項2号前段もこの旨を明らかにしたものと解することができよう。

④「やむことを得ない」事由か否か

公判廷における供述者からの供述採取の実現を妨げた事由が「やむことを得ない」ものであったか否かの一般的な判断基準を提示することは困難であるが，少なくとも，訴訟関係者（相手方当事者および審判者）の責に帰すべきものと評価されるような事由は，「やむことを得ない」ものであるとはいえないというべきであろう。なぜなら，この場合には，相手方当事者または審判者自身の手により一方当事者の訴訟上の権利保障の実現ないし権利行使が妨げられたことになるため，伝聞例外を認めることにより，当該訴訟それ自体の適正性が害されることになると考えられるからである。

本設問において公判廷におけるAからの供述採取が（実質的に）実現されなかったのは，証人側の「やむことを得ない」事情によるというよりも，むしろ，裁判所による証人尋問の実現確保のための対応が——裁判員裁判でほぼ連日の開廷が予定されていたことを考慮に入れてもなお——不十分であったことによるものと考えられる。そうであるとすれば，Aの「証言不能」は，審判者自身の責に帰すべき事由であることになり，刑訴法321条1項2号前段の「供述不能」に当たらず，本件検面調書の証拠能力を認め，これを証拠として採用した裁判所の決定は違法であるとの評価も可能となろう（東京高判平成22・5・27高刑集63巻1号8頁参照）。

参考文献

①宇藤崇ほか『刑事訴訟法〔第2版〕』（有斐閣）386-395頁，②松田岳士『刑事手続の基本問題』（成文堂）62-87頁。

ステップアップ

刑訴法321条1項2号後段による伝聞例外が認められる憲法上の根拠について検討しなさい。

次回の設問

次回（最終回）は，公判外自白の証拠能力に関する設問を素材に，証拠能力に関する諸証拠法則の関係について検討する。

刑事訴訟法 12

大阪大学教授
松田岳士 MATSUDA Takeshi

設問

Aは，δ警察署において，警察官Pらにより自己の恐喝事件について取り調べられたが，その際，Aが出入りする飲食店で違法な賭博が行われた疑いがあるとして，同事件についての情報提供を求められた。Aは，自身もその賭博に関与していたことから，恐喝に加えて同罪の嫌疑が自分に及ぶことを避けたい一方で，警察に協力することで自分の立場を有利にしようと考えて，遊び人仲間で後輩のXらに対し，「俺を助けると思って，俺の言うとおりに警察でしゃべってくれ。警察は有罪になっても罰金で済むといっているし，罰金は自分が全部面倒を見るから。」ともちかけた。Xらは，この件について同じ遊び人仲間のBに相談したところ，「おまえらもよく知っているとおり，Aさんの言うことに従わないとあとが怖いぞ。罰金は払ってもらえるのだから，おとなしく言うとおりにしておけ。」と告げられたため，Aに対しその指示に従うことを約束した。

そこで，Aは，Xらに警察に対して供述すべき内容を具体的に指示する一方で，Pらに賭博事件に関する情報を提供し，その犯人としてXらの名前を挙げた。これを受けて，PらはXを警察署に出頭させて取り調べ，Aが提供した情報に沿って作成した図表を示しながら同事件への関与について尋ねたが，これに対し，Xは，予めAから指示された通りの供述を行った。Pらはこれを調書に録取したが，その内容は犯行を全面的に認めるものであった。その後，Xは，賭博の事実により（略式手続によることにつき異議があったため，通常の手続で）起訴され，同被告事件公判において，検察官は，上記Xの供述調書の取調べを請求した。同調書の証拠能力について問題となりうる点を論じなさい。

POINT

Xの供述調書はいわゆる自白調書であるが，同類型の証拠には複数の証拠法則が適用される可能性があり，その証拠能力については，諸法則間の関係性を念頭に置きつつ，各法則の内容・趣旨に即して検討する必要がある。

解説

①自白の証拠能力に関する証拠法則

設問中の供述調書に録取されたXの供述は，「自己の犯罪事実の全部または主要部分を直接認める内容の供述」であり（参考文献① 433頁），「自白」に該当する。自白の証拠能力に関する規範としてまず想起されるのは，（憲38条2項を受けて）刑訴法319条1項が定める自白排除法則であろう。さらに，自白も「供述」の一種であるから，公判外で行われ――書面または他の者の記憶上に残され――たものについては伝聞法則も適用されるし，違法に収集されたものであれば違法収集証拠排除法則の適用対象ともなりうる。いずれにしても，自白排除法則の趣旨（「実質的根拠」）をめぐる学説上の議論の意味を十分に理解するためにも，他の証拠法則との関係性は意識しておいたほうがよい。そこで，以下では，関連諸法則の内容・趣旨および相互関係を念頭に置きつつ，本設問に対する解答の道筋を示すことにしたい。なお，本設問で問われているのはXの供述調書の証拠能力であり，これにどの程度の証明力が認められるかは別問題――この点は，裁判官の「自由な判断」に委ねられる（刑訴318条）――である。

②自白排除法則との関係

自白排除法則との関係では，Xの自白は，遊び人仲間の先輩であるAおよびBの「指示」ないし「助言」により行われているが，このような内容ないし程度の働きかけを受けてなされた自白は，刑訴法319条1項にいう――「不当に長く抑留又は拘禁された後の自白」や「拷問……による自白」に該当するとはいえないとしても――「強制……又は脅迫による自白」，あるいは，「任意にされたものでない疑のある自白」に該当するであろうか，また，仮に該当するとしても，そもそもAやBのような私人によりその「任意性」が損なわれた（おそれのある）自白にも同法則は適用されるであろうか。これらの点については，規定の文言自体からは形式的に判断できないため，同法則の趣旨に遡って検討する必要がある。

ところで，自白排除法則の趣旨をめぐっては，学説上，様々な説明が提示されているが，それらは，基本的に，虚偽排除論，人権擁護論，違法排除論のいずれかまたはそのいくつかの組合せによって成り立っているから（参考文献① 435-438頁），Xの自白についても，各論拠からいかなる証拠能力判断が導かれるかを検討しておけば，いずれの見解を採っても，適切に結論を導くことができることになろう。

まず，違法排除論は，自白排除法則を（「不任意自白」ではなく）「違法収集自白」を排除するものとして理解する（「不任意自白」排除の理由も，任意性を害して自白を採ることの違法性に求められる）。その代表的見解は，自白排除法則を違法収集証拠排除法則の「自白版」と位置づけ，その趣旨を自白採取過程における手続の適正・適法の担保に求めるが，ここにいう「違法」としては，――違法収集証拠排除法則に関する違法捜査抑止論におけるのと同様に――主として捜査法違反が想定されている。しかし，本設問については，Xの自白の任意性を損なう（おそれのある）事情は私人であるAないしBの指示・助言に求められるため，同論拠の下では，同自白は自白排除法則の適用対象外に置かれることになろう。なぜなら，捜査法は基本的に――現行犯逮捕に関する214条等の若干の例外を除けば――捜査機関を名宛人としており，私人による「違反」は想定されないし，いずれにしても，違法収集自白の排除（ないしその予告）による自白採取の適正・適法の担保（不適正・違法の抑止）効は，（日本の）裁判所により証拠とされる可能性のある自白の採取に職業的に携わる者に対してしか期待できないからである。

次に，人権擁護論にも様々な説明があるが，代表的なのは，自白排除法則は，黙秘権（供述の自由）保障を担保するために，同権利を侵害して採られた自白を排除するものであるという説明である。これは，同法則を（「違法収集自白」ではなく）「不任意自白」を排除するものと解する点において違法排除論とは異なるが，ここでもやはり，Xの自白のように，私人によってその任意性が損なわれた（おそれのある）自白はその適用対象外に置かれることになろう。なぜなら，この論拠の下でも，同法則が適用されるためには，当該自白の採取手続において黙秘権が保障されていることが前提となるであろうし，いずれにせよ，（不任意）自白の排除（ないしその予告）による黙秘権保障の「担保」効は，（日本の）裁判所により証拠とされる可能性のある自白採取に職業的に携わる者に対してしか期待されえないものと考えられるからである。

したがって，違法排除論および人権擁護論（の代表的見解）の下では，任意性（ないしそれを害することの違法性）の有無を検討するまでもなく，Xの自白は自白排除法則の適用範囲外に置かれることになろう。これに対して，虚偽排除論は，刑訴法 319 条 1 項の趣旨について，同規定が例示する「不任意自白」は虚偽を含む危険が大きいから証拠能力を否定されると説明するため（参考文献① 436 頁），私人によってその任意性が損なわれた（おそれのある）自白についても，その適用は妨げられないことになるように思われる。

では，任意性はどのように判断されることになるか。一般に，虚偽排除論の下では，「任意にされたものでない疑のある」とは，供述者が「心理的な影響を受け，虚偽の自白が誘発されるおそれが大きい状況のもとでなされた」という意味に解されるが（参考文献② 302 頁），ここに「虚偽の自白が誘発されるおそれ」は，その定義上，自白とは異なる内容の——典型的には，当該犯罪について自分が無実であるとの——認識をもつ者についてしか問題とならない（自白どおりの——すなわち，当該犯罪について有罪であるとの——認識をもつ者の自白は，任意・不任意にかかわらず「真実の自白」であり，「虚偽」ではありえない）。そうであるとすれば，同見解は，結局，供述者が自白とは異なる認識をもっていたとの仮定（前提）の下で，その認識に反して（嘘をついて）まで同人に自白，すなわち，刑事手続上自己に不利益に用いられる可能性のある供述をさせることになるような内容および程度の「心理的影響」を与える事情があったか否かを問題とするものであるということになろう（最大判昭和 45・11・25 刑集 24 巻 12 号 1670 頁のいう「心理的強制」も同様の趣旨に理解することができようか〔参考文献② 317 頁参照〕）。

Xの自白は，遊び人仲間の先輩であるAからの「指示」に基づき，有罪になっても刑の実質的負担はAが負うという条件の下で，その「言うことに従わないとあとが怖い」とのBの「助言」に従って行われていることからすれば，それは，Xが（設問中には明示されていないものの）仮に賭博事件について自分が無実である（と認識していた）としても，同人に嘘をついてまで警察官の面前で自白させることになるような内容および程度の「心理的影響」下での自白であったとの評価も可能であろう。このような評価を前提とするならば，虚偽排除論の下では，Xの供述調書に録取された自白は，「任意にされたものでない疑のある」ものとして，自白排除法則により証拠能力が否定されることになろう。

③ 他の証拠法則との関係

Xの供述調書は，公判外供述（の一つである自白）を録取した「書面」であるから，被告人が証拠とすることに同意しない限り（326 条），伝聞証拠排除の原則（320 条 1 項）の適用も受けることになる。もっとも，同調書は，「被告人の供述を録取した書面」に該当するから，刑訴法 322 条 1 項が定める要件が充足されるのであれば，伝聞例外として証拠能力が認められる（参考文献① 400-401 頁参照）。本設問においては，Xの供述調書には，同人の署名・押印があり，また，その内容は「自白」であり，「被告人に不利益な事実の承認を内容とするもの」に該当する。もっとも，「任意性」要件については，322 条 1 項但書が自白排除法則の趣旨を公判外供述について不利益事実の承認全般にまで拡大するものであるとすれば，両規定の「任意」は同義であることになり，結局のところ，319 条 1 項の「任意性」判断と重なり合うことになろう。

他方，違法収集証拠排除法則については，その根拠が違法捜査抑止論に求められるとすれば，証拠の種類にかかわらず妥当しうるため，自白への適用も妨げられないというべきであろう（なお，同法則と自白排除法則の関係をめぐる議論については，参考文献① 438-440 頁参照）。しかし，いずれにしても，本設問については，捜査機関による捜査法違反はとくに認められない以上，同論拠からXの自白の排除を導くことができないことは，違法排除論の下での自白排除法則の適用範囲について **2** で述べたところからも明らかであろう。なお，その論拠を司法の無瑕性論に求める場合にはこの点について別異に解する余地があるが（参考文献① 432 頁参照），その場合には，同法則はもはや違法収集証拠排除法則と呼ぶべきものといえるかどうか疑問である。

参考文献

①宇藤崇ほか『刑事訴訟法〔第 2 版〕』（有斐閣）435-448 頁，②川出敏裕『判例講座刑事訴訟法〔捜査・証拠篇〕』（立花書房）301-328 頁。

ステップアップ

自白どおりの認識をもつ者の自白は不任意であっても虚偽では（ありえ）ないとすれば，刑訴法 319 条 1 項の掲げる類型の自白は「虚偽を含む危険が大きい」といえるか，いえるとすればいかなる意味においてか，検討しなさい。また，自白排除法則の目的は，（伝聞法則と同様に）裁判所の事実認定の正確・適正性の保証に求められるか，それとも，（違法収集証拠排除法則と同様に）証拠収集の適正・適法性の担保に求められるかについて検討しなさい。

刑事訴訟法・論点索引

（数字は登場回を示します）

あ

か

さ

た

な

は

ら

問題演習 基本七法 2020

2020年12月15日　初版第1刷発行

編者 ……………………………… 法学教室編集室
発行者 ……………………………… 江 草 貞 治
発行所 ……………………………… 株式会社 有 斐 閣
〒101-0051
東京都千代田区神田神保町2-17
電話 (03) 3264-1311〔雑誌編集部〕
(03) 3265-6811〔営業〕
http://www.yuhikaku.co.jp/
デザイン ……………………………… ナカムラグラフ
印刷 ……………………………… 株式会社暁印刷
製本 ……………………………… 大口製本印刷株式会社

Printed in Japan.
落丁・乱丁本はお取替えいたします。
ISBN 978-4-641-12623-7

司法試験レベルの問題にチャレンジ。

講座連載「事例で考える」シリーズを書籍化。
ハイレベルな問題と解説で自分の力を試す。

『事例から行政法を考える』

北村和生・深澤龍一郎・飯島淳子・
磯部　哲
本体 3,400円＋税
ISBN : 978-4-641-13187-3

『事例から民法を考える』

佐久間　毅・曽野裕夫・田髙寛貴・
久保野恵美子
本体 3,000円＋税
ISBN : 978-4-641-13675-5

『事例で考える会社法〔第2版〕』

伊藤靖史・伊藤雄司・大杉謙一・
齊藤真紀・田中　亘・松井秀征
本体 3,500円＋税
ISBN : 978-4-641-13729-5

『事例から刑法を考える〔第3版〕』

島田聡一郎・小林憲太郎
本体 3,200円＋税
ISBN : 978-4-641-04298-8